杨振 —— 主编

波德莱尔 与 中国

Baudelaire et le monde sinophone

华东师范大学出版社
·上海·

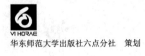
华东师范大学出版社六点分社　策划

纪念波德莱尔两百周年诞辰
Commémoration du bi-centenaire de la naissance de Charles Baudelaire

目　录

杨　振：波德莱尔对于二十世纪的中国意味着什么？
　　　（代前言）…………………………………………… 1

文苑之声

周作人：三个文学家的记念………………………………… 3
徐志摩：译菩特莱尔诗《死尸》序
　　　（附鲁迅《"音乐"？》一文）…………………… 7
梁宗岱：象征主义…………………………………………… 14
陈敬容：波德莱尔与猫……………………………………… 33
戴望舒：翻译波特莱尔的意义
　　　——《恶之华》译后记………………………… 36
杜国清：万物照应，东西交辉
　　　——波特莱尔与我………………………………… 39
陈建华："阿飞"诗人遭遇波特莱尔………………………… 64
柏　桦："比冰和铁更刺人心肠的欢乐"
　　　——波德莱尔在中国……………………………… 90

树　才："现代诗"还有戏吗？
　　——纪念波德莱尔诞生二百周年……… 99

学苑之声

郭宏安：波德莱尔二题……………………… 119
刘　波：亦庄亦谐的波德莱尔……………… 140
李金佳：波德莱尔散文诗中的叙事………… 145
李欧梵：波特莱尔三首诗的随感…………… 175
苏源熙：翻译与死亡………………………… 181
张历君：忧郁的都会
　　——阅读本雅明的波德莱尔研究……… 207
安德烈·谢利诺：波德莱尔笔下的中国…… 214

历史回眸

杨　振：波德莱尔在二十世纪20—30年代中国的译介… 223
张寅德：波德莱尔与徐志摩之巴黎………… 262
赵　怡："恶魔诗人"与"漂泊诗人"
　　——田汉笔下的法国象征派诗人像与
　　日本文坛的影响……………………… 278
陈硕文：异域的花香：朱维基波特莱尔译诗研究……… 307
张松建：波德莱尔在中国：传播与影响的研究
　　（1937—1949）………………………… 337
欧嘉丽：书写波特莱尔与戴望舒的一种思考……… 382
崔　峰：别样绽放的"恶之花"
　　——"双百"时期《译文》的

现代派文学译介(1956—1957)……………… 426
杨玉平：波德莱尔与"前朦胧诗"写作……………… 450
罗仕龙：波特莱尔在台湾……………………………… 469

访　谈

（采访人：杨振）

郭宏安教授访谈……………………………………… 489
刘波教授访谈………………………………………… 509
李金佳教授访谈……………………………………… 527
李欧梵教授访谈……………………………………… 539
陈建华教授访谈……………………………………… 547
张历君教授访谈……………………………………… 560

后记…………………………………………………… 576

波德莱尔对于二十世纪的中国意味着什么?
（代前言）

杨 振

2021年是法国诗人波德莱尔(Charles Baudelaire)诞生两百周年,也是诗人被正式介绍给中国读者的第一百周年。在这个具有双重纪念意义的时刻,我们回顾波德莱尔在中国被阅读的历史,揭示波德莱尔的文学遗产如何在中国被发扬光大,也希望借镜波德莱尔,回顾百年来中国人的精神塑像,让我们更好地看见自己。

火焰似的欢乐

比较是现代社会话语史的重要特征。当下的比较话语以重塑自信为主旋律,一百年前的比较话语则以反思国民性为主题。因为比较,国民性中原本可能被塑造成积极因素的面向,在另一个层面上变得黯然失色。在1908年发表的《哀弦篇》中,周作人感叹当时中国"民向实利而驰心玄旨者寡,灵明汩丧,气节消亡,心声寂矣"。相比之下,"情怀惨憺,厌弃人世,断绝百希"的东方国民性证明古代中国人具有精神追求[①]。而在1917年发表的

[①] 周作人:《哀弦篇》,《周作人散文全集1(一八九八——一九一七)》,钟叔河编订,桂林:广西师范大学出版社,2009,第131页。

《欧洲文学史》中,东方国民性在古希腊国民性映衬下呈现出负面色彩:

> 盖希腊之民,唯以现世幸福为人类之的,故努力以求之,迳行迅迈,而无挠屈,所谓人生战士之生活,故异于归心天国,遁世无闷之徒,而与东方神仙家言,以放恣耽乐为旨者,又复判然不同也①。

追求"现世幸福"的"人生战士"正是1921年波德莱尔百年诞辰时,周作人为诗人塑造的形象:

> "波特来耳爱重人生,慕美与幸福,不异传奇派诗人,唯际幻灭时代,绝望之哀,愈益深切,而执着现世又特坚固,理想之幸福既不可致,复不欲遗世以求安息,故唯努力求生,欲于苦中得乐,于恶与丑中而得善美,求得新异之享乐,以激刺官能,聊保生存之意识。"他的貌似的颓废,实在只是猛烈的求生意志的表现,与东方式的泥醉的消遣生活,绝不相同②。

波德莱尔一入华土便被拉入反思国民性的话语场。鲁迅很快接棒周作人,在随后几年间翻译出版厨川白村的《苦闷的象征》《出了象牙之塔》,借厨川白村对日本国民性的批评,批判国人因过分执着于名利,全力服从体制禁锢,并推崇各种道德话语

---

① 周作人:《欧洲文学史》,北京大学丛书,上海:商务印书馆,1918初版,1933年再版,第68页。
② 仲密:《三个文学家的记念》,《晨报副镌》,1921年11月14日,第一版。

以禁锢后来人。相较之下,波德莱尔为"看人生的全圆"跨越道德藩篱以赞美恶,可谓尝到人生、人性之深味①。

鲁迅将《恶之花》视为"一叫而人们大抵震悚的怪鸱的真的恶声"。鲁迅不仅从波德莱尔作品中读出社会批判的力量,也读出社会价值之有限、人生根本意义之虚空。既然一切终将归于虚无,积极制造生命意义的行为本身就需要勇气。就像鲁迅笔下的"过客","竭力站起","昂了头,奋然向西走去"②。《过客》让人想起波德莱尔的《异乡人》,《颓败线的颤动》则令人想起波德莱尔的《寡妇》。生命有限,其意义在于过程而非结果。体验愈多、愈深,生命就愈丰富。自己生活是体验,观看、想象他者的生活也是体验。在波德莱尔看来,痛苦是比欢乐更为深刻的人生经验,因此他写孤立无援的寡妇。鲁迅想必也有同感,因此描绘被儿女扫地出门的老妇。出于同样原因,鲁迅在读到波德莱尔散文诗《窗》后,念念不忘其中那个"活着"、"梦着"、"苦着"的妇人。1924年10月在《晨报副镌》上首次发表该诗译文后,他反复揣摩修改,再度推出新版译文。对比两个译本我们发现,"人生生活着,人生梦着,人生烦恼着"被改为"生命活着,生命梦着,生命苦着"③。由此可见,鲁迅认为《窗》讲述的是一个与生命有关的故事。

生命话语与国民性批判话语交织的模式,直到1940年代仍被应用于中国的波德莱尔评论。陈敬容在1946年发表的《波德

---

① 厨川白村:《出了象牙之塔》,鲁迅译,上海/北平/成都/重庆/厦门/广州/开封/汕头/武汉/温州/云南/济南:北新书局,1935,第80—83页。
② 鲁迅:《过客》,《鲁迅全集》,第二卷,北京:人民文学出版社,2005,第197、199页。
③ 厨川白村:《苦闷的象征》("第二 鉴赏论"),鲁迅译,《晨报附刊》,1924年10月26日,第二版;厨川白村:《苦闷的象征》,《鲁迅译文全集》第二卷,福州:福建教育出版社,2008,第252页。

莱尔与猫》一文中写道：

> 读波德莱尔的诗，令人有一种不自禁的生命之沉湎。诚然他所写的多一半是人生凄厉的一面，但因为他是带着那么多热爱去写的，反而使读者从中获得了温暖的安慰，他底作品中感伤的气氛也很浓，但不是那种廉价的感伤，不是无病呻吟。而他底欢乐，是真正的火焰似的欢乐，是一些生命的火花，而非无故的吟风弄月——像我们古代的才子佳人，或今日的鸳鸯蝴蝶派底作品那样①。

"火焰似的欢乐"是动人的欢乐，对于二十世纪的中国却显得有些奢侈。战争、革命、运动一再将国人拉至现实的铁壁前。鲁迅在1930年也转而指责波德莱尔是"革命前夜的纸张上的革命家"，"临革命时，便能够撕掉他先前的假面，——不自觉的假面"②。

被刻意强化的严峻感扑灭了人性欢乐的火焰，却没有带来更多充实和深度。这一现象在1960至1970年代达到顶峰。此时中国的波德莱尔阅读继承了1920年代以来挖掘诗人社会批判价值的传统，但在读者群体、选读篇目和阅读感受方面与此前有所不同。在杨玉平的相关研究中，青年作为主要阅读群体被突出。此时的文学青年格外钟情于民国时期鲜少被提及和翻译的波德莱尔的《仇敌》(*L'Ennemi*)一诗，因为该诗开篇就表达了对青春被荒费的愤怒与哀叹："我的青春只是一场阴暗的暴风

---

① 陈敬容：《波德莱尔与猫》，《文汇报·浮世绘》，1946年12月19日。
② 鲁迅：《非革命的急进革命论者》，《鲁迅全集》，第四卷，北京：人民文学出版社，2005，第232页。

雨,/星星点点,透过来明朗朗的太阳,/雷雨给过它这样的摧毁,如今/只有很少的红色果子留在我枝头上。"1957年《译文》刊登《恶之花》选译时收录该诗,也在相当程度上促进其传播。

柏桦指出,北岛的《雨夜》之所以打动年轻时的自己,正因为其完美再现了艾略特眼中波德莱尔所呈现的"积极的至福(beatitude)状态",或曰"全身心拥抱苦难的极乐状态"。这让人想起1920年代被译成中文的厨川白村对波德莱尔的评价:"不使得人生一切诗的享乐的机会逸脱,尝尽了真味到极底里,由此使他充实丰富精神生活的内容。"①作为"尝尽了真味"的手段,描写恶在1920年代的中国代表先锋文艺实验的一种可能。用树才引用巴塔耶的说法,可谓"危险体验或者极限体验"。而对于1960至1970年代的年轻诗人而言,表现恶已成为急迫的心理需要。不能忘记的是,在当时的语境下,表现恶乃至分享这一表现都是一种冒险。在冒险中获得的知音感和兴奋感,令当时的中国读者从波德莱尔"比冰和铁更刺人心肠的欢乐"一句中体会出一种别样的深味。

柏桦在海子诗中也体会到"比冰和铁更刺人心肠的欢乐"。只是这种欢乐似乎逐渐从社会批判的土壤中抽离出来,再度成为一种先锋文艺实验。与海子同出生于1960年代的刘波,则从留法多年的专业法国文学研究者视角出发解释波德莱尔对于革命的态度,不期然间对鲁迅所谓波德莱尔是伪革命者一说做出回应:

> 波德莱尔的人生的确是带有几分"表演"性质的。其实,所谓"表演"只不过是表面现象。他实则是要在生活中

---

① 厨川白村:《近代文学十讲》,第二卷,罗迪先译述,上海:学术研究会丛书部,1927,第234页。

实践自己作为诗人或演员的理想,把自己的人生当作一件艺术品来经营,要创造出一个既像是现实的又像是非现实的自我。这位纨绔子生活在庸凡的现实中,却无时不在追求一个超越的自我。……他也善于从不同的角度去审察同一事物,用两种不同的方式去体验同一事物。他可以高呼"革命万岁",但不是以信念坚定的革命者投身其中,而是在"全人"理想的驱使下作为诗人去体会人生的种种不同可能样态,扩展人生的幅度。

表演人生体现出一种不计现实得失的超然态度。鲁迅何尝不理解这一点——《颓败线的颤动》中的老妇人就是一个努力的人生表演者。鲁迅终其一生希望将民众从对实利的无限追求和精神生活的麻木中唤醒。这样的呼声直到二十一世纪初仍未停止。尹丽川写于2001年的《郊区公厕即景》即为一例:

> 蹲下去后,我就闭上了双眼
> 屏住呼吸。耳朵没有关
> 对面哗哗地响,动静很大
> 我睁开眼,仰视一名老妇
> 正提起肥大的裤子
> 气宇轩昂地,打了个饱嗝
> 从容地系着腰带
> 她轻微地满意地叹了口气
> 她的头发花白
> 她从容地系上腰带
> 动作缓慢而熟稔
> 可以配悲怆的交响乐

也可以是默片

柏桦从这首诗中读出"普通中国人的沧桑、麻木、荒凉",并看到波德莱尔的影子。在此意义上我们可以说,从周作人到尹丽川,波德莱尔伴随中国国民性批判近一世纪之久。究其根底,这一批判寄托了一个简单的理想:希望有朝一日,中国人的生命之花能够完全绽放。

生存是一片大和谐

用生命作关键词解读波德莱尔的还有梁宗岱。后者在1934年发表的《象征主义》一文中指出,波德莱尔的《契合》(«Correspondances»)一诗告诉我们,宇宙万物只是无限之生底链上的每个圈儿,它们分享着共同的脉搏跳动和血液绵延。生机到处,宇宙大灵便幻化为万千气象映入眼帘。创作者只有搁置利害盘算乃至理性分析,让"声,色,光,香底世界""梳洗,滋养和娱悦"灵魂,让自己的生命与宇宙万物的生命相交融,才能够创作出价值隽永的作品,让读者感到"生存是一片大和谐"。

梁宗岱将具有中国诗学气质的"和谐"理念引入对《契合》一诗的阐释,认为该诗"幽暗和深沉的一片"(«une ténébreuse et profonde unité»)一句表达的正是一种和谐观。梁宗岱指出,林和靖的诗句"疏影横斜水清浅,暗香浮动月黄昏",完美诠释了何谓让人"沉浸在'幽暗与深沉'的大和谐中的境界"。同样令梁宗岱觉得完美体现波德莱尔诗学观的,还有陶渊明的"采菊东篱下,悠然见南山"。如梁宗岱所言,"诗人采菊时豁达闲适的襟怀,和晚色里雍穆遐远的南山已在那猝然邂逅的刹那间联成一片","所谓'一片化机,天真自具'","任你怎样反覆吟咏,它底意味仍是无穷而意义仍是常新的"。

梁宗岱的遗韵在后来的波德莱尔译者与研究者笔下时常可寻。杜国清在评论«Correspondances»(杜译《万物照应》)时也提到"情景合一"的中国传统诗学观,更联想到梁宗岱提及但未展开的华严哲学:

> 华严哲学的奥义,表现出一个独特的世界观,说明一切存在的根本原理,亦即所谓"法界缘起",而以"重重无尽缘起"、"事事无碍法界"为最大特征。为了说明宇宙间万物的存在,莫不因缘而起,相由相作,互为因果。

推促杜国清关注华严哲学,并用"缘"字解释《万物照应》一诗的,是日本近代象征诗人蒲原有明的"因陀罗网"(Indra's net)譬喻:

> 因陀罗(Indra)是天上最高神,即帝释天,其宫殿悬挂以无数宝珠作成的网。每目悬珠,光明赫赫;一珠之中,现诸珠影;珠珠皆尔,互相影现。这是一重。各各影现珠中,所现一切珠影,亦现诸珠影像形体。这是二重。各各影现,二重所现珠影之中,亦现一切,如是交映,重重影现;隐映互彰,重重无尽。

杜国清受日本诗论影响,与其 1960 年代留学日本的经历不无关联。在某种意义上,1940 年代出生于台湾的杜国清延续了由周作人、鲁迅、田汉等人开启的、经由日本理解波德莱尔的传统[①]。

---

① 赵怡《"恶魔诗人"与"漂泊诗人"——田汉笔下的法国象征派诗人像与日本文坛的影响》一文让我们得以管窥日本对波德莱尔在中国接受的影响。

历史风云变幻,让这一传统从 1950 年代起在中国大陆逐渐消失。与杜国清同时代出生于中国大陆的郭宏安,在 1980 年代中国大陆学术教育体系逐渐重建过程中,在日内瓦学派影响下开始研读波德莱尔的批评理论。郭宏安指出,波德莱尔强调文学批评是批评家与作者彼此生命体验的交融与对话。这让我们想起厨川白村对波德莱尔散文诗《窗》的阐释①,更让我们想起梁宗岱。后者认为,在理想的文学创作状态中,"认识的我,与客,被认识的物,之间的分辨也泯灭了"。郭宏安描绘理想的批评家时也提到主客体界限的"泯灭":

> 他已全身心地沉浸在所面对的诗文之中,主客间的界限泯灭了,眼前的文字不再是墨迹,而是化为梦境、回忆和经验(生活经验和阅读经验),交织成混茫的一片。突然,有某种东西冒出来,那是一种形象、一种感觉,或一种节奏,由模糊而清晰,渐次呈现,如红日于转瞬间跃出海面,他必须抓住,迅速地、紧紧地,并使之驯服地落在纸上,化为文字。

郭宏安与梁宗岱的相似之处还在于他们都在波德莱尔那里听到中国古典文学的回响。波德莱尔"喜欢在外部的可见的自然中寻找例子和比喻来说明精神上的享受和印象",这令郭宏安"仿佛他乡遇故知",想到中国传统诗文评论强调用感觉、形象、意境直接、综合地把握欣赏对象,将由作品唤起的意象、感情凝固在鲜活明丽的比喻中,想到这一传统下经常使用的关键词:寒、瘦、清、冷、气、骨、神、脉、文心、句眼、肌理、性灵等。中国古

---

① 厨川白村:《苦闷的象征》("第二 鉴赏论"),鲁迅译,《晨报附刊》,1924 年 10 月 26 日,第二版。

代文论强调性灵、神韵,而郭宏安将"真率、性情、灵性"视为波德莱尔批评理论的三根支柱。在此意义上,郭宏安感到"法国浪漫主义和中国古典艺术精神"之间"最深刻最隐秘的精神上的相契相应"①。这让我们再次想起梁宗岱引用的莱布尼茨的话:"生存不过是一片大和谐。"②

迷濛的天空

梁宗岱以普遍性和永恒性为关键词对波德莱尔所作的评论,受到左翼文学阵营的抵制。1935年《文学》杂志创刊两周年之际,傅东华编辑出版《文学百题》,邀请穆木天而非梁宗岱执笔其中《象征主义》一文。事实上,此时的穆木天早已抛弃象征主义,转向唯物主义文学理论。梁宗岱与傅东华也是旧相识。《文学》创刊初期,梁宗岱曾数次投稿。只是梁宗岱一再向该刊表达对于左翼文学观,特别是以阶级观代替人性观的不满,以至与《文学》编委会渐行渐远③。

---

① 安德烈·谢利诺(Andrea Schellino)对波德莱尔笔下中国形象的分析也许就可以被理解为法国浪漫主义与中国古典艺术精神相契合的证明。当中国艺术在欧洲古典主义视野中被视为与中国人、中国文化一样逸出常轨乃至不可理喻时,波德莱尔却秉持文化多元主义为其正名。此外,中国也在一定程度上承载了波德莱尔对于理想远方的想象。
② 树才在《"现代诗"还有戏吗?——纪念波德莱尔诞生二百周年》一文中写道:"技术是语言符号的那些有形的东西,诗歌意义却更在于那些无形的灵魂气息。诗人的情感、人格,这些都是无形的;吸引人类心灵的那些希望、信念,那些梦想、直觉,都是无形的,但它们却是决定性的。"树才的论述似乎在生命诗学和文学普世性两个层面上都可以被置于由梁宗岱开启、郭宏安承续的中国波德莱尔阐释传统中。
③ 见 Yang Zhen, «Revaloriser l'éternité à une époque progressiste : Liang Zongdai et la littérature française(1917—1936)», in Angel Pino & Isabelle Rabut (dir.), *La Littérature chinoise hors de ses frontières: influences et réceptions croisées*, Paris, You Feng, 2013, p. 199—230.

左翼文学阵营与梁宗岱日渐疏远的过程,也是前者与波德莱尔日渐疏远的过程。这一情形到了1940年代格外明显。李白凤1947年对波德莱尔的否定颇具代表性:

> 了解一首诗,……要先弄清楚在某一客观环境里,所产生的诗,是否与大众的感情相契合。波特莱尔的时代,……欧洲……还没有升起"希望的星",因此他只能在沉闷,犹疑的无底深谷徘徊,得一线幽思的灵感,寄托在一花一叶的开放的呼吸动作上。廿世纪的时代却不然,被压迫的人群已经走到悬崖之前,他们……(要么)跨下去,落入黑暗的深潭……(要么)杀回去,在死里求生。所以,廿世纪将近五十年代的中国,正是上述的情形而绝非波特莱尔的时代。

"幽思"、"灵感"、"一花一叶"让我们想起梁宗岱与自然融合的创作哲学。这一理念此时大有被以"客观环境"、"被压迫阶级"、"时代"为关键词的文学批评话语边缘化之势。比起1930年代,1940年代批评波德莱尔的左翼话语似乎更加注重营造时代车轮滚滚、碾压一切过往尘埃的氛围。在这样的气氛中,波德莱尔成为"一群没落的小布尔乔亚的代表",一个过时的诗人。

尽管如此,1940年代中国仍有一批波德莱尔的簇拥者,如王佐良、陈敬容。王佐良强调,波德莱尔具有"并不特别地现代、特别地受时间限制的品质"。陈敬容则认为,至少波德莱尔的反传统精神和高超的诗艺,让其"不与时俱逝"。从1920至1940年代,波德莱尔在中国接受的中心议题发生改变。1920年代国民性批判背景下对波德莱尔所作的评论,多为《恶之花》中的

"恶"正名,将其视为挑战道德教条、彰显生命力的努力。此时评论者着力回答的问题是:"波德莱尔是颓废的诗人吗?"而1930年代后期至1940年代,中心问题则变成:"波德莱尔是过时的诗人吗?"

过时与否的问题,在历史的复杂与微妙中变得并不容易回答。1957年7月,《译文》刊登陈敬容《恶之花》选译,造就了1949年后至改革开放前,波德莱尔在中国大陆官方刊物中的昙花一现,似乎也间接证明在初生的人民共和国,波德莱尔仍不过时。然而,同时作为编者和译者的陈敬容,对此却并不十分确信。她一方面小心翼翼地将波德莱尔接入苏联现实主义文学传统,另一方面也尽力坚守自己曾经的文学立场①。但不论如何,她不再有勇气使用1940年代仍在使用的永恒性与普遍性话语,而是用亲近劳动人民来证明波德莱尔仍未过时。她写道:"波特莱尔的生活虽然散漫,但他劳动起来却非常紧张。他的诗作里一再出现'劳动'这个词儿,这在他并不只是抽象的东西。"②

左翼文学话语也在文本层面对波德莱尔作品在中国的翻译产生影响。1929年1月至3月,陈勺水在《乐群》杂志上翻译出版数篇《恶之花》诗作,将波德莱尔塑造成充满力量和激情的诗人。比如,在翻译《奉劝旅行》(*Invitation au voyage*,直译为《邀请旅行》)时,译者用了九个感叹号,而原文只有两个感叹号。作为对第一段所描写场景的总结,陈勺水用"明媚"翻译原诗«beauté»("美丽")一词,完全忽视了原文的朦胧美。特别是他将该段"迷濛的天空/透射出被浸湿的太阳"(«les soleils

---

① 见本书收录崔峰作品:《别样绽放的"恶之花"——"双百"时期〈译文〉的现代派文学译介(1956—1957)》。
② 编者:"《恶之花》选译"(法国 波特莱尔),《译文》,1957年7月号,第133页。

mouillés/de ces ciels brouillés»)一句译为："太阳光线，满天都是，微微的，被云气打湿"①，强调阳光充足，且仅被云气微微打湿，似乎希望为原诗注入一种明朗的气质。

在陈勺水翻译《邀请旅行》的时代，明朗的气质尚未成为不容置疑的文学典范。《邀请旅行》中的朦胧感、对远方的呼唤，以及在爱情、感官享受和夕阳中展开想象的翅膀，都是时人津津乐道的话题。陈硕文指出，在1933年出版的《花香街诗集》中，波德莱尔译者朱维基为读者构筑了一个"永远的落日的黯光/把一切罩得更为迷濛"的幻境，那里"有一种浓烈而轻淡的/花香凝结，和溶冰般液动"。其中散发的颓废氤氲就像波德莱尔笔下"迷濛的天空"，给人以无穷遐想。

英雄猛跳出战壕，一道电光裂长空。红日一扫黯光和迷濛，世界变得无限明朗，人的精神世界也随之被无限简化。各种宏大叙事构筑出中国人一举站起的形象，却也时常因远离个体感受和日常烦恼，让人觉得有些疏离。冷峻的现实很快代替了革命乌托邦的浪漫。此时的陈建华从"青春的抒情、童真的梦幻与古典的色调"中惊醒，也因此走向波德莱尔。同为上海诗人，朱维基因走入梦境而走向波德莱尔，陈建华却因走出梦境而走向波德莱尔。两条几乎完全相反的路径产生的诗歌，却共有一种迷濛的气质。陈建华在《"阿飞"诗人遭遇波特莱尔》中写道：

那个冬天的早上在工地上，将插有老虎钳、扳手和电线的皮带拴上腰间，脚上套着铁爪攀上电杆，寒风嗖嗖，手指直打颤，只见河面上"一只小船　在迷濛里　缓缓地　驶

---

① 波德雷：《奉劝旅行》，陈勺水译，《乐群》，I—1,1929年1月1日，第144页。

行/载一具　新漆的灵柩　在迷濛中　缓缓地　驶行"。我被这景象触动,在萧瑟悲凉的心绪中目睹着这艘船缓缓地驶过,好似自己的"漫长的行程"被这灰色的天空笼罩了,而我"破碎的心"在飘摇,仿佛听到了自己的跫声,一步步踏过"迷濛的坟墓"。

寒冬中的工地、老虎钳、扳手和电线杆构筑的世界是如此现实,令人们再没有心情像朱维基那样怀着对波德莱尔笔下莫忘我花的记忆,追问花香街上的花香究竟来自寡妇妆台上的紫瓶中,少女闺房中的观音像前,老人的黑礼服上,亦或丑妇的假髻上。作为梦境制造者的波德莱尔消失了,作为社会批判者的波德莱尔悄然回归。只是,此时的批判者已无力公开针砭群体的弱点——此刻的群体已无法忍受针砭——只能借用迷濛诗学,委婉而压抑地表达个体对于前景的迷茫。

新的战栗

1965年夏天,陈建华在杨树浦上海船厂工地实习期间,在厨川白村《近代文学十讲》中第一次读到波德莱尔诗歌,如同受电击一般,感到"令人恐怖的'新的战栗'"。同样出生于1940年代的杜国清也用"心灵的战栗"形容自己1960年代留日期间读《恶之花》时的心情。他写道:"以后每当我重读一次,心灵就受到一次的冲击。……从波特莱尔的作品中,我感到许多从来没有过的满足。"李欧梵这样回忆自己第一次读 Une charogne 时的感受:"第一次读原文就被震住了:还有谁可以化腐朽为神奇,把这首腐尸写成'荡妇'?……这个女性形象惊人之处,非但在于她的色欲……而且在于她的颓废,她身体发出来的却是腐尸的秽气,这种写法真是大胆之至!"

事实上,从 1920 年代起,新奇感与刺激感一直是中国人阅读波德莱尔经验的重要组成部分。在 1924 年为《死尸》(Une charogne)译文撰写的序言中,徐志摩用"夕阳余烬里反射出来的青芒"、"希腊古淫后克利内姆推司德拉坼裂的墓窟"、"尖刺的青蒲"、"梅圣里古狮子门上的落照"、"叶瓣像鳄鱼的尾巴,大朵的花象满开着的绸伞"的"赤带上的一种毒草"等一系列具有异国情调、近乎恐怖的意象再现《死尸》一诗带给他的新奇感受。汪铭竹、王道乾等活跃于 1940 年代的中国诗人被张松建视为波德莱尔在中国的传人,因为作为波德莱尔爱好者,他们自己的诗作中也经常出现惊世骇俗、淫猥狎昵或充满异国情调的意象。这些意象或被浸润在中国传统文化氛围中,如在汪铭竹笔下,妖娆的女子、赤练蛇与紫微星、承露台、南京缎、江南春雪等意象交相呼应;或在惊悚程度上比起波德莱尔的诗歌有过之而无不及,如王道乾用科学实验者冷酷的目光巨细靡遗地描写尸体,又以恋尸癖者的迷狂夸大恐怖氛围。

对波德莱尔阅读中追新逐异心态的批评时常有之。鲁迅写《"音乐"?》讽刺徐志摩故弄玄虚,不懂得挖掘诗人的社会批判价值。张松建认为汪铭竹笔下的颓废意象缺乏社会历史深度,也"少有波德莱尔的深创巨痛、刻骨铭心的忧郁以及残酷的灵魂拷问";王道乾描绘的人则"堕落为生物医学上的被解剖的对象","不仅被剥离了人本主义哲学上的含义,也不复有七情六欲和思想情感"。

尽管对汪铭竹、王道乾等人多有批评,张松建依然将他们从被遗忘的角落中挖出,并从拓展现代汉诗想象空间、人类学视野在 1940 年中国文学创作中已初现端倪等角度为其正名。这让我们想到李欧梵对邵洵美的评价:"有了波特莱尔的'前车之鉴',才会有邵洵美等唯美诗人的模仿,为中国现代诗打破了禁忌。"李欧梵、张松建在中国文学史上寻找波德莱尔的中国传人并为其正名,是重写中国文学史的一种努力,旨在揭示被学术、政治等话语权威遮掩的文学图景,让中国现代文学史变得更加丰富多元。事实上,任何一种创新性的文学研究或叙事,都可谓对文学史在一定程度上的重写。在此意义上,中国现代文学史重写的诸多时刻都与波德莱尔有关。比如,张历君在比较鲁迅与本雅明过程中重读鲁迅,同时也发现了波德莱尔,并因此构筑出波德莱尔在二十一世纪香港的一道风景线。

波德莱尔与重读鲁迅发生关联,与用西方现代主义理论重新审视中国现代文学史密不可分。美国汉学在其中扮演了重要角色。陈建华这样回忆自己 1990 年代在美国攻读中国文学学位时,如何延续始于 1960 年代的波德莱尔阅读经验:

> 九十年代在美国收集了不少波特莱尔《恶之花》的各种英文版本及其研究著作,如果看到有关西方"颓废"文学的书便收入囊中。在哈佛书店看到 Ellen Moers 写的 The Dandy 一书,1978 年奈布拉斯加大学出版……书中说 dandy 首先是具自我表现意识的精致唯美的外观,而作为一种文学文化现象极其丰富复杂,在历史进化论高奏凯歌的革命时代,他代表了自我完善的利己主义、慢吞吞节奏的生活态度、时尚与复古的新范式与文艺创造的激情。简言之,他们出类拔萃、标新立异的另类存在,预展了西方文艺现代主义的精神。

"历史进化论高奏凯歌的革命时代"是功利主义盛行的时

代。功利主义与集体主义合流,让逸出于功利目的之外、个体"创造的激情"更显突兀。源自日本、美国或法国的中文波德莱尔批评话语,在对个体自由与创造性的呼唤中找到汇合点。制造新的战栗也许可以被视为"文化青春期"的一种幼稚举动[①],但它确实也是个体反抗与创造精神的表征。这一精神更为永恒的内核,是对庸俗的抵抗和对更高精神生活的向往。正如戴望舒译波德莱尔《高举》一诗所言:

> 那烦郁和无边的忧伤的沉重,
> 沉甸甸压住笼着雾霭的人世,
> 幸福的唯有能够高举起健翅,
> 从它们后面飞向明朗的天空。
>
> 幸福的唯有思想如云雀悠闲,
> 在早晨冲到飞长空,没有挂碍,
> ——翱翔在人世之上,轻易地了解
> 那花枝和无言的万物语言!

二十世纪中国历史的跌宕起伏,让希望如云雀般悠闲翱翔的双翼变得有些沉重。这让人想起波德莱尔笔下的信天翁。欧嘉丽则从信天翁想到戴望舒笔下的秋蝇:

诗人恰似天云之间的王君,	无数的眼睛渐渐模糊,昏黑,
它出入风波间又笑傲弓弩手;	什么东西压到轻绡的翅上,

---

① 李欧梵:《上海摩登——一种新都市文化在中国(1930—1945)》(修订版),毛尖译,杭州:浙江大学出版社,2017,第308页。

一旦坠落在尘世,笑骂尽由人,   身子象木叶一般地轻,
它巨人般的翼翅妨碍它行走。   载在巨鸟的翎翻上吗?
(波特莱尔《信天翁》)   (戴望舒《秋蝇》)

      从信天翁到秋蝇,从"巨人般的翼翅"到"轻绡"的蝇翅,欧嘉丽在两首诗中看到巧妙相似的意象与涵义,读出中法"两位现代诗人在尘世间被压抑着无法振翮高飞的郁结诗情"。我们也不妨将它们读成二十世纪中国知识分子精神生活的寓言,或每一个心怀理想,却又被社会进程和日常生活裹挟前行的个体的寓言。

巴黎的鳞爪

      徐志摩就是这寓言中的一位主人公。他呼唤自由与远方,而巴黎在一定程度上回应了他的呼唤[①]。徐志摩笔下的巴黎并非远离人间烟火的仙境,而是堕落与升华的结合体。张寅德指出,堕落与升华兼具的矛盾美学在《巴黎的鳞爪》一文中随处可见。文中旅居巴黎的中国画家住在破败杂乱的小阁楼上,那里却收藏着一批绘画名作。现实生活的琐碎、凌乱与落魄在关于艺术的谈话中得到升华[②]。另一方面,对裸女模特以及模特平日所坐沙发的长篇论述,承载了叙事者隐秘的性幻想,在一定程度上又是一种堕落。张寅德认为,矛盾修辞法不仅影响到《巴黎

[①] 徐志摩写道:"巴黎的确可算是人间的天堂,那边的笑脸像三月里的花似的不倦的开着。"见《徐志摩全集》,韩石山编,第三卷·散文(三),北京:商务印书馆,2019,第78页。
[②] 当画家"那手指东点西的卖弄他的家珍的时候,你竟会忘了你站着的地方是不够六尺阔的一间阁楼,倒像跨在你头顶那两只斜着下来的屋顶也顺着他那艺术谈法术似的隐了去,露出一个爽恺的高天"。见《徐志摩全集》,韩石山编,第三卷·散文(三),前揭,第273页。

的鳞爪》的细节，甚至决定了该篇一分为二的叙事结构：第一部分"九小时的萍水缘"集中展现坠入痛苦深渊的主题，第二部分"先生，你见过艳丽的肉没有？"则以艺术升华为主题。写作《巴黎的鳞爪》前不久，徐志摩在翻译《死尸》一诗时便突出诗人对矛盾修辞法的强调。在此意义上可以说，波德莱尔的矛盾修辞法影响了徐志摩的巴黎书写①。

徐志摩用矛盾修辞法书写巴黎，凸显出这座城市的多元性与可能性。巴黎汇集了许多文化背景、生活经历迥异的人。他们像《巴黎的鳞爪》中的主人公一样，过着充满传奇色彩或艺术气息的生活，引人遐思。这一切，包括作为徐志摩巴黎想象重要组成部分的情色想象，都是因为巴黎相对远离政治、经济、社会等各个层面功利主义的制约才成为可能。宽松的城市文化环境滋养了巴黎独特的城市文化氤氲。

赞美巴黎的同时，徐志摩不止一次批评包括上海在内的现

---

① 波德莱尔的矛盾修辞法时常被中国论者提及。陈敬容眼中的波德莱尔本身就是矛盾修辞法的化身。她写道："波德莱尔的自画像，两目灼灼，交溶着炙热与寒冷，面部的线条掺揉着坚硬与柔和。都正像猫。……它的咪呜声有时听起来温暖，有时听起来凄切，有时又异常凶猛，叫老鼠们听了发抖。"见《文汇报·浮世绘》，1946年12月19日。另可见刘波：《亦庄亦谐的波德莱尔》。刘波接受笔者采访时指出："我在研究波德莱尔巴黎诗歌的过程中感受至深的一点就是，波德莱尔在自己的巴黎诗歌中发挥了对于城市以及任何事物固有的多重价值的感悟和思考，而这种充满悖论的情感和思考构成了他巴黎诗歌的独特魅力之一。无论是善还是恶，这个让他爱恨难抉的城市为他提供了一种独一无二的经验，以及诸多充满诗意的暗示，让他在新奇和意味深远的发现中享受到凡夫俗子不能了然的快意，激发他意识上的震荡，并由此成就他的诗才和诗艺。我在《风华绝代的巴黎》《巴黎诗人波德莱尔》等论文，以及著作《从城市经验到诗歌经验》中，对相关问题进行过比较全面和深入的探讨。这在某种意义上可以说是我与波德莱尔的巴黎进行心灵对话的方式。波德莱尔对于城市生活多重价值的感悟和思考具有后现代主义的特点，可以说他是他那个时代超前的后现代主义者。我近年来对于后现代主义思想理论的兴趣就是在研究波德莱尔的过程中自然生发出来的。"

代都市缺乏灵魂①。也许是1920年代的上海尚未培育起独特的城市文化,又或许是徐志摩身在其中,缺乏足够的认知距离。不论如何,老上海如今成为一个文化符号,证明其在独具城市文化氤氲这一点上与巴黎相通。

李欧梵用《上海摩登——一种新都市文化在中国(1930—1945)》将这一氤氲记录在文化史中。该书第七章"颓废和浮纨"第三小节"《花一般的罪恶》"直接与波德莱尔相关②。邵洵美诗作《花一般的罪恶》让人想起波德莱尔的《恶之花》。二者的共通之处在于:以恶为主题入诗,且不避讳色情描写,以此作为挑战世俗道德的利器。很难说邵洵美在波德莱尔影响下反抗以上海为代表的都会伦理道德——一种与资本积累相应的功利主义教条③。如李欧梵所言,比起以颓废彰显反抗精神的波德莱尔,邵洵美更倾心于彰显颓废本身的戈蒂耶(Théophile Gautier)。如果说邵洵美的个案反映出波德莱尔与摩登上海之间的某种关系,应当是比起封闭保守的乡村社会,开放、多元、多变的现代都会具有更为宽松的道德环境,为受波德莱尔启发展开的文学先锋实验提供可能。此外,李欧梵指出,邵洵美在拿波里一家博物馆被古希腊女诗人莎弗(Sappho)的壁画深深吸引。为更好地理解莎弗,邵洵美到剑桥后在典籍学者爱特门氏建议下阅读史文朋(Algernon Charles Swinburne),并

---

① 徐志摩:《徐志摩全集》,韩石山编,第七卷·书信(一),北京:商务印书馆,2019,第56、256页;徐志摩:《徐志摩全集》,韩石山编,第七卷·书信(二),北京:商务印书馆,2019,第32页;徐志摩:《徐志摩全集》,韩石山编,第九卷·翻译作品(一),北京:商务印书馆,2019,第34页。
② 该书同样与波德莱尔直接相关的还有第七章第一小节"翻译波德莱尔"。但该节似乎与上海都市空间并无直接关联,故而此处略去不论。
③ 可参考叶文心:《上海繁华:都会经济伦理与近代中国》,台北:时报文化出版企业股份有限公司,2010。

由此了解到波德莱尔①。换言之,波德莱尔作为世界文学知识被邵洵美获取,与其出生于上海一户西化的资产阶级家庭,有条件去欧洲游学这一事实不无关联。

波德莱尔与上海物质文明和开放精神的亲缘性在当代上海城市文化语境中也得以展现。源自法国的中国生活设计杂志《IDEAT理想家》2020年12月7日号封面大字印着波德莱尔《邀请旅行》中的几句诗:"在我们屋里/我要去布置/被岁月磨得光亮的家具;/奇花和异卉/吐放出香味,/混着龙涎香朦胧的馥郁。"诗句背景是用竹纸制作的花叶和法国驻上海总领事官邸巴塞别墅的木门和方框窗。该期杂志主题"美学邀游"显然受波德莱尔《邀请旅行》一诗启发。具体内容是在巴塞别墅落成100周年活动框架下,用包括竹纸工艺品在内的中国元素对巴塞别墅进行装饰设计,让中国风雅生活与法国生活艺术(Art de vivre)碰撞出火花。在与展览相关的访谈中,我们读到对上海这座城市的创新精神和世界主义精神的期许②。波德莱尔是世界文学,特别是法国文学的一个重要符号。《邀请旅行》则可以被部分解读为一种关于家居设计的理想。这两点促成波德莱尔出现在以巴塞别墅为载体的上海城市舞台上。不能忘记的是,《邀请旅行》中那个充满"秩序和美,奢华、宁静与感官享受"的世界,在现代社会往往只有在物质充盈的城市空间中才会出现。往往也正是在这一空间中,波德莱尔所彰显的创造性才会得到最大程度的鼓励与包容。这也解释了波德莱尔与上海的缘分。

在政治功利主义全面碾压商业功利主义的年代,上海一度

---

① 李欧梵:《上海摩登——一种新都市文化在中国(1930—1945)》(修订版),前揭,第297—298、306—309页。
② 见《IDEAT理想家》五周年"邀游"联合策展人张雷访谈和法国驻沪总领事馆总领事Benoît Guidée(纪博伟)访谈。

是不受欢迎的文化符号。李欧梵1980年代数次回上海搜集资料，感到彼时的上海与"在大量历史资料中所见到的老上海的气氛大不相同"。之后李欧梵与Haun Saussy（苏源熙）①在加州大学洛杉矶分校合开以现代主义为主题的课程。苏源熙讲解波德莱尔的《天鹅》，其中"老巴黎已不复存在"一句让李欧梵想到老上海，引起他一种异样的伤感。这是一份承载着历史重量的伤感。极端政治功利主义的风暴让上海"从一个风华绝代的少妇"变成1980年代"一个人老珠黄的徐娘"。李欧梵借《天鹅》发出

---

① 苏源熙（Haun Saussy）在本书中从翻译理论角度解读徐志摩对波德莱尔《死尸》的译介。笔者从中听到对翻译丰富原文本意义之首肯。对文化多元性的拥护也许可以被视为波德莱尔与徐志摩声气相通的基础。笔者将对苏教授大作的理解与读者分享如下，以期开启更为广阔的对话空间：

亚里士多德倾向于认为在翻译中保持忠实是可能的，或者说是必要的，因为原文具有伦理上的主导地位。亚里士多德的翻译观与其男性中心主义的生命起源观一脉相承。亚里士多德认为，男性在生命繁殖中占据主导地位，提供生命的灵魂，而女性只是提供生命的质料。在亚里士多德这里，男性可以被比喻为原文中的精华，女性则可以被比喻为原文中的次要部分，译文可以被比喻为新生命。在亚里士多德看来，新生命是原有生命的复制。

到了波德莱尔这里，关于生命复制的神话略有变化。一方面，波德莱尔继承了亚里士多德的男性中心主义观念，认为男性掌握对于生命真谛的话语权。另一方面，波德莱尔笔下的生命与其说是在复制，不如说是在转化。从一具完整的尸体转化成苍蝇的养料，从一种声音转化为众声喧哗的异乐。如果将波德莱尔《死尸》一诗视为一种翻译理论的寓言（之所以能够这样做，是因为《死尸》一诗讨论生命转化问题，而关于翻译的论述也是关于生命转化的论述），那么波德莱尔希望告诉我们的似乎是：尽管原文的生命能够被保留，但原文的形态终究不复存在了。另一方面，尽管原文的形态不复存在，译文却极大地丰富了原文的生命。就像被蝇虫啃噬的尸体面目全非，却又以极大丰富的方式再生（«On eût dit que le corps, enflé d'un souffle vague, vivait en se multipliant. »）。

徐志摩的翻译和评论在一定程度上与波德莱尔《死尸》一诗表达的翻译观相契合。徐志摩的翻译尽力忠实于原文，却又以信手拈来的方式引用庄子来诠释波德莱尔，让波德莱尔、庄子本来的面目变得模糊不清，却也因将二者糅合而制造出新的意义。换言之，徐志摩的翻译和评论在深层次上与波德莱尔诗作希望表达的涵义相吻合。

的历史美学喟叹,让波德莱尔这首咏叹巴黎变迁的诗歌成为横跨中国大陆、中国台湾和美国的二十世纪中国现代史寓言。

如今,上海在中国大陆①再度成为具有引领性的文化符号。在当下语境中,城市从道德堕落的空间转变成进步富强的象征,从而在民族主义话语中获得合法性。这也部分解释了1980年代末以来中国大陆的城市文化研究热潮。这股热潮直接影响了中国波德莱尔研究的方向。刘波告诉笔者,2004年之后,他的研究焦点从波德莱尔诗歌体现的审美经验和美学思想转向波德莱尔的城市经验。促成这一转变的直接动因,是中国社科院"现代化进程中的外国文学"研究项目有意将刘老师的研究纳入其中。联想到正处于现代化,特别是大规模城市化进程中的中国,该研究项目的社会现实意义不言而喻。国内相关研究的缺乏,以及刘波将文学研究视为现实社会关怀的意识,更是让他坚守这一领域的重要原因。

刘波指出,让中国人从惯常的情感模式和审美模式中跳脱出来,积极把握和表达现代城市的质感和美感,构建具有现代意义的中国城市经验和表达模式,是波德莱尔对于当代中国社会的现实意义。暧昧性和矛盾性即现代城市特有的质感和美感之一。波德莱尔的矛盾修辞法完美表达了城市生活的

---

① 对于中国大陆读者而言,波德莱尔在港台的接受是较为陌生的话题。在接受笔者访谈时,张历君为我们勾勒出2000年以来波德莱尔与香港文坛的关系。访谈让我们看到以李欧梵为代表的美国汉学知识体系如何让波德莱尔在当代香港落地生根,以及波德莱尔作为关于现代性知识的富矿,如何促生香港文坛对于城市建筑、电影等跨学科领域的理论思考。

  罗仕龙对波德莱尔在中国台湾的研究则从1930年代一直谈到当代。特别值得注意的是,罗仕龙为我们讲述了郭宏安译《巴黎的忧郁》被引进台湾,引起台湾乃至马来西亚、加拿大中文作家对波德莱尔的关注,后者用自己的都市书写回应波德莱尔的故事。这一个案提醒我们,波德莱尔对于跨越不同社会、历史、文化空间、广义中文世界中都市书写的影响,值得进一步思考。

这一特性①。

　　李金佳则指出,比起古典律诗,散文诗更能够让波德莱尔捕捉"现代大城市错综复杂的关系",记录现代人"抒情的冲动、幻想的波澜与意识的迁越"。波德莱尔用虚实相映手法描写比典型更为抽象的现代生活原型。比如,《寡妇》一文中前一个寡妇虚写,只有线条;后一个寡妇实写,给出画面。然而,前面虚写的是一连串行动,人物构成一个积极的核心。后面实写的却只是一个静态的姿势——倾听,人物不过是一个消极的核心。虚实借动静实现冲融,令读者在回顾这篇作品时无法分清彼此,只能设想出一个"寡妇"的原型。同样出于原型描写的考量,《巴黎的忧郁》中不论地点、时间还是人物都被类型化,巴黎极少以具体面目出现。另一方面,巴黎又幻化成节奏和色彩,贯穿、弥漫于《巴黎的忧郁》全书。这一节奏和色彩的基底——也是现代性的基底——是时刻盘踞于作者心头的悲凉之情。

　　最大的悲凉,莫过于对生命根本意义之虚空的体认。李金佳认为,波德莱尔的《老杂耍艺人》象征了这一体认。作者没有交代老杂耍艺人是谁,从何处来,往何处去,只告诉我们有一个年老的杂耍艺人,默默坐在笑语喧阗的欢乐场的一角,"不笑,不哭,不跳舞,不做手势,不喊叫,不唱任何快乐或悲伤的歌,不乞求。只沉默着,动也不动"。这一连串的"不"烘托出现代社会特有的虚无,"使得一切信仰的冲动、理解的欲望和爱的要求,都事先转变为一种疲惫"。相较于《老杂耍艺人》,《美丽的多罗泰》对终极意义缺失的再现显得相对比较积极。李金佳指出,该文对人物身体、动作与行为的描写几乎达到汉赋一般的繁复,似乎在

---

① 在此意义上,此前提到的张寅德笔下徐志摩的巴黎叙事,为我们提供了一个受波德莱尔影响、用现代中文表达现代城市经验的例证。

为即将发生的某一事件作铺垫。然而事件终究没有发生，贯穿文章的只有多罗泰的行走。这种行走的丰满、芬芳和美好，让行走本身获得固有意义。

李金佳对《老杂耍艺人》和《美丽的多罗泰》的分析让我们想起鲁迅的《过客》。从二十世纪20年代到二十一世纪初，从留日知识分子到留法学人，从国民性批判到都市现代性书写，中国波德莱尔阅读者对生命意义的追问贯彻始终。这一追问有时被淹没在各种关于意义的话语中，与这些话语相伴的是现代性迷思。对现代性的追寻与躲避产生的张力，让中国人的精神世界跌宕起伏。不论如何，听不到真诚的心声，人总会感觉缺些什么。正因为如此，我们用鲁迅意义上的"心声"结构波德莱尔在中国的百年历程。我们邀请来自五湖四海、文化身份多元、以开放而豁达的态度构建中国文化的作者，分享波德莱尔与中国的故事。借助这些故事，我们也传达自己的心声：最终只有自由和富有创造性的想象，才能够为人生注入几分色彩，给未来带来一点希望。

杨振 2021年春 于复旦大学

文苑之声

三个文学家的记念[1]

周作人

今年里恰巧有三个伟大人物的诞生一百年的记念，因此引起了我的一点感想来。记念，——就是限定在文艺的国土内，也是常有的事，即如世间大吹大擂的但丁六百年纪念，便是其一。但是现在所说的三个人，并非文艺史上的过去的势力，他们的思想现在还是有生命有意义，是现代人的悲哀而真挚的思想的源泉，所以更值得记念。这三个人是法国的弗罗倍尔（Flaubert）、俄国的陀思妥也夫斯奇（Dostoevski）、法国的波特来耳（Baudelaire）。

弗罗倍尔的生日是十二月十二日，在三人中他最幼小，但在事业上却是他最早了。他于一八五六年发表《波伐理夫人》，开自然主义的先路，那时陀思妥也夫斯奇还在西伯利亚做苦工，波特来耳的《恶之花》也正在草稿中呢。他劳作二十年，只成了五部小说，真将生命供献于艺术，可以说是文艺女神的孤忠的祭司。人生虽短而艺术则长。他的性格，正如丹麦批评家勃兰特

---

[1] 原载《晨报副镌》1921年11月14日号。原文部分文字用法与今日通行用法略有出入，收入本文集时按原文录入。

思所说,是用两种分子合成:

> 对于愚蠢的火烈的憎恨,和对于艺术的无限的爱。这个憎恨,与凡有的憎恨一例,对于所憎恨者感到一种不可抗的牵引。各种形式的愚蠢,如愚行迷信自大不宽容,都磁力似的牵引他,感发他。他不得不一件件地把它们描写出来。

他不是厌世家,或虚无主义者,却是一个愚蠢论者(Imbecilist),这是怎样适切的一个社会批评家的名称啊! 他又梦想斯芬克思(Sphinx)与吉迈拉(Chimaira)——科学与诗——的拥抱,自己成了冷静而敏感、爱真与美的"冷血的诗人"。这冷血的诗人两个字,以前还未曾联合在一处,在他才是初次;他不但不愧为莫泊桑之师,也正是以后与当来的诗人之师了。

陀思妥也夫斯奇生于俄历十月三十日,即新历的十一月十一日。他因为读社会主义的书,被判处死刑,减等发往西伯利亚苦工十年。饥寒、拷打、至发癫痫,又穷困以至于死,但是他不独不绝望厌世,反因此而信念愈益坚定,造成他独一的爱之福音。文学上的人道主义的思想的极致,我们不得不推重陀思妥也夫斯奇,便是托尔斯泰也还得退让一步。他所做的长短十几篇的小说,几乎无一不是惊心动魄之作。他的创作的动机正如武者小路所说,是"从想肯定人生的这寂寞与爱而生的。……陀思妥也夫斯奇的最后的希望,是从他想怎样的不要把生而为人的事当作无意味的事情这一个努力而来的"。安特来夫在《小人物的自白中》说:"我对于运命唯一的要求,便是我的苦难与死不要虚费了。"这也可以说是陀思妥也夫斯奇的要求。他在小说里写出许多"被侮辱与损害的人";他们虽然被人踏在脚下成了一块不干净的抹布,但"他那湿漉漉的折叠中,隐藏着灵妙的感情",正同尔我一样。他描写下等堕落人的灵魂，表示其中还有光明与美存在。他写出一个人物，无论如何堕落，如何无耻，但总能够使读者发起一种思想，觉得书中人物与我们同是一样的人，使读者看了叹道："他是我的兄弟！"这是陀思妥也夫斯奇著作的精义，他留给我们的最大的教训，是我们所应当感激记念的。（这节里多引用旧译《陀思妥也夫斯奇之小说》的文句，全文见《新青年》第四卷。）

波特来耳是四月九日生的。他十年中的著作，评论，翻译以外，只有诗集《恶之华》一卷，《散文小诗》及《人工的乐园》各一卷。他的诗中充满了病的美，正如贝类中的真珠。他是后来颓废派文人的祖师，神经病学者隆勃罗梭所谓风狂的天才，托尔斯泰用了社会主义的眼光批评他说一点都不能了解的作家。他的染绿的头发与变态的性欲，我们只承认是一种传说（Legend），虽然他确是死在精神病院里。我们所完全承认而且感到一种亲近的，是他的"颓废的"心情，与所以表现这心情的一点著作的美。"波特来耳爱重人生，慕美与幸福，不异传奇派诗人，唯际幻灭时代，绝望之哀，愈益深切，而执着现世又特坚固，理想之幸福既不可致，复不欲遗世以求安息，故唯努力求生，欲于苦中得乐，于恶与丑中而得善美，求得新异之享乐，以激刺官能，聊保生存之意识。"他的貌似的颓废，实在只是猛烈的求生意志的表现，与东方式的泥醉的消遣生活，绝不相同。所谓现代人的悲哀，便是这猛烈的求生意志与现在的不如意的生活的挣扎。这挣扎的表现可以为种种改造的主义，在文艺上可以为弗罗倍尔的艺术主义，陀思妥也夫斯奇的人道主义，也就可以为波特来耳的颓废的"恶魔主义"了。

我在上面略述这三个伟大人物的精神，虽然未免近于做"搭题"，但我相信，在中国现在萧条的新文学界上，这三个人所代表的各派思想,实在是一服极有力的兴奋剂,所以值得记念而且提倡。新名目的旧传奇(浪漫)主义、浅薄的慈善主义,正布满于书报上,在日本西京的一个朋友说,留学生里又已有了喝加非茶以代阿布散酒(absinth)的自称颓废派了。各人愿意提倡那一派,原是自由的事,但现在总觉得欠有切实的精神,不免是"旧酒瓶上的新招贴"。我希望大家各因性之所好,先将写实时代的自然主义人道主义,或颓废派的代表人物与著作,略加研究,然后再定自己进行的方针。便是新传奇主义,也是受过写实的洗礼,经由颓废派的心情而出的,所以对于这一面也应该注意,否则便容易变成旧传奇主义了。我也知道这些话是僭越的,但因为这三个文学家的记念的感触,觉得不能不说了,所以聊且写出,以宽解自己的心。

一九二一年十一月十一日,于北京

译菩特莱尔诗《死尸》序

（附鲁迅《"音乐"?》一文）

徐志摩

这首《死尸》是菩特莱尔的《恶之花》诗集里最恶亦最奇艳的一朵不朽的花。翻译当然只是糟蹋。他诗的音调与色彩像是夕阳余烬里反射出来的青芒——辽远的，惨淡的，往下沉的。他不是夜鸮，更不是云雀；他的像是一只受伤的子规鲜血呕尽后的余音。他的栖息处却不是青林，更不是幽谷，他像是寄居在希腊古淫后克利内姆推司德拉坼裂的墓窟里，坟边长着一株尖刺的青蒲，从这叶罅里他望见梅圣里古狮子门上的落照。他又像是赤带上的一种毒草，长条的叶瓣像鳄鱼的尾巴，大朵的花象满开着的绸伞，他的臭味是奇毒的，但也是奇香的，你便让他醉死了也忘不了他那异味，十九世纪下半期文学的欧洲全闻著了他的异臭，被他毒死了的不少，被他毒醉了的更多，现在死去的已经复活，醉昏的已经醒转，他们不但不怨恨他，并且还来钟爱他，深深的惆怅那样异常的香息也叫重浊的时灰压灭了。如今他们便嗅穿了鼻孔也拓不回他那消散了的臭味！……

我自己更是一个乡下人，他的原诗我只能诵而不能懂；但真

---

① 本文原载 1924 年 12 月 1 日《语丝》第 3 期。

音乐原只要你听：水边的虫叫，梁间的燕语，山壑里的水响，松林里的涛声——都只要你有耳朵听，你真能听时，这"听"便是"懂"。那虫叫，那燕语，那水响，那涛声，都是有意义的；但他们各个的意义却只与你"爱人"嘴唇上的香味一样——都在你自己的想像里；你不信你去叫住一个秋虫，一只长尾巴的燕，掬一把泉水，或是攀下一段松枝，你去问他们说的是什么话——他们只能对你跳腿或是摇头：咒你真是乡下人！活该！

所以诗的真妙处不在他的字义里，却在它的不可捉摸的音节里；它刺戟著也不是你的皮肤（那本来就太粗太厚！）却是你自己一样不可捉摸的魂灵——象恋爱似的，两对唇皮的接触只是一个象征；真相接触的，真相结合的，是你们的魂灵。我虽则是乡下人，我可爱音乐，"真"的音乐——意思是除外救世军的那面怕人的大鼓与你们夫人的"披霞娜"。区区的猖狂还不止此哪！我不仅会听有音的乐，我也会听无音的乐（其实也有音就是你听不见）。我直认我是一个干脆的 Mystic。为什么不？我深信宇宙的底质，人生的底质，一切有形的事物与无形的思想的底质——只是音乐，绝妙的音乐。天上的星，水里的洇的乳白鸭，树林里冒的烟，朋友的信，战场上的炮，坟堆里的鬼燐，巷口那只石狮子，我昨夜的梦……无一不是音乐做成的，无一不是音乐。你就把我送进疯人院去，我还是咬定牙龈认账的。是的，都是音乐——庄周说的天籁地籁人籁；全是的。你听不着就该怨你自己的耳轮太笨，或是皮粗，别怨我。你能数一二三四能雇洋车能做白话新诗或是能整理国故的那一点子机灵儿真是细小有限的可怜哪！生命大著，天地大著，你的灵性大著。

回到菩特莱尔的《恶之花》。我这里大胆地仿制了一朵恶的花。冒牌：纸做的。破纸做的，布做的，烂布做的。就像个样儿；没有生命，没有魂灵，所以也没有他那异样的香与毒。你尽闻尽尝不碍事。

我看过三两种英译也全不成;——玉泉的水只准在玉泉流着。

译　　诗：

我爱，记得那一天好天气
你我在路旁见着那东西；
横躺在乱石和蔓草里，有
一具溃烂的尸体。

它直开着腿，荡妇似的放肆
泄漏着秽气，沾恶腥的粘味
它那痈溃的胸腹也无有遮盖，
没忌惮的淫秽。

火热的阳光照临着这腐溃，
化验似的蒸发，煎煮，消毁，
解化着原来组成整体的成分，
重向自然返归。

青天微粲的俯看着这变态，
仿佛是眷注一茎向阳的朝卉；
那空气里却满是秽息，难堪，
多亏你不曾昏醉。

大群的蝇蚋在烂肉间喧闹，
酝酿着细蛆，黑水似的汹涌，
他们吞噬着生命的遗蜕，

啊,报仇似的凶猛。

那蛆群潮澜似的起,落,
无餍的飞虫仓皇的争夺;
转像是无形中有生命的吹息,
巨万的微生滋育。

丑恶的尸体。从这繁生的世界,
仿佛有风与水似的异乐纵泻。
又像是在风车旋动的和音中,
谷衣急雨似的四射。

眼前的万象迟早不免消翳,
梦幻似的,只模糊的轮廓存遗,
有时在美术师的腕底,不期的,
掩映着辽远的回忆。

在那磐石的后背躲着一只野狗,
它那火赤的眼睛向着你我守候,
它也撕下了一块烂肉,愤愤的,
等我们过后来享受。

就是我爱,也不免一般的腐朽,
这样恶腥的传染,谁能忍受——
你,我愿望的明星!照我的光明!
这般的纯洁,温柔!

是呀,便你也难免,艳丽的后!
等到那最后的祈祷为你诵呪,
这美妙的丰姿也不免到泥草里,
与陈死人共朽。

因此,我爱呀,吩咐那趑趄的虫蠕,
他来亲吻你的生命,吞噬你的体肤,
说我的心永葆着你的妙影,
即使你的肉化群蛆!

十一月十三日

"音乐"?[①]

鲁　迅

夜里睡不着,又计画着明天吃辣子鸡,又怕和前回吃过的那一碟做得不一样,愈加睡不着了。坐起来点灯看《语丝》,不幸就看见了徐志摩先生的神秘谈,——不,"都是音乐",是听到了音乐先生的音乐:

……我不仅会听有音的乐,我也会听无音的乐(其实也有音就是你听不见)。我直认我是一个甘脆的 Mystic。我深信……

此后还有什么什么"都是音乐"云云,云云云云。总之:"你听不着就该怨你自己的耳轮太笨或是皮粗"!

我这时立即疑心自己皮粗,用左手一摸右胳膊,的确并不滑;再一摸耳轮,却摸不出笨也与否。然而皮是粗定了;不幸而"拊不留手"的竟不是我的皮,还能听到什么庄周先生所指教的天籁地籁和人籁。但是,我的心还不死,再听罢,仍然没有,——阿,仿佛有了,像是电影广告的军乐。呸!错了。这是"绝妙的音乐"么?再听罢,没……唔,音乐,似乎有了:

[①] 原载 1924 年 12 月 15 日《语丝》周刊第 5 期。原文部分文字和标点符号用法与今日通行用法略有出入,收入本文集时按原文录入。

……慈悲而残忍的金苍蝇,展开馥郁的安琪儿的黄翅,唵,颉利,弥缚谛弥谛,从荆芥萝卜町琤溯洋的彤海里起来。Br-rrr tatata tahi tal 无终始的金刚石天堂的娇裊鬼茱萸,蘸着半分之一的北斗的蓝血,将翠绿的忏悔写在腐烂的鹦哥伯伯的狗肺上!你不懂么?咄!吁,我将死矣!婀娜涟漪的天狼的香山秽恶的光明的利镞,射中了塌鼻阿牛的妖艳光滑蓬松而冰冷的秃头,一匹黳黫欢愉的瘦螳螂飞去了。哈,我不死矣!无终……

危险,我又疑心我发热了,发昏了,立刻自省,即知道又不然。这不过是一面想吃辣子鸡,一面自己胡说八道;如果是发热发昏而听到的音乐,一定还要神妙些。并且其实连电影广告的军乐也没有听到,倘说是幻觉,大概也不过自欺之谈,还要给粗皮来粉饰的妄想。我不幸终于难免成为一个苦韧的非 Mystic 了,怨谁呢。只能恭颂志摩先生的福气大,能听到这许多"绝妙的音乐"而已。但倘有不知道自怨自艾的人,想将这位先生"送进疯人院"去,我可要拼命反对,尽力呼冤的,——虽然将音乐送进音乐里去,从甘脆的 Mystic 看来,并不算什么一回事。

然而音乐又何等好听呵,音乐呀!再来听一听罢,可惜而可恨,在檐下已有麻雀儿叫起来了。

咦,玲珑零星邦滂砰琘的小雀儿呵,你总依然是不管甚么地方都飞到,而且照例来唧唧啾啾地叫,轻飘飘地跳么?然而这也是音乐呀,只能怨自己的皮粗。

只要一叫而人们大抵震悚的怪鸱的真的恶声在那里!?

象征主义[①]

梁宗岱

Alles Vergängliche	一切消逝的
Ist nur ein Gleichnis;	不过是象征;
Das Unzulängliche,	那不美满的
Hier wird's Ereignis;	在这里完成;
Das Unbeschreibliche,	不可言喻的
Hier ist's getan;	在这里实行;
Das Ewig-Weibliche,	永恒的女性
Zieht uns hinan.	引我们上升。

  当歌德在他底八十一岁高年，完成他苦心经营了大半世的《浮士德》之后，从一种满意与感激底心情在那上面题下这几句"神秘的和歌"（Chorus Mysticus）。说也奇怪，这几句"和歌"，我们现在读起来，仿佛就是四十年后产生在法国的一个瑰艳，绚烂，虽然短促得像昙花一现的文艺运动——象征主义——底题

[①] 原载 1934 年 4 月 1 日《文学季刊》第 1 卷第 2 号。原文部分文字和标点符号用法与今日通行用法略有出入，收入本文集时按原文录入。原文中有极个别漏字，收入本文集时已补上。

词。如果我们把这八行小诗依次地诠释,我们也许便可以对于象征主义得到一个颇清楚的概念。这并非因为哥德有预知之明,虽然绝顶的聪明往往可以由对于事理的精微和透彻的体察而达到先知般的直觉;只因为这所谓象征主义,在无论任何国度,任何时代底文艺的活动和表现里,都是一个不可缺乏的普遍和重要的原素罢了。这原素是那么重要和普遍,我可以毫不过分地说,一切最上乘的文艺品,无论是一首小诗或高耸入云的殿宇,都是象征到一个极高的程度的。所以在未谈到法国文学史上的象征主义运动以前,我们得要先从一般文艺品提取一个超空间时间的象征底定义或原理。

我们现在先要问:象征是什么?

许多人,譬如我底朋友朱光潜先生在他底《谈美》一书里,以为拟人和托物都属于象征。他说:"所谓象征就是以甲为乙底符号。甲可以做乙底符号,大半类似联想。象征最大的用处,就是把具体的事物来替代抽象的概念……象征底定义可以说是:'寓理于象。'梅圣俞《续金针诗格》里有一段话很可以发挥这个定义:'诗有内外意:内意欲尽其理,外意欲尽其象。内外意含蓄,方入诗格。'"

这段话骤看起来很明了;其实并不尽然。根本的错误(但这不能怪他,因为"象征"一字底特殊意义,到近代才形成的),就是把文艺上的"象征"和修辞学上的"比"混为一谈。何谓比?《文心雕龙》说:

比者,附也。附理者切理以比事。

接着又说:

盖写物以附意,扬言以切事者也。

换句话说:比,便是基于想象的"异中见同"底功能的拟人和托物,把物变成人或把人变成物,所谓"物本吴越,和则肝胆。"比又有隐显两种。如

> 皑如山上雪,
> 皎若云间月

或

> 纤条悲鸣,
> 声似竽籁

等假借"如""似""方""若""异"等虚字底媒介的是显喻。不假借这些虚字做媒介而直接托物如

> 关关雎鸠,
> 在河之洲;
> 窈窕淑女,
> 君子好逑

一节诗里把"雎鸠"暗比"淑女"和"君子",或拟人如

> 东风,且伴蔷薇住。
> 到蔷薇春已堪怜!
> 　　　　(张田玉《西湖有感》)

底"东风"和"蔷薇"都是隐喻。可是无论拟人或托物，显喻或隐喻，所谓比只是修辞学底局部事体而已。

至于象征——自然是指狭义的，因为广义的象征连带表声音的字也包括在内——却应用于作品底整体。拟人或托物可以做达到象征境界的方法；一篇拟人或托物，甚或拟人兼托物的作品却未必是象征的作品。最普通的拟人托物的作品，或借草木鸟兽来影射人情世故，或把抽象的观念如善恶，爱憎，美丑等穿上人底衣服，大部分都只是寓言，够不上称象征。因为那只是把抽象的意义附加在形体底上面，意自意，象自象，感人的力量往往便肤浅而有限，虽然有时也可以达到真美底境界。屈原，庄子，伊索，拉方登等底寓言，英文里的《仙后》(Fairy Queen)和《天路历程》都是很好的例。不过那毕竟只是寓言，因为每首诗或每个人物只包含一个意义，并且只间接地诉诸我们底理解力。

象征却不同了。我以为它和《诗经》里的"兴"颇近似。《文心雕龙》说：

兴者，起也；起情者依微以拟义。

所谓"微"，便是两物之间微妙的关系。表面看来，两者似乎不相联属，实则是一而二，二而一。象征底微妙，"依微拟义"这几个字颇能道出。当一件外物，譬如，一片自然风景映进我们底眼帘的时候，我们猛然感到它和我们当时或喜，或忧，或哀伤，或恬适的心情相仿佛，相逼肖，相会合。我们不摹拟我们底心情而把那片自然风景作传达心情的符号，或者，较准确一点，把我们底心情印上那片风景去，这就是象征。瑞士底思想家亚美尔

(Ameil)说,"一片自然底风景是一个心灵底境界。"这句话很可以概括这意思。比方《诗经》里的

> 昔我往矣,杨柳依依;今我来思,雨雪霏霏。行道迟迟,载渴载饥。莫知我哀。我心伤悲!

表面看来,前一节和后一节似乎没有什么显著的关系。实则诗人那种颠连困苦,悲伤无告的心情已在前半段底景色活现出来了。又如杜甫底

> 风急天高猿啸哀,
> 渚清沙白鸟飞回。
> 无边落木萧萧下,
> 不尽长江滚滚来。

即使我们不读下去,诗人满腔底穷愁潦倒,艰难苦恨不已经渗入我们底灵府了吗?

有人会说:照这样看来,所谓象征,只是情景底配合,所谓"即景生情,因情生景"而已。不错。不过情景间的配合,又有程度分量底差别。有"景中有情,情中有景"的,有"景即是情,情即是景"的。前者以我观物,物固着我底色彩,我亦受物底反映。可是物我之间,依然各存本来的面目。后者是物我或相看既久,或猝然相遇,心凝形释,物我两忘:不知何者为我,何者为物。前者做到恰到好处,固不失为一首好诗;可是严格说来,只有后者才算象征底最高境。

试把我国两位大诗人底名句比较:

> 池塘生春草,
> 园柳变鸣禽。
>
> 采菊东篱下,
> 悠然见南山。

大家都知道,前两句是谢灵运底,后两句是陶渊明底。像李白和杜甫一样,因为作者是同时代底大诗人,又因为这几句诗不独是他们底名句,并且可以代表两位诗人全部作品底德性和品格,所以我们很容易联想到它们,古人把它们相提并论,品评优劣的亦最多。可是与李杜不同——对于他俩的意见是最分歧的——关于这几句诗的评价却差不多一致。严沧浪有一段话很可以作代表:

> 汉魏古诗,气象混沌,难以句摘。晋以还方有佳句。如渊明"采菊东篱下,悠然见南山",谢灵运"池塘生春草,园柳变鸣禽"之类。谢所以不及陶者。康乐之诗精工,渊明之诗质而自然耳。

把陶放在谢上,可以说是一般读者底意见。不过精工何以逊于质而自然?理由似乎还不能十分确立。我们且先看谢诗底妙处何在:显然地,这两句诗所写的是一个久蛰伏或卧病的诗人,一旦在熏风扇和,草木蔓发的季候登楼,发见原来冰冻着的池塘已萋然绿了,枯寂无声的柳树,因为枝条再荣,也招致了不少的禽鸟飞鸣其间。诗人惊喜之余,误以为遍郊野底春草竟绿到池上去了,绿阴中的嘤嘤和鸣也分辨不出是禽鸟底还是柳树本身底。这看法是再巧不过的。大凡巧很容易流于矫饰。这两句诗却毫不费力地用一个"生"字和一个"变"字把景象底变易和时节底流换同时记下来。巧而出之以自然，此其所以清新可喜了。但这毕竟是诗人眼里的风光；这两句诗，如果我们细细地玩味，也不过是两个极精工的隐喻。作者写这两句诗时，也许深深受了这和丽的光景底感动，但他始终不忘记他是一个旁观者或欣赏者。所以我们读这两句诗时的感应，也止于赏心悦目而已，虽然这样的赏心悦目，无论在现实里或在文艺上，已经不可多得了。至于陶诗呢，诗人采菊时豁达闲适的襟怀，和晚色里雍穆邈远的南山已在那猝然邂逅的刹那间联成一片，分不出那里是渊明，那里是南山。南山与渊明间微妙的关系，决不是我们底理智捉摸得出来的，所谓"一片化机，天真自具，既无朕象，不落言诠。"所以我们读这两句诗时，也不知不觉悠然神在，任你怎样反覆吟咏，它底意味仍是无穷而意义仍是常新的。

于是我们便可以得到象征底两个特性了：(一)是融洽或无间；(二)是含蓄或无限。所谓融洽是指一首诗底情与景，意与象底惝恍迷离，融成一片；含蓄是指它暗示给我们的意义和兴味底丰富和隽永。英国十九世纪底批评学家卡莱尔（Carlyle）说得好：

> 一个真正的象征永远具有无限底赋形和启示，无论这赋形和启示底清晰和直接的程度如何；这无限是被用去和有限融混在一起，清清楚楚地显现出来，不但遥遥可望，并且要在那儿可即的。

换句话说：所谓象征是藉有形寓无形，藉有限表无限，藉刹那抓住永恒，使我们只在梦中或出神底瞬间瞥见的遥遥的宇宙变成近在咫尺的现实世界，正如一颗蓓蕾蕴蓄着炫熳芳菲的春信，一张落叶预奏那弥天满地的秋声一样。所以它所赋形的,蕴藏的,不是兴味索然的抽象观念,而是丰富,复杂,深邃,真实的灵境。哥德回答那问他"在《浮士德》里所赋形的观念是什么"的话很可以启发我们。他说:

> 我写诗之道,从不曾试去赋形给一些抽象的东西。我从我底内心接收种种的印象——肉感的,活跃的,妩媚的,绚烂的——由一种敏捷的想象力把它们呈现给我。我做诗人底唯一任务,只是在我里面摹拟,塑造这些观察和印象,并且用一种鲜明的图像把它们活现出来……

是的,邓浑(Don Juan),浮士德(Faust),哈孟雷德(Hamlet)等传说所以为人性底伟大的象征,尤其是建筑在这些传说上面的莫里哀,摆轮,哥德,莎士比亚底作品所以为文学史上伟大的象征作品,并不单是因为它们每个象征一种永久的人性——譬如,邓浑象征我们对於理想的异性的无厌的追寻;浮士德,我们追逐光和花和爱的美满之生底热烈的颤慄的冲动;哈孟雷德,耽於深思者应付尖锐迫切的现实之无能——实在因为它们包含作者伟大的灵魂种种内在的印象,因而在我们底心灵里激起无数的回声和涟漪,使我们每次开卷的时候,几乎等于走进一个不曾相识的簇新的世界。

我们又试拿屈原底《山鬼》和《橘颂》比较。在这两首诗里,我们知道,诗人都是以物自况的:诗人咏橘,和咏山鬼一样,同时就是咏他自己。可是如果依照我上面底解释,我们会同意《橘颂》是寓言,《山鬼》是象征,为什么呢? 最大的区别,就是前者是限制我们底想像的,后者却激发我们底想像。前者诗人把自己抽象的品性和德行附加在橘树上面,因而它底含义有限而易尽。后者却不然。诗人和山鬼移动于一种灵幻飘渺的氛围中,扑朔迷离,我们底理解力虽不能清清楚楚地划下它底含义和表象底范围,我们底想像和感觉已经给它底色彩和音乐底美妙浸润和渗透了。"……而深沉的意义,便随这声,色,歌,舞而俱来。这意义是不能离掉那芳馥的外形的。因为它并不是牵强附在外形底上面,像寓言式的文学一样;它是完全濡浸和溶解在形体里面,如太阳底光和热之不能分离的。它并不是间接叩我们底理解之门,而是直接地,虽然不一定清晰地,诉诸我们底感觉和想像之堂奥……"我在《保罗梵乐希评传》里曾经这样说过。

我们既然清楚什么是象征之后,可以进一步跟踪象征意境底创造,或者可以说,象征之道了。像一切普遍而且基本的真理一样,象征之道也可以一以贯之,曰,"契合"而已。"契合"这字是法国波特莱尔一首诗底题目 *Correspondances* 底译文。我们要澈底了解它底意义,且先把原诗读一遍:

La Nature est un temple où de vivants piliers	自然是座大神殿,在那里
Laissent parfois sortir de confuses paroles;	活柱有时发出模糊的话;
L'homme y passe à travers des forêts de symboles	行人经过象征底森林下,
Qui l'observent avec des regards familiers.	接受着它们亲密的注视。
Comme de longs échos qui de loin se confondent	有如远方的漫长的回声

Dans une ténébreuse et profonde unité,	混成幽暗和深沉的一片,
Vaste comme la nuit et comme la clarté,	渺茫如黑夜,浩荡如白天,
Les parfums, les couleurs et les sons se répondent.	颜色,芳香与声音相呼应。
Il est des parfums frais comme des chairs d'enfants,	有些芳香如新鲜的孩肌,
Doux comme les hautbois, verts comme les prairies,	宛转如清笛,青绿如草地,
-Et d'autres, corrompus, riches et triomphants,	——更有些呢,朽腐,浓郁,雄壮,
Ayant l'expansion des choses infinies,	具有无限底旷邈与开敞,
Comme l'ambre, le musc, le benjoin et l'encens,	象琥珀,麝香,安息香,馨香,
Qui chantent les transports de l'esprit et des sens.	歌唱心灵与官能底热狂。

　　在这短短的十四行诗里,波特莱尔带来了近代美学底福音。后来的诗人,艺术家与美学家,没有一个不多少受他底洗礼,没有一个能逃出他底窠臼的。因为这首小诗不独在我们灵魂底眼前展开一片浩荡无边的景色———一片非人间的,却比我们所习见的都鲜明的景色,并且启示给我们一个玄学上的深沉的基本真理,由这真理波特莱尔与十七世纪一位大哲学家莱宾尼滋

(Leibniz)遥遥握手,即是:"生存不过是一片大和谐。"宇宙间一切事物和现象,尽管如莱宾尼滋另一句表面上仿佛相反的话,"一株树上没有两张相同的叶子",其实只是无限之生底链上的每个圈儿,同一的脉搏和血液在里面绵延不绝地跳动和流通着——或者,用诗人自己底话,只是一座大神殿里的活柱或象征底森林,里面不时宣奏着浩瀚或幽微的歌吟与回声;里面颜色,芳香,声音和荫影都融作一片不可分离的永远创造的化机;里面没有一张叶,只要微风轻轻地吹,正如一颗小石投落汪洋的海里,它底音波不断延长,扩大,传播,而引起全座森林底飒飒的呻吟,振荡和响应。因为这大千世界不过是宇宙底大灵底化身:生机到处,她便幻化和表现为万千的气象与华严的色相——表现,我们知道,原是生底一种重要的原动力的。

不幸人生来是这样,即一粒微尘飞入眼里,便全世界为之改观。於是,蔽於我们底小我底七情与六欲,我们尽日在生活底尘土里辗转挣扎。宇宙底普遍完整的景象支离了,破碎了,甚且完全消失於我们底目前了。我们忘记了我们只是无限之生底链上的一个圈儿,忘记了我们只是消逝的万有中的一个象征,只是大自然底交响乐里的一管一弦,甚或一个音波——虽然这音波,我刚才说过,也许可以延长,扩大,传播,而引起无穷的振荡与回响。只有醉里的人们——以酒,以德,以爱或以诗,随你底便——才能够在陶然忘机的顷间瞥见这一切都沉浸在"幽暗与深沉"的大和谐中的境界。林和靖底玲珑的诗句:

疏影横斜水清浅,
暗香浮动月黄昏

便是诗人陶醉在自然底怀里时,心灵与自然底脉搏息息相通,融

会无间地交织出来的仙境：一片迷茫澄澈中，隔绝了尘嚣与凡迹，只闻色，静，香，影底荡漾与潆洄。所谓

> 三杯通大道，
> 一斗合自然，

实在具有诗的修词以上的真实的。

可是各位不要误会。陶醉所以宜于领会"契合"或象征底灵境，并不完全像一般心理学家底解释，因为那时候最容易起幻觉或错觉。普通的联想作用说——譬如，一朵钟形的花很容易使我们在迷惘间幻想它底香气是声音，或曾经同时同地意识地或非意识地体验到的声，色，香，味常常因为其中一个底引逗而一齐重现于我们底感官——虽然有很强固的生理和心理底根据，在这里至多不过是一种物质的出发点，正如翱翔於空中的鸟儿藉以展翅的树枝，又如肉体或精神底美是启发两性间的爱慕的媒介，到了心心相印，两小无猜的时候，爱是绝对超过一般美丑底计较与考虑的。

事实是：对于一颗感觉敏锐，想像丰富而且修养有素的灵魂，醉，梦或出神——其实只是各种不同的缘因所引起的同一的精神现象——往往带我们到那形神两忘的无我底境界。四周的事物，固已不再像日常做我们底行为或动作底手段或工具时那么匆促和琐碎地挤过我们底意识界，因而不容我们有细认的机会；即当作我们底认识底对象，呈现于我们底意识界的事事物物都要受我们底分析与解剖时那种主，认识的我，与客，被认识的物，之间的分辨也泯灭了。我们开始放弃了动作，放弃了认识，而渐渐沉入一种恍惚非意识，近于空虚的境界，在那里我们底心灵是这般宁静，连我们自身底存在也不自觉了。可是，看呵，恰

如春花落尽瓣瓣的红英才能结成累累的果实,我们正因为这放弃而获得更大的生命,因为忘记了自我底存在而获得更真实的存在。老子底"将欲取之,必先予之",引用到这上面是再确当不过的。因为,在这难得的真寂底顷间,再没有什么阻碍或扰乱我们和世界底密切的,虽然是隐潜的息息沟通了:一种超越了灵与肉,梦与醒,生与死,过去与未来的同情底韵律在中间充沛流动着。我们底内在的真与外在底真调协了,混合了。我们消失,但是与万化冥合了。我们在宇宙里,宇宙也在我们里:宇宙和我们底自我只合成一体,反映着同一的荫影和反应这同一的回声。关于这层,波特莱尔在他底《人工的乐园》里有一段比较具体的叙述,他说:

> 有时候自我消失了,那泛神派诗人所特有的客观性在你里面发展到那么反常的程度,你对于外物的凝视竟使你忘记了你自己底存在,并且立刻和它们混合起来了。你底眼凝望着一株在风中摇曳的树;转瞬间,那在诗人底脑里只是一个极自然的比喻在你底脑里竟变成现实了。最初你把你底热情,你底欲望或你底忧愁加在树底身上;它底呻吟和它底摇曳变成你底,不久你便是树了。同样,在蓝天深处翱翔着的鸟儿最先只代表那翱翔于人间种种事物之上的永生的愿望;但是立刻你已经是鸟儿自己了。

可是这时候的心灵,我们要认清楚,是更大的清明而不是迷惘。正如颜色,芳香和声音底呼应或契合是由于我们底官能达到极端的敏锐与紧张时合奏着同一的情调,这颜色,芳香和声音底密切的契合将带我们从那近于醉与梦的神游物表底境界而达到一个更大的光明——一个欢乐与智慧做成的光明,在那里我们不

独与万化冥合,并且体会或意识到我们与万化冥合。所以一切最上乘的诗都可以,并且应该,在我们里面唤起波特莱尔所谓

歌唱心灵与官能底热狂

的两重感应,即是:形骸俱释的陶醉和一念常惺的澈悟。哥德底《流浪者之夜歌》:

Über allen Gipfeln	一切的峰顶
Ist Ruh'	沉静;
In allen Wipfeln	一切的树尖
Spürest Du	全不见
Kaum einen Hauch.	丝儿风影。
Die Vögelein schweigen im Walde.	小鸟们在林间无声。
Warte nur, balde	等着罢:俄顷
Ruhest Du auch.	你快也安静

不独把我们沉浸在一个寥阔的静底宇宙中,并且领导我们底灵魂觉悟到一个更庄严更永久更深更大的静——死;和日本行脚诗人芭蕉底隽永的俳句:

古池呀——青蛙跳进去的水声,

把禅院里无边的宁静凝成一滴永住的琉璃似的梵音——都是最好的例。

从那刻起,世界和我们中间的帷幕永远揭开了。如归故乡一样,我们恢复了宇宙底普遍完整的景象,或者可以说,回到宇

宙底亲切的跟前或怀里,并且不仅是醉与梦中闪电似的邂逅,而是随时随地意识地体验到的现实了。正如我们不能画一幅完全脱离了远景或背景的肖像,为的是四围底空气和光线也是构成我们底面貌和肢体的重要成分:同样,我们发现我们底情感和情感底初苗与长成,开放与凋谢,隐潜与显露,一句话说罢,我们底最隐秘和最深沉的灵境都是与时节,景色和气候很密切地互相缠结的。一线阳光,一片飞花,空气底最轻微的动荡,和我们眼前无量数的重大或幽微的事物与现象,无不时时刻刻在影响我们底精神生活,和提醒我们和宇宙底关系,使我们确认我们只是大自然底交响乐里的一个音波;离,它要完全失掉它底存在的理由;合,它将不独恢复一己底意义,并且兼有那磅礴星辰的妙乐的。

于是,当

> 炎炎红镜东方开,
> 晕如车轮上徘徊,
> 啾啾赤帝骑龙来
>
> (李长吉底《六月》)

的时候,一轮红日也在我们心灵底天空升起来,一样地洋溢着蜂喧与鸟啼,催我们弹去一夜底混沌与凌乱,去欢迎那生命普赐众生,同时又特别为我们设的一件丰盛的礼物:一天悠长的时光,阴或晴,献给我们底沉思,劳动,感受和歌唱。

当暮色苍茫,颜色,芳香和声音底轮廓渐渐由模糊而消减,在黄昏底空中舞成一片的时候,你抬头蓦地看见西方孤零零的金星像一滴秋泪似的晶莹欲坠,你底心头也感到——是不是?——刹那间幸福底怅望与爱底悸动,因为一阵无名的寒颤,有一天,透过你底身躯和灵魂,是你恍然于你和某条线纹,柔纤或粗壮,某个形体,妩媚或雄伟,或某种步态,婀娜或灵活,有前定的密契于夙缘;于是,不可解的狂渴在你舌根,冰冷的寂寞在你心头,如焚的乡思底烦燥在灵魂里,你发觉你自己是迷了途的半阕枯涩的歌词,你得要不辞万苦千辛去追寻那和谐的半阕,在那里实现你底美满圆融的音乐。

当最后黑夜倏临,天上的明星却一一燃起来的时候,看呵,群动俱息,万籁俱寂中,你底心灵底不测的深渊也涌现出一个光明的宇宙:无限的情与意,悲与欢,笑与泪,回忆与预感,希望与忏悔……一星星地在那里闪烁,熠耀,晃漾;它们底金芒照澈了你底灵魂底四隅,照澈了你所不敢洞悉的幽隐……

而且这大宇宙底亲挚的呼声,又不单是在春花底炫熳,流泉底欢笑,彩虹底灵幻,日月星辰底光华或灵雀底喜歌与夜莺底哀曲里可以听见。即一眼断井,一只田鼠,一堆腐草,一片碎瓦……一切最渺小,最卑微,最颓废甚至最猥亵的事物,倘若你有玲珑的心机去细认,清澈的心耳去谛听,无不随在合奏着钧天底妙乐,透露给你一个深微的宇宙底消息。勃莱克底

To see World in a grain of sand,	一颗沙里看出一个世界,
And a heaven in a wild flower,	一朵野花里一个天堂,
Hold infinity in the palm of your hand,	把无限放在你底手掌上,
And eternity in an hour.	永恒在一刹那里收藏。

和梵乐希底

> Tout l'univers chancelle et tremble sur ma tige,
> 全宇宙在我底枝头上颤动,飘摇,

但是两朵极不同的火焰——一个是幽秘沉郁的直觉,一个是光灿昭朗的理智——燃到同样的高度时照见的同一的玄机。

因为,正如我们底官能底任务不单在于教我们趋避利害以维护我们底肉体,而尤其在于与一个声,色,光,香底世界接触和会晤以梳洗,滋养和娱悦我们底灵魂:同样,外界底事物和我们相见亦有两副面孔。当我们运用理性或意志去分析或挥使它们的时候,它们只是无数不相联属的无精彩无生气的物品。可是当我们放弃了理性与意志底权威,把我们完全委托给事物底本性,让我们底想像灌入物体,让宇宙底大气透过我们底心灵,因而构成一个深切的同情底交流,物我之间同跳着一个脉搏,同击着一个节奏的时候,站在我们面前的已经不是一粒细沙,一朵野花或一片碎瓦,而是一颗自由活泼的灵魂与我们底灵魂偶然的相遇:两个相同的命运,在那一刹那间,忽然点头,默契和微笑。当浮士德在森林与幽岩底深处,轮流玩赏着自然与灵府底无尽藏的玄机与奇景,从那盈盈欲溢的感激底怀里,找不出更深沉更雄辩的声音去致谢那崇高的大灵:

Du führst die Reihe der Lebendigen	你把有生底行列带过我面前,
Vor mir vorbei, und lehrst mich meine Brüder	教我一一地认识我底弟兄们
Im stillen Busch, in Luft und Wasser kennen.	在空中,水中和幽静的丛林间

于是日常的物价表——大小，贵贱，美丑，生死——勾消了。豪末与丘山，星辰与露水，沙砾与黄金，庄周与蝴蝶，贵妇与暗娼……在诗人底思想底光里混合了，或携手了。因为那里唯一的度量是同情，唯一的权衡是爱：同情底钥匙所到，地狱与天堂齐开它们底最隐秘的幽宫；熊熊的爱火里，芦苇与松柏同化作一阵璀璨与清纯的烈焰。

但丁底《神曲》和波特莱尔底《恶之花》都是最显著的例。

我第一次读《地狱曲》的时候，差不多对但丁起怀疑和失望底反感。我觉得这泪乡，这血河，这毒杯，这兽岩与蛇窟，这永久的恐怖与诅咒，号啕与挣扎……所给我们对于造物者——上帝或诗人——底印象太残酷了，太狭隘了，或太幼稚了。痛楚底日记，酷刑底纪年，丑恶与怨毒底写真，于我们果何有呢？可是当我挽着诗人影子底手穿过净土底幽谷与嘉林底荫影，渡忘河而达天堂底边沿，在那里贝雅特丽琪（Beatrice）像一朵爱花，一朵贞洁的火焰般的在缤纷的花雨和天使底歌声中用婉诮，轻谴和媽笑来相迎——尤其是当我们追随着贝雅特丽琪从碧霄到碧霄，从光华到光华，一层层地攀登，迁升，直至宇宙底中心，上帝底宝座前，在一个极乐与光明的灵象里谛听着圣贝尔纳向玛丽亚为我们底诗人低诵这圣洁和平的祷词：

    Vergine madre, figlia del tuo figlio……
    贞洁的母亲呵，你儿子底女儿……

我才恍然大悟了！因为在这震荡着虔诚，悲悯，纯洁与慈爱的祷词里，咒诅远了，怨毒与仇恨远了，但丁毕生底悲哀与失望，困苦与颠顿，和远远传来的地狱里被咒诅者底惨怛的号啕，净土里忏悔的灵魂底温柔的哭泣，都融成一片颂赞底歌声或缕缕礼拜底炉香了。

　　从题材上说，再没有比波特莱尔底《恶之花》里大部分的诗那么平凡，那么偶然，那么易朽，有时并且——我怎么说好？——那么丑恶和猥亵的。可是其中几乎没有一首不同时达到一种最内在的亲切与不朽的伟大。无论是佝偻残废的老妪，鲜血淋漓的凶手，两个卖淫少女互相抚爱底亲昵与淫荡，溃烂臭秽的死尸和死尸上面喧闹着的蝇蚋与汹涌着的虫蛆，一透过他底洪亮凄徨的声音，无不立刻辐射出一道强烈，阴森，庄严，凄美或澄净的光芒，在我们底灵魂里散布一阵"新的颤栗"——在那一颤栗里，我们几乎等于重走但丁底全部《神曲》底历程，从地狱历净土以达天堂。因为在波特莱尔底每首诗后面，我们所发见的已经不是偶然或刹那的灵境，而是整个破裂的受苦的灵魂带着它底对于永恒的迫切的呼唤，并且正凭藉着这呼唤底结晶而飞升到那万籁皆天乐，呼吸皆清和的创造底宇宙：在那里，臭腐化为神奇了；卑微变为崇高了；矛盾的，一致了；枯涩的，调协了；不美满的，完成了；不可言喻的，实行了。

廿三年正月廿日於北平

　　附注：本文大意，曾在北京大学国文学会演讲。当时只随意发挥。事后追写，增减出入处，在所不免。

波德莱尔与猫[1]

陈敬容

波德莱尔时常命我联想到猫。

波德莱尔的自画像,两目灼灼,交溶着炙热与寒冷,面部的线条掺揉着坚硬与柔和。都正像猫。

除了猴子(依据达尔文的学说,它们中比较长进些的早已进化成为人类,如今有的且已进化到懂得专以残杀同类为乐了),兽类中最伶俐的要算猫了。一身柔软的毛,四只灵巧的脚,一双锐利的眼睛。它的咪鸣声有时听起来温暖,有时听起来凄切,有时又异常凶猛,叫老鼠们听了发抖。

十九世纪前半的欧洲文坛,是浪漫主义的权威时代。浪漫主义的主要特色是热情,汹涌澎湃,蔚为大观。其间也的确出了一些名家,在英国有拜伦,雪莱,济慈等,在德国有海涅,哥德等,在法国,有雨果(别译嚣俄),维尼,拉马丁,缪塞(这一位还和名女作家乔治桑谈了那么一场不尴不尬的恋爱,差点自杀),哥第耶等。

渐渐地人们厌倦了那种浪漫的热情,因为它有时近于夸张。

---

[1] 原载1946年12月19日《文汇报》。

偶然飘过一丝风便当着巨飚,几颗眼泪会被看得像万顷波浪那么浩浩荡荡。人们的感情和理智都有点追踪不上,因为落入空虚。

波德莱尔最先一个把那种深入的感情和明睿的智慧的奇迹投给了法国诗坛,他生于1821年,在1857年出版了他一生唯一的诗集《恶之花》,(此外也仅有小散文诗集和翻译的爱伦·坡全集)时年三十六岁,他第一次把这本诗集给当时浪漫派大师雨果看,雨果在回信中说:"你给了我们的艺术一种新的战慄。"

"新的战慄",这话句很确当,在那之前,法国(甚至整个欧洲)从未有过那么丰富的色调,那么神秘的音乐。他给一切微细的事物都涂抹上一层神异的光辉,无论他的沉思,歌颂,嘲骂,或者诅咒,都同样显得真挚而深沉,毫无浮泛或夸大的感觉。它们都来自他底感情和理智的深处,而那种感情和理智都同是来自活生生的生活。

波德莱尔是生活的忠实的热爱者,他的生涯黯淡,脾气古怪。他爱许多人家从来不爱的事物,用亲切的笔致描写它们。他替人群中的一切不幸者诉苦:穷人,残废人,难看的女人,寡妇,孤儿,甚至失群之鸟,丧家之犬。他也爱云彩,风暴,大海,灼热的太阳,冰冷的月亮;他也爱一朵小小的花,一只小小的烟斗。他也爱猫。

读波德莱尔的诗,令人有一种不自禁的生命之沉湎。诚然他所写的多一半是人生凄厉的一面,但因为他是带着那么多热爱去写的,反而使读者从中获得了温暖的安慰,他底作品中感伤的气氛也很浓,但不是那种廉价的感伤,不是无病呻吟。而他底欢乐,是真正的火焰似的欢乐,是一些生命的火花,而非无故的吟风弄月——像我们古代的才子佳人,或今日的鸳鸯蝴蝶派底作品那样。

我们在波德莱尔的作品中找到那积极的一面,我们发现了那无比的"真"。有人认为波德莱尔颓废,那只是他们底臆测之词,那因为他们没有看到他的底里。

波德莱尔不同于其他象征派诗人们,虽然它事实上是象征派的创始人(人家把象征派创始人底头衔加在马拉梅 Mallarmé 身上,不过因为他曾经每晚在罗马街寓所里举行诗歌沙龙,一时诗人,画家,雕刻家等群集门下,造成了那么个形势),他比任何象征派诗人都来得广博,丰富。

像猫儿底叫声一样,他底诗章有的温婉如四月黄昏的笛声,有的凄切如午夜鸱啼,有的凶猛如苍鹰的锐鸣,或枭鸟的狞笑。

在寒冷的冬天的雨夜,灯光也像是冰冷的,我想起他一些冰冷的诗句,而感到温暖。

女诗人郑敏有两行诗:

> 唯有让更多的痛苦弥补
> 那正在痛苦着的创伤。
> （见《大公报》星期文艺第七期）

这正好解释了我们读过一切惨痛或凄怆的文艺作品后那种绵绵的温慰之情。

十二,十一夜

翻译波特莱尔的意义
——《恶之华》译后记[①]

戴望舒

对于我,翻译波特莱尔的意义有这两点:

第一,这是一种试验,来看看波特莱尔的坚固的质地和精巧纯粹的形式,在转变成中文的时候,可以保存到怎样的程度。第二点是繫附的,那就是顺便让我国的读者们能够都看到一点他们听说了长久而见到得很少的,这位特殊的近代诗人的作品。

为了使波特莱尔的面目显示得更逼真一点,译者费了极大的,也许是白费的苦心。两国文字组织的不同和思想方式的歧异,往往使那同时显示质地并再现形式的企图变成极端困难,而波特莱尔所给与我们的困难,又比其他外国诗人更难以克服。然而,当作试验便是不顾成败,只要译者曾经努力过,那就是了。显示质地的努力是更隐藏不显,那再现形式的努力却更容易地看得出来。把 Alexandrin, décasyllabe, octosyllaba 译作十二言、十言、八言的诗句,把 rimes suivies, rimes coisées, rimes embrassées 都照原样押韵,也许是笨拙可笑(波特莱尔的商籁体

[①] 原文见《译者后记》,波特莱尔:《恶之华掇英》,戴望舒译,上海:怀正文化社,1947年3月初版,第97—100页。

的韵法并不十分严格,在全集七十五首商籁体中,仅四十七首是照正规押韵的,所以译者在押韵上也自由一点);韵律方面呢,因为单单顾着 pied 也已经煞费苦心,所以波特莱尔所常用的 rhythme quaternaire, trimètre 便无可奈何地被忽略了,而代之以宽泛的平仄法。是否能收到类似地效果也还是个疑问。这一些,译者是极希望各方面的指教的。在文字的理解上,译者亦不过尽其所能。误解和疏忽虽竭力避免,但谁知道能达到怎样的程度?

波特莱尔在中国是闻名已久了的,但是作品译成中文的却少得很。散文诗 Le Spleen de Paris 有两种译本,都是从英文转译的,因而自然和原作有很大的距离;诗译出的极少,可读的更不多。可以令人满意的有梁宗岱,卞之琳,沈宝基三位先生的翻译(最近陈敬容女士也致力于此),可是一共也不过十余首。这部小书所包涵的比较多一点,但也只有二十四首,仅当全诗的十分之一。总这样少数的翻译来欣赏一位作家,其所得是很有限的(因而从这点作品去判断作者,当然更是不可能的事了),可是等着吧,总之译者这块砖头已经抛出来了。

对于指斥波特莱尔的作品含有"毒素",以及忧虑他会给中国新诗以不良的影响等意见,文学史会给与更有根据的回答,而一种对于波特莱尔的更深更广的认识,也许会产生一种完全不同的见解。说他曾参加二月革命和《公众幸福》这革命杂志,这样来替他辩解是不必要的,波特莱尔之存在,自有其时代和社会的理由在。至少,拿波特莱尔作为近代 classic 读,或是用更时行的说法,把他作为文学遗产来接受,总可以允许了吧。以一个固定的尺度去度量一切文学作品无疑会到处找到"毒素"的,而在这种尺度之下,一切古典作品,从荷马开始,都可以废弃了。至于影响呢,波特莱尔可能给与的是更多方面的,要看我们怎样接受。只要不是皮毛的模仿，能够从深度上接受他的影响、也许反而是可喜的吧。

译者所根据的本子是三三年巴黎的 Éditions de Cluny 出版的限定本（Le Dantec 编校）。梵乐希的《波特莱尔的位置》一文，很能帮助我们去了解波特莱尔，所以也译出来放在这小书的卷首。

戴望舒记　一九四七年二月十八日

万物照应,东西交辉
——波特莱尔与我

杜国清[1]

在我追求诗艺的人生中,波特莱尔占有一个特殊的位置,对我的诗观和创作都具有决定性的影响。波特莱尔与我的关系,可以从我的人生机缘和学术渊源这两方面来说。

波特莱尔生于1821年,卒于1867年,享年46岁。我生于

---

[1] 杜国清,1941年生于台中丰原,台湾大学外文系毕业,日本关西学院大学日本文学硕士,美国史丹福大学中国文学博士,现任圣塔芭芭拉加州大学东亚语言文化研究系教授、赖和吴浊流台湾研究讲座暨台湾研究中心主任。1996年创办《台湾文学英译丛刊》(*Taiwan Literature: English Translation Series*),致力于台湾文学的英译出版。

杜教授专攻中国文学、中西诗论和台湾文学。曾任《现代文学》编辑,为一九六三年台湾《笠》诗刊创办人之一。著有诗集《蛙鸣集》《岛与湖》《雪崩》《望月》《心云集》《殉美的忧魂》《情劫集》《勿忘草》《对我 你是危险的存在》《爱染五梦》《爱的秘图》等。翻译有艾略特《荒地》《艾略特文学评论选集》、波特莱尔《恶之华》、刘若愚《中国诗学》《中国文学理论》等。曾获中兴文艺奖、诗笠社翻译奖、一九九三年汉城亚洲诗人大会颁与功劳奖、一九九四年获文建会翻译成就奖。

近年由台大出版中心出版的著作有:诗集《山河掠影》(2008)、《玉烟集——锦瑟无端五十弦》(2009)、评论集《诗论・诗评・诗论诗》(2010)、《台湾文学与世华文学》(2015)、诗选集《光射尘方・圆照万象:杜国清的诗情世界》(2017)、散文集《推窗望月》(2019)等。此外,有日文诗集《希腊神弦曲》(译者池上贞子,2011)和韩文诗集《望乡》(译者金尚浩,2014)。2017年12月9—10日台大台文所主办"诗情与诗论:杜国清作品国际学术研讨会"。

1941年，比他晚一百二十年，但已经比他多活了二十四年。我们相遇是在台湾，当我进入大学开始写诗的时候，在1960年前后，那时我才二十出头。

　　回顾台湾现代诗的历史，我们都知道，纪弦在1953年创刊《现代诗》，1956年宣布成立"现代派"，主张新诗乃是横的移植，而非纵的继承。在现代派六大信条中，开宗明义第一条主张："我们是有所扬弃并发扬光大地包含了自波特莱尔以降一切新兴诗派之精神与要素的现代派之一群。"对一个刚开始写诗的我，从此认定波特莱尔是现代诗的祖师，特别留意有关他的诗的翻译和文章，《恶之花》和《巴黎的忧郁》也开始进入我的视野。

　　由于对现代诗的志趣，一方面阅读当时的诗刊杂志，一方面尝试创作，我进一步发现当代英美诗人中，艾略特是一般公认的最大诗人。我曾在一篇谈论艾略特与我的散文中提到，艾略特是挡在我有志走上写诗这条路前的一座山，我要么想办法攀爬过去，要么绕道避开。当时有如初生之犊，不怕虎威，我毅然决定想要攀登这座高山。于是开始阅读艾略特的诗。当时《现代文学》已经创刊，一开始就以创作与翻译，双管齐下，推动现代主义；我在大二的时候加入《现代文学》，为了这个刊物的需要，开始帮忙翻译一些作品，也引发我集中翻译艾略特的兴趣。于是我开始在《现代文学》上陆续发表艾略特的诗，包括诗集《普鲁佛洛克与其他的观察》和《荒原》等。《荒原》第一部中最后一行，"你，伪善的读者！——我的同类，我的兄弟！"引自波特莱尔《恶之花》的序诗"致读者"，给我的印象颇为深刻。对艾略特的译介，我从诗作品开始，后来觉得要了解艾略特的诗，必须也了解他的评论，因此开始翻译他的文学评论，于1969年出版了《艾略特文学评论选集》，选择具有代表性的论文十八篇，包括《传统论》《诗和剧的原理论》《批评的机能论》《作家论》和《文学的宗教性》。我特地选择艾略特论波特莱尔的一篇文章,其中有一句特别引人注意的金言:"恋爱唯一最大的快乐在于必然为恶之中。"不管我对这句话的了解是否正确,是否具有道德上或宗教上的意义,当时处于青春迷乱时期的我,是相当震惊的,那震撼的余波一直在我的早期作品中回响。

由于翻译艾略特的作品时,参考了日文的翻译,使我深深感到如果精通日文,对将来从事翻译工作,必然大有帮助,因此引起了我大学毕业之后,不到美国而到日本留学的想法。其实当时也有一些经济问题的考量,因为到美国自费留学,需要有一笔相当大的生活保证金,对我来说是不可能的。在翻译艾略特时,我参照了西胁顺三郎的日译本。西胁本人是诗人,也是30年代将西方超现实主义引进日本的一个健将,同时也是西欧和英美文学的学者。我1966年到了日本之后,开始阅读他的作品,尤其是综合东西方诗论的一本《诗学》(1968)。这本《诗学》的主要课题在于探究"什么是优越的诗",而基本理论是建立在波特莱尔的两个观点之上:"诗是超自然主义(transcendantalalisme),是反讽刺(ironie)。"所谓超自然的世界是想象世界;因此诗不可以是自然或现实的世界,亦即不能不是所谓"理念"(idée)的思考世界;所谓"反讽",并非指修辞学上的一种表现方法,而是指艺术或美的基本原理,亦即两种相反之物的紧张或调和(balance)。我在1969年将这本《诗学》翻译成中文出版。透过西胁和波特莱尔的诗观,我打下了日后研究东西诗学理论的基础。西胁本人于1922年到英国留学时,旅途随身携带的是一本《恶之花》。他这本《诗学》的第二部分是一篇《波特莱尔与我》的长文,详述他对波特莱尔的诗与艺术论的了解和看法,使我对诗人波特莱尔及其同时代法国象征诗人的诗观作品及其源流大开眼界。

当时台湾诗坛上,对波特莱尔的翻译,非常有限,只有《万物照应》(或译为《交感》)和散文诗《异乡人》之类而已。据我所知,30年代中国大陆也有一些零星的翻译,翻译最多的是戴望舒的《恶之花掇英》二十三首,我从《笠》诗社同人赵天仪那儿,借来看过他的一个手抄本,后来《笠》诗刊在开始连载我的翻译时,也曾加以重刊。1966年到了日本,我开始搜集《恶之花》的各种日译本,而感慨未曾有完整的中文翻译,因而引起我想翻译《恶之花》的念头。可是,我在日本四年除了翻译艾略特的文学评论之外,为了学费和生活费,每天忙碌,没有时间再来翻译波特莱尔。这一翻译计划,一直拖延到1970年我到美国史坦福大学攻读博士学位时,才开始在课业之余逐步进行。

1971年我开始着手翻译《恶之花》,在《笠》诗刊连载时,曾写了一篇短文,说明当时翻译这位被称为"恶魔"诗人波特莱尔的心情:"我相信自己的人性中也含有一些'魔性'。因此我也就不管将来到天堂或地狱,把此生此世的一部分时间献给我所喜爱的'恶魔'诗人。……我第一次真正感到所期'心灵的战栗',是在到了日本从日译本中读到这本书的时候。以后每当我重读一次,心灵就受到一次的冲击。也许已经中了'恶'毒,从波特莱尔的作品中,我感到许多从来没有过的满足。"于是1972年4月开始,在《笠》双月刊(第四十八期)连载,每期五首,一直到1976年10月,前后四年,共发表一百一十首。由于现代诗在台湾的发展,早已扬弃格律和固定的形式,我在开始翻译的时候,采用押韵但每行长短不拘的自由形式。在《笠》诗刊上发表了两期之后,我觉得整本《恶之花》诗集在形式上具有严格的格律,不能忽视,因此开始注意原诗的形式,亦步亦趋,除了押韵之外,也注意每行一定的音节,并将之前发表的十首,重新翻译,力求一致。中国语言学家王了一,在1980年,也出版了一本《恶之花》翻译一百五十七首（大部分是1940年的旧译），在形式上，变本加厉，采取五言或七言古诗体，雅则雅矣，但恐非现代读者的趣味，信达得失，有兴趣的读者可以参照比较。

我在日本求学前后共四年。由于我是台大外文系毕业的，到了日本，本来打算在京都大学继续研修英美文学，后来觉得既然到了日本，最好还是念日本文学，因此第三年转到关西学院大学日本文学科，攻读硕士学位。研究的对象，如前所述，很自然地选定西胁顺三郎；对西胁的研究，可以使我对现代诗、超现实主义、欧美文学、艾略特、波特莱尔，以及东西诗学理论加以融会贯通。根据我的硕士论文，1980年我出版了一本《西胁顺三郎的诗与诗学》。1970年从日本准备到美国继续深造时，我申请学校所提出的研究计划是，西方文艺思潮影响下的中日近代文学的比较研究，尤其是象征主义。

就学术渊源而言，上面说过，我是从现代诗出发，开始知道波特莱尔在现代诗史上的位置，进而由艾略特的翻译，接触到西胁顺三郎，我认识了波特莱尔，由波特莱尔走进法国象征主义，终于走向李贺和李商隐的晚唐世界和华严佛教的象征哲学。回顾中国的文学传统，我在晚唐诗人李贺中，看到与波特莱尔近似的风格，也一直希望能够进一步以象征主义的诗观，重新审视中国古典诗的传统。我的学位论文，以李贺为研究对象。我曾在《李贺研究的国际概况》这篇短文中，谈到李贺诗的特质，认为"欧洲世纪末诗人和中国晚唐诗人的神经末梢是一样的纤细敏锐；非得像波莱尔或李贺那种令人战栗的诗句，不能撼动现代诗人的心弦。"

作为一个现代诗人，波特莱尔对我的影响，主要有两个方面：诗观和创作。就诗观而言，基本上是透过西胁顺三郎。1969年我将西胁的《诗学》翻译成中文出版。西胁的《诗学》虽然自成体系,在理论上颇受波特莱尔的影响,尤其是前面提到的两个诗观:"超自然"与"反讽"。我在1972年出版的第三本诗集《雪崩》中,写了一篇相当长的"序",说明我对"诗是什么"的看法,那时我已经完成硕士论文,从日本转到美国,在史坦福大学攻读中国传统诗论。我在这篇《序》中,坦然承认,其中所表达的诗观,"是我十年来摸索的结果,对诗是什么所获得的一些片面的印象,以及从艾略特、西胁顺三郎和波特莱尔那儿拾来的一点牙慧而已。"《序》中的第二部分"我为什么写诗"的一百个理由,以及收录在这本集中的"生肖诗集",便是基于波特莱尔所提示的"超自然"和"反讽"的艺术创作原理,以知性的思考、发挥想象力作用的产物。在这个基础上,不断地追究问诗是什么,而对诗的本质的探究,使我逐渐建立起自己的诗论体系。

我的诗论的基本结构建立在对诗"三昧"的看法上。在《雪崩》的《序》中,我首次提出:"惊讶、讥讽、哀愁"是诗在本质上的三个要素,我称之为诗的"三昧",也一再加以解释。三昧中的"惊讶"和"讥讽",事实上来自波特莱尔的"超自然"和"反讽"。"惊讶"的产生,是因为突破日常性的联想和习惯,而"反讽"的形成是由诗的世界与现实之间的对比反差,这两者,事实上都是想象的产物,而诗的世界无非是想象的世界。"三昧"中的"哀愁",来自我对日本文学传统的抒情性和对东洋佛教无常观的体察和认知。这三昧的诗观,在我下一本诗集《心云集》中(这本诗集的作品写于1971到1975年之间,但迟至1983年才出版),有了进一步的阐释。"惊讶、讥讽、哀愁"是三种不同的诗质。"惊讶"是就诗的独创性而言;"讥讽"是就诗的批判性而言;"哀愁"是就诗的感染性而言。诗在本质上的这三个要素,构成一个三角形,代表诗作品的三个侧面:感性,知性,艺术性。作为我的诗论基础的这个三角形,在1988年我为亚洲诗人会议而写的《人间要好诗》(原题《诗人在亚洲开发中的角色》)中,我以中国文学传统中的三个古典诗观进一步给予加持:"诗缘情","赋体物","诗言志"。

　　代表中国传统诗观的三个警句,经过历代诗人的诠释阐发,可以说是难以颠扑的金言,成为我的诗学三个坚实的理论基石。这个三角形结构,到了1994年出版的《寻美的旅人》时,再进一步说明,这个三角形的三个角尖是在一个圆圈上,表示这个三角形的形状虽然千变万化,但是永远离不开这个圆圈。这个圆圈代表诗人的心,因为写诗,写来写去,只是在写一颗心。但是,诗人的心,怎么是一个圆圈呢? 因为"诗人的心是遗落人间的一颗明珠"。这点,说来不能不再提到波特莱尔,在我建立自己的诗论体系中,所触发的灵感和所发挥的触媒作用(catalytic effect)。

　　关于诗论,波特莱尔对我的影响,最重要的是在《万物照应》这首诗所展现的象征主义美学原理上。这首诗精要地表现出波特莱尔诗法(Ars Poetica),预期了象征主义和超现实主义,展示出一些新的审美原则,在表现技巧和感受性上,成为二十世纪现代诗的先河:

　　　　"自然"是一座神殿,那些活柱子
　　　　不时发出一些暧昧朦胧的语言;
　　　　人经过那儿,穿越象征的森林,
　　　　森林望着他,投以熟识的凝视。

　　　　有如一些悠长的回声,在远方混合
　　　　于幽暗而深邃的一种冥合之中,
　　　　像黑暗又像光明一样浩瀚无穷,
　　　　芳香、色彩、声音互相感应着。

> 有些芳香,凉爽如幼儿的肌肤,
> 碧绿得像草原,柔和得像木笛,
> ——别的芳香,腐烂、得意、丰富,
>
> 具有无限物永无穷尽的扩张力,
> 像龙涎香、麝香、安息香、焚香,
> 在高唱精神和各个感官的欢狂。

象征原理以"万物照应"为认识论,以"通感"为方法论,以"超自然"为本体论。波特莱尔的象征诗观的哲学背景,与莱布尼兹(Leibnitz,1646—1716)、斯韦登博格(Swedenborg,1688—1772)、爱伦·坡(Edgar Allan Poe,1809—1849),以及其他西方神秘论者,不无关联。但是,与东方的佛教思想,尤其是七八世纪中国的华严哲学,却也有不谋而合的莫大类似性。"万物"之所以能够"照应",是因为彼此相通。人类的各个感官也彼此相通。如我在《金狮子》一诗中所言:"眼是耳/耳是鼻/鼻是舌/舌是身/身是意"。我的诗句根据华严哲学的譬喻所写成,与波特莱尔在《万物照应》一诗中对自然宇宙的洞察以及由此产生的"通感"理论息息相通。波特莱尔的《万物照应》曾被日本近代象征诗人蒲原有明(Kambara Ariake,1876—1952)翻译成《万法交彻》(1909),而带有相当的佛教色彩,表现出对东西象征观的一种洞察。蒲原有明提到"因陀罗网"(Indra's net)的譬喻,引起我对华严哲学的注意。

华严哲学为了说明宇宙间万物的存在,莫不因缘而起,相由相作,互为因果,而有因陀罗网的妙喻。因陀罗(Indra)是天上最高神,即帝释天,其宫殿悬挂以无数宝珠做成的网。每目悬珠,光明赫赫;一珠之中,现诸珠影;珠珠皆尔,互相影现。这是一重。各各影现珠中，所现一切珠影，亦现诸珠影像形体。这是二重。各各影现，二重所现珠影之中，亦现一切，如是交映，重重影现；隐映互彰，重重无尽①。

这个因陀罗网的譬喻，在于说明，"一即多，多即一"，以及"一多相即"的华严哲学的根本观点。世界成立的根本原理，在于万物相异而相即，这是一切存在的条件。根据佛家的看法，所谓"一即十"者，乃一至十之数，均由一相叠而成；若以一为本数，即单位，则舍一而不能二至十，因此"一即十"。反之，十亦由本数之一为始，渐次成而为十；一之外别无十之本体，因此"十即一"。以此类推，"一即多"，而"多即一"。一多相即，看来似乎矛盾，其实，相反相即的关系，以否定为媒介互相界定，正是一切存在成立的条件。一切存在相反相即，互为因果，这是华严哲学对万物存在的根本观点②。

波特莱尔的"万物照应"，与华严哲学所阐释的"一多相即"原理相通。从华严的世界观看来，象征之所以成立，不外乎以具体的、特殊的、有限的事物，代表抽象的、普遍的、无限的概念或情感。在《万物照应》第一节中，人与"象征的森林"之间的关系，正是"一即多"的关系。其间"熟识的凝视"正是"一多相即"的凝合。反过来说，诸多森林的象征意义，凝聚在一个人身上，说明"多即一"的相对关系。在《万物照应》第二节中，"芳香、色彩和声音"等特殊感官经验，代表"多"，而其互相呼应，"于幽暗深奥的一种冥合之中"，归于"一"。前者是个别的殊相，后者是普遍的共相。象征的世界，是共相的世界，其普遍性贯穿时间和空间，因此，"有如一些悠长的回声（时间）在远方（空间）混合"。象

---

① 见丁福保编：《佛学大辞典》《华严佛学：因陀罗的宝网》。
② 参照中山延二：《华严哲学素描》，关于《否定的媒介》一章。

征的世界,是超越感官和物质的精神世界,正如爱伦·坡所说的,物质是个别化的精神,经常寻求回归精神。因此,象征的世界,"高唱精神和各个感官的欢狂",是由感官到精神,由殊相到共相,由"多"到"一"的"一多相即"的世界。

华严哲学的奥义,表现出一个独特的世界观,说明一切存在的根本原理,亦即所谓"法界缘起",而以"重重无尽缘起""事事无碍法界"为最大特征。华严的"法界缘起"与波特莱尔的"万物照应"具有不谋而合的地方,使我进一步想在理论上对东西的象征诗观加以融合。因此,我写了一首《万法交彻》,呼应波特莱尔的《万物照应》:

自然是一座华严的宫殿
天穹的罗网悬挂无数宝珠
闪耀出　神明赫赫的星光
每一颗珠　互影交照一切珠影
传映出其他珠影的珠影的珠影……

诗人的心
遗落人间的一颗明珠
光射尘方　圆照万象
一回转　峰色谷响　声姿缭乱
一隐映　秋空片月　晦明相并
一透亮　海水澄清　众生显相

诗人的心
尘世回转的一颗明珠
观照宇宙　一念万劫

> 一尺之镜　见百里影
> 一夕之梦　萦绕千年①

1990年为汉城第十二届世界诗人大会,我写了篇阐释东西象征诗观的论文《万物照应·东西交辉》。这是我在探究象征主义这一学问道路上,朝向综合东西象征诗观的一个研究成果②。

波特莱尔在创作上对我的影响,可以从诗情的共鸣和诗论的呼应这两方面来看。诗情不外乎是宇宙自然与社会现实在诗人心中所激起的情绪和反应,尽管在创作上诗人企图表现的是"超自然"与"超现实"的艺术世界,回顾我过去的创作历程,最早的两本诗集《蛙鸣集》(1963)与《岛与湖》(1965),显然脱离不了青春时代的浪漫气息和未经世故的纯情,可是到了1972年出版的《雪崩》,我的作品开始出现艾略特和波特莱尔的影子,其中有不少作品带有波特莱尔趣味的阴影、耽美和颓废。这一诗情,经过《心云集》(1975)、《望月》(1978)、《殉美的忧魂》(1986)、《情劫集》(1990)一直延续到后来的《爱染五梦》(1999),而以耽湎在李商隐诗中的《玉烟集——锦瑟无端五十弦》为集大成。事实上,象征主义的表现手法和波特莱尔趣味的唯美情调和现实反讽一直是我的诗作中感性和知性融汇的底流。

至于诗论的呼应,我认为最重要的是使用象征(symbol)的表现手法。波特莱尔所提示的"万物照应"(Correspondances),不仅是艺术或审美的形而上原则,更是创作表现的一种技法。所谓艺术,其目的在于呈现某种形而上的理念世界,亦

---

① 见《情动集》后记,1984年。
② 发表于1990年"汉城第十二届世界诗人大会",《笠》一五六期,1990年4月,收入《诗论·诗评·诗论诗》,台大出版中心,2010年。

即艺术或审美的象征世界。象征表现必须借助具体的物象作为媒介,以呈现具有审美价值的艺术境界,那是存在于想像中的形而上的理念世界。换句话说,"万物"莫非都是自然物象的具体存在,而"照应"关系是抽象的。古今中外的诗之所以吟咏风花雪月,便是因为这些都是自然界中常见的具体物象,在诗歌中作为譬喻"喻体"(vehicle),用来意指或暗示某种抽象的概念或理念,称之为"喻旨"(tenor)。象征的基本结构,便是以具体的自然界的物象,呈现或暗示某种形而上的抽象概念,亦即象征的世界。

象征主义的形而上的世界,是建立在"万物照应"的自然宇宙哲学上。波特莱尔以形象的语言说明这个象征的世界,认为:"自然,是一座神殿,那些活柱子/不时发出一些暧昧朦胧的语言"。他甚至认为:这世界只是一本"象形文字的字典"。在我看来,这是一个知者眼光明睿的洞察。如果我们就把自然万象当作无数的"象形文字"来理解,一草一木、一鸟一兽在"象征的森林"中,莫非都是隐藏着"照应"关系的万物,"充满暧昧朦胧的语言",具有"无限物象不断扩展的力量",而这世界或宇宙岂不就是一本充满奥义的大书,呈现出无数的"隐喻",让世人来阅读,思索和领悟其中蕴藏的宇宙奥秘?"隐喻"的结构,必须具有两个物象的比较或类推,在作用上是"言此意彼",通常以具体的物象,暗示某种抽象或象征的意义。亚里士多德(Aristotle,前384—前322年)认为:隐喻是天才的标记,因为创造一个优越的隐喻表示具有洞察相似性的眼力。对宇宙"万物照应"的妙悟,以及对这世界"象形文字"的洞察,证明波特莱尔不愧是一位天才的诗人和睿智的哲学家。

进而就象征主义的诗法而言,其理论基础也是建立在宇宙间"万物"的"照应"关系上。"万物照应"一诗第四节描写由于芳香的"扩张"而达到的精神与感觉一致的陶醉,主词是第三节最后一行的芳香。"精神和各个感官的欢狂",所指的是超感觉、越自然的一种境界。芳香,本来是一种感官的经验,透过"通感",而被转化成"具有无限物永无穷尽的扩张力"。这是指类推的想象力。类推需要有两个物象的并列、比较、对照、参照、互涉、交叉、相应或转化才能成立。物象之间不同的关系产生不同形式的比喻。明喻(Simile)、暗喻(Metaphor)、提喻(Synecdoche)、换喻(Metonymy)、巧喻(Conceit)、寓喻(Allegony)、类推(Analogy)建基于两个物象的相似点,矛盾修饰法(Oxymoron)、悖论(Paradox)、反讽(Irony)建基于两者矛盾对照之下的落差,"通感"(Synaesthesia)则建基于不同感官经验的互通和转化。两个物象之所以能够被直接或间接并比或类推,就在于诗人在二者间发现某种"照应"的关系。"万物照应"在结构上是一种比喻作用(trope)。诗中提及或描述的物象,除了呈现出一个意象(image)之外,如果具有抽象的(abstract)、普遍的(universal)、形而上(metaphysical)的蕴涵,这个意象便成为象征。

  作为创作论,"万物照应"之为用,大矣哉。诗人静观自然,以直觉发现在自然景物中某种内在世界的相似性、相异性、相对性、互补性、对蹠性、矛盾性,甚至互通性,进而诉诸修辞法的技巧加以真实的把握,而与诗人心中的思想感情结合在一起,而创造出存在于想象中的崭新的艺术世界,亦即诗的世界。这个诗的宇宙,与诗人的内部情绪密接混合,是主观化的外界,也是客观化的自我。自我的内在经验与外在世界的合一,也是中国传统诗观中,情与景的合一。这是透过感官的类推所构成的想象世界。类推是将感官经验化成超感官,在自然的外界之上建立超自然的创作方法。这是波特莱尔在这首诗中所提示的超自然主义,以类推创造出幻视、幻听,以及五官通感所唤起的象征世界①。

波特莱尔所特别强调的"超自然"和"反讽",作为表现的技巧,值得进一步加以说明。这两者都是建立在相反的两个物象的关系上。"超自然"是由于自然或现实中相反、相克、相矛盾的物象,在互相对立、紧张、冲突、抗拒之后,互相调适、中和、平衡而达到的一种调和。换话说,正像正负两极接触之后激出的火花,由相反的紧张状态变成相即的矛盾统一、所达成的相反/相即的和谐,亦即火花之后,一切归于平静,那是一种超越的新的境界,亦即存在于想象中的"超自然"的艺术世界。"反讽"也是文学的一种技巧,作者以反语或与事实相反的情境对现实或眼前的现象加以讽刺的表现手法。反讽的结构建基于说辞与事实之间不相称的冲突和对比,或是情节的发展或人物的态度前后不协调的对照,造成反差而达到嘲弄或讥讽的效果。作为抒写的策略,反讽是一个机械装置(machanism),而现实生活的感受和个人的感情,只是构成这个机械装置的零件或要素。诗不是生活中感情和思想自然流露的产物;波特莱尔诗中所有关于罪恶的字眼,只是为了达到"超自然"与"反讽"的艺术目的,借以造成强烈的表现效果的一个"假面"或障眼法的技巧而已。反讽作为艺术表现的技法,是一种知性的操作,故意在主观情意和表现对象之间保持一定的距离,理性地加以反思,而达到对社会现实的批判。

此外,作为波特莱尔的诗法(Ars Poetica),"万物照应"还蕴涵一个重要的美学原则,亦即"通感"(Syaeshesia)。人类的心智,具有感性和知性。"通感"是基于感性,诉诸五官的审美表现

---

① 参照福永武彦《诗人波特莱尔》一文中,有关"芳香与类推"的论述。

手法。人类的感官有视觉、听觉、味觉、嗅觉和触觉,也就是佛家常说的眼、耳、舌、鼻、身各个感官的作用。这五种感官经验,一般是分别而互不干涉的,可是在艺术创作上,诗人往往凭着直觉,突破习惯性的思维方式,将一种感官经验与另一种感官经验交织或纠结在一起,借着各感官之间感觉的交换、位移或转化,获得与日常的单一感官经验不同的认知,给艺术创作带来未曾有过的新的经验和认知。所谓"软玉温香抱满怀"便是视觉、触觉与嗅觉互通的一个典型的例子。

在西方文艺史上,"通感"(Syaeshesia)作为文学术语,最早出现是在波特莱尔去世之后四分之一世纪的 1892 年。波特莱尔首先在《万物照应》这首诗中揭示这一新的审美原则。该诗第三节列举芳香的种类,说明"通感"的特性:"有些芳香:凉爽如幼儿的肌肤/柔和犹如双簧管,碧绿如牧场。"以感官的殊相而言,嗅觉与触觉、视觉和听觉,互相矛盾;以感官的共相而言,彼此却相即相通。芳香除唤起不同感官的感觉之外,同时具有独特的个性,有的纯洁,有的腐败,有的得意,有的丰富。这种种说法,打破常识和逻辑,看似比喻的误用(Catachresis),其实是创造"暧昧朦胧的语言"的一种手法,建立在感官之间相矛盾而又相即的类推关系上。波特莱尔这首诗表现出具有统一与多义的诗的感受方式,亦即,合一与多样,相即与类比,殊相与共相,调和与矛盾等等相对立要素所构成的辩证关系(Dialectic)[①]。波特莱尔借着"通感",创造出超自然的新的感官经验。其原理,不只在于万物互相照应,而且在于互相矛盾而又彼此相即的关系。万物间,"一多相即",因此可以化除个别之间的矛盾,而在创作上达到"事事无碍"的超个别、超自然的世界。波特莱尔的这一

---

① 参照哈森(Ihab H. Hassan):《波特莱尔的"万物照应":类同的辩证诗法》。

美学理念与华严哲学相反相即的理论可谓不谋而合。

《万物照应》中的通感具有三个特色,分别表现在该诗第二节前三行。第一,"有如一些悠长的回声,在远方混合",所指的是通感这种感官经验,具有宇宙的感觉,亦即悠远的时间与空间的混合感觉。第二,"于幽暗而深邃的一种冥合之中",所指的是杂多的感官经验结合为一,成为一种神秘的冥合,有如进入"幽暗而深奥"的"象征森林",所有特殊的现象,化成普遍的原理。第三,"像黑暗又像光明一样浩瀚无穷",所指的是由有限的感官经验,到无限的超感官境地,亦即"像黑暗又像光明"的矛盾而统一的境界。波特莱尔所提示的"通感",因此,不是单纯的感官经验和审美观,更是对自然或宇宙的哲学观,构成了一种象征的形而上学。

在《万物照应》第一节中,人与"自然"以"活柱"或"森林"等象征符号为媒介进行沟通。人从自然中经过,正如旅人,在"自然"的凝视下,默默走向终点,或者在这之前,领悟一些"象征的森林"所暗示的微言大义。"森林"对人"投以熟识的凝视",可见人与自然并不陌生,二者的关系可以追溯到幼年或童年时期的记忆,甚至生命的原始。人离不开"自然",因此,人永远在"象征的森林"中,穿行、彷徨、探寻生命的意义和宇宙的奥秘,有时感悟,有时迷失,人生就是这种旅人的经历,而诗人的作品,可以说就是这种感悟或迷失的纪录。在这第一节里,波特莱尔将诗人设定在这种象征的世界里。象征的世界,只有独具慧眼的见者(Seer),才能洞察,因此,诗人是一个先知(poète voyant),凭着直觉、观照或感悟,洞察万物的照应关系,以及自然万物内部存在的共通性,将物象的外观与诗人的内部精神互相结合,而达到情景合一、抽象与具象一致的象征世界。这该是波特莱尔在《万物照应》中所揭示的,将"通感"作为艺术表现手段的诗作理念,也是后来的象征主义诗人所企图达到的艺术境界吧。

关于波特莱尔与我的因缘，以及我对他的诗观、创作观、宇宙观和诗法的了解，一如上述，与我这一生对诗艺的追求和诗学的探索，事实上是分不开的，已成为我的生命经历中极为重要的资产。这种感觉，在修订《恶之花》的过程中，尤其是写了《致波特莱尔》一诗之后，我的感受更深。在这新版的"后记"中，我说：在《致波特莱尔》这首诗中，有些字句来自我自己的作品，那已分不清是在写波特莱尔还是在写我自己。例如"殉美的忧魂"，是我的诗句，也是我的一本诗集的名称(1986)；"诗人哟 即使堕落到地狱/你的眼睛仍然仰望天国"这句，出自《心云集》自序(1975)："在现实生活中，诗人必然是个醒者。他对现实的种种挫折、打击、压迫和苛刑不可能麻木不仁，对于光怪陆离无奇不有的人生百态也不可能视若无睹。他醉生，是为了减轻内心的痛苦；他梦死，是为了寻求现实的解脱；即使他堕落到第十八层地狱，他的眼睛仍然是仰望天国的。"也许当时我心中所指的就是像波特莱尔这种诗人，现在，名正言顺地将这个句子献给他。总之，在《致波特莱尔》这首诗中，除了表示最高的敬意之外，我想表达的是对波特莱尔的了解，包括他的诗作和诗观，也呼应我在这篇散文中所说明的观点。至于我的作品中隐约可见的波特莱尔的影子，我想没有必要让他一一现形，因此也就不再举例说明。

最后，作为诗人，波特莱尔的一生并不是很快乐。二十三岁时他被判为准禁治产者，被剥夺自主的权利，由法定监护人管理他所剩的遗产。这种屈辱与自责成为他终生怨恨的原因之一。三十六岁时出版《恶之花》，他在写给母亲的信中说："题目《恶之花》说明了一切，你将看出，是包裹在一种不吉的冷然的美中；它是在愤怒与忍耐中构成的。"而诗集出版之后，却以"伤风败俗"

之嫌遭受查禁。这两个事件带给他一生最大的屈辱。"坟墓永远是最了解诗人的",因为坟墓是诗人死后"那无涯之梦的知音"。诗人的感慨,含有多少生前不被了解的苦闷和寂寞。波特莱尔死后,虽然登上了光荣的绝顶,也无济于他生前的寂寞,更不用说抚慰他所遭受的屈辱。我不禁也为诗人感叹:"千秋万岁名,寂寞身后事。"诗人一生耕耘的两块田地,爱情与艺术,那寂寞的身后事,到底只有坟墓才能了解。诗人的厄运,就像死后坠入地狱的西吉菲(Sisyphe),被罚推石上山,将至山顶时又落下来,永远如此,劳苦无已。以有涯的生命,追逐无涯的艺术,寂寞是诗人的宿命,而厄运成就诗人。或许,只有诗人波特莱尔才真正了解坟墓,以及生前死后的寂寞:

厄　运

要举起如此沉重的负担,
西吉菲啊,需要你的勇气!
尽管人们工作勤勉努力,
"艺术"长久而"时间"短暂

远离那驰名遐迩的茔地,
走向偏僻无人烟的坟墓,
我的心,像被蒙住的鼓,
边走边敲着送葬进行曲。

——有许多珠宝被埋葬
而长眠在黑暗与遗忘中,
远离了鹤嘴锄和测深器;

有许多花儿,很遗憾地
吐露幽香,甜美如秘密,
在那深不可测的寂寞里。

致波特莱尔

杜国清

耸立在 诗人的坟墓上
一座墓碑浮雕着
殉美的幽魂 绽开的
恶之花

没有比坟墓更了解诗人的了
你说 我的心有如地狱
没有人比你更了解坟墓的了
你的魂魄分裂 从坟墓中
迸出 三瓣黑色的花朵

你的苦恼 来回撞击
理想与忧郁的绝壁
那回声 带着恶的阴影
将世人一一赶赴冥府
倦怠是你的最大病症
为了寻求解脱 你逃避
逃不了 恶的阴影的追踪
无法抵挡的诱惑
无法戒除的爱瘾

无法自拔的沉迷

叛逆 是你唯一的反击
带着眩晕 将病弱的心
慵倦无力 滚向
充满人间瘴气的黯渊

你的忧郁 来自原罪的血液
没有出口的迷宫 经常
在你的血脉中 咆哮
困守着 肉体的不安
一再 让不吉的恐怖
践踏 你的意志
戏谑 你的叛逆
嘲弄 你的妄执

你的倦怠 来自爱与美的追寻
你爱的美 那明媚的眼眸
神魔合一 同时具有
致命的魅力与无限暴虐
使你在狂喜的瞬间 欲求毁灭
你爱的美 不管来自天上或地狱
不论来自上帝或恶魔
纯粹的爱 无畏 无悔
只要能使你 一时迷醉
脱离 这个丑恶的世界

你的爱欲 你的苦恼 你的倦怠
那声色形影 都带着恶的假面
在拾荒者逡巡的一个旧郊
隐藏着你的狂喜 你的秘密
欲望在发酵翻滚 人影
跟随 永远诱惑的耻骨
走向黑暗 风鞭打着火焰
红色的路灯 微亮的小巷

你的爱 那唯一至上的快乐
你确信 必然在于为恶
从恶中 你抽出美
在美的陶醉中 你炼出恶
带着对世俗的轻蔑和冷笑
你注入 随心爱欲的一切
你的纯情 柔情 和激情
以及 你的献身和牺牲

艺术的崇拜 必须牺牲自我
你说 恋爱都指向卖春
理想的卖春是艺术的最高形式
你的爱 献给娼妇最高的荣耀
她们全然献身 从不伪善
爱情和艺术的殉美者哟
你的同类 你的兄妹哟

你是一个见者 你的假面

那深邃的眼孔　射出的眼光
透视宇宙万象　在你眼前
万物照应　互影交映出
精神与物象　浑然一体
物与魂　灵与肉　神与魔
莫不隐藏共存在自然中
以秘响和幽微的光影　渗出
芳香和温柔　默然合唱出
宇宙华丽庄严的交响

你的恶魔　是智慧与美的至尊
蛊惑的美　就在恶魔的周边
刺激你的神经　诱发你的感性
你抛出冒渎的言词　令人惊异
二元对立正反相即　都是反讽
肯定与否定　背面原是相同
你的象征表现　以纤细幽微
暗示　一多相即的华严世界
你的宿命　探索生命的根源
你的诗作　向读者展现出
爱与罪　罪与美　美与欲
欲与魔　魔与神的美学
你的诗法　矛盾的修辞学
以超自然的谛视　创造出
血肉和灵性的语言　回响在
诗的神殿那些有生命的廊柱间
暧昧　朦胧　令人深思玩味

隐藏在你的假面背后
原罪 才是你最大的负荷
你说 人皆带着恶的最大烙印活着
对你 恶是一个谜 潜伏在
原罪与无罪的一念之间
面对自然所与的一切
当你认识真正的自己
踩着恶的阴影 越过深渊
巴黎的老头子 小老太婆
女乞丐 盲人 拾荒者
还有耕耘大地的骸骨农夫
都让你 感动得写诗
囚犯 断头台 酒徒
以及同谋的婊子和骗子
你都注视以熟识的眼神
你的纯真 印证人性无罪
诗人哟 即使堕落到地狱
你的眼睛 仍然仰望天国

你的苦恼 磨出举世惊叹的艺术奇葩
你的爱欲 使颓废的美更为纯粹
你的忧郁 占领了巴黎
你的倦怠 将人间化成废墟
你洞察人性 在恶中寻求极品
在艺术的天空 照耀恶的荣华
你的诗艺 创造出新的战栗

让所有伪善的读者 频频发抖

每当我仰望夜空 啊啊
在众星之间 隐约浮现
耸立的一座三叉绞刑架
苦恼 倦怠 爱欲
终于 把你的灵魂绞杀
在你的脑壳上 插起
一面黑旗 在风中飘荡
每当天空 布满了阴云

没有比坟墓更疼爱诗人的了
你的坟墓在天上 众天使
抬着你的石棺雕饰着恶之花
我看见了 你的灵魂
探寻理想乡的三桅樯
终于 搁浅在天河岸
为爱情和艺术 全然奉献
你的纯真 你的救赎 你的人性
世人景仰 你登上了光荣的绝顶

一座不灭的三桅船 航向无限
焕发永远的韵律 芳香 光芒
抚慰 世间
所有苦恼的灵魂

二〇一一年八月二十五日

"阿飞"诗人遭遇波特莱尔

陈建华[1]

"阿飞诗人"正名

前年我在张梁兄主办的题为"市民都会"的学术研讨会上做过一场演讲,讲述我在上世纪六十年代中期写诗的经历。今年他从巴黎多次来电,说论文集就要截稿,嘱我加紧。我一直在拖,因为以往讲过多次,炒冷饭提不起劲。正如《我与波特莱尔》一文的开头:"波特莱尔仿佛镌刻在我的生命里,是与一位朋友之死链结在一起的。"(《字花》,2010 年 3—4 月号)。的确,那几年中我的文学之旅是我一生中最为纯真的文学记忆,而朱育琳和他翻译的波特莱尔,始终犹如一道彩虹,可望不可即,却不断激起我对文学的渴念与遐想,而老朱在 1968 年夏天的非正常死亡,中断了我的文学之梦,给我带来永难磨灭的心灵创伤,也铸

---

[1] 陈建华,复旦大学、哈佛大学文学博士。香港科技大学荣誉教授,现为复旦大学特聘讲座教授。专著有《"革命"的现代性》《革命与形式》《从革命到共和》《古今与跨界》《紫罗兰的魅影》等;诗文创作有《去年夏天在纽约》《陈建华诗选》《乱世萨克斯风》《午后的繁花》《风义的怀思》等。

就了我的至今不渝的爱与憎。见我这么说,张梁兄建议另一种写法,内容还是贴近原来的"波特莱尔与红色魔都"的讲题。我想以往都是一种直线的悲情叙述,现在不妨回到现场,用当时ppt展示中的几张照片切入,注重写作中的细节,也是一种感情结构的自我剖析,不必做文学史的后设评述。

1966年盛夏,上海外滩外白渡桥上,背后铁桥上是新刷的革命标语。十九岁的我。一手搭铁桥,一手撑腰,器宇轩昂,神情坚毅而忧郁,一头乌发底下眉头皱起,两眼略朝上注视远处。

说不清当时的心境,史无前例的革命运动正轰轰烈烈方兴未艾。这身打扮有什么特别的话,是那条裤子。叫"小包裤",是我居住市中心的小资青年的时髦样式,是在一年前做的。在弄堂对面的布店里横挑竖捡,剪了六尺卡其布料,用完一个人一年的布票。做紧身包屁股的样式,一般裁缝没这个技术,而对于裤脚管的尺寸有不成文规定,不能小于六寸。不过天网恢恢疏而有漏,住在吴江路上柏德里后弄堂有个"驼背裁缝",做工考究,朋友介绍说"一烙铁烫平,唔没老唷"(老唷:污垢,意谓生活挺括)。到他那里,裤脚管可收到五寸八分,要价两块,不下于天价。我硬着头皮把布料交给他,别看这收紧两分的裤脚管,意味着一种非标准的身份标志。

九月之后,"老子英雄儿好汉"的口号那么流行了,我们航校电工班的八九个同学,家庭出身皆非"根正苗红",都戴上了红卫兵袖章,去广州串联。出火车站有人接待,给安排到广州体育学院住宿。进学院时每人要报家庭出身,我是小资,问题不太大,但这条裤子惹了麻烦,裤管太小,属于"奇装异服",当场小将们递一把剪刀,把裤子开了两道衩口,被赶出校门。还有王基立是"右派"家庭,也被赶了出来。两人流落在街头,我买大把香蕉充饥——还没吃过这么又甜又糯的香蕉。晚上两人睡在火车站。

次日早上我们去逛了东山湖公园,清晨时光尚无游人,只见一片湖水静悄悄的,刚醒来的样子,我揉揉倦眼,心头为之一动。出来到街上市声熙攘,革命喇叭斗志昂扬。我们灰溜溜如丧家之犬,这里那里浪荡了一天,次日就回了上海。乘火车是免费的,再次踏上"革命大串联"的征途,自觉很讽刺,像冒牌的红卫兵,仍穿着开衩的裤子。

另一枚照片,是1967年在苏州留园拍的。也是航校电工班四五个同学,加上我同一弄堂里的好友黄仁。在园中游观,我看中了池水上的石板,于是横卧其上,由邬才根按下快门。穿着的确良长袖白衬衫,深蓝条纹的羊毛西装裤,假山与叶丛之中,左旁楼阁衬托。我是故作蒲士,当时脑子里闪现《红楼梦》中史湘云醉卧大观园的情景。后来印出来,果然有古典风。那时候出去游玩拍照算是一种高档消费,我都是借光朋友。那天黄仁也带上一架一二零方形相机,他的父亲黄天明是上海电影制片厂的翻译部主任,属于"高知",运动中遭批斗赋闲在家,我常去向他请教英语。七十年代末他重返岗位,创办《外国电影》杂志,我的卓别林传记的翻译在上面发表。

我把那时的自己叫做"文青",又觉得太普通。九十年代我在美国收集了不少波特莱尔《恶之花》的各种英文版本及其研究著作,如果看到有关西方"颓废"文学的书便收入囊中。在哈佛书店看到 Ellen Moers 写的 *The Dandy* 一书,1978年奈布拉斯加大学出版,九成品相,三块九毛五,真让我欣喜若狂。书背原价被涂抹掉,当然那是更为便宜的,书店都这么做,如果是一本时兴的傅柯的著作起码要十块朝上。《牛津高阶英汉双解词典》对 Dandy 的解释:man who cares too much about the smartness of his clothes and his appearance,中文翻译"过分注意衣着和外表的男子",漏了 the smartness,不仅注重衣着,还要穿得潇洒有品味。Ellen Moers 在书中叙述了十九世纪欧美各国 dandy 与 dandyism 的发展史，从英国的 Beau Brummell 到 Max Beerbohm，包括波特莱尔、王尔德及世纪末颓废思潮。书中说 dandy 首先是具自我表现意识的精致唯美的外观，而作为一种文学文化现象极其丰富复杂，在历史进化论高奏凯歌的革命时代，他代表了自我完善的利己主义、慢吞吞节奏的生活态度、时尚与复古的新范式与文艺创造的激情。简言之，他们出类拔萃、标新立异的另类存在，预展了西方文艺现代主义的精神。

《牛津高阶英汉双解词典》又把 dandy 译为"花花公子"，是另加的中文解释，这译法大约由来已久，较为单一刻板。出于好奇翻开 1997 年外研社编的《汉英词典》，与"花花公子"对应的是：playboy、dandy、coxcomb 和 fop。其中包括 dandy，美国的一份情色杂志 *Playboy*，中文也叫"花花公子"，后两种 coxcomb 与 fop 也指讲究衣着者，缺乏文化档次，带贬义的。台湾学者彭小妍的《浪荡子美学与跨文化现代性》一书是研究三十年代上海"新感觉派"的专著，她把刘呐鸥、穆时英等称作"浪荡子"，是从 dandy 转译过来的，颇为传神，比"花花公子"好得多。其实我在运动开始时戴了几天红袖章，有时在市里刷标语，此后除了每月去学校领饷，就在家做"逍遥派"，四处游逛，一心做诗，单看我照片上的打扮和我写诗的唯美做派，也符合"浪荡子"的条件，只是有点苦逼。家里房子小，人口多，从小惯于在街上浪荡，一到夏天更是在马路旁乘风凉、嘎山湖、下象棋，末了搬一块木板睡在弄堂口，到天亮给马桶车的气味熏醒。

此刻我想起金宇澄的《繁花》，开头引子"独上阁楼，最好是夜里"一段，描画王家卫《阿飞正传》里梁朝伟数钞票、捻扑克牌，然后对镜梳头，"这半分钟，是上海味道"。的确"阿飞"的发源地在上海。我小时候所谓"阿飞"，梳个油光光小包头，流里流气，眼睛斜瞄过街女人,在电影或小人书里看到过,所以一听到"阿飞流氓"就怕怕的。然而人的看法、时代的看法一直在变。王家卫为上海阿飞"正"名,经过沪港双城的影像之旅,重塑公共记忆。电影里风流放荡的旭仔,孤高叛逆,自比为独脚鸟,要飞,载不起沉重的身世之谜,一落地便死去,成为后现代亚细亚孤儿的隐喻。就像张国荣和梁朝伟,人见人爱,如今恍如隔世,而哥哥永远成了象征黄金时代的蝴蝶标本。

有趣的是《繁花》中有一段写到沪生看到苏州河上船来船往,信口背了四句诗:"梦中的美景如昙花一现,随之于流水倏忽的消逝;萎残的花瓣散落着余馨,与腐土发出郁热的气息。"一起荡马路的小毛说"是外国人写的"。沪生说是邻居姝华姐姐的表哥写的。那是我的一首题为《梦后的痛苦》中的几句,收录在我的一本诗集里。这首诗写于1967年年初,是我最初受波特莱尔"恶魔"般刺激的"颓废"留痕。后来《繁花》在美琪大戏院公演,老金给了我戏票,于是在后台见到姝华与小毛,认了我这个写诗的"表哥",一起合照留念。其实为什么不就干脆自认做个阿飞诗人呢?

老底子上海滩"阿飞"对小毛、姝华这一代当然陌生,今番用两张照片来谈波特莱尔,还是免不了命题作文,却臣服于影像的诠释力量,所谓"阿飞诗人"也是一种诠释。试看王家卫怎么拍哥哥泡苏丽珍的,七八个角度,就是为了一分钟爱情的经典记忆。

死 亡 之 蛊

"阿飞"有一种回家的感觉,渊源可追溯到与上海开埠俱来的"洋泾浜"英语,代表土洋交杂的文化,它伴随着我的成长。在我小学六年级的时候,由《青春之歌》《林海雪原》《苦菜花》的一长串革命小说到《三国》《水浒》,又到《三侠五义》《济公传》等,我的文学阅读已经轮番蜕变,而上升到莎士比亚与《红楼梦》了。从我家弄堂出来几分钟到南京路转弯的一家新华书店,有一阵隔壁开了个很窄的门面,是收购旧书的。我常在那里探头探脑,有一回看见有个人挎着两册朱生豪翻译的莎士比亚全集,灰色硬精装的。我就暗戳戳和他私下交易花了七毛钱买了回来。近现代以来上海一向是中外文化交杂的地方,就像她的"东方巴黎"的别名,我在这样的环境中长大,生活与文化像一块海绵,捏一把就出鱼。这些东西在改造灵魂的十年里被统称为"封资修",属于没落反动阶级用来搞复辟而必须彻底打倒消灭的东西。记得1970年1月7日下午,在卢湾区体育馆的千人大会上我被革命群众揪出来,被押送到航校。教务主任杨李竞在校门口看到我说:"陈建华啊,你脑子里的封资修得好好改造改造!"

　　回想最初受波特莱尔之蛊,是由于厨川白村的《近代文学十讲》。那是在1965年夏天我作为工读学生在杨树浦上海船厂工地上实习,常去附近一家旧书店,厨川这本书薄薄上下两册,要一块五毛,贼贵,最后还是咬咬牙买了下来。其实那时我在诗的征途上,尽管能见和所见有限,已经见识过五四新诗的新月派、现代派与象征派各个山头,同时一头扎进《玉台》《花间》的伤感与艳情的古典抒情里,当读到厨川介绍"婆台来尔"(即波特莱尔)这位"恶魔"时,脑洞如受电击。我的妈呀,这叫诗吗?原来他是象征派鼻祖啊!特别那首《死的欢忭》,坟墓不去说它,如蜗牛、食尸的蛆、吸血的鸦等意象,什么死的颓废、恐怖美、腐肉、燐光和败血等描写,突然野蛮入侵我的唯美的诗坛,击碎我的软玉温香的迷梦。为什么把《恶华》(即《恶之花》)称作"地狱的书"、"罪恶的圣书"?为什么得到如此推崇?因为好奇与叛逆,或许是令人恐怖的"新的战栗"或"欢乐的病的诗趣"在不断刺激我。此后波特莱尔便植入我的文学之海中,他的幽灵也不断袭来,朱育琳与陈敬容的翻译、批评论文的片言只语、英文的文本等通过各种途径纷至沓来,我热狂地抄写、打字。波特莱尔的每一行诗给我带来"比冰和铁更刺人心肠的快乐"。虽然他的异质性格很难在我的文化熔炉里分解,而他意味着一种广大的同情与艺术的极限,好似"不灭的火炬",引导我走向"美"的康庄大道。

两张老照片帮助我回到当时的语境,从我的"阿飞"仪态肢体出发叙述与波特莱尔的遭遇,在具体情境中检索我的创作轨迹,将不是扁平直线的,而是多线头地呈现在各种叙事空间里,方形的、圆形的或三角形的。其实我没有想过要模仿的意思,那是不可能的,而是在这里那里发现记忆之迹,先是通过词汇、比喻或意象和我的生活与文化底色推搡融汇,常常夹杂我的古典修辞与典故,糅团成圈圈丝绵互相牵绊,渐渐回笼到梁山泊,使得日常生活与城市主题渐渐清晰起来,结出一些青涩之果,至今仍是一首未完成现代性交响曲。

我在上海船厂实习时,手边带着一本李长吉诗集,上海古籍出版社的三家注本,晚上在蚊帐里看到熄灯为止。初知波特莱尔正当我迷恋李贺之时,在他们之间我听到死亡的呼应,令我战栗与迷醉。但是这并没有直接表现出来,在1965年下半年到次年初留存的二十余首诗中贯穿着忧伤与绝望的主调,也有欢欣与幻想,情绪在生活之流中激起涟漪,宣泄孤苦无依的哀愁与情窦初开的憧憬。然而死亡开始潜入诗行。在《睡魔》中睡魔在诗人耳边如催眠曲一般向他许诺,邀他去天国、月宫与仙乡,那里有王母、嫦娥、牛郎与织女等神仙眷属,但诗人回答:"我的睡魔,我不要这些,/甜梦的苏醒仍是悲哀。/我要你带我去虚无的/缥缈的西天,让我安息。"那时好几首诗具有童话般梦幻色彩。冬天去上海附近太仓浏河的工地实习,《去工地的小道上》一个顽童贪恋乡村美景而迟到的情景,而《幽夜的舞会》则描绘了红宝石、紫葡萄、玫瑰、郁金香的天国世界，天使们在纵情狂欢，这多半归因于巴金翻译的《快乐王子集》，从福州路旧书店买到，使我十分喜欢，这首诗是幻想的产品。为什么美好的童话世界会出现死亡？时间上《睡魔》写于1965年8月，在读到《死的欢忻》之后不久，但是在先前的阅读中早就遭遇死亡，如朱湘的《葬我》。或如《小河》最后："我流过四季，累了，/我的好友们都已凋残，/慈爱的地母怜我，/伊怀里我拥白絮安眠。"在情调上《睡魔》更接近《小河》，有一阵我对朱湘的钟意更甚于徐志摩，大概跟有意在新诗中运用古典意象有关。

死亡继续叩响我的心扉，其表现欲有增无已。如果说《落花歌》和《我的好地方》还是在刻意和古典结合，那么《流浪人之歌》可说是一次色彩与趣味的自我逆袭，"荒烟　野雾　一片　灰色的迷濛/迷濛迷濛　迷濛在　冷峭的冬晨"。完全摒弃金碧炫目的色彩。如此反复歌咏死亡，对于现代主义来说本身含有自我终结的美学价值的意义，其实也是我的身体隐忧与精神压抑的自然反映。那个冬天的早上在工地上，将插有老虎钳、扳手和电线的皮带拴上腰间，脚上套着铁爪攀上电杆，寒风嗖嗖，手指直打颤，只见河面上"一只小船　在迷濛里　缓缓地　驶行/载一具　新漆的灵柩　在迷濛中　缓缓地　驶行"。我被这景象触动，在萧瑟悲凉的心绪中目睹着这艘船缓缓地驶过，好似自己的"漫长的行程"被这灰色的天空笼罩了，而我"破碎的心"在飘摇，仿佛听到了自己的跫声，一步步踏过"迷濛的坟墓"。

当时我在浦东的一所属于交通部的半工半读的学校读书，它是由退伍军人管理，半军事化的，目的是培养在黄浦江边修船或者是治理河道的技术工人。我生性内向，喜爱文学，对学习技术缺乏兴趣，精神上感到压抑。有一回与一个班干部发生争执，被认为是"阶级报复"而在班上作检查，接受同学们"批判"，因此越发觉得没有前途,把写诗作为一种情绪的自我宣泄与安慰。因此诗中"破碎的心"确是自己命运的镜像,基于真实的生活,含有痛苦与恐惧,而另一方面艺术的戏剧性表现伴有形式的热情,含游戏成分,经过精雕细琢的劳作之后看到作品的完成会产生愉悦。厨川书中的波特莱尔是病态、颓废与阴暗的,这对于当时我的古典色彩的唯美诗风来说,不啻意味着另一个世界,而《流浪人之歌》中"潮湿的气味的荒野"、"斑驳的蛹壳的白杨"的句子中已略见"恶"的端倪。1966 年 4 月作的《瘦驴人之哀吟》一诗:

骑着 羸弱的瘦驴 独自 纤缓地前行 欷歔 哀吟
独自地欷歔 哀吟在 暮秋 冥冥的 黄昏长程
……

窑岁的幽灵 吐出 腐秽 霉白的呻吟
霉腐了 碎瓦 残碑 侵芜的霉苔 青青
霉腐了 潮湿的穴阴 散出 秋蛩的寒鸣 嘤嘤
霉腐了 污秽的泥沼 散出 蜗牛的讥讽 冰阴
讥讽 瘦驴的踌蹰 我的懦弱的 欷歔 哀吟
羸弱的瘦驴 犹疑 迤偎在 歧路的迷濛
迷濛迷濛 干涸的泪瞳 无识了 茫茫的森林
聆听 瘦驴儿 枯萎的蹄声 绵绵 鼻息 痦痦
……

听 死神 凄凉的残笑 一声 摧残着 一声
狂迎那 黑暗的践临 是生命的 破钟 阵阵
敲碎了 我的憧憬 化成 阴风霪雨 冷冷濛濛

骑驴诗人的原型是李贺，我最心仪的诗人之一。他诗中敲金振玉的声色通感、瑰丽奇幻的想象与王孙公子时不我与的悲哀，对我魅力无穷。尤其是他对于美的执着追求，令我深受感动。他每天骑着驴子在长安街上游逛，寻觅诗的素材与灵感，有所得写在纸上投入背后的锦囊中。他母亲见他这么殚精竭虑而产生不祥的预感，果然他在二十七岁就死了。这使我害怕，好像会发生在我身上。这首诗共四十行，形式上是对于赓虞、穆木天和冯乃超那一派的某种契合，然而通过瘦驴诗人的自我独白悲悼诗的宿命，可看作我对诗的命运的一种礼赞。诸如潮湿、腐败、蜗牛、坟墓的意象来自于波特莱尔的《死之欢忻》，整首诗在时空结构与修辞组合方面是对"颓废"与"死亡"的演绎，是对我向来信奉的唯美观念的反动，其实诗中混杂着多种创意与借鉴的成分。与冯乃超、穆木天的客观写景不同，瘦驴人的主观口吻略同于梁宗岱翻译的法国梵乐希的《水仙辞》，那是从旧书店淘得，线装一册，直行宋体字排版。"听死神凄凉的残笑"则是李金发的"生命便是/死神唇边/的笑"的简化版。诗中使用了叠韵词与鼻音词，所谓"鼻息瘖瘖"是跟我从小患上的鼻炎有关，与我们单位挂钩的耳鼻科医院在汾阳路上，有一回炎症发作必须做穿刺手术，从鼻中抽出大量浓水装了一小瓶。

海关的钟声

起始从静安区图书馆借来臧克家编选的《中国新诗选》，等于上了一堂启蒙课。我一下子给郭沫若、冰心、闻一多等人迷住了。编选者在前言中说编选这本诗集是为了反映"热火朝天的社会主义精神"，并且点名批判了"新月派"的徐志摩、"象征派"的李金发等"反动诗人"，当然不选他们的作品，仅例外选了两首徐志摩的，一首《大帅》，另一首《再别康桥》。出于好奇和逆反心理，我对于被批判的特别有兴趣，图书馆能借到的都是革命作家的书籍。而在旧书店里有"解放前"出版的旧版书，于是每当周末就跑福州路，那里的上海旧书店最具规模。在那里淘到艾青编选的《戴望舒诗选》、朱湘的《番石榴集》、何其芳的《画梦录》和《预言》、傅雷翻译的罗曼·罗兰的《约翰·克里斯多夫》、《梅里美小说集》、莫泊桑的《我们的心》等，这些都是我的至爱，大革命开始时小将们来抄家，其中好几本连同其他一些书都被抄走了。在旧书店认识了一些年轻朋友，大家聚集在一起谈文学、写诗。大多是光明中学的高中生，其中钱玉林住在旧书店斜对面，我们经常在淘了书之后去他家里面聚会。

1966年夏天，在大革命开始前几个月，我在上海旧书店认识了朱育琳。他问我找什么书，我说在找戴望舒的《恶之花掇英》，他说戴望舒翻得不灵，我大吃一惊。在我心目当中戴望舒是很了不起的，就想这是何方神圣，口气那么大？我问他自己翻译吗？他没回答。第二次碰到他，给了我《恶之花》里的四首诗，他自己翻译的。我如获至宝，回家后恭恭敬敬地抄下来。后来老朱断断续续翻译了几首，现在保存在我手中的一共有八首。特别是王定国借到一本《译文》杂志，是1957年纪念《恶之花》百年诞辰的专号。他说只借三天就要还，正好碰上我要去航校领工资，就带了这本杂志。每月五号是我们领工资的日子，同学们聚集在一起，十分热闹，而我躲在宿舍里，把陈敬容翻译的九首《恶之花》抄写在印着"上海航务工程学校东方红公社"的信笺上，把法国阿拉贡的长篇评论《比冰和铁更刺人心肠的快乐——〈恶之花〉百年纪念》抄写在"交通部第三航务工程局"的信笺上。

这些我所见到的关于波特莱尔的作品和论文还很有限，却使我对他愈加崇敬，明白厨村白川笔下的"恶魔"不无片面。陈敬容选译的《朦胧的黎明》《薄暮》和《穷人的死》突出波特莱尔对"劳动"阶级的同情;《黄昏的和歌》《忧郁病》和《仇敌》反映了他的精神病态。朱育琳更侧重趣味,译笔带有古文的精炼,他翻译的《烦闷》《裂钟》《月亮的悲哀》和《异域的芳香》更让我爱不释手。有一首以"我打你没有愤怒,/没有憎恨,像屠夫"开头,没有标题,在《恶之花》里题为 L'HEAUTONTIMOROUMENOS, A J. G. F., 好像是描写 SM 情状的,我们都看不懂,老朱也没有解释。特别使我震撼的是《恶运》这一首,艺术家自认悲剧性命运的自白,最后两段:"多少昏睡的珍宝,沉埋/在不可探测的深海,/永远无人知晓。//多少憾恨的花朵,虚赠/他难以言说的芳芬,/在孤独中枯凋。"严格的建筑美的十四行格律,字字铿锵,至今我认为是在波特莱尔的翻译中首屈一指的。在陈敬容翻译的《不灭的火炬》中,诗人和他的"天使"弟兄们在追求"美"的大路上行进,如一列没有箫鼓的送葬队伍,但是"太阳也遮不住你们的光焰的星辰!"这首诗与《恶运》一样,表达了艺术的尊严与诗人的崇高使命。

从这些译作可见诗人凝视之下的巴黎的日常街景与普通人的生活样态,尤其是朱与陈都译了被雨果誉为"新的战栗"的《天鹅》,诗中一只在巴黎大街上的天鹅,显得滑稽可笑,然而在波特莱尔那里得到神奇的"呼应",成为发达资本主义时代诗人被放逐的"寓言"。如最后一段:"一个古老的'记忆'号角般吹响,/在流放我灵魂的森林里。/我想起水手被遗忘在荒岛上,/想起俘虏、被征服者……一切悲凄!"诗中表达了超乎个人的伤感,既是对古今人间所有被压迫者的深广同情,也是对人类文明发展的质疑立场的显示。

运动给我的生活带来变化,学校停课"闹革命",不再去学校与工地,整天呆在家里。说来奇怪,一些以前难得看到的书突然冒了出来,在朋友和同学中间流传,如《基度山恩仇记》《琥珀》《飘》《沙宁》《狗生活》《九三年》以及朱光潜的《变态心理学》等,有的只借一天,于是就通宵达旦地看,还把一些段落抄下来。过了一阵看看风头过了,就把被贴了封条的箱子打开,小心不把封条撕破,读我的藏书,大多是古典方面的。那时每天练书法,觉得自己的钢笔字挺有风格,于是从《诗经》和《玉台新咏》中选出喜欢的作品用工楷字体抄在从航校带回来的信笺上,也抄了欧阳修、二晏等人的词,装订成小册子。读了《阳明全书》,阳明心学是一向被当作"主观唯心主义"而遭到严厉批判的,我读得津津有味,抄了许多语录,也订成一小本。读了《韩非子》大受震撼,一边读一边对照正在发生的大革命,觉得中国两千年前的思想真了不起,心有戚戚之际,也把书中内容整理一番,抄了一本《韩子纂要》。

继续写诗。《瘦驴人之哀吟》之后不再写死亡了,工读生活的压抑似乎消失了,却陷入一种日常的忧郁与恐惧之中。1967年年初的《梦后的痛苦》一诗具有转折的意义。不再沉溺于梦幻,面对的是梦后的真实:"我睁开眼睛,茫茫的漆黑/像一张网,罩住我的恐惧;/我四肢麻木,如解体一般,/如被人鞭笞,弃之于绝谷。"我仿佛生活在两重世界里,住在一个临街杂货铺的小阁楼里,每天一睁眼就置身于一片革命的红海洋里,整个城市沉浸在轰轰烈烈的声浪中,时而传来在庆祝某个造反兵团成立的锣鼓声,时而响彻"打倒某某"的呼声,驶过押着反动分子游街的卡车,或是"誓死捍卫无产阶级革命路线"的口号声,某单位发生武斗而出动"文攻武卫"的造反队。我生活在时代潮流之外,更确切地说是被时代洪流所隔离,在小阁楼里营造我的小天地,当然这也很危险,读书写诗本身意味着"反动",随时有可能暴露在革命的光天化日之下,现出"封资修"的孝子贤孙的原形而遭到毁灭的下场。在描写我的"黑暗"心境时,如"萎残的花瓣散落着余馨,/与腐土发出郁热的气息"之句显然是波特莱尔播下的颓废在发酵,其实是描绘一梦之后的痛苦与幻灭,其实也是死亡的隐喻。这是青春期生理隐秘在我们那个时代,由于性教育的缺失,更觉得羞耻而造成的心理压抑。几乎同时我写了两首《致巫山女》,引用宋玉《高唐赋》里的句子:"旦为朝云,暮为行雨;朝朝暮暮,阳台之下。"所谓"巫山云雨"是个烂熟典故,我在十六七岁时读到旧小说中讲两性"一番云雨"的字眼就会有生理感觉。这两首爱情诗即含有隐秘的欲望。我对古典文学与波特莱尔抱着同样的热诚,两者并头齐进,或者说对波特莱尔的接受离不开本地文学传统的沃土。

福州路上的旧书店已经关闭,我们每周六下午仍在钱玉林家里聚会,谈论文学,也谈政治。运动一开始"破四旧"就在我们中间引起强烈反弹,对于后来被叫做"四人帮"深恶痛绝。老朱与钱玉林很关心运动动态,常交流一些小道消息,如某个老帅被批斗或某地发生武斗之类,不由得摇头叹息、切齿痛恨。这样的聚谈有时不限于我们四五人,从北京回来的大学生加入进来,这为我们后来的悲剧遭遇埋下了祸根。我对这类政治讨论不那么感兴趣,每次能见到老朱,总是充满期待。在认识他的一两年里,他总是来去无踪,只知道四十年代末他在北大外国文学系师从朱光潜,精通英法文学,后来进入上海同济大学学建筑工程,思想进步而入党,五七年被打成"右派",毕业后被发配到新疆工作,后来因病回沪休养。听他讲外国文学如醍醐灌顶,而我总希望他能带来新译的波特莱尔。我带去新作给他们看,因为崇拜老朱,像《梦后的痛苦》之类似乎更是为他写的,但是他好像不怎么在意,使我颇觉挫折。有时我们一起逛街,从福州路朝东走到外滩。有一次在外滩公园,阳光柔和,老朱给我们看他的一首讽刺"红色女皇"的诗,我们兴奋莫名,数十行句子写了两页纸,运用了许多中外文学典故,对专制政治尽嬉笑怒骂之能事,我们读罢他就收了起来。

生斯长斯于上海的我,对外滩最熟悉不过,总有一种依恋之情。小时候住在虹口七浦路,出来转弯是苏州河,一纵眼便是海关钟楼、沙逊大厦。后来住在静安区石门一路,有时独个儿,有时和弄堂里二三小子沿着南京路走到外滩,常会在外白渡桥上,在黄浦江和苏州河的交界之处,眺望两边的无限风景。在那四五年里拍照的机会不算多,而留存至今却有十几张都是以外滩为背景的。此刻我注视着其中几张。一张和黄仁在驶向浦东对岸的摆渡船上,后面是海关钟楼,一张和施锡雄坐在老树横枝上,下面是水。那天我们三人先在外滩公园,又摆渡去浦东。我最钟意在荷花池边的阿飞诗人印记的那张,白衬衫,蟹青色涤纶裤子,略带尖形的皮鞋,花纹袜子,在光影徘徊的荷叶倒影之前作一个蒲士。

现在与锡雄失联近三年了,黄仁不知在哪里。自小听着海关的钟声长大。如今这钟声不再响起,却凝固在我的诗里。在1967年的《钟声》里:"这临江的公园里我常常看见/几个老人微合着眼坐在树荫间,/神情凄然倾听海关楼顶的大钟/一阵阵沉重而纡缓的敲响。"在运动开始后海关的钟声改为东方红曲调,每天传到我的阁楼里,令我倾听而陷入沉思之中,不禁想到时间对于人生的意义:"角落里万千只钟一起敲响,/城墙又增添几多皱纹;/促膝的恋人抬起迷惘的眼,/啊,黄昏如此无情地来临!"在波特莱尔的《忧郁病》中:"几口钟一下子疯狂地跳起/朝空中迸出一声可怕的尖叫,/就像那些无家可归的游魂,/突然发出固执的哀号。"我已经读过陈敬容的翻译,因此"角落里万千只钟一起敲响"之句也许是记忆发酵的结果,而自觉"城墙又增添几多皱纹"这个意象颇为新奇。钟声给波特莱尔带来忧郁,在老朱翻译的《裂钟》里:"嘹亮的钟儿,你多么幸福,/尽管苍老,仍健康而惊醒。"然而时间催人老,诗人把自己比作"裂钟",在岁月飞逝中加深了忧郁,对于我:"倾听这钟声,像失帆的小舟/在宏大起伏的波浪上颠簸,/无奈凝视着空空的双手。"虽然无奈,却不无进取之心。然而这首诗的关键是第三段:"像一个变换黑衣白衫的怪影,/大笑着从空中逃遁。谁能留住你/——匆匆的熟客,你使伟人们/心力交瘁,徒然悲泣。"在天天"早请示,晚汇报"并三呼"万万岁"、"万寿无疆"的日子里,对"伟人们"的感叹当然属于政治不正确,从"阶级斗争"观点看,这是在亵渎神圣,是不可饶恕的行为。

"海关大楼传来一下一下的钟声",这出现在 1968 年 1 月所作的散文诗《雨夜的悲歌》中,我在小阁楼里聆听着这远处传来的钟声,"像水珠滴在无底的深渊,哽塞在雨雾之中"。如果说《钟声》的"伟人"意味着我的想象超乎个人的小圈子投向广大的世界,那么在《雨夜的悲歌》中诗人"用饱蘸泪汁的笔,把人间一切不幸织进他的诗行。这雨声像悲壮的交响,鼓励着所有喜爱苏醒在黑夜中的灵魂辛勤地工作,不倦地沉思。"从哭泣的月亮、雨中的猫、愁苦的寡妇、棚户区漏屋的小孩到夜半回家的劳动者,于是想起摆摊在弄堂口的理发师,他常常慷慨悲歌。"我心中也响起一支歌,像一群囚徒唱响在阴暗的牢房,像一片翻腾的海水,浮动着无数头颅,他们的脸容是这么苍白而憔悴……"这显然来自波特莱尔《天鹅》一诗的启示,然而最后的句子:"啊,冬天,你这个病人眼中冷酷的刽子手,蹑足而来的贼,无情地偷去我们仅存的一点温暖。啊,看那阴云密雾里的太阳,也像一支快要燃烬的蜡烛……"这里是对波特莱尔的反转,在他的诗中不乏太阳的美丽意象,对此阿拉贡赞不绝口,在他大量的引述中包括

"太阳把蜡烛的火燃照黑了"之句,这被我转化为对太阳的诅咒,当我这么写的时候,不由得阵阵战栗。

城市漫游者

逛街,阿飞式的逛街,在我妈口中是"马浪荡",在运动后期我们发明了不少流氓"切口",其中之一是"压马路",常跟"车拉三"(意谓撩妹泡妞)搭配在一起。从八九岁起我住在石门一路上的华顺里,这条路是南北交通要道,每天各种车辆南往北来市声喧闹,走出弄堂北头吴江路南头威海卫路,背书包上学、半夜去小菜场排队、拎瓶子拷酱油、挎竹篮买大饼油条……,我的青少年记忆不出这数百步方圆,如今毫无往昔的踪迹,二十年前这一带被夷为平地,代之以亿万元拔地而起的黄金豪宅与商厦。

在《五月风——在街上》里,当然没有这些,而是日常生活的唯美演绎,不惮可笑地把自己描画为一个异性窥视者,想象中对街上的糖果店女营业员、对面越剧院的女演员或女理发师频送秋波。这些想象来自目睹我日长夜大的马路,影片《女理发师》在运动前数年爆红,地点即是我出门可望的"南京理发店"。这篇散文诗可说是青年时代淤积情欲的尽情宣泄,对性压抑的一次清算。"你知道不?在二十岁男子眼中的世界,有什么更引诱人的事物,能像露水滴在花上一样,无端地闯入我们的梦中?还不是女子?一个心目中完美的女子?"进入我梦中的是住在同一楼里的邻家少妇,有关她的不幸婚姻和楼上青年的暧昧流言,不提防落入我的耳中。那段"我需要爱情"的激情告白凝聚着从古今中外文学读到的爱情修辞。街上一名男子的目光中的"无情的嘲谑":"一个满身长着触须的伪道者,蝙蝠一样的两重人格者,可怜的单恋者!"其实这"单恋者"是非己莫属的自我揶揄。

以石门路为界,吴江路朝西直到茂名路整条是小菜场,朝东通往南京路一段则显得安静,靠右一排有些新式小洋房,内居有产者。其中一栋楼上的蓝色窗户出现在我的另一篇散文诗《窗下的独语》中。我在窗下徘徊,期待着出现在窗户上的一个倩影——仅仅是臆想中惊鸿一瞥的倩影。本雅明(Walter Benjamin)在《发达资本主义时代的抒情诗人》一书中说波特莱尔是个"休闲逛街者"(flâneur),在巴黎大街上注视人群,如他自述:"诗人享受着一种无以比拟的特权:他可以随心所欲地既成为他自己,同时又充当另一个人。他像迷失路径在找寻躯体的灵魂一样,可以随时进入另一个人的躯体中。"(王才勇译,江苏人民出版社,2005,第54页)的确,诗人像阳光一样走进千家万户,与大众分享悲欢,甚至通过天鹅,凭着伟大的"移情"功能,发出被流放者的哀号。作为革命年代的"逍遥派",我有大把时间休闲逛街,如《五月风》与《雨夜的悲歌》中感情在力比多的驱使下超量溢出,移情于各行各业的人群、野猫与鲜花,或许是波特莱尔与中国抒情文化在我身上产生的"呼应"。而在《恶之花》问世百年之后的上海,用吴亮的小说《朝霞》里的话:"就是另一个住满了革命党和乡下人的东方巴黎。"没有花都的浪漫情怀,没有拱廊商场,也没有夜生活,在物质匮乏的时代,商品本身是个禁忌。上海曾经有过咖啡馆、舞厅和跑马厅,这些摩登时代的一切留存于上一代没落阶级的罪感的记忆中。

"这里他来了,夜行者!冷清清的街上有他沉着的跫声。"像戴望舒在《夜行者》中描绘的,我在夜间溜达在吴江路上,或许是个"最古怪的人",对于一座洋楼上的挂着"淡蓝色纱帘"的小窗发生遐想,而《窗下的独语》中希望看到小窗的"迷人的容颜"纯属我的小阁楼里幻想的味蕾。"在这城里烦嚣而污秽的一隅,在我寂寞的小楼里,有复活的记忆在暗角里,向瞌睡的孤灯阴险地讲述老旧的故事。还有怠惰的猫在忧郁的烟雾中伸懒腰。寂寞像一张无形的网,把我的心越收越紧,这寂寞太可怕了。"因此想象与写诗成为一种治愈孤寂的自慰,想象中的夜行者如此胆怯与自制:"我没有奢想过这扇小窗会让一双纤手打开,一个苗条的身影抛下一方手绢或一根绳索。我也不会有福分消受如绛雪之于黄生般的情谊。"文学中不乏这类窗下谈情说爱的段子,如罗密欧与朱丽叶的例子无人不晓,而绛雪与黄生是《聊斋志异》中的故事。而"我"仅满足于无中生有的狂想,爱情似不可得也不必有。这如果在"五四"以来"浪漫的一代"眼中可说是个退步吧。

　　本雅明说波特莱尔享受人群拥簇的都市景象,"而这种景象最吸引他的地方却在于:他在陶醉其中的同时并没有对可怕的社会现象视而不见"。(第 57 页)在我的诗中似乎看不到"可怕的社会现象",如《无题》这一首针对青年男女早婚的"社会问题",应当是唯一触及"社会现象"的,其实算不得"可怕",也没收入我的诗选。(见陈思和主编《青春的绝响》,武汉出版社,2006,第 75—76 页)今天的青年读者对于半个多世纪之前的"可怕的社会现象",即使听说,也不会感同身受。对于我来说,可怕是每天的现实,不是视而不见,而是见得太多,因而麻木、恐惧而逃避。记得那天街上锣鼓喧天,运动开始了。我回家见到父亲单位来人抄家,父母在弄堂里被勒令站在长凳上接受群众的批判,由是明白我的家庭属于革命的对象。写诗本身伴随着担惊受怕,自觉写的内容无非"封资修"的东西,像《绣履的传奇》明显为"历史垃圾"悲悼,至于写下"悲泣"的"伟人"、"燃烬"的"太阳"时,那种又刺激又颤抖的体验难以言说。我曾经煞费脑筋发明一种符号来写诗,或者在抄诗时改动写作年份,都是恐惧使然,事实上终于尝到"无产阶级专政"的铁拳,也是因为写诗。因此对于《窗下的独语》中所表现的爱的胆怯不妨作一种自我解读，其中含有政治与美学的隐喻，在诗里一再表现出来，如《嗜烟者》："他像沉醉于一个旖旎的梦，/看见一切愿意看见的东西。/静默地观赏吧，别把手伸，/它祇像云雾一样空虚而美丽。"吐出的烟雾像"追求自由的勇士越出牢狱，/却化成尘埃，被更快地吹散。//小缸里升起一缕最后的浓烟，/像一声长叹满含无奈的愤怨。"甚至在《无题》中劝年轻人别忙着结婚："诗人教你们欣赏'期待'，/它比'满足'更富于美感。"这种对现实的规避心态是恐惧心理作怪，却合乎康德式的艺术"无用"论，美感产生于对事物的距离的鉴赏。

  这一点对我至关重要，是我的创作追求个人主观表达的基础。这种规避也有助于免除外来的干扰而进行纯美的探索，包括免除各种理论的干扰。实际上《无题》中的"美感"一词背后已有相当明确的理论支撑。六十年代初所谓"修正主义"的大学教程已相当完备，王力的《古代汉语》、朱光潜的《西方美学史》、周予同的《中国历史文选》等皆在浏览之列。因为钟意王阳明的"心学"，我与朱光潜所讲的克罗齐的"移情"说一拍即合。这方面朱育琳专讲趣味，对他来说波特莱尔一言以蔽之，即"文学即鸦片"。使我下过一番功夫的是美国帕克的《美学原理》，翻译者张今，1965年由商务印书馆出版。该书在克罗齐移情说的基础上作了系统阐述。我写了十几页的阅读心得，如同情是审美的出发点，艺术家通过白日梦想象与完美的形式而获得情绪的快感等，这些说法对我犹如醍醐灌顶，今天看来是老生常谈，在当时作为"内部读物"发行，书前有李泽厚的题为《帕克美学思想批判》的长文，说此书"鼓吹本能冲动"、"疯狂腐朽"，是"出于没落垂死阶段"的资产阶级的"悲观绝望"的理论表征。这些批判对于已经逆向思维的我并不起什么作用。

颓废精神的开掘

我写了好几篇散文诗,也与波特莱尔有关。穿过吴江路到南京路,贴对面有一家国营旧货商店(叫"南国旧",另一家在淮海路上,叫"淮国旧"),我花了十几块买了一架英文打字机,记不得从哪里借来一本英文诗歌选集,有四篇波特莱尔的散文诗:《窗》《老艺人》《点心》和《"已经过去了"》。我等于发现新大陆,把它们打了下来,只是这架机子实在老式,色带已经褪色,打出来像鼠牙啃的,还是挺开心。我的散文诗中《梦幻香》是较长的一篇,其中"我"在一个盛夏的深夜漫步在幽静的马路上,跳上一辆驶向市中心的电车,由座位的香味引发关于"香"的漫长的幻想,结集了我的所有相关的文学记忆,先是由座位的香气连接美人的套路,本能地诉诸从《玉台新咏》到《花间词》的"艳情"风格,各种景观纷至沓来,如中世纪古堡的假面舞会,自己扮成骑士,与淑女在喷泉边喃喃情语,继之以幼时端午的火树银花与彩灯上西厢、红楼故事的画面,接着是如中秋节的月宫与仙女散花,又来到野外的墓地,记起亡友日记里的留兰香,又飘向一个幸福的岛屿,少男少女在篝火边歌舞狂欢,最后是即将出现的夜都会的景象,由是中西杂交地编织成整个文本。

这个"可怜的梦幻者"已养成早上懒床的习惯,在梦幻想象中消度"幸福时光"。那时用纸吝啬,不惯在纸上抄写修改,而躺着一遍遍打腹稿,细节也不放过。美文的写法渊源于朱自清的《匆匆》与《桨声灯影里的秦淮河》,"香"的灵感来自波特莱尔,他的《异域的芳香》是最初老朱给我四首之一,前面两段:"当温暖的秋夜,我的眼睛闭上,/闻着你灼热的胸脯的芬芳,/一片幸福的海岸在眼前展开,/那里浸透着火热的纯粹阳光。//一个慵懒的岛屿,为自然慨赏,/奇特的森林,还有美味的果子;/男人的体格瘦削而又健壮,/女人的眼神惊讶他们的大方。"这首诗诱发我对健康与自然的想往,尤其那奇特的想象力,让我不时感受到它的驱动。因而在《梦幻香》中化为大段的演绎:"我眼前展现了一片幸福的岛屿,那里是溶银的月夜,盲人在树荫里弹着月琴,动情地歌唱;少女少男们围绕在欢跃的篝火旁,携着手跳舞,眉目间飘漾着微笑和甜蜜。满岛飘回着椰子树的香味、红豆的香、蔗田的香。这成熟的香呵,幸福的香呵,沁入我心中,酥软而迷醉。"

《梦幻香》是一种新的叙事,以这样的句子开始:"她叫什么名字?忘了看演员表了。那灯光缤纷的变换,油彩与衣裳的缀饰,也许会显得美丽而迷人的。那么,那个跑龙套的花脸,就所谓丑陋的吗?这与我有什么相干呢?"自言自语的心理独白,自由联想穿梭于不同的时空,段落之间没有逻辑的衔接。这么写是因为读到袁可嘉的《论英美"意识流"小说》一文,介绍乔哀斯与伍尔芙的"意识流"创作手法。他们对"真实"持一种新的看法,认为世界是"变化莫测、错综复杂与不可理解的"。伍尔芙"肯定'真实'是由'人类感性的无限丰富'所决定的,指责老一辈的现实主义作家没有表现人物'私有的幻想',因此人物是'不真实的。'"这些说法跟我以往所接受的文学观念大相径庭,一时难以完全理解,因而逐字逐句读得极其认真。袁可嘉的这篇文章和他的另一篇《略谈英美派诗歌"现代派"》也同样被我奉为"圣经",甚至抄写了两遍,分别在练习簿与日记簿上。袁文在运动发生前不久发表,带来了二十世纪初西方"现代主义"与"现代派"的丰富信息,且很少粗暴的批判。

"可怜的梦幻者"即将到目的地——"都会",语调欢欣:"在这不夜的都会里,我有一个充溢着更浓更甜的香味的去处。如在我理想的家园里，得到销魂的陶醉。"自己将坐在一家 café 里倾听留声机的音乐，萦绕着威士忌、夜来香、郁金香的香味。虽是简短一段，都市的美好虚构与阅读经验并不一致。巴尔扎克的巴黎、陀思妥耶夫斯基的圣彼得堡、狄更斯的伦敦，几乎是罪恶之渊薮。不消说波特莱尔《恶之花》是在巴黎绽放的。中国作家很少写都市，那时"新感觉派"还在历史中沉睡。在闻一多的《现代诗抄》中读到王独清的《我从 CAFÉ 中出来》："我从 café 中出来，/身上添了/中酒的/疲乏，/我不知道/向哪一处去，才是我的/暂时的住家……"写得很有气氛与节奏，不过跟《梦幻香》中把 café 当作"理想的家园"没有关系。我生长在红旗下，城市和大家穿的人民装一样朴素，留下我多少童年的印痕，在马路上飞香烟牌子、打弹子、钉橄榄核、造房子……记忆中的这些像普罗斯特的玛德莱娜，这些刻写在"都市"与"家园"之间的亲密纽带上。关于老底子上海却常从父辈那里听到。他们最难忘那些好莱坞电影，当父母与邻家阿叔阿姨闲聊时，说起《魂断蓝桥》或《出水芙蓉》便眼中发光，一派荡气回肠的神情。数年前一次我从香港回家问起老爸，他给我写了一张纸，开列了一长串影片和明星的名单，那时他年届九十，每次叮咛给他带影碟，点名要林青霞、刘嘉玲和舒淇。

1967 年写诗近二十首，1968 年仅存六七首。这无疑与八月里我们"东窗事发"有关，随着老朱之死，写作中断了。诗风突变，视域更为广阔，思考更为深入，也更讲究形式的完整，或许标志着走向成熟，然而失去了青春的抒情、童真的梦幻与古典的色调，殊生焉知非福之感。或者说我在走向波特莱尔，如五月里写的《空虚》："这城市的面容像一个肺病患者/徘徊在街上，从一端到另一端。/晴天被阳光浸成萎靡的黄色，/阴云下泣悼一般苍白而凄惨。"好似一个都市漫游者，从其视角下的现实片段，接上了《梦后的痛苦》的线头,所谓"擦肩的腻语,转身有眸子回顾,/她们在眼角抛情,唇边展靥。"也在重复《五月风》中性心理母题,放弃了绮词丽藻而转向写实。在革命初期的狂风暴雨之后,各种名目的运动仍在一波一波地开展,于我却无所事事而感到心灵空虚,而城市也成为个人颓废的镜像投射。最后一段:"负载沉重的暮色疲惫归来,/阴湿的过道充斥刺鼻的煤烟;/拉开门,屋里沉闷而暗黑,/两只坐椅像幽灵默默对言。"是我家一间灶披间的实景,前面是店堂间,从后门进去一道板壁把水龙头与煤炉隔开,屋里一扇窗面向狭窄的弄堂,阳光从来照不进,白天也黑戳戳的。如果要解释最后一句的出处的话,那么老朱翻译的《烦闷》可拿来做注脚。诗中最后两句:"红桃杰克和黑桃皇后在闲谈,/阴险地谈起他们死去的旧爱。"

还有几张照片也可用来做我的颓废唯美的注脚,运动开始后法租界淮海西路和复兴西路那一带有些私人住宅空荡荡的,主人被扫地出门,无人照管,却成了我们光顾的地方。那一张我身后的玻璃窗都被砸碎了,作为背景颇有现代艺术意味。我穿一件深咖啡色衬衫,是从南国旧淘来的。另外两张在另一私家花园,神态忧郁,鞋尖上几瓣叶子,当然是我在摆拍,掌镜的是初中同学嵇幼霖。前不久和他在徐家汇海港广场的小南国叙旧,我给他看手机里这几张照片,问:"这是什么地方?"他说:"应该是在衡山路上。""不然就是在复兴西路上。"实在年代久远,记不真切了。我说几时要去找找看。

当我读到陈敬容翻译的《仇敌》:"我的青春只是一场阴暗的暴风雨""此刻我已接近精神生活的秋天",这些句子在我心头引起共鸣,久久缠绕。在1968年初作的《荒庭》中发出类似的哀叹:"啊!我精神的庭院已一片荒凉,/断垣颓墙被无情的风雨摧残,/从此不再有花红叶绿的繁荣。"但此诗反映了我所陷入的一

种焦躁不安的精神形态,时时听到被鞭笞的击打声,自己犹如一头在"灵魂的地狱里"挣扎的"猛狮":

> 当我独自一人默默而语的时候,
> 一只猛狮从灵魂的地狱里跳出,
> 戴着脚铐乱舞,发出震裂的怒吼,
> 暴突的眼睛把燃烧的光焰喷吐。
>
> 它要挣脱,回到自由的森林!
> 那里有成群的野狼向它屈膝。
> 但来了狰狞的狱卒,将它死命
> 鞭笞,它终于倒下,昏在暗角里。

从人的自然属性描写精神的痛苦,是一种超出"阶级斗争"的二元思维模式而转向人性本能的认识,这多半与读到朱光潜的《变态心理学》有关。当时这本书流转到我手中,被限定两天要还,于是能抄多少是多少,简直忘寝废食地把关于催眠术、迷狂症与多重人格、压抑作用和潜意识、弗洛伊德的泛性观、心理分析法、梦的心理等部分抄在一本日记本里,其意义确实非同寻常。在稍后的《致命的创口》中描写人的情欲的原始力量,以"狼"自比:"来到野火蔓燃的森林,/辨认、俯嗅祖先留下的脚印;/这是我致命的创口在流脓,/如今又听见它发起冲锋的号令!"又把在牢狱里受"烙炙"的"蛇"作象征:"纠集所有帮凶——本能、堕性和情感,/发出放纵的狂笑,把铁窗震撼!"这样的表达却触及更为深层的现实,如果说这场史无前例的大革命的根本目标是"灵魂深处爆发革命"、"斗私批修",要把人的欲望连根拔掉,那么这首诗则扬起一个否定的手势。

2013年秋我从香港科技大学退休,回到上海。次年从复旦古籍所运来近五十箱书,搬进我的寓所。全靠我的同门兄弟们保存了三十多年。一箱箱打开,原先以为已经遗失的两小册手抄诗稿赫然在目,发现其中一首《初恋》的手稿,第一段:"'沉默'像一具死尸,横在你我之间,/彼此窥见了心底的厌烦。/啊,极乐鸟在遥远的云天飞翔,/我们像鸵鸟,因见沙丘而伤感。"当时没有另纸誊抄,后来没能收入诗集。此诗也等于与我的心爱的诗作别,至于那些涉及我的罗曼情怀的诗,以后有机会再作回忆吧。

"比冰和铁更刺人心肠的欢乐"
——波德莱尔在中国①

柏 桦②

众所周知,是波德莱尔才使得"法国诗歌终于走出了国境。它使全世界的人都读他;它使人不得不视之为现代性的诗歌本身;它产生模仿,它使许多诗人丰饶。"③他的这种诗歌精神繁殖力(借自瓦雷里的一个观点),他那"比冰和铁更刺人心肠的欢乐"(这句诗出自《恶之花》中《乌云密布的天空》一诗)不仅漫卷了整个欧洲,甚至波及了亚洲,冲击了中国自李金发以来的中国新诗。他不仅给老雨果带来新的颤栗,也给全世界的诗人带来新的颤栗。因此我们可以毫不夸张地说,任何一位有西诗修养的中国文人都会立刻从波德莱尔的"冰和铁"中见出他的作诗

---

① 本文曾发表于《世界文学》2006年第五期,特此说明。
② 柏桦,1956年1月生于重庆。现为西南交通大学人文学院中文系教授,博士生导师。出版诗集及学术著作多种:《望气的人》、《左边——毛泽东时代的抒情诗人》、《风在说》(英文诗集)、《在清朝》(法语诗集);《惟有旧日子带给我们幸福》(诗集,江苏凤凰文艺出版社,2017年版)、《蜡灯红》(随笔集,广西师范大学出版社,2017年版)。曾获安高(Anne Kao)诗歌奖、《上海文学》诗歌奖、柔刚诗歌奖、第五届"红岩文学奖"。2016年4月,获羊城晚报"花地文学奖"。
③ 转引自瓦雷里:《波德莱尔的位置》,《戴望舒译诗集》,长沙:湖南人民出版社,1983年,第105页。

法,即波氏之诗并非典型的象征主义,其中包含着浪漫主义、现实主义以及象征主义这三种诗法的融合,正是这三者的融合,才又使得他仅仅成为了一个 T. S. 艾略特所说的那样的诗人:"他确实是浪漫主义的产物,但是由于他在本质上又是第一个反浪漫派的诗人,他只能象其他诗人一样利用已经存在的材料。"[①]理解此点非常重要,正由于此,波德莱尔的这种浪漫主义加初期象征主义的诗歌技法才会在中国新诗中产生如此大的影响力。这又令我想起苏联汉学家切尔卡斯基说过的类似的话:"中国象征主义并不纯粹,混同于浪漫主义。"英国汉学家,现任澳大利亚国立大学的著名中国文学学者与翻译家兼乐(William J. F. Jenner)也说过:"即使是 30 年代中国'现代派'的代表诗人戴望舒,他的诗作中也很少有使他成为现代人的东西,而更多的东西是使他成为一个浪漫主义者。"[②]其实戴望舒远非兼乐说的这么简单,他在诗歌写作中甚至还运用过超现实主义的技法,如《眼之魔法》《我思想》等,不过这不是本文所要讨论的。本文的中心是谈波德莱尔对中国新诗的影响。这影响是通过梁宗岱、戴望舒、陈敬容以及后来的程抱一、郭宏安等的翻译得以实现并完成的。波德莱尔自影响李金发始,至今已近百年,其影响的丰富性又远非一篇短文可以胜任,那将是一部专著的任务。为此,本文仅限于谈论我所经历的波德莱尔时期,范围是 1966 年—2001 年。

我第一次读到波德莱尔的诗是 1980 年,那是法国汉学家程抱一翻译的,发表在华中师范大学出版的《外国文学研究》上。关于我第一次读到波德莱尔诗歌时的震动,我在许多文章、访谈以

---

① 王恩衷译:《艾略特诗学文集》,北京:国际文化出版公司,1989 年,第 112 页。
② 参见《编译参考》1980 年第 9 期,兼乐有关中国文学的发言,《现代中国文学能否出现》。

及我的自传体长篇随笔《左边——毛泽东时代的抒情诗人》(该书已由牛津大学出版社于2001年在香港出版)一书中都有过详细谈论,在此便不重复了。只说一句话,我在决定性的年龄,读到了几首波德莱尔递上的决定性的诗篇,因此我的命运被彻底改变。几乎与此同时,我还读到了令我震动的北岛的诗歌,当我读到如下这些诗句时:"用网捕捉我们的欢乐之谜/以往的辛酸凝成泪水/沾湿了你的手绢/被遗忘在一个黑漆漆的门洞里"(北岛《雨夜》),我的心感到了一种幸福的疼痛,我几乎当场就知道了,这是一种阅读波德莱尔时同样有过的疼痛。北岛的这几行诗让我重温了"比冰和铁更刺人心肠的欢乐",那当然也是一种经过转化的中国式"欢乐"。艾略特在评论波德莱尔诗歌中的神秘力量与现实力量时说过一句话:"波德莱尔所受的这种苦难暗示着某种积极的至福(beatidue)状态存在的可能性。"[①]的确,波德莱尔的诗从总体精神上说,是陶醉在一种全身心拥抱苦难的极乐状态中的诗,而"比冰和铁更刺人心肠的欢乐"就最能集中体现此点。北岛这几行诗不仅完全对应了艾略特所评波德莱尔的这句话,也对应了波德莱尔这句强力之诗。我们通过这几行诗便可以透彻地认识我们所处的时代精神之核心。《雨夜》不是戴望舒式的《雨巷》,它已是另一番中国语境了,即一个当时极左的、一体化的文化专制语境下的中国。《雨夜》带着一种近乎波德莱尔式的残忍的极乐以一种深刻饱满的对抗力量刺入我们欢乐的心中,这种痛苦中的欢乐只有我们那个时代的人才会深切地体会,勿需多说。

后来我读到多多的一篇著名文章,《1972—1978:被埋葬的中国诗人》。他谈到1970年初冬是一个令北京青年难忘的早春。一些内部出版的图书,也称"灰皮书"(指当时内部发行的外

[①] 王恩衷译:《艾略特诗学文集》,第110—111页。

国文学翻译著作)在北京青年中流传,其中有萨特的《厌恶及其他》、贝克特的《椅子》等,完全可以相信,其中必有波德莱尔的诗歌。这一点我后来在陈敬容那里得到了证实。我还记得1984年夏天的一个上午我去拜访陈敬容时的情形,当她拿出令我心跳的她于60年代所译的波德莱尔一组诗歌给我看时,我读到了《乌云密布的天空》中的这句诗:"比冰和铁更刺人心肠的欢乐。"这些诗发表在《世界文学》杂志上(当时不叫《世界文学》,而叫《译文》),她还对我说,这组译诗对朦胧诗有过影响,北岛以前也读过。有关陈敬容所译波德莱尔诗歌对朦胧诗的影响,张枣在前不久接受《新京报》记者采访时曾这样说过:"朦胧诗那一代中有一些人认为陈敬容翻译波德莱尔翻译得很好,但我很少听诗人赞美梁宗岱的译本,梁宗岱曾经说要在法语诗歌中恢复宋词的感觉,但那种译法不一定直接刺激了诗人。实际上陈敬容的翻译中有很多错误,而且她也是革命语体的始作俑者之一,用革命语体翻译过来的诗歌都非常具有可朗读性,北岛他们的诗歌就是朗读性非常强。"张枣这段话可谓说到了要害上。

的确,不同的翻译语体对创作会有不同的影响。有一句老话,一个时代有一个时代的文学,换言之,一个时代有一个时代的翻译,犹如王了一曾用文言文译《恶之花》一样,梁宗岱曾以宋词感觉译波德莱尔,卞之琳似乎对梁这种典雅的翻译文体也不甚满意,他曾说:"我对瓦雷里这首早期诗作(按:指瓦雷里的《水仙辞》)的内容和梁译太多的文言词藻(虽然远非李金发往往文白都欠通的语言所可企及)也并不倾倒⋯⋯"[①]而陈敬容用"革命语体"翻译波德莱尔,我以为与当时的中国语境极为吻合,真可以说是恰逢其时,须知波德莱尔诗歌中的革命性与中国的革

---

① 转引自黄建华主编:《宗岱的世界·评说》,第5页。

命性颇有某种微妙的相通之处。据我所知,陈的翻译不仅直接启发了朦胧诗的写作,也启发了当时全国范围内的地下诗歌写作(后面还将论及)。看来翻译文本的影响力是完全超出我们的想象的。因此,我们可以说:正是当时这些外国文学的翻译文本为北岛等早期朦胧诗人提供了最早的写作养料。在一篇访谈中,北岛也提到,这些翻译作品"创造了一种游离于官方话语的独特文体,即'翻译文体',六十年代末地下文学的诞生正是以这种文体为基础的,我们早期的作品有其深刻的痕迹……"

这一痕迹不仅在北京诗歌圈中盛行,在上海同样盛行。陈建华在一篇回忆文章《天鹅,在一条永恒的溪旁》(此文是为纪念朱育琳先生逝世二十五周年所作,发表于《今天》1993年第3期)中也有过详细记述。朱育琳是当时上海地下诗歌沙龙中的精神领袖,他精熟法语和法国文学,陈建华也属这个沙龙的一员,其中还有钱玉林、王定国等人。陈建华认为朱育琳是一个天才的译家,他把波德莱尔译到炉火纯青的境地。他把译波氏认真地当作一种事业,他于1968年被迫害致死,但他留下的八首波德莱尔译诗却成了陈建华手中一笔小小的文化遗产。据陈建华回忆:"一次谈到波德莱尔,他问:'艺术是什么?'看到我们都愣了,他神秘兮兮地说:'艺术是鸦片'。并引用波德莱尔的诗句,认为艺术应当给人带来'比冰和铁更刺人心肠的欢乐。'"[1]接着陈建华还谈到一次私下朗诵会:"最难忘的是1967年秋天在长风公园的聚会,老朱、玉林、定国和圣宝都在。我们划船找到一片草地,似乎真的是一片世外桃源。大家围坐着,由定国朗诵老朱带来的译作——波德莱尔的《天鹅》。这朗诵使我们感动,且显得庄严。我们称赞波德莱尔,也赞美老朱的文笔。"[2]

---

[1] 陈建华:《天鹅,在一条永恒的溪旁》,《今天》1993年第3期,第261页。
[2] 同上,第262页。

在那个年代，不仅北京、上海在秘密流传着波德莱尔的诗歌，即便是在我的家乡，偏远的重庆，也有一个类似的文学沙龙，其中也有一个类似的青年导师马星临，他狂热地阅读着波德莱尔的诗歌和巴乌斯托夫斯基的诗性散文与小说，而他的口头禅（几乎每一次主讲文学感受时都挂在嘴边）就是陈敬容所译波德莱尔那句诗"比冰和铁更刺人心肠的欢乐"。的确这种艺术的欢乐在当时是那么秘密，那么具有对抗性的个人姿态，而这姿态又那么迫切地期待升华和移置，因此只能是比冰和铁更加刺人心肠。这句诗几乎成了60年代、70年代和80年代初诗人们的接头暗语，它更多地代表了当时个体生命的感受性，它是这一特定中国历史文化语境下的集中精神之表达。它也在一种中国式的浪漫主义情怀下成为一个只可意会不能言表的丰富象征。

接下来波德莱尔这种影响并未消退，如在海子身上我们同样看到了一种"比冰和铁更刺人心肠的欢乐"，他甚至将此欢乐推向极端。他书写"大火"、"无头英雄"、"斧子劈开头盖骨"、"我象火焰一样升腾"、"太阳砍下自己的刀剑"、"万人都要从我刀口走过"等这一系列的"欢乐颂"。在他逝世前，他曾在《世界文学》杂志上发表过一篇文章《我热爱的诗人——荷尔德林》，在文章中，他说"从荷尔德林我懂得，诗歌是一场烈火……荷尔德林，早期的诗，是沉醉的，没有尽头的，因为后来生命经历的痛苦——痛苦一刀砍下来——，诗就短了……像大沙漠中废墟和断头台的火砖……"这些文字虽是谈论荷尔德林的，我却读出了波德莱尔式的冰和铁，让我见到他更像一个争分夺秒燃烧的波德莱尔。在燃烧中，他为中国文学引入了一种前所未有的闪电速度和血红色彩，这速度和色彩在他内心是如此光华逼人，以至于他的一切生活甚至生命都被这火焰焚烧了。心灵升向天空，肉体则搁浅大地。海子这种冒着烈火出入于天堂地狱的英勇决心也与波德莱尔一样,有一种弗洛伊德所说的死本能(death instinct)冲动,为此他们都达到了一种自虐式的极乐(beatitude)状态。说到死本能,弗洛伊德就是一个日日被死亡缠绕的人。四十岁后,他便几乎天天想到死。按弗洛伊德的一般之表述,人对于死是毫无办法的,因此面对死亡这个母题,才觉得有许多话要说,而倾诉这些话语的最佳去处,莫过于文学,尤其是诗歌。因此,呕心沥血演唱苦难与死亡之歌的诗人不在少数。而死本能是一种趋向毁灭和侵略的本能冲动,这个冲动一开始都是朝向自己的。弗洛伊德认为死本能就是要驱策一个人直奔死亡,因为死才能使他真正平静。只有死亡,这个最后的休息地,才能使他完全解除紧张和焦虑。而海子也正是由于这一死本能的偏执与冲力,最后亲身赴死,以他年轻的生命完成了波德莱尔"某种积极的至福状态存在的可能性"(艾略特语)。

甚至在二十世纪90年代至本世纪初,我们仍然可以见到波德莱尔对中国诗人的强力影响。在此让我们来读尹丽川写于2001年5月22日的一首诗《郊区公厕即景》:

> 蹲下去后,我就闭上了双眼/屏住呼吸。耳朵没有关/对面哗哗地响,动静很大/我睁开眼,仰视一名老妇/正提起肥大的裤子/气宇轩昂地,打了个饱嗝/从容地系着腰带/她轻微地满意地叹了口气/她的头发花白/她从容地系上腰带/动作缓慢而熟稔/可以配悲怆的交响乐/也可以是默片

表面上看,尹丽川这首诗以白描手法和小说技巧书写的小诗似乎与波德莱尔带有浪漫主义余绪的象征诗相去甚远,但仔细研读之下,却可知作者在面对中国现实所作的思考和表达与波德莱尔有异曲同工之妙。波氏说过:"诗是最现实不

过的。"①就像波德莱尔在诗中书写过开天辟地的新题材一样，如拾垃圾者、腐尸、恶魔、蛆虫、苍蝇、粪土等，尹丽川同样以厕所这一最能体现中国现实的意象，为我们展示了同样令人震惊的一幕，她通过厕所书写了普通中国人的沧桑、麻木、荒凉，这正是一首波德莱尔所一贯追求的深度现实主义之诗。的确，生活就是这样，没有别的选择，也不必选择。但作者在面对这种残酷的现实处境时，又在诗中贯注了极深的慈悲。最后二句是公开的细腻的悲悯，当然也是对"恶之花"般的现实的升华，这悲悯是以冒犯的形式出现的（这是作者同时也是波德莱尔的一贯风格），她提请我们注意这位入厕的老妇，她的生命"打了个饱嗝"（一个最准确、最惊人的细节），"她满意地叹了口气"（这是平凡之气，也是空白之气与衰败之气，同时也是一个象征），生命的本质就是如此，有时我们需要这种"无知的"沉沦，需要将其"无知的"消耗掉。正是在这种无知并有所知的巨大张力之下，我们通过这间郊区公厕感到了作者笔下的厕所的确呈现出一股"比冰和铁更刺人心肠的欢乐"，这欢乐绝对配得了悲怆交响乐，也绝对令我们震动。为此，这位老妇人的形象也是我们的形象，她的"悲怆"或"默片"式的生命也是我们生命的一部分。而这一切都源于一个核心意象"公厕"。这是一首真正意义上的现实主义诗歌，也是波德莱尔式的投枪和匕首，作者与波氏一样真的刺中了我们生活的痛处。她像波德莱尔一样仅"利用已经存在的材料"（艾略特语），并不想在诗法上作彻底革命性的试验，但写作姿态如此极端尖锐，又必令伪善者胆寒。她对于生活的真诚和勇气不仅令人敬佩，也让我又想到艾略特在评论波德莱尔时说过的

---

① 转引自罗杰·加洛蒂：《论无边的现实主义》，上海：上海文艺出版社，1986年，第168页。

一句话:"他现在与其说是一个被模仿的范例或者汲取的源泉,不如说是一个提醒人们保持真诚这一责任或神圣任务的人。"①这句话用在尹丽川这首诗上一点也不突兀,完全与之相配。

  另外,尹丽川还写过其他一些更加刺人心肠的诗,她甚至还写过一首诗《诅咒》,如何看待此点,仍套用艾略特在评论波德莱尔时所说:"认为人的光荣是他的拯救能力,这是对的;认为人的光荣是他的诅咒能力,也是对的。"②不是吗?我们在《郊区公厕即景》中既读出了悲悯也读出了诅咒,那正是一种深情的对现实厕所的悲悯与诅咒。而这悲悯与诅咒也是波德莱尔诗歌中的重要特征,这一特征对中国新诗的影响已持续了接近百年,看来波德莱尔的"精神繁殖力"依然盛大不衰。

---

① 王恩衷译:《艾略特诗学文集》,第114页。
② 同上,第116页。

"现代诗"还有戏吗?
——纪念波德莱尔诞生二百周年[1]

树 才[2]

一、波德莱尔:忧郁的反抗者

今天讲座涉及的诗人,是法国的波德莱尔。他被认为是"古典主义的最后一位诗人、现代主义的第一位诗人"。"现代诗"的概念因他而起。我们知道,法语里有两个词,一个叫"巴黎人",一个叫"外省人";在巴黎人眼里,除了巴黎,其他地方都是外省。波德莱尔可是地道的巴黎人。这次讲座,我想先讲波德莱尔这个人,然后讲他的诗集《恶之花》,然后讲这本诗集中的一首诗,顺便也讲一下"诗歌翻译"这个老大难问题。通过讲波德莱尔的《恶之花》,我想探讨世界现代诗的进展,尤其是中国现代诗的

---

[1] 该文根据北京"十月文学院"主办的系列讲座"名家讲经典"第十一场讲座"'现代诗'还有戏吗?"(2018年6月30日)写成。
[2] 树才,原名陈树才。诗人、翻译家。1965年生于浙江奉化。1987年毕业于北京外国语大学。现就职于中国社科院外文所。已出版《单独者》《树才诗选》《节奏练习》《心动》《春天没有方向》《去来》等诗集十余部。译著有《勒韦尔迪诗选》《夏尔诗选》《法国九人诗选》《杜弗的动与静》《小王子》《雅姆诗选》《长长的锚链》等数十种。2008年获法国政府"教育骑士"勋章。

状况。

我们写现代诗,不读波德莱尔,那是不可想象的。夏尔-彼埃尔·波德莱尔(Charles-Pierre Baudelaire),1821年4月9日出生在巴黎,更具体地说,是在高叶街13号(au 13 rue Hautefeuille)。他出生时,他的父亲约瑟夫-弗朗索瓦·波德莱尔(Joseph-François Baudelaire)已经63岁。父亲去世那一年,波德莱尔才6岁。与父亲相伴的这6年,应该是波德莱尔幸福的童年时光。去过巴黎的人都知道,市中心有一座非常美的花园叫卢森堡公园。波德莱尔小时候,父亲经常带他去那里玩。作为画家的父亲,很有魅力,又有教养,也经常带波德莱尔去看各种美术馆。卢森堡公园里,站立着很多优美的雕像,父亲会给他讲那些雕像的故事。波德莱尔死后,因为《恶之花》给他带来的盛名,他也化身为雕像,站立在公园的一块绿草坪上,仿佛他又回到童年时经常玩耍的地方。我每次去巴黎,必访卢森堡公园,潜意识里我就是想去拜谒波德莱尔的雕像。只见他面容清秀,目视远方,一只手斜在上衣胸口前,路过的风能听懂他沉默的语言。

波德莱尔的母亲卡罗琳·杜费斯(Caroline Archimbaut-Dufays)结婚时,年仅26岁。母亲性格忧郁,感情细腻,在伦敦受过教育,很有文化修养。波德莱尔6岁丧父,他同年轻的母亲相依为命。正当幼年的波德莱尔享受这一段"充满母性柔情的好日子"时,年轻的母亲却改嫁了。继父雅克·欧比克(Jacques Aupick)是一位军人,当时的军衔是少校,后来一直升到少将,还做过大使。先是幼年丧父,旋即母亲改嫁,这两个事件,对波德莱尔的一生产生了决定性的转折作用。精神分析告诉我们,一个人的性格在童年经历中烙下最深的印记。

当然了,母亲改嫁不是7岁的波德莱尔能阻拦的,但他肯定不乐意。他后来说过这么一句话,意思是,有像我这么敏感的一个儿子，做妈妈的不该改嫁呀！这显然过于苛刻。因为改嫁是符合常情的，对母亲来说，甚至是幸运的。但7岁的男孩子有他尚未成形的心理结构，有他个人的理解角度，他会觉得母亲对他的爱被一个闯入者抢走了。据他自己说，新婚之夜，他把新房的钥匙扔出窗外。这就是一个7岁男孩的反抗行为。

波德莱尔随继父一起生活后，幸福的童年一去不复返了。我相信，隐秘的抑郁，就是从那一刻开始的。弗洛伊德所说的恋母情结，在波德莱尔身上表现得很明显。这一点从波德莱尔的书信中可以看出来。生父去世后，他和年轻、温柔、美貌的母亲一起生活，感到非常幸福，之前他不得不跟生父一起分享妈妈的爱。不过，这种天堂般的生活只持续了一年，母亲就给他找了一个继父。波德莱尔后来生活中所有不可思议的反叛行为，比如跟他深爱的母亲失和，通过各种方式对抗他的继父，都可以从这个经历中找到源头。

波德莱尔学业优秀。拉丁语、修辞、作文等都很出色。但他在日记里透露，他非常孤独。即便身边都是同学，他仍然感觉自己命中注定永远孤独。孤独，成了波德莱尔内心过早体味到的东西。确实，诗人的嘴里离不开孤独，但生活中却受不了孤独。诗人的孤独比别人更猛烈，也更有杀伤力，所以他也必须比别人更快找到稀释孤独的方式。

转眼间，波德莱尔高中毕业了。面对要上的大学和未来，波德莱尔的继父希望他走仕途，但波德莱尔不肯。他宣布：我要成为一名作家！一八四几年的时候，想成为一名作家，这对一个官员家庭来说，相当于一个丑闻。也许波德莱尔觉得自己羽翼丰满了，开始反抗继父。于是，父母悄悄安排了一次远行，让波德莱尔坐上邮轮到印度去。为什么呢？继父在外交界有一些朋友，他希望儿子在印度得到历练，回来后应该可以谋得一个外交职位。但波德莱尔登上邮轮后,只到了留尼旺岛就不走了。9个月后他返回巴黎。他自负地宣称:"我口袋里装着智慧回来了。"

回巴黎后,波德莱尔到了领取遗产的法定年龄。他不顾父母的反对,将生父留给他的 10 万金法郎全部领走。这是一笔巨额财产。一个理性的人会听从父母的安排,但波德莱尔把遗产的使用也当作一种反抗方式。他过上了吃喝玩乐的纨绔子弟生活。两年过去,遗产花掉了一半!继父跟母亲商量,不能让这个浪荡子再这么奢侈下去。未经波德莱尔同意,他们就找了一个公证人。公证人在法国非常有分量,有点像法院执行人这种身份。继父请公证人来管理剩下的财产,规定每个月只给他 200 法郎。波德莱尔只能接受。糟糕的是,欠债还不上了,他成了一个负债之人。

现在该怎么反抗呢?苦闷、喝酒……或者自杀吧。波德莱尔还真的自杀过一次,但他的自杀方式有点可笑。1845 年 6 月 30 日,他拿起一把小小的水果刀,狠狠地扎了自己一刀。虽说鲜血四溅,但死是死不了的。他想以此来反抗父母这个见鬼的决定,但他还是没有力量把它掀翻。自杀未遂,他只好回家跟父母生活了一段日子。不过,波德莱尔很快就决定再次离开这个资产阶级家庭。这次是彻底离开了!他搬进了拉丁区,跟一位混血姑娘让娜·杜瓦尔(Jeane Duval)住到一起。杜瓦尔是一个小剧场的演员,也就跑跑龙套,但她魅力十足。一方面,她拥有所有美人"恶"的地方,懒惰、撒谎、粗俗;但另一方面,她非常漂亮,情色饱满,能给人带来感官的极乐。波德莱尔一辈子都没有结婚,长久相伴的,就是这位"黑维纳斯"。

尽管在文学界赢得一些虚名,波德莱尔却债务缠身。比利时成了他想象中的避难所。1864 年 6 月,他抵达布鲁塞尔。他很天真，想通过演讲和出版作品来赚钱。如意算盘落空了。波德莱尔最后两年的生活是凄惨的。1866年3月的一天，他同两个朋友一起游览那慕尔(Namur)的圣-鲁教堂时不慎摔倒，导致昏迷、失语和身体偏瘫。

母亲把他接回巴黎，他在杜瓦尔医生的诊所里住院。不少朋友前来探望，圣-勃夫、邦维尔、勒孔特·德·李尔等。保罗·莫里斯夫人还特地为他演奏瓦格纳的音乐。为了减免住院费用，诗人朋友们还为他起草了一份请愿书，雨果、巴尔扎克都参与了，连讨厌他的梅里美也签了字。最后，波德莱尔是在失去语言的哑巴状态下死去的，弥留时间很长，很痛苦。1867年8月31日，波德莱尔永远闭上了眼睛。他死后被葬入蒙巴纳斯公墓，不得不和他痛恨了一辈子的继父欧比克挨得很近。

二、《恶之花》的绽放与天才的凋零

"恶之花"这个名字是翻译过来的。法文是«Les Fleurs du Mal»。懂法文的人一看就知道，Fleur(花)在这里是复数，不是单数。恶(Mal)是一个抽象名词。"恶之花"这种译法让"花"成了单数的抽象之花，从而失去了"花朵"的直观形象和芬芳的香味；实际上，这"花"更是"恶之众花"，是可触可闻的鲜花。波德莱尔用心血栽种和浇灌的这些语言之花，不见得跟"恶"有什么关系，但每一朵都是芳香诱人的。它们的香味是奇香、异香，一种扑鼻的浓香，一种麝香那样的极致之香。

波德莱尔把《恶之花》题献给了当时的大诗人戈蒂耶："我怀着最谦卑的心情，把这些病态的花献给严谨的诗人，法兰西文学完美的魔术师，我亲爱的、尊敬的老师和朋友泰奥菲尔·戈蒂耶。"在序言里，他还说："我写诗之前，法国诗歌的国土已被瓜分完毕!"那他还能做什么呢？他决定做一个现代的、强悍的人,去描述巴黎人的生活。古典诗歌有匀称、深厚、优美、雅致的特点,不光中国、法国、西班牙、俄罗斯都这样,这是通则。到现代社会,人本身被改变了。波德莱尔意识到,这些现代人,才是他书写的主体。现代人的不安、恐慌、烦忧,成了波德莱尔笔下的书写对象。

《恶之花》让波德莱尔重新发现了"美"。他打破了传统的善恶观,认为"恶"具有某种双重性,既有邪恶的一面,但又散发着一种异常的美。诗集中的一百多首诗,"教"我们用新的目光去品味恶中之"美"。而这种"美"同"现在"或"此刻"有关。在《1846年的沙龙》一文中,波德莱尔写道:今天,很少有人愿意赋予"现在"这个词以真实的、肯定的积极意义。他强调"现在"的价值,但又赞美作为"美的源泉"的个人感觉。这说明,波德莱尔对美的理解,是建立在对"现在"的"个人感觉"的基础之上的。

1857年7月11日,《恶之花》面世。《恶之花》是波德莱尔最重要的作品,奠定了他在法国乃至世界诗歌史上的地位。这是波德莱尔的生命之作。他自己说:"在这本书中,我放进了自己所有的心、所有的柔情、所有的宗教、所有的仇恨……"这本诗集让他一举成名,也给他带来数不清的非议、指责和围攻,最终惹出一场官司。他的诗作比如《给一个太快活的女人》《下地狱的女人》,有人读了,根本就接受不了。面对这样一场革命,资产阶级的愚蠢马上露脸了。一个叫居斯达夫·布尔丹的记者在《费加罗报》上发表文章,攻击波德莱尔的诗"亵渎宗教、伤风败俗"。也有人替他辩护。在1857年8月20日进行的诉讼程序中,辩护人以缪塞、莫里哀、卢梭、巴尔扎克、乔治·桑等著名作家为例,指出"肯定恶的存在并不等于赞同罪恶",但这并没能让充任起诉人的代理检察长信服。审判结果:"亵渎宗教"的罪名未能成立,"伤风败俗"的罪名成立。波德莱尔和他的出版商布莱-马拉西斯(Poulet-Malassis)遭到惩罚。诗集中有 6 首诗(《首饰》《忘川》《给一个太快活的女郎》《累斯博斯》《该下地狱的女人》《吸血鬼》)被判必须删除,还遭罚款 300 法郎。这一审判结果完全出乎波德莱尔的预料。他还以为会被宣告无罪呢!更让他感到耻辱的是,法庭居然用对待罪犯的字眼对待一位诗人。雨果倒是写信给波德莱尔打气:"把你的手递给我。至于遭受迫害,这正是伟大之处。加油!"你们猜一猜,这一判决是什么时候被法国最高法院撤销的?将近一百年——1949 年 5 月 31 日。

1861 年,《恶之花》第二版出版。波德莱尔不得已删掉了 6 首诗,但又新添了 35 首。第二版获得了巨大成功。新成长起来的一代年轻诗人欣赏他,把他视为一个诗派的领军人物。后来成为大诗人的马拉美、魏尔伦,还专门写文章赞美。但对波德莱尔来说,赞美似乎来得太晚了!由于病痛折磨,他已感受不到什么喜悦。他这样回应年轻诗人们对他的致敬:"这些年轻人……让我害怕得像一条狗。我只想一个人呆着。"

然而,诗人又是多么在乎荣耀!波德莱尔居然认为自己能进法兰西学院。1861 年 12 月 11 日,他提出申请做候选人。这一申请让维尼和福楼拜觉得正当,但让圣-勃夫感到不舒服。波德莱尔相信,他的候选是对纯文学的一种捍卫。幸亏他听从了诗人维尼对他的忠告:他的位置不在学院。他最后撤回了申请。

波德莱尔一直同他的经济窘境作斗争。1858 年,继父欧比克去世。母亲试着重新接近儿子,但波德莱尔宁要困难的自由,也不愿同母亲一起过家庭生活。他同母亲的关系,有点类似他同情人杜瓦尔的关系:时分时合,分分合合,交替进行。

面对不被理解,波德莱尔说:"只有绝对居心不良的人,才会不理解我的诗的有意的非个人性。"请注意,"非个人性"是个关键词。波德莱尔的诗,每一首读来都有一个主人翁"我",但波德莱尔真正的意思是,一首诗因为是语言的杰作,一定有"非个人性",而这个"非个人性"恰恰就是人类性。这一点后来被艾略特在《传统与个人才能》一文中阐述为诗的"不及物"关系。人都有个性,但诗人在表达个性时,恰恰是通过这种隐匿个性的方式,是一种"非个人性"的方式。

我认为,大诗人有两种:一种是圆满完成的诗人,有生之年所有能得到的都得到了,所有能探索的都探索过了,才华充分发挥,作品受到公认,比如瓦雷里;另一种是天才早死的诗人(完成的诗人一般不会是天才诗人)。我们会说波德莱尔是天才,兰波是天才,或者海子是天才,但不会认为北岛是天才。天才通常有一个不幸的特点,那就是早死,但他们都死在节骨眼上。这个节骨眼,就是对他们的天才的验证。当然,并不是所有早死的诗人都是天才。

人生都追求美。物质上的美,有钱了,吃得美、住得美、花得美。这是浪荡子的生活。但还有精神上的美,这个美意味着,别人不敢去品尝的东西,他也要品尝。按照巴塔耶的说法,这叫危险体验或者极限体验。很多诗人,有生之年只追求功成名就。这是从一开始就弄错了方向。功成名就,并不是天才的标志。像波德莱尔这样的诗人,有自由的勇气,有反抗的意志,有创造的能量,有品尝危险体验、极致体验的行动能力,这才是天才的标志。

三、翻译是另一次专注的创造

彼埃尔·勒韦尔迪(Pierre Reverdy,1889—1960),是我翻译的第一位法国现代诗人,也是我最热爱的诗人。没有他,我的大学还毕业不了呢！我的大学毕业论文，做的就是他的诗歌。大学期间，我偶然在图书馆借到他的法文诗集 La Plupart du Temps（《大部分时间》）。第一次读，这些诗句似懂非懂；再读，还是似懂非懂，但品出了味道；第三次读，才读懂一些。勒韦尔迪的诗句简单，但神秘，就像渗入月光中的悲凉。比较而言，波德莱尔在我看来过于绚烂，而法国的其他大诗人，像勒内·夏尔，又过于陡峭，博纳富瓦呢，过于功成名就了。

波德莱尔的《恶之花》中有一首诗，被认为是他全部作品中最精妙的，叫 Harmonie du soir（《黄昏的和谐》）。返观我们的现代诗，大多数缺乏对形式的敏感，而实际上，在一首真正的诗里，一定有特殊的形式隐含其中。波德莱尔有对"形式"的天才敏感。这首诗的特殊形式是什么呢？总共 16 行，4 行一节，相当于我们两首七绝古诗。每节诗的第二行和下一节的第一行是相同的，每节诗的最后一行和下一节的第三行又是相同的。

我们的古诗是单音节诗，一个字一个音。为什么古典诗的美学不能解释现代诗呢？就是因为，现代诗不再是一个字一个音构成的单音节诗，而经常是以两个字、三个字、四个字的词作为诗句最基本的构成单位。以前闻一多等诗人倡导"新格律诗"，就是想赋予现代新诗一种新的语言形式构成。现在看来，这是心急的表现。如今一百多年过去了，现代汉诗仍在探寻新的"诗体"的途中。与现代人对生命"自由的空间"这一渴望相呼应，一首现代诗彻底抛弃了任何外在的、强迫性的语言规定——它只想凭着语言的"密度"和情感的"强度"，自由地生成一个语言之身。

波德莱尔这首诗有很多译本。我最早读到的是诗人陈敬容的译文。到现在为止，也可能是先入为主，我印象最深的，仍是陈敬容的译文。陈敬容把诗题译成《黄昏的和歌》：

> 时辰到了。在枝头颤栗着，
> 每朵花吐出芬芳象香炉一样，
> 声音和香气在黄昏的天空回荡，
> 忧郁无力的圆舞曲令人昏眩。
>
> 每朵花吐出芬芳象香炉一样，
> 小提琴幽咽如一颗受创的心；
> 忧郁无力的圆舞曲令人昏眩，
> 天空又愁惨又美好象个大祭坛！
>
> 小提琴幽咽如一颗受创的心，
> 一颗温柔的心，它憎恶大而黑的空虚！
> 天空又愁惨又美好象个大祭坛，
> 太阳沉没在自己浓厚的血液里。
>
> 一颗温柔的心，它憎恶大而黑的空虚，
> 从光辉的过去采集一切的迹印！
> 天空又愁惨又美好象个大祭坛，
> 你的记忆照耀我，象神座一样灿烂！

你们听，我这么念下来，没有任何一个字、任何一个音节、任何一个转折，让人感到不通、不悦、不畅。这体现了一个优秀诗人笔下现代汉语的"活力"。比如"每朵花吐出芬芳象香炉一样/小提琴幽咽如一颗受创的心"、"天空又愁惨又美好象个大祭坛/太阳沉没在自己浓厚的血液里"，这四句诗真是译得好！而原文就更精妙,尤其气息和韵律。

　　我带来了这首诗的五种不同译文。你们可以用心默读,自己比较。郭宏安译成《黄昏的和谐》。陈敬容译成《黄昏的和歌》。钱春绮译成《黄昏的协调》。从整体上感觉,钱春绮的译文色调饱满,修辞上用了功夫。郑克鲁译成《黄昏的和声》。戴望舒译成《黄昏的和谐》。我们来看戴望舒的译文:

> 现在时候到了,在茎上震颤颤,
> 每朵花氤氲浮动,像一炉香篆,
> 音和香味在黄昏的空中回转,
> 忧郁的圆舞曲和懒散的昏眩。
>
> 每朵花氤氲浮动,像一炉香篆,
> 提琴颤动,恰似心儿受了伤残,
> 忧郁的圆舞曲和懒散的昏眩!
> 天悲哀而美丽,像一个大祭坛。
>
> 提琴颤动,恰似心儿受了伤残,
> 一颗柔心,它恨虚无的黑漫漫!
> 天悲哀而美丽,像一个大祭坛,
> 太阳在它自己的凝血中沉湮……
>
> 一颗柔心(它恨虚无的黑漫漫)
> 收拾起光辉昔日的全部余残!
> 太阳在它自己的凝血中沉湮……
> 我心头你的记忆"发光"般明灿!

一个译者,如果他自己是诗人,那么他在译诗中呈现的词汇、节奏、韵律,有时你真搞不清楚,他是翻译过来的还是创作出来的。戴望舒的译文押了韵,字节也对得上,但我们读起来,就是觉得不自然。声音的形式,在一首现代诗里,我理解为节奏,而不是押韵。一旦讲求押韵,就会出现"黑漫漫"、"愁灿灿"这样的别扭用词。勉强押韵,从译诗的效果上看,事倍功半。诗的原理是自由,你把你身上的语言潜能都调动起来,你把想要表达的东西表达得生动、形象、有表现力,这就是诗歌最朴素、最简单的目标。抵达这一目标最重要,押不押韵是次要的。

　　波德莱尔也是一个了不起的翻译家,他把美国作家爱伦·坡的作品译成法语。有人指责他模仿爱伦·坡,他在1864年6月20日的一封信中解释:"您知道我为什么如此耐心地翻译坡的作品吗?因为他像我。我第一次翻开他的书时,我的心就充满了恐怖和惊喜,不仅看到了我梦想着的主题,而且看到了我想过的句子……"你们看,他和爱伦·坡之间不分你我了!他脑子里想的话,三十年前就被爱伦·坡写出来了。译者和作者有这样的默契,真是奇迹。

　　诗歌翻译是谜一样的东西。我反对"原文决定论",更倾向于"译者决定论"。主宰中国翻译界的,基本上是原文决定论。人们死死抱住严复的"信达雅",奉为神明。其实你只要细心考察一下严复的翻译实践,就能明白,"信达雅"只是他的一时之论,一种理想构架。严复的翻译实践,恰恰是对他自己提出的"信达雅"的最有力反驳。确实,必须尊重原文。这是一个原则。因为一切译文都必须从原文中化出;原文是先来,译文是后到,从时间顺序上,原文天然地先于原文(它是一种先于译文的文本存在)。但是,所谓"原汁原味地翻译",所谓"全面完整准确地理解原文",所谓"原意是这样而不是那样"……凡此种种,对于诗歌翻译来说，真是痴人说梦，完全不顾实际发生。须知，原文要变成译文，中间需要经过译者这个搅拌机。水、沙子、石子等等，要变成混凝土，就得通过搅拌机的搅拌。搅拌机很吓人，而译者就是这台搅拌机。一首现代诗是语言的生成，它的译文也一样，也必须是语言的"再次生成"，否则不可能有译入语言的诗性活力。所以，关于诗歌翻译，我提出了一种"再生理论"。"再生"有三层含义：一是译诗文本的"再生产"，二是译诗生命的"再生成"，三是译诗接受的"再生长"。我呼吁，不能再静态地只研究"原文—译文"二者之间的影响关系了，而应该引入"译者"这最重要的一维，把"原文—译文"这种二维对应关系转型为"原文—译者—译文"这种三维立体关系。这三者之间构成一种互缠的立体空间，能让我们窥见翻译一首诗的过程中更真实、更隐蔽的各种形态。译诗译诗，关键是译（译诗是一桩瓷器活儿，得有金刚钻，这个金刚钻就是外语能力）；译诗译诗，译的是诗（诗性的译文活力，只能通过译者的心—脑努力才有可能"再生"）。还要强调两点：一、原文和译文之间的关系，不是一与一，而是一与多；二、不管谁译，也不管是从哪一种语言译入另一种语言，译诗总是原诗的另一首（永远不会是同一首）。

　　中国现代诗有一个来源，就是翻译诗歌。诗歌翻译同翻译诗歌，是两个不同的概念。"诗歌翻译"只有积累到一定的年份，译作数量才能达到"翻译诗歌"的规模。你看中国一百多年的现代诗歌史，诗人和译者两个身份兼具的重要诗人，估计占一半以上。诗歌翻译与诗歌创作之间，诗人与译者之间，不是简单的影响关系，而是"S"型的交互渗透关系。戴望舒写《雨巷》时，敏感多情，一定会对波德莱尔、魏尔伦诗作中的音乐性感兴趣；后来入世渐深，他就反思自己以前的诗学：诗歌不能只满足于表面的音乐效果。诗歌声音的效果，有时是深沉、微妙的，有时是表面、肤浅的,诗句有声音效果,其实是语言自带的最普通不过的现象。当他想把自己惨痛的经历写进诗中,当他写《我用残损的手掌》时,他一定会更注重形象的作用,像"触摸"这样的动作用词,就成了诗的主要内容。

四、现代诗的困境与可能的出路

迄今为止,中国现代诗,从整体上来说,还是局限(深陷)在浪漫主义诗学和象征主义诗学的框架内,不愿脱身而出。现代诗的技艺敏感和本体意识,在"朦胧诗"人那里才有所恢复。但一直要到二十世纪六七十年代出生、有幸获得大学教育的更年轻的一代中国诗人,他们才真正重视语言的使用,并且以先锋探索的姿态,把诗歌创造拽回到语言的本体上来。一代诗人高蹈地开辟道路,另一代诗人沉潜地使道路分出岔口,奔向各自的个性未来。改革开放当然是有推助作用的背景力量,现代诗人终于迎来了一种更加开放的心态,也更重视日常语言,想把言语用活,想要创造文本,想汇入国际大潮。

哪一种语言是真正鲜活的?必定是作为生命个体的诗人日常使用的言语。以活生生的身体语言入诗,渴望抵达真实之美,这是 60 后一代诗人的觉醒。他们把语言和身体结合起来。而波德莱尔所说的"个人感觉",首先就来自身体感官。语言是"通感"得以呈现的最有效场所。诗毕竟是写出来的。一个人的感情再丰富,经历再复杂,如果不能形诸于一首诗的语言形式,他仍然同"诗人"无缘。隐喻地说,一首诗就是一个语言的身体。在这个语言身体里,有可见的骨血肉(句法、声音、形象),更有不可见的精气神(结构、呼吸、韵律)。

作为象征主义诗歌的代表诗人,波德莱尔专注于"美",又凸显了"真"。实际上,"真"里面包含着更多的生命不安和灵魂伤痛:不安,是现代人心灵的基本状况;创伤,则是身体在心理层面上的各种症状。对现代诗,波德莱尔的伟大贡献,就是他把惊世骇俗的"真实之美",如此唯美地呈现在我们的感官面前,令我们的目光惊异,令我们的灵魂颤栗。可以说,他发明了一种"颤栗美学"。浪漫主义诗学被《恶之花》带到了一个崭新的去处:语言的情色极乐和心灵的忧郁不安。所以,《恶之花》不仅是一种"语言"的存在,也是一种"心理"的存在,更是一种"象征"的存在。现代诗的空间被波德莱尔的《恶之花》一下子拓宽了,后续的诗人们只需继续向"四面八方"冲锋,以求突破、断裂和变异。

我要提出的问题是:经过一百六十多年的演变,"现代诗"还有戏吗?根据我的观察,作为第一位现代诗人,波德莱尔可谓横空出世,他一出场就站在了"峰顶"的位置上,而《恶之花》作为第一本现代诗集,既是一个起始点,又是那个最高点。我们必须明白,现代诗呼应着整个现代社会的分裂式变化,宗教的世俗化引发抒情的叙事倾向,对科技的迷信导致对先锋的狂热……兰波说得好:"出发,向着新的未知!"可见,现代诗在于未知,向着未来。随着技术发展的加速度,语言也加速度地折磨着波德莱尔之后的现代诗人们。如今,法国诗歌已从曾经的峰顶上徐徐下行;如今,生活的加速度是最明显不过的事实。而世俗化过程也处于加速度的状态。当今世界最剧烈的痛苦,就是社会生活加速从宗教逃逸而出的大趋势,同加速回到宗教原教旨主义的小趋势之间的巨大冲突。我们每个人都能在自己身上感觉到这种加速度。不过,这些加速的东西,也是人类个性、创造性的表现形式。技术的花样翻新和心灵的渐趋衰弱,已把诗神缪斯引向日常的街巷和生活的细节。现代诗,一方面从"散文性"中获得了裂变之力;另一方面又在散文的现世诱惑中,堕向某种不可救药的平庸和迟钝。

波德莱尔认为,一个现代诗人同时必须是批评家。翻译过程也是生成批评意识的过程。坦率地说,我的批评意识不是通过写作建立起来,而是通过翻译建立起来的。翻译时,必须面对不同诗人的不同个性,你会发现,自己的那点个性必须按捺下去,才能让别人的个性进来。这种超越一己的视野,就是批评家的视野。诗人谈诗,常常比批评家更令人信服,因为他有创作体验。如今的诗人,必须迫使自己成为批评家,如同如今的批评家,也必须要做诗人一样。一个现代诗人的挑战,不再是所谓的抒情才华,而是批评意识。你必须明白,你正处在"古今中外"历史坐标轴的哪一个聚焦点上,你必须理解你在做什么,同时你又必须从"个人感觉"的原点出发,以成熟的勇气去挖掘语言的潜能,去发明崭新的表达句式,让言语之箭射向极致之靶。极致,正是未知的诱惑。

创作给批评带来新的启示,但批评应有自己的"思"的能力。以中国当代诗的批评现状而言,批评文字的"软"和"弱",批评家的"无思"和"势利",让批评的创造意义荡然无存,它始终未能超越"贬"或"捧"这两种实用功能。批评一定得有能力提出问题。提不出真正的问题,就是当今批评所面临的可悲现状。以波德莱尔的理想,批评和创作应该融为一体。批评家应该创作,诗人也应该从事批评。

我认为,现代诗已经走到了一个极端个人性的悖论里。这是全世界范围内的困境。怎么解决?要么,我们把波德莱尔这样的现代诗传统"横向"继承过来,用声音、韵律、象征——用身体的投入和生命的冒险来换取写诗的材料;要么,诗歌就离开原来的美学尺度,去创造一种新的美学尺度。先锋的探索,恰恰需要对"横向"的翻译嫁接和"纵向"的血缘传承的批评意识。先锋实验不能停留在语言的浅表层面:语言游戏和作诗方法。法国诗歌就是这样,技艺上越来越发达,但给人带来的精神震撼和灵魂启示,反而越来越少。

也许,现代诗需要一个新的"体",这"体"肯定不是现有的探索成果的总和。也许,中国现代诗人需要经历一场类似法国超现实主义运动那样的革命洗礼。超现实主义把诗人和语言的关系从古典的严谨和理想的虚妄中解放出来,前所未有地让诗人的"潜意识"语言开口说话:诗人写诗时,这首诗也在"写"这个诗人;诗人写出了诗作,又深知"诗人"这个位置始终是空的。

对诗歌而言,技术总是"窄"的。技术对于善于运用它的诗人,只有好处没有坏处。技术是语言符号的那些有形的东西,诗歌意义却更在于那些无形的灵魂气息。诗人的情感、人格,这些都是无形的;吸引人类心灵的那些希望、信念,那些梦想、直觉,都是无形的,但它们却是决定性的。也许,人类从整体上已经进入了"被技术宰制"的现代困境,现代诗也进入了"语言与灵魂脱节"的现代困境。所以,现代诗的未来,取决于每一个诗人怎样应对这种双重困境。

诗歌有自己特殊的知识考古学。我相信,它是一种不是知识的"知识",或者一种超越知识的知识。如果说诗歌只是知识,那么这个世界就彻底没趣了。现在,知识的泛滥恰恰在质问每一个诗人:你有能力激发自己去生成新的思想吗?你敢于以新的语言方式去发现和表达吗?这些问题可能就是现代诗得以幸存的哲学条件。

无论如何,现代诗是诗人把自己身上的句法推向某种极致的努力,情感强度和语言密度必须融于一体。

2020.9 临安

学苑之声

波德莱尔二题

郭宏安[①]

比喻式批评的凤凰涅槃
——《波德莱尔美学论文选》译后随想一

波德莱尔作为批评家,有许多文字十分精彩,使我感到亲切的也自不少,但使我感到亲切并生出许多联想的却只有寥寥几句话,其中有一句是:"我总是喜欢在外部的可见的自然中寻找例子和比喻来说明精神上的享受和印象。"记得初读时,真仿佛"他乡遇故知",我一下子想到了中国传统的诗文评,尤其使我欣喜的是,波德莱尔此语并不是从中国人那儿"拿来"的。

[①] 郭宏安,1943年生,1966年毕业于北京大学,1975—1977年在瑞士日内瓦大学留学,1981年毕业于中国社会科学院研究生院,获硕士学位。中国社会科学院荣誉学部委员,外国文学研究所研究员,博士生导师。学术方向为法国文学及批评理论,在理论研究的同时进行翻译,译有《墓中回忆录》《红与黑》《恶之花》《人造天堂》《加缪文集》(三卷本,其中包括《局外人》《堕落》《批评意识》《反现代派》等多种著作,其中《加缪文集》获2012年"傅雷"翻译出版奖。著作有《论〈恶之花〉》《论波德莱尔》《从阅读到批评》《从蒙田到加缪》《第十位缪斯》《阳光与阴影的交织》等。

"韩潮苏海"、"郊寒岛瘦"之类的词语,可以被判为"笼统"、"模糊",但我却常常因其"笼统"和"模糊"而叹服批评家感觉的准确。韩愈的古文,每以气势胜,铺天盖地而来,逼得你无处可退,非读罢不能释卷,其风格以一个"潮"字了结,可以说是点睛之笔。苏轼为文,"如行云流水",浩漫无涯,"行于所当行,止于所不可不止",正是一派大海的景象。孟郊"喜为穷苦之句",诗境凄清,读之若有寒气袭来。贾岛造语奥僻,"两句三年得,一吟双泪流",漫说是诗瘦,连人都要瘦了。欧阳修有句:"下视区区郊与岛,萤飞露湿吟秋草。"正是对郊岛诗境的精微细腻的体味,其比喻之恰切生动又足以使读者浮想联翩,恍若身临其境。感觉与观察不同,感觉的准确不能还原为抽象的概念,直寻与推理不同,直寻的结果不能依仗体系的佑护。如若表达,比喻是一条必然的坦途。

阿米尔说:"任何风景都是一种心境。"此话反过来说,似乎也同样有道理。用具体的形象或感觉来品评诗文,甚至概括一位作家的风格或他所创造的世界,这是中国传统的文学批评的显著特点。无论是寒、瘦、清、冷,是气、骨、神、脉,是文心、句眼、肌理、性灵,是采采流水、蓬蓬远春、出水芙蓉、镂金错采,还是"柳郎中词,只好十七八女孩儿,执红牙拍板,唱'杨柳岸晓风残月';学士词,须关西大汉,执铁板,唱'大江东去'";都是用感觉、形象、意境从整体上直接地综合地把握欣赏对象,将由作品能发唤起的意象感情凝固在鲜活明丽的比喻之中。这种批评的终极目的是通过比喻抓住对象总体的精神风貌,正如《庄子·外物》所说:"筌者所以在鱼,得鱼而忘筌,蹄者所以在兔,得兔而忘蹄;言者所以在意,得意而忘言。"对于这些批评家来说,品鉴诗文是为了获得"精神上的享受和印象",所谓"舍筏登岸",岸是目的,筏是手段,目的即达,筏自然应该舍弃。比喻原本可以被看作是

"筌"、"蹄"、"言"、"筏"之类,但有些比喻已成为目的的一部分,进入"鱼"、"兔"、"意"、"岸"的领域。看看中国文学批评的许多概念术语本身就是比喻,这种筌鱼、蹄兔、言意、筏岸混而为一的现象便可了然。在中国批评史上,钟嵘、司空图,直到王国维,都有过不少精美贴切的比喻,读者不仅可以借此把握作家作品的风神,而且可以欣赏设喻者的运思之妙,更可以由此生出新的联想,创造出新的比喻。

当然,"比喻有两柄而复具多边"(钱钟书语),其朦胧惝恍之中既无质的规定性,又无量的精确性,颇使一些崇尚科学的批评家反感,他们要求严密的逻辑、清晰的推理、可以验证的过程和可以重复的模式。探求所以然的努力是值得尊敬的,除旧布新的勇气也是需要一鼓再鼓的,因为谁也不能设想,论韩愈文,只一个"潮"字便可打发;评温庭筠词,只一句"似'屏上金鹧鸪'"既告成功……我们需要知道如何捕到鱼,如何捉到兔,如何得到意,如何登上岸。然而追求博大精深、试图营造体系的批评家们不可忘记,批评作为审美活动不能没有神秘朦胧的成分,也不能没有阐释之余的"残渣"(瑞士人斯塔罗宾斯基语),更不能没有触发新的联想的契机。批评本质上是两个主体(创作主体和批评主体)之间以客体(作品)为中介的无穷尽的往返。

作家及其作品,批评家的感觉,一片风景,一具人的躯体,这中间有什么联系?然而有比喻为津梁,就做成了"语境间的交易"(英人瑞恰慈语),遂使双方获益。不必说,长袖善舞、多财善贾,不同的人对同一对象的感觉自然有深浅、雅俗、逸滞、敏钝甚至有无的分别。设喻并非一件容易的事,也不是可以率意为之的。好的比喻可以成为不易之论,必然是批评家在潜沉涵泳数度往返之中获得的,真真非"左攀右涉,晨跻手览,下上陟顿,进退回旋"不可(高棅《唐诗品汇总序》)。他已全身心地沉浸在所面对的诗文之中,主客间的界限泯灭了,眼前的文字不再是墨迹,而是化为梦境、回忆和经验(生活经验和阅读经验),交织成混茫的一片,突然,有某种东西冒出来,那是一种形象,一种感觉,或一种节奏,由模糊而清晰,渐次呈现,如红日于转瞬间跃出海面,他必须抓住,迅速地,紧紧地,并使之驯服地落在纸上,化为文字。这是一种整体的、综合的、直接的体味和观照。找到准确贴切的比喻,并非人人得而为之。俞平伯评王国维《人间词话》,有"固非胸罗万卷者不能道"之誉,正说明所谓"印象式批评"(这里暂且把王国维的某些批评归入印象式批评)之印象,并非任何人的印象。我们见过一种批评,所做无非是简述情节或情境,然后随意谈点什么感想,或臧否,或评断,或说教。这种批评怕不能称为印象式批评,只能称为感想式批评,因为批评者的"灵魂"并不曾在杰作中"冒险",而是只在门口徘徊张望一阵,就以为"吾得之矣",回来兴冲冲地说与别人听。这样的批评只能是言之者谆谆,闻之者藐藐,其间绝没有"语境间的交易",自然谁也无益可获。有的人的大脑是一张曝过光的胶片,已经一劳永逸地完成了它的功能。他们可以有清晰的概念,严密的逻辑,复杂而壮观的体系,但是他们往往对付不了一首小诗。任何一件生气灌注的作品经过他们的解剖台,都要被大卸八块。他们身后留下的,只是一堆堆残肢断臂。

波德莱尔是一位具有灵心妙悟的批评家,他敢于说:"对于一幅画的评述不妨是一首十四行诗或一首哀歌。"反之,对于一首十四行诗或一首哀歌的评述自然也不妨是一幅画。诗画可以沟通乃至交融,是因为二者可以带给欣赏者同一种"精神上的享受和印象",而且此种"享受和印象"还可以还原为某种形象、感觉或节奏。我们且来看波德莱尔从"外部的可见的自然中"找到了什么样的"例子和比喻",来说明他的精神上的"享受和印象"。他在读过女诗人玛斯丽娜·代博尔德-瓦尔莫的诗之后,这样写道:"青年人的眼睛,在神经质的人那里,是既热情又敏锐的,当我带着这样一双眼睛阅读瓦尔莫夫人的诗歌的时候,我的感受使我陷入冥想。我觉得她的诗像一座花园,但不是庄严壮丽的凡尔赛,也不是那种巨大、夸张、优美如画的巧妙的意大利式花园,意大利是深知造园艺术的,不,甚至也不是我们的老约翰-保尔的笛谷和特那尔山。那是一座普通的英国花园,浪漫而热情。一丛丛鲜花代表着感情的丰富表现,清澈而宁静的池水映照着反靠在倒扣的天空上的各种东西,象征着点缀有回忆的深沉的顺从。在这座属于另一个时代的迷人的花园里,什么也不缺少,既有几处哥特式的废墟隐藏在田野中,又有不为人知的坟墓在小路的拐角突然抓住我们的灵魂,劝它想着永恒。弯弯曲曲、浓荫匝地的小路通向骤然出现的天际。这样,诗人的思想经历了变幻无穷的曲折,朝着过去或未来的广阔远景打开了,但是天空太大,不能到处都一样地纯净,天气太热,不能不出现暴风雨。散步者一边凝视着这蒙上一重丧服的广阔景色,一边感到一股狂热的泪水涌上了眼睛。花儿打败了似的弯下腰,鸟儿也只能低声地说话。紧接着一道闪电,炸开了一记惊雷,这是感情的爆发,终于,不可避免的泪之洪流给这些消沉的、痛苦的、沮丧的东西带来了一种崭新的青春的新鲜和坚实!"如许长的引文似乎已把话说尽,我们只须明白:波德莱尔已然把我们投进了瓦尔莫夫人的诗境。历来评瓦尔莫夫人的诗,用得最多的词是"真挚"、"感人"、"一片天籁"等等,我看都不如波德莱尔的这一段比喻来得贴切,它生动地显露出一颗痛苦的灵魂如何在感情的波澜中顽强地追寻自我的本质。乔治·布莱在《批评意识》一书中,把波德莱尔的这一段文字称为"诗的移植的好例",把"找到比喻"

作为波德莱尔的批评的归宿,指出:"波德莱尔的批评,像现代批评中很大的一部分一样,本质上是一种比喻式批评。"乔治·布莱是被称为意识批评的日内瓦学派的代表人物,力倡一种"认同批评",即批评家的意识和作家的意识要相遇、相认、相融合。比喻,实际上是两个意识相互认同的产物,可以说,没有认同就没有比喻,而没有比喻,就意味着认同不曾实现。现代批评所以特别重视比喻,其原因在于它对批评家主体意识的重视。波德莱尔的批评的现代性,于此可见一斑。

比喻式批评与印象式批评有着天然的联系,但比喻似乎并不止于印象。印象式批评家可以满足于纯粹的、一己的感觉,陶醉于灵魂在杰作中冒险所获得的乐趣,而比喻式批评家则要赋与感觉一种具体的形式,"近取诸身,远取诸物",在批评意识和创作意识的往返契合中实现认同。日内瓦学派的创立者马塞尔·雷蒙论波德莱尔说:"诗人从感官世界取得材料,锤炼成他自己的幻象或他所梦幻的幻象,他所要求于感官世界的,是给予他诉说心灵的工具。"比喻式批评家本质上是一位诗人,也是从感官世界取得诉说心灵的工具,只是他要以别人的作品为契机,或为中介。因此,比喻式批评家在为别人的作品寻找比喻的同时,也画出了自身意识活动的轨迹。波德莱尔有一首诗,题为《灯塔》,开始的八节是这样的:

> 鲁本斯,遗忘之川,懒散的乐土,/新鲜的肉枕头,那上面不能爱,/却汇聚生命的洪流,骚动不已,/如同天上的空气,大海中的水;

> 莱奥那·达·芬奇,深邃阴暗的镜,/映照着迷人的天使笑意浅浅,/充满神秘,有冰峰松林的阴影,/伴随他们出

现在闭锁的家园;

伦勃朗,愁惨的医院细语扰扰,/一个大十字架是仅有的装饰,/垃圾堆中发出了哭诉的祈祷,/突然有一抹冬日的阳光射入;

米开朗琪罗,但见那无名之地,/力士们和基督们杂处,/霞光中/一些强有力的幽灵傲然挺立,/张开五指撕碎了裹尸布一重;

农牧神的无耻,拳击手的怨忿,/你呀,你善于把粗汉的美汇集,/骄傲伟大的心,软弱萎黄的人,/布杰,你这苦役犯忧郁的皇帝;

瓦多,狂欢节许多卓越的心灵,/蝴蝶一般到处游荡,闪闪发光,/灯光照亮了新鲜轻盈的布景,/使这旋风般的舞会如癫如狂;

戈雅,充满着未知之物的恶梦,/巫魔夜会中人们把胎儿烹煮,/揽镜自照的老妇,赤裸的儿童,/好让魔鬼们理好它们的袜子;

血湖里恶煞出没,德拉克洛瓦,/周围有四季长青的松林遮蔽,/奇怪的号声在忧愁的天空下/飘过,仿佛韦伯被压抑的叹息;

这里是八位画家和一位作曲家,除戈雅之外,其余的皆以比喻概括其主题或风格。有论者认为,戈雅之所以是个例外,是因为他的画本身已经是比喻。诗中所有这些比喻的运用,在波德莱尔,都是为了"理解自己,把自己变成自己的镜子",也就是说,使自己"同时成为创造者和批评者"。波德莱尔研究的权威,克洛德·毕舒阿教授则更为明确,他指出《灯塔》一诗不止于"描绘",对某些画家来说,如鲁本斯、瓦多,特别是德拉克洛瓦,波德莱尔对其"造型因索的'消化'已达到这种程度,他所提到的画家的作品已经不能被一一认出,而他则把这些画家的风格放在自己的想象力的坡道上,创造出新的作品。……而这一切非借助于印象主义不办。"这里的"消化"一词意味深长,它使我想起了庄子"周公梦蝶"的故事,而最后一句话则明白道出了比喻式批评和印象式批评之间的联系。前面已经说到中国传统的文学批评的一个特点,依我看,印象式批评似不足以当之,而比喻式批评倒庶几近之。时下印象式批评已因备受轻蔑而遭遗弃,比喻式批评则更因自惭形秽而无论矣!

其实,比喻式批评并非中国古人的专利,"西洋一二灵心妙悟的批评家,也微茫地、倏忽地看到这一点",尽管其"偶然的比喻,信手拈来,随意放下,并未沁透西洋文人的意识,成为普遍的假设和专门的术语"(钱钟书语)。这里重要的是西洋有这样的批评家,或一二,或三五,或根据乔治·布莱的说法,竟是现代批评的"很大的一部分"。

在西方文学批评史上,比喻式批评的源头也许可以追溯得很久远,例如古罗马时期的郎加纳斯在《论崇高》中就说过:"柏拉图的散文尽管像潺缓的溪水平静地流着,他却仍然是崇高的。"被乔治·布莱称作"现代批评的真正鼻祖"的蒙田则声称要"通过想象钻进陌生的生命之中",他有过这样生动的比喻:儿童教育的"目的在于德行,而德行并不像经院哲学说的那样被栽植在陡峭的高山上，道路崎岖，不可接近。相反，走近它的人认为它是在美丽、肥沃、鲜花盛开的高原上，人立于其上，一切尽收眼底；识途的人能够走近它，那是一条浓荫蔽日、花气芬芳、坡缓地平有如穹顶的道路"。十九世纪的浪漫派批评特别推重想象力，自然更少不了借助于比喻，克尔立治这样评莎士比亚："在莎士比亚的诗中，创造力与智力扭在一起，好像在战斗中扭抱搏斗一样。每一方在其力量无节制时，大有消灭对方之势。它们终于在戏剧中和好，在战斗时彼此互相以盾保护着对方的胸膛。或者说，它们象两条急流，最初在狭窄的石岸间相遇时，彼此互相排斥，激撞喧嚣着勉强混合在一起，但不久在流入较宽的河渠和更能容纳它们的河岸后，它们就混合在一起，扩张开来，合成一股，带着一片和谐声奔流而去。"波德莱尔显然属于他们的行列，但似乎更为自觉，更敏锐地意识到西方批评传统中的某种不足。他批评法国的公众"对真的兴趣压迫并窒息了对美的兴趣"，"他们的感觉是渐次的，有分析的，或者更正确地说，他们这样做出判断。其他有些民族更为幸运，他们的感觉是立刻的、同时的和综合的"（中译本第 400 页）。波德莱尔的不满当然是渊源有自，但对于现代批评中的一股强大的新潮流来说，未尝不是一记有力的先鞭。

　　近人叶嘉莹曾指出："中国文论中'兴'的一词，在英文的批评术语中，根本就找不到一个字可以翻译。这种情形，实在也就显示了西方的诗歌批评，对这一类感发并不大重视。"证以波德莱尔的不满，这一观察大体上是不差的。我所以说"大体"，一是说，"兴"这个词之不可译，只意味着没有一个固定的词来译它，并非真的"找不到一个词可以翻译"。其实这也难怪，"兴"这个词在中国文学批评术语中就不止一解，怎么能指望外语中有一个固定的词来译它呢？二是说，西方究竟还有"一二灵心妙悟的批评家"看到了"这一类感发",而且已有批评大家正在改变以往"不大重视"的局面。目前,本世纪初的一位批评家夏尔·杜波斯正在引起越来越广泛的注意,而他的批评的特点恰恰是"描述结果而非原因",几近于"舍筏登岸"之说。乔治·布莱对此有评论道:"具有感发作用的灵性之活动与接受精神之被动相对应。夏尔·杜波斯力图完成的,就是将前者作为原因力量来把握,并加以吸收同化,从内部体验精神在精神中的这种展现。"简言之,这里说的是,杜波斯在批评中努力主动地承受创造能力所具有的那种"兴发感动之作用"(叶嘉莹语)。果然不出所料,杜波斯正是在批评中常常借重于形象的比喻。

比喻式批评曾经在中国有过它的黄金时代,就是在西方,它也不曾是一只"拣尽寒枝不敢栖"的孤鸟,今天新的远景又在它面前展开。我们有理由相信,它将变成一只再生的凤凰,从文化反思的烈火中飞出,在中国,在世界。当然,谁也不会天真到这种程度,以为比喻式批评仅仅是在批评中用一二条比喻。

(1988年3月北京)

诗人中的画家和画家中的诗人
——波德莱尔论雨果和德拉克洛瓦

钱钟书先生在《中国诗与中国画》一文中确认了一种很有趣的事实:"中国传统文艺批评对诗和画有不同的标准;评画时赏识王士祯[①]所谓'虚'以及相联系的风格,而评诗时却赏识'实'以及相联系的风格。"因此,"画品居次的吴道子的画风相当于最高的诗风,而诗品居首的杜甫的诗风只相当于次高的画风。"于

---

① 原文作王世祯(上海古籍出版社,1979年,第20页),显系误排,今径改。

是,"用杜甫的诗风来作画,只能达到品位低于王维的吴道子,而用吴道子的画风来作诗,就能达到品位高于王维的杜甫"。由于有了这种标准上的分歧,杜甫一直当着他的"诗圣",其地位至今不见动摇;王维则"只能算'小的大诗人'(un picco|ogrande poeta)",而满足于神韵派的推崇,"在旧画传统里坐着第一把交椅"。那么,如果采用"诗画本一律"、"画与诗初无二道"①的单一标准,情况会怎样呢? 那将是"摩诘不宜在李、杜下"了,王士祯也不必"私下有个批抹本",可以少些"世故",直接"对杜甫诗大加'谤伤'"了。

这种"如果"引出的假设的现象正是法国文艺批评史上确有的事实,今拈出,略加论列,或可有助于我们对与之有关联的法国文学艺术中的浪漫主义作进一步的认识和理解。

波德莱尔曾经比较过诗人雨果和画家德拉克洛瓦,作了一篇优劣论。雨果是法国浪漫主义的代表人物,公认的法国最伟大的诗人,地位相当于中国传统诗歌中的杜甫;德拉克洛瓦则被人喻为"浪漫主义的雄狮",公认的最伟大的浪漫派画家,然其地位则不宜于在中国画史中随意比附。一般人使用诗画不同的双重标准,所见为双峰并峙,遥相辉映,奥林匹欧不必担心会被"浪漫主义的雄狮"吞噬。波德莱尔却独具只眼,使用诗画一律的单一标准,而且用的是他自己"对浪漫主义所下的定义",其结果是语惊四座,令人耳目一新:画家德拉克洛瓦竟然高踞于诗人雨果之上。

诗画异同,诗画孰胜,诗中有画和画中有诗,聚讼千古,莫衷一是,莱辛反对"诗画一律"的努力虽然产生了一部批评史上的

---

① [清]叶燮:《己畦文集》卷八《赤霞楼诗集序》,转引自《古典诗论集要》,济南:齐鲁书社,1991年,第210页。

名著,却似乎并未发生实际的效力。到了欧洲的浪漫主义时代,想象力和创造性得到空前的强调和推崇,诗歌自不待言,就是绘画,看重的也是精神和个性,即是说,"虚"要重于"实","画中有诗"要胜过"诗中有画"。波德莱尔的观点看起来很大胆,有骇世惊俗之慨,实际上也是出自浪漫主义的固有精神。

波德莱尔的"雨、德优劣论"出自《一八四六年的沙龙》[①]一文,其言略为:"根据我对浪漫主义所下的定义(亲切,灵性,等等),如果将德拉克洛瓦置于浪漫主义之首,那就自然而然地将维克多·雨果先生排除在外。"具体地说,则是:雨果"作为一个创造者来说,其灵巧远胜于创造,他在很大程度上是个循规蹈矩的匠人,而非创造者。德拉克洛瓦有时是笨拙的,但他本质上是个创造者"。这里真用得上中国古人的一段话了,苏轼《王维吴道子画》曰:"吴生虽妙绝,犹以画工论;摩诘得之于象外,有如仙翮谢樊笼。"[②]抑扬之情,昭昭然见于笔端。"维克多·雨果先生在他全部的抒情和戏剧的画面中让人看到的是一整套排列整齐的直线和匀称划一的对照。他彻底地掌握和运用着韵脚的所有色调、对比的一切表达能力和同位语的各种花招。这是一位没落的或过渡的撰写者,他使用工具之巧妙的确令人赞叹称奇。"褒不当褒,有贬意寓焉,几等于西汉刘安批评过的"谨毛而失貌"。[③] 以下是结论了,果然是坦白得可爱,不世故,不客气;总之,"一个是从细节开始,另一个是从对主题的深刻的理解开始,因此,一个只抓住了皮毛,而另一个则掏出了内脏"。这句话用中国的禅语说,就是宋代禅师宗杲的名言:"弄一车兵器,不是杀

---

① 文中所引波德莱尔言论,均见《波德莱尔美学论文选》,北京:人民文学出版社,1987年。
② 转引自钱钟书《中国诗与中国画》,均见《旧文四篇》,第23页。
③ 同上。

人手段,我有寸铁,便可杀人。"最后是判词:"过于具体,过于注意自然的表面,维克多·雨果成了诗中的画家;而德拉克洛瓦始终尊重自己的理想,常常不自知地成为绘画中的诗人。"这意味着,"诗中有画"不如"画中有诗","实"不如"虚",得浪漫主义真精神的是画家德拉克洛瓦,不是诗人雨果。

波德莱尔关于雨果的论述很多,其中不乏矛盾抵牾,是法国文艺批评史上的热门话题。这里不拟评断波德莱尔对雨果是否公正或真诚,只想说说波氏的"雨、德优劣论"给法国浪漫主义带来了什么。这当然首先涉及的是波德莱尔的标准,即他对浪漫主义所下的"定义"。

波德莱尔在《一八四六年的沙龙》一文中专辟一节,题为"什么是浪漫主义",集中地提出了他自己的定义。他指出:"有些人只在选择题材上下功夫,但他们并没有与他们的题材相合的性情。有些人还相信天主教社会,试图在作品中反映天主教教义。自称浪漫主义,又系统地瞻望过去,这是自相矛盾。这些人以浪漫主义的名义,亵渎希腊人和罗马人,不过,当我们自己成了浪漫主义者的时候,是可以使希腊人和罗马人成为浪漫主义者的。艺术中的真实和地方色彩使另外许多人迷失了方向。"同时,"艺术家必须具有一种真率的品质,并借助于他那一行所提供给他的一切方法来真诚地表现他的性情"。这里值得注意的是,波德莱尔提出"性情",将其置于"题材"之前;他又提出"使希腊人和罗马人成为浪漫主义者",这与斯丹达尔关于浪漫主义是"给同时代人提供最大愉快的活的文学"[①]的观点一脉相承;同时,他也不对当时的浪漫派津津乐道的"地方色彩"给予更多的尊敬。总之,"浪漫主义恰恰不在题材的选择,也不在准确的真实,而在

---

① 斯丹达尔:《拉辛与莎士比亚》,王道乾译,上海:上海译文出版社,1979年,第26页。

感受的方式"。因此,人们在"外部"找不到浪漫主义,"只有在内部才有可能找到"。这就是"现代艺术",是"美的最新近、最现实的表现",也是"各种艺术所包含的一切手段表现出来的亲切、灵性、色彩和对无限的向往"。总之,真率,性情,灵性,是波德莱尔的浪漫主义的三根支柱,也是他"使浪漫主义恢复青春的方法"。①

波德莱尔就是根据这种标准抑雨扬德的。

波德莱尔指责雨果"强迫地、粗暴地在他的诗中引入爱伦·坡视作主要的现代奇谈怪论的那种东西:教诲"。② 波德莱尔在德拉克洛瓦的女性形象中看到的是"在罪恶或神圣的意义上显露出英雄气概的现代女性",因此不能理解有人"取笑德拉克洛瓦笔下的女人的丑陋""这类的玩笑",而雨果恰恰"同意这种看法","甚至把德拉克洛瓦笔下的女人称作蛤蟆",这正是因为"维克多·雨果先生是一位善于雕塑的大诗人,对精神的东西闭目不见"。③ 波德莱尔在对"风景画中想象力的部分越来越小"表示遗憾的同时,慨叹"没有看到像天空中的神秘一样流动在维克多·雨果的素描中的那种壮丽的想象",这恰恰说的是雨果的"墨汁素描",而在诗的方向,"我们的诗人是风景诗人之王",只会得到他的遗憾。说到底,波德莱尔不满于诗人雨果的,是其诗过于"实",缺乏"真率"的性情,或者说没有"灵性",也就是说,波德莱尔对雨果的"诗中有画"深感不满。

清人张岱说:"若以有诗句之画作画,画不能佳;以有画意之诗为诗,诗必不妙。如李青莲《静夜思》诗:'举头望明月,低头思

---

① 转引自《波德莱尔全集》第一卷注释,伽利玛出版社,1975年,第805页。
② 《再论埃德加·爱伦·坡》,第209页。
③ 《一八五九年的沙龙》,第457页。

故乡'有何可画？王摩诘《山路》诗：'蓝田白石出，玉川红叶稀'，尚可入画；'山路原无雨，空翠湿人衣'，则如何入画？又《香积寺》诗：'泉声咽危石，日色冷青松'，泉声、危石、日色、青松，皆可描摹，而'咽'字、'冷'字，则决难画出。故诗以空灵才为妙诗，可以入画之诗，尚是眼中金银屑耳。画如小李将军，楼台殿阁，界画写摩，细入毫发，自不若元人之画，点染依稀，烟云灭没，反得奇趣。由此观之，有诗之画，未免板实，而胸中丘壑，反不若匠心训手之为不可及也。"①粗看之下，似乎张岱主诗画分离，两不搭界，其实若细看，则是主张实不如虚，"诗中有画"乃是以描摹为工，故必不佳；"画中有诗"，亦以诗为写实，故亦必不佳。倘以诗意为"空灵"，为不能画之"咽"、"冷"等感觉，则"画中有诗"仍可称妙，只有可以入画之诗才是"眼中金银屑"。不幸的是，在波德莱尔看来，雨果的诗恰恰是"风景"，可以入画，这正是张岱所谓"眼中金银屑"，岂可称妙？

相反，对于德拉克洛瓦，波德莱尔一直是赞誉有加不知疲倦的。其实，波德莱尔只在德拉克洛瓦身上才真实地透露了内心中最隐秘的东西，因为赞誉不同于指责，不必遮遮掩掩，像他评论雨果那样，多少总有些毁誉两方面的言不由衷。波德莱尔赞赏德拉克洛瓦的言论很多，略加梳理，大约有以下数端：他肯定了德拉克洛瓦的画"主要是通过回忆来作的，也主要向回忆说话"，这意味着他们的画是以记忆为依托的想象的产物，直探人的心灵最深处，也最能引起人的心灵的震动，因为"在所有心灵现象中，最能显现其中秘密的，是个人的记忆"。这在我国的艺术批评史上也是很早就得到重视的，例如宋代董迪论画家李咸熙："咸熙……于山林泉石……积好在心，久则化之，凝念不

---

① 转引自《古典诗论集要》，第 186 页。

释……磊落奇蟠于胸中,不得遁而藏也。他日忽见群山横于前者,累累相负而出矣。"①波德莱尔因此指出,"一幅德拉克洛瓦的画,例如《但丁与维吉尔》,总是给人留下了深刻的印象,其强烈的程度随距离而增加。他不断地为整体而牺牲细节,惟恐因作业更清晰而产生的疲劳减弱他的思想的活力,他因此而完全获得了一种难以察觉的独创性,这就是主题烂熟于心。"他的素描也因此而成为色彩家的素描,摆脱了直线体系的侵蚀,而"永远像虹一样,是两种颜色的密切的融合",这是一种"最高贵的、最奇特的"素描,"它可以忽视自然,它表现出另一个自然,与作者的精神和性情相一致"。波德莱尔特别注意到,德拉克洛瓦"一般地说","不画漂亮女人,即上等人眼中的漂亮女人。他笔下的女人几乎都是有病的,蕴含着某种内在的美"。因此,"他最善于表现的不仅仅是痛苦,他尤其善于表现精神的痛苦",而这就是"自然的、由活人组成的悲剧,可怕的、忧郁的悲剧","正是这些东西造成了他的崇高"。凡此种种,无一不是称赞德拉克洛瓦的"虚"。因此,波德莱尔指出:"德拉克洛瓦先生本质上是文学的,这是他的才能的另一个崇高而广阔的素质,并且使他成为诗人们喜爱的画家。他的画不仅跑遍并且成功地跑遍了高等文学的田野,不仅表达和接触了阿里奥斯托、拜伦、但丁、沃尔特、司各特、莎士比亚,而且还比大部分现代绘画更善于揭示崇高的、精妙的、深刻的思想。"这正是德拉克洛瓦的绘画所具有的魅力的根本来源,"文学的"即是"诗的","诗的"即是波德莱尔所说的"亲切、灵性、色彩和对无限的向往"。

　　当然,波德莱尔也像一切真正的浪漫主义者一样,特别推崇德拉克洛瓦的想象力,盛赞他的想象力"表现了大脑的深处,事

---

① 转引自伍蠡甫《中国画论研究》,北京:北京大学出版社,1983年,第217页。

物的惊人的一面"；他还特别指出，德拉克洛瓦的想象乃是"有限中的无限"，是"梦幻"，而这种梦幻"指的不是黑夜中的杂物堆积场，而是产生于紧张的沉思的幻象"。画家的幻象作用于观者的回忆，使观者在观赏中认出自己，于是画者和观者的心灵在交流中达成一致。因此，波德莱尔特别强调："德拉克洛瓦是所有画家中最富有暗示性的一个，他的作品……让人想得最多，在记忆中唤起最多的诗的感情和思想，人们还以为这些已被体验过的感情和思想永久地埋藏在过去的黑夜之中了呢。"总而言之，"欧仁·德拉克洛瓦主要是描绘最美好的时刻中的灵魂"。最后，波德莱尔这样写道："德拉克洛瓦比任何人都表达得好而为我们的世纪争了光的那种我也弄不清楚的神秘的东西究竟是什么？那是不可见的东西，是不可触知的东西，是梦幻，是神经，是灵魂……"①说到底，波德莱尔欣赏德拉克洛瓦的，正是他的"灵性"，他的"超自然主义"，一言以蔽之曰"虚"。

事实上，对于德拉克洛瓦的"虚"，诗人雨果确实是不太理解的。有人考证过，在雨果的文字中，未见谈及德拉克洛瓦的女性形象是丑的这样的论断，然而据雨果的儿子回忆，他确实是不承认德拉克洛瓦的女人是美的。雨果之子夏尔在一篇回忆文章中，说雨果曾与英人斯蒂文斯谈及德拉克洛瓦笔下的女性形象，不言其美，而仅言其"闪光"，所谓"光线的眩目的怪相"，即只有美的表情而没有美的面孔，而这正是他完全不能接受的。夏尔的文章还讲述了另一桩轶事，颇能说明问题。雨果对斯蒂文斯说："有一天，德拉克洛瓦让我看他的一幅画，《列日主教被害》。这是他最美的画之一。我很欣赏，但是我向他提出一个问题。我指着一个人物问：'他手上拿的是什么？看不大出来。'德拉克

---

① 《欧仁·德拉克洛瓦的作品和生平》，第524页。

洛瓦的回答颇空灵:'我是想画剑光。'然而,画剑光而不画剑. 这已不是他的艺术了,这是我们的艺术。现在,至少在我那个时候,在巴黎的一座教堂里,大概是山上的圣艾蒂安教堂吧,有一幅阿尔贝·丢勒的《圣徒约翰-巴蒂斯特的斩首》。怎么样呢?首先看见的是德拉克洛瓦寻求的东西,即剑的闪光。人们觉得有一道光落下,有一种迅疾如电的东西旋转而至,直劈下来,砍飞了一个脑袋。剑光确实画得绝妙。再看,就会看见一把画得很细腻的剑。那是一柄很宽很重的方头剑,有着十六世纪的护手,精美而结实。闪光会使诗人满意,而剑会使造剑师满意。这才是一个完全的画家。色彩和素描,灵魂和躯体,生命和风格,表情和美,一个来自另一个,两者不能被割裂。如此则绘画的目的达到了。"① 雨果显然是认为画剑光必须画剑,剑、光俱在,方为完整的绘画。这真用得上苏轼的名言了:"论画以形似,见与儿童邻。"似此则众多的"逸笔草草"的中国画皆属不可解之类了。雨果的绘画观的确不太高明,他不能理解德拉克洛瓦笔下的女人的美,波德莱尔对他的指责,也就都是题中应有之义了。说他过"实","对精神的东西闭目不见",也的确不冤枉他。不过,西方的传统是诗属于心灵,画属于自然,故作画有模特,重视写生,讲求外在的形式,雨果倒是忠于这个传统的。

　　然而中国古人说:"物在灵府,不在耳目。"(晋宋王徽语)绘画讲究笔墨"从简"、"用减"、"略具笔墨",所谓"不着一字,尽得风流",所谓"书画之妙,当以神会,难可以形器求也"。② 诗画或相通,或一律,正在此处。在这一点上,波德莱尔是很接近中国

---

① 转引自雷翁·塞里埃:《波德莱尔和雨果》,法国科尔蒂出版社,1970年,第65—66页。
② 沈括:《梦溪笔谈》卷十七。

传统的艺术观的,特别是神韵派的艺术观。他曾经在一片不理解不欣赏的叹息、缄默甚至讽刺中,从容而勇敢地写道:"一位现代的温克尔曼(我们有的是,各国都有的是,懒汉们爱之若狂)将做些什么?说些什么?面对一件中国作品,他会说什么呢?那作品奇特,古怪,外观变形,色彩强烈,有时又轻淡得近乎消失。然而那却是普遍美的一个样品;不过为了理解它,批评家、观众必须在自己身上进行一种近乎神秘的变化,必须通过一种作用于想象力的意志的现象,自己学会进入使这种奇异得以繁盛的环境中去。"①一个能有这样的体验并把它写出来的人,我们不能不承认,在他和中国传统艺术之间是有一种亲和力的。这种亲和力的基础是一种关于普遍美的观念,而普遍性也正是波德莱尔所称赞的德拉克洛瓦的一大特点,同时也是他心目中的浪漫主义的一大特点。使我们感到惊喜的是,这里竟透出了法国浪漫主义和中国古典艺术精神的联系,而且并非什么一般浪漫派所欣赏的异域风光异国情调,而是一种最深刻最隐秘的精神上的相契相应。

　　我们还注意到,波德莱尔说到德拉克洛瓦是"绘画中的诗人"时,用了"常常不自知地成为"这样的修饰限定语,而这"不自知"确是至关重要的。他曾经明确地指出过:"一幅画的诗意是应该由观赏者产生的",并非由诗来补足画意。这正是张岱所说的:"若以有诗句之画作画,画必不佳。"因此,波德莱尔告诫画家:绘画"向诗请求帮助和保护","这是个可笑的错误,其原因有二:其一,诗不是绘画的直接目的;诗介入绘画,画只能更好,但是,诗并不能因此而掩盖其弱点。带着框框在一幅画的构思中寻求诗,这是找不到诗的最可靠的方法。诗应该在艺术家的不

---

① 阿德勒:《自卑与超越》,台北:志文出版社,第61页。

知不觉中产生,它是绘画本身的结果,因为它沉睡在观者的灵魂中,天才即在于唤醒它。绘画仅仅因其色彩和形式而有趣,它像诗,只是因为诗能在读者心中唤起画意。"①这就是说,"画中有诗"并不是画和诗的机械相加,而是画的极致所产生的一种效果;这并不意味着作为艺术形式的画和诗有什么高下之分,而说画和诗的共同的最高境界乃是同一的,即"缪斯的巫术所创造的第二现实"。中国文人画大半是遣兴自娱,画者如是,观者亦如是,所以在中国传统画论中也往往论及"观画之法"。宋郭熙郭思父子撰《林泉高致》,其中谓"画山水有体……看山水亦有体:以林泉之心临之则价高,以骄侈之目临之则价低。……君子之所以渴慕林泉者,正谓此处佳故也。故画者当以此意造,而鉴者又当以此意穷之。此之谓不失其本意。"又说:"春山烟云连绵人欣欣,夏山嘉木繁阴人坦坦。秋山明净摇落人肃肃,冬山昏昏霾翳塞人寂寂。看此画令人生此意,如真在此山中,此画之景外意也见青烟白道而思行,见平川落照而思望。见幽人山客而思居,见严扃泉石而思游。看此画令人起此心,如将真即其处,此画之意外妙也。"在画家,是寓情于景,借景抒情;在观者是因画生情,寄情于画中之景;如此则画家和观者达成心灵上的一致,共同陷入"心灵的迷醉"。这也正是清人恽寿平所说:"尝谓天下为人,不可使人疑,惟画理当使人疑,又当使人疑而得之。"②

雨果和德拉克洛瓦,孰优孰劣,其实并不重要,或者根本就是一个没有解的问题。波德莱尔在被迫作这一篇优劣论之前,就已经申明:"在那个我刚才谈到的并记述了许多误解的革命年代③

---

① 《一八四六年的沙龙》,第240、277页。
② 转引自伍蠡甫:《中国画论研究》,北京:北京大学出版社,1983年,第228页。
③ 指浪漫主义鼎盛时代。

里，人们常常把欧仁·德拉克洛瓦比作维克多·雨果。既然有浪漫派诗人，就得有浪漫派画家。这种非要在不同的艺术中找出对应物和相似的做法常常带来很奇怪的错误，这也证明了人们之间的理解是何等地少。"但波德莱尔究竟作了这篇优劣论，这说明他"感到需要为自己建立某种美学并从结果中推断出原因"。我以为，波德莱尔在进行了一番比较之后，的确建立了自己的美学，即一种以浪漫主义为基础的、以象征主义为指向的独特的美学。波德莱尔的美学观，不仅对我们认识和理解浪漫主义是必不可少的，而且对我们认识和理解象征主义也是必不可少的。这两个必不可少也就透露了波德莱尔的美学思想的启发性、深刻性和重要性。

同时，他也的确"从结果中推断出原因"，即："公正的批评，有其存在理由的批评，应该是有所偏袒的，富于激情的，带有政治性的，也就是说，这种批评是根据一种排他性的观点作出的，而且这种观点又能打开最广阔的视野。"这是一段充满辩证法的文字，它不仅告诉我们如何看波德莱尔本人的批评，它也同时为我们看待批评对象提供了新的角度和视野。

总之，波德莱尔论维克多·雨果，是论浪漫主义；论欧仁·德拉克洛瓦，是论浪漫主义；论雨果和德拉克洛瓦之优劣，也是论浪漫主义。因此，波德莱尔的创作是浪漫主义不可少的一环，波德莱尔的批评也是浪漫主义批评不可少的一环。对此，眼下学界似乎重视不够，也许竟是无暇顾及。但是，无论如何，少了波德莱尔，任何对浪漫主义的理解都将是不完整的。

亦庄亦谐的波德莱尔①

刘　波②

在世界文学史上,能够以区区一部诗集改变文学景观,并且在文坛上赢得如此巨大而坚实声誉的,除了波德莱尔,恐怕再难找到第二个例子。一百多年来,这位"恶魔诗人"让一代代读者深感惊骇和魅惑。是怎样的神奇让他成为当今被最广为阅读的法国诗人?人们普遍慑服于他作品中呈现出来的那种震古烁今的新奇、深度和力度,但也没有片刻停止过围绕其人其作的种种争论:关于美和丑,善和恶,宗教和渎神,严肃和轻浮,进取和颓靡,真诚和佯装,古典和浪漫。我们纵有千百种说辞来进行解说,但似乎总感觉还有一些未尽之意不曾表达,似乎总感觉在为他描画的"肖像"背后还有一副讥诮的面孔未及表现。这不是我

---

① 本文原载《社会科学报》,2017年12月28日。文字略有改动。
② 刘波,法国巴黎第四大学(索邦大学)文学博士,加拿大蒙特利尔大学访问学者,广东外语外贸大学外国文学文化研究中心二级教授、法语语言文学专业博士生导师,兼武汉大学法语语言文学专业博士生导师,四川外国语大学特聘教授,"龚古尔文学奖中国评选"评委。主要从事法国文学和文学理论研究,著作《波德莱尔:从城市经验到诗歌经验》入选"国家哲学社会科学成果文库",2018年获首届"王佐良外国文学研究奖"一等奖,2019年获"广东省第八届哲学社会科学优秀成果奖"一等奖。

们的过错,这也许正是波德莱尔所希望看到的,他所期望的也许就是要让我们落入他的"诡计"。阐释上的言不及义,是跟波德莱尔的人生态度和写作特点密切相关的。

生活层面:在矛盾中纠结和挣扎

早在他在世的时候,他就被有些人视为追求至善的正人君子,被另外一些人看作哗众取宠的宵小之徒,但无论喜欢还是讨厌他的人,都注定会牢记他的名字。喜欢他的人是有道理的,讨厌他的人也是有道理的,因为波德莱尔一生的所行和所言无不显示他就是一个在矛盾中纠结和挣扎着的存在。

存在于他身上的矛盾一方面是出于与生俱来的天性:"我自小就感到心中两种矛盾的情感:对生活的厌恶和对生活的迷醉。"这样的天性促使他深明在任何时候存在于任何人身上的两种诉求:"一种向着上帝,一种向着魔鬼。"另一方面这也是他刻意追求并主动加以利用的状态,他是"带着快意和恐惧培育自己的歇斯底里"。对他来说,矛盾是命定的人生,是生活的真相,是包含着最丰富亦最深邃启示的神秘。"天堂还是地狱",这是他的诗集通篇发出却又无解的人生追问。倘若世界上只有天堂,他会因为天堂并不完满而失望;倘若世界上只有地狱,他会因为地狱太过单调而愤怒。他在这个世界上找不到自己的家园,如同一个流浪在天堂与地狱之间的无主孤魂。也许他原本就不屑于找到固定的家园,而是抱着疯狂的想法,刻意追求甚至玩味那种令他纠结到痛苦、挣扎到绝望的"深渊"之感。他的文字的诡奇、意象的突兀、思想的张力在很大程度上正是得益于一个个让他撕心裂肺的矛盾。就像他自己说的,他的确有一种非常特别亦是非常幸运的素质,可以从仇恨中汲取快意,从蔑视中获取荣耀，从丑陋中攫取美艳，从痛苦中夺取尊严。"投身渊底，地狱天堂又有何妨？／到未知世界深处去发现新奇！"为《恶之花》做结的这两句诗道出了他作为常人和诗人的全部理想。

生活中的波德莱尔可谓是一个亦正亦邪的"怪人"，为了新奇而好做惊人之举，也好发惊人之语。他认为三种人是可敬的，并且希望成为这样的人：祝圣的教士，杀戮与自我牺牲的战士，歌唱的诗人或演员。他做自己的诗，也做自己的脸，还染自己的头发。他把自己"纨绔子"的理想贯彻到穿衣打扮的最不起眼的细节中，以近乎变态的苛刻追求对自己"形象"的塑造。他也时常出入欢场，把翩翩起舞的绅士淑女说成是群魔乱舞的骷髅。有人指责他是装腔作势，想以摆姿弄态的做派"大出风头"。他的好几位朋友都提到，他的面相兼有隐修士和恶少的特点，高傲中带着怜悯，冷峻中带着挑衅，沉着中透一点诡异，惊恐中有一股英气。

波德莱尔的人生的确是带有几分"表演"性质的。其实，所谓"表演"只不过是表面现象。他实则是要在生活中实践自己作为诗人或演员的理想，把自己的人生当作一件艺术品来经营，要创造出一个既像是现实的又像是非现实的自我。这位纨绔子生活在庸凡的现实中，却无时不在追求一个超越的自我。他说："纨绔子应当不断憧憬崇高；他应当在镜子前生活和睡眠。"与其说这是一种刻意的姿态，不如说这是一种刻苦的态度，是一个在天性上对人生绝望的悲观者在身陷物质和精神的双重困境之际，试图通过意志的作用而做出的最大的乐观努力。

艺术层面：乖戾诗艺与悖逆精神

与他在生活层面的怪癖趣味相对应的，是他在艺术层面的乖戾诗艺。圣伯夫把他称作"歇斯底里的布瓦洛"，又说他是"用彼得拉克的方式歌唱丑恶"。他说的是波德莱尔那种融合美丑、兼具雅俗的奇特文风。不要以为波德莱尔在诗艺上的乖戾是故弄玄虚。作为诗人,他擅长把握格律和韵脚;作为纨绔子,他擅长施展独特和自由。他借用世俗的语汇,但并不意味着向世俗妥协,一如他借用宗教的语汇而并不意味着为宗教张目。他是那种在一切地方,甚至在最不可能具有诗意的地方发掘诗歌的诗人,能够见人之所不能见,言人之所不敢言。他秉有炼金术士的魔力,可以化腐朽为神奇,把风月场中的经验熔炼成对于现代世界的观照,让既熟悉又陌生的意象达成非同凡响的效果。他在身为烟花女子的"荡妇"身上看到了风华绝代的现代都市的身影,两者都深谙伟大造化之神奇,作为实践自然"隐秘意图"的工具,在"将世人的血吮吸"的同时,自觉或不自觉地"造就天才的才艺"。"将世人的血吮吸"和"造就天才的才艺"是从同一种功能中衍生出来的两种看似不同而实则紧密关联的形态。面对这类复合的存在,诗人没有办法在伟大与卑鄙、污秽与崇高之间进行明明白白的鉴别,也不能在憎恶与爱慕、诅咒与赞美、轻蔑与感激之间进行明明白白的抉择,于是他只有通过"对相反事物的整合"去体会包含在事物整体中的那份神秘,那种上也是下,罪恶也是恩宠,魔鬼也是神明,美丑一体,善恶相共的境界。他能够做的,就是用矛盾修辞的方式发出令人惊栗的喟叹:"呜呼,污秽的伟大!崇高的卑鄙!"

支撑波德莱尔怪癖趣味和乖戾诗艺的,是他思想层面的悖逆精神和异端见识。他喜欢运用二律背反的命题,是因为他善于以一种与常规相悖的方式看待和体验事物,在世界的反面去观照世界,在人心的反面去省视人心,在生命的反面去吮吸生命。同时,他也善于从不同的角度去审察同一事物,用两种不同的方式去体验同一事物。他可以高呼"革命万岁",但不是以信念坚定的革命者投身其中,而是在"全人"理想的驱使下作为诗人去体会人生的种种不同可能样态,扩展人生的幅度。因而他"不仅会高兴自己成为受害者,也不会痛恨自己成为刽子手——为了用两种方式体会革命"。

怪癖的趣味、乖戾的诗艺、悖逆的精神和异端的见识,织就了波德莱尔的"独特"和"创意",让我们看到不一样的景观,经历不一样的人生,体会不一样的感动,领受不一样的情怀。他天才般向我们走来,用他那些亦庄亦谐的诗歌唱出了现代人的种种情感纠结,让我们看到在他所置身的那个"发达资本主义时代",丑陋也会是一种壮丽,理想也会是一种忧郁,伟大也会是一种焦虑,恶也会是一种英雄主义,美也会是一种暴力。

波德莱尔并不是只有一副面孔。他可以作为俗人去尝试自我摧残的享乐主义,也愿意作为圣人去奉行自我折磨的禁欲主义。但作为诗人,他立志实行的是无拘无束的自由主义。他有意愿在不同的人生中穿行,在不同的观念中游走。这让他决意把诗歌的指事功能悬置起来,调动其启示功能,让文字成为"呼神唤鬼的巫术",呈现出正言若反而又反常合道的特点,庄不至于呆板,谐不流于轻浮。他曾一度怀疑自己是不是"完全缺乏信念",但最终确信自己怀着某种"更高意义上的信念",一种艺术的信念。他的文字全出于对复杂情感的真切体会。他并不消极逃避,而是坦诚、慷慨地在创作中实践自己所公开推崇的东西。普鲁斯特对此心领神会,为这位亦正亦邪、庄谐并举的恶魔诗人描画了这样一幅肖像:"这个邪恶而虔信的善人,这个钻牛角尖的良心论者,这个跪拜在地而又面带讥讽之色的该诅咒的波德莱尔。"

波德莱尔散文诗中的叙事[①]

李金佳[②]

　　散文诗作为独立的文学体裁,诞生于十九世纪中叶的法国。关于散文诗的源头,文学史家有各种不同的说法,有人追溯到十七到十八世纪兴起的基督教说教文学,甚至预言文学;有人认为散文诗的嚆矢,更应该是前浪漫主义时期的翻译文学,特别是法国作家对翻译文学的风格模仿;有人想到夏多布里昂的小说和对散文体史诗的尝试,把这些作品中富于诗意的描写或抒情段落,当作散文诗的滥觞。更求切近的追索者,则常举出 1830 至 1850 年间盛行一时的短小散文,特别是那些富于玄想、静观、自省的作品,代表性的作家有斐利希忒·德·拉莫内、阿尔封斯·拉博,特别是儒勒·勒弗维尔-多米埃。探求散文诗形成的源头时,诸家说法莫衷一是,然而对散文诗历史诸大关节的勘定,却

---

① 本文最初发表于孙晓娅主编:《彼岸之观:跨语际诗歌交流》,北京:北京大学出版社,2016 年,第 405—430 页。此次发表时略有增删。
② 李金佳,法国国立东方语言文化学院(INALCO)副教授,教学工作包括中国现当代文学,以及硕士阶段的文学翻译实践课程。主要研究方向为诗学、翻译学,发表翻译学专著一部,论文十余篇。从事小说和诗歌创作,出版诗集两部,短篇小说十余篇。多年来担任著名诗歌杂志 PO&SIE 通信员,在这本杂志的框架下,译介当代中国诗歌。

又表现出惊人的一致。研究者一般都认为,散文诗文体创立的标志,是1842年出版的阿洛依修斯·贝尔特朗的《夜晚的伽斯帕尔》。而散文诗成为一个不可忽视的文学体裁,拥有自己代表性的杰作,进而形成自己的承传和演变,在文学史上占据一席之地,则要归功于1869年出版的波德莱尔的《巴黎的忧郁》。这两部奠基之作,再加上1886年出版的兰波的《灵光集》,被公认为十九世纪散文诗建立时期的三部经典①。

如果将那些被认为是散文诗源头的早期作品,同这三部散文诗的开山之作峙读并观,最清晰可见的区别,就是后者含有一种特殊的叙事,前者则完全缺乏。先前的说教文学、预言文学也好,其后的哲理小散文也罢,它们都是静态的文本,或以抽象的语言阐发道理,或靠具体的形象外化之,无论其虚实详略,总在追求出离于时间之上或之外:它们是某一"道理"的"陈说",而不是某一"发生"的"叙述"。而翻译文学和夏多布里昂的作品,虽然从总体上说具有叙事性,甚至根本就是小说,然而被研究者们摘引出来、认为对散文诗之生成影响甚巨的那些段落,恰恰是文中叙事停顿,转而进入大段的描写与抒情之处,可以说是叙事作品内部的游离成分。因而,若以叙事之有无为尺度衡量,对于散文诗源头的各种指认,其实都失于迂远,只对具有追根溯源癖的文学史家才有意义。如围绕文本本身进行切近观察,我们只能说,散文诗是一种相当孤绝的文体,在它近半个世纪的草创时期,它其实

---

① 应该一提的是,这三部作品都是在作者去世之后,由作者的朋友编定出版的。而且,《巴黎的忧郁》和《灵光集》,并不是目录完备、结构清晰的手稿,而是以零散的遗文的形式,流传到编辑者手中。《巴黎的忧郁》中的个别篇章,《灵光集》中的许多作品,在作者生前从未发表过。作为标志散文诗体裁创生的作品,以这样一种方式成书,这当然涉及一个重要问题,那就是散文诗的定义问题,起码是作者本人究竟给它何种定义。

只与三个人有关:它起于贝尔特朗之手,兴于景仰者波德莱尔,成于景仰者的景仰者兰波。它同现代性与对现代性的反观,一起诞生;它和它之前所有种类的诗化的散文、散文化的诗,关系甚微。

散文诗之所以能在一段甚长的历史时期,保持它的孤绝和崭新,一个重要原因就是它叙事的独特。贝尔特朗的《夜晚的伽斯帕尔》,正文五十一篇,附录十三篇,其中半数以上的篇章,都在以一种飘忽的手法,回光返照式地叙述一个事件,或者说一个事件的某些环节。这本伟大的小书,在叙事的旨趣和方法上如此特殊,使它完全不能进入当时浪漫主义文学的主流。因此,虽然它具有明显而崇高的风格造诣,面世之初却很少有人问津,甚至连熟知作者其人、本身又是诗歌宗匠的读者,比如雨果,也对它毫无兴趣。一直要等到四分之一世纪后,波德莱尔在介绍自己的散文诗时,不遗余力地赞美《夜晚的伽斯帕尔》,将它称为自己效法的楷模,而他的这番言论,在他去世后又被编辑者当作宣言性的序言,加在《巴黎的忧郁》之首,贝尔特朗才免于被完全遗忘,渐渐引起追求创新的象征主义诗人的重视,并被后来的超现实主义运动视为遥远的祖先。而波德莱尔自己的散文诗,一方面继承了《夜晚的伽斯帕尔》的若干倾向和趣味,一方面又在主题与风格上呈现出根本的不同。单从叙事的角度看,波德莱尔在技巧创新上不及贝尔特朗,《夜晚的伽斯帕尔》给人的那种文体革命的震撼,读《巴黎的忧郁》的人,一时感受不到。然而,从叙事的稳定性和深厚性,特别是叙事同"现代性"的纠结关系上来看,《巴黎的忧郁》又远胜于《夜晚的伽斯帕尔》。我们在这篇文章里,正是想对波德莱尔散文诗中的叙事因素,进行一次分类描述,进而考察它们的表现手段和美学追求,研究它们以何种方式与非叙事因素勾合在一起,共同构成一种特殊、然而又触及所有现代人意识内核的言说类型。

*

《巴黎的忧郁》共五十篇,具有叙事性的篇章构成全书的主体。根据叙事因素在每一篇作品中所占的比重,可以按照由弱到强的顺序,粗略地将全书所有篇章分成七个类别。一、完全没有叙事。二、叙事若有若无。三、叙事出现,但作为例子或插曲一笔代过。四、叙事与非叙事因素在文中同等重要。五、叙事占主导地位,构成文章的线索。六、叙事具有压倒性的重要,构成文章的结构框架。七、小小说。这七类作品,各自既构成一个相对清晰的梯度,它们之间的界限,却又不是斩然相截的,而是存在暗通款曲的渠道。在每一个大的类别内部,又可划出若干小分支,其叙事比重和叙事特征,也不尽相同。只是为了描述的方便,我们姑且运用这种粗线条的七类划分。

第一类,完全没有叙事的散文诗,在全书共有十一篇。它们或描述一个感觉,宣叙一种情绪,如《沉醉吧》[①]《作画的欲望》;或围绕某一象征物,兴起咏叹,比如《头发中的半球》《港口》《纯种马》;或以献词的形式,描摹和颂美其他艺术家的成就,比如为李斯特而写的《酒神杖》;或对某一社会现象,进行观察和思考,比如《群众》;或对某种人生意愿,做出白日梦式的表达,比如《旅行之邀》。还有一个重要分支也可归入这第一类,那就是虚拟的没有对话者的对话:它们通过串合警句隽语,激扬渺漠的玄思,比如《异乡人》《光环的丢掉》和《除去世界,哪里都行》。需要指出,在虚拟对话这一分支中,叙事因素并非完全缺无,比如《光环

[①] 本文引用各篇的题目和正文时,尽量遵照钱春绮译本(《恶之花·巴黎的忧郁》,人民文学出版社,1991年)。当这个优秀的译本与原文有所出入,而这种出入又干扰我们所要说明的问题时,我们也会对钱译稍作增减,故而在文字上与它屡有异同。正是因此,我们在下文中,不标引文的页码,以免引起读者的惊疑。

的丢掉》,对光环如何丢掉这一"事件"的诉说,具体程度足以让读者想象出场景和动作。只是,此一事件——一个也许是神灵的人,在横过马路时,头上的光环落到泥中,他迟疑后决定不去捡取,并因而觉得豁然轻松——象征性太外露,显然是为导出抽象概念而铺设的一个"口实"。况且,事件的讲述者,即对话者之一人,在文中完全隐没,只以声音的形式浮游于空间,故而我们把这样的作品,归入第一类非叙事性的散文诗之中。

非叙事性的散文诗,在《巴黎的忧郁》中不乏名篇。比如《旅行之邀》,任何讲波德莱尔的人,都必会提到它。又如开卷第一首《异乡人》,单看它的题目,我们就可以猜测出它的母题,怎样地影响着后世的现代主义文学。然而,从诗集的总体布局观之,非叙事性散文诗在全书不占主要地位,以篇目数量而论,只占目录的五分之一;若从文本长度上说,比重则更小。

第二类作品,即叙事若有若无的散文诗,只有三篇。数量虽然甚少,但在写作方法上却极具特色,而且篇篇都可独自构成一个分支,所以在这里必须稍加解说。叙事之若有若无,可以起自某一次具体而微妙的心理感受,比如《已经!》一篇,在一种冲融汗漫的情境中,讲述某个时代某一片大洋上,一艘船进入港口,乘客们表现出种种不同的情绪,都把脸转向即将登上的土地;而"我"则固执地面向大海,怀着惆怅,慨叹行将结束的航程。全篇动词都用过去式,一贯而下,似乎在追诉某一次真实的往事。然而,时间和地点是这样模糊,作为经历者的我和作为讲述者的我,又如此无间地同一,以至于我们不能不把这一经历,读作诗人整个人生的象征:它作为物我关系的原型,某种存在过一次就无时无地不持续存在的处世倾向,决定着他的人格、行为甚至感知模式。在文中,"我"对"尚未"之留恋,对"终于"之漠然,对神秘的未知于一瞬间由翻涌转向消失的体认,都完全不是某些前在事件的"果",而是作为一种"因",一种既存,一种超乎生命并始终规定着它的广大情绪,蓦然地给出于读者面前。这样一种"经历",虽然完全用过去时道出,但文章的势与力,使这个过去时只能是一种通假的过去时:它把既往的一个特殊事件,还原为一个当下或无时的境界,一种永恒化了的过去,过去化了的永恒。这种叙事技巧,句句向实而全篇向空,笔法奇谲,可以说是"若有若无,自有入无"。

同一类叙事若有若无的散文诗中,第二篇是《艺术家的悔罪经》。从具象与抽象的关系上看,它正好与《已经!》相反,叙事呈现"若有若无,自无入有"的面貌。作品通篇用现在时,先写秋日之长空触发于"我"心头的种种感觉,如水上荡动的反影,组成翩跹的遐想,没有任何时空的界定。然而在这翩跹的遐想之中,又忽起一转折,刹那间似乎给出某种时空指向,使作者的感觉,猛地脱离出抽象,急变为一次特定、特别、不可重复的心理活动,一个"心理事件",正在发生于写作之笔下、阅读之眼前。值得注意的是,这种突变发生于文章接近结束之时,由一个短促的时间副词"而现在",几乎没有过渡地完成。"而现在"之前,是海阔天空的逍遥游;之后,却是失去翅膀、盘旋坠落的悲鸣。文本的语调,也随之由散淡疏阔,一变而为沉郁激狂。"而现在"引起的这个变化如此地突兀,似乎发生于时间之中,然而又纯然是心理的,并无外界因素介入,似乎逍遥游本身的快乐,强烈到极点,便转而成其反面,不可避免地引起了伊卡洛斯式的跌落。

第三篇可以归为叙事若有若无一类的散文诗,《美丽的多罗泰》,写作方法更加特别。那就是由连续的描写构成全篇,有声有色地交代环境,描摹人物的身体、动作与行为,不厌其烦,几乎达到汉赋一般的繁复。这样堆砌而成的描写,似乎准备着某一即将发生的事件,为它构设场景、铺垫情节。然而,文本所有动力一致导向的这个事件,却始终并未发生。重重描写所造之势,已到迫在眉睫的地步,文章却戛然而止,将读者悬置于一个永远的"即将"当中。这样奇特的写法,在《巴黎的忧郁》中只有《美丽的多罗泰》一例。这首篇幅较长的散文诗,自始至终都在写正午的骄阳下,一位土著美人的款步行走。上下文提供的蛛丝马迹,让读者猜测到,这位美人生活在某一殖民地岛屿,不久前刚摆脱了奴隶的地位,现在却因为要从老鸨那里赎出年幼的妹妹,不得不冒着炎炎烈日,赶到某个法国殖民者那里,以身体为代价,换取情夫的金钱与保护。这一事件可以说十分独特,很有情节性甚至戏剧性,然而它的前因后果,乃至它的存在本身,都是读者通过文中隐晦的只言片语,驰骋想象在自己的头脑中形成的。文章只是纯然从外部描写一个场面,或者说贯穿这个场面的一个动作,那就是多罗泰的行走,特别是这种行走的丰满、芬芳和美好。而这具有征服力的丰满、芬芳和美好,似乎使行走不再是一种行为,转而变为一个独立的本体,获得固有的意义。换言之,它的美把它抽象化,出离于时间和逻辑之外,使它永远也不会到达目的地,其实也没有目的地。在这里,层层的描写渲染出一个动人的"境",它笼罩着一件尚未发生或永不发生的"事"。"境"不再是事的准备和铺垫,而取代了"事",作为一种核心的结构力,支撑散文诗的文本。这种叙事写法,因为与汉赋在情趣和机理上有所暗合,我们不妨把它称为"若有若无,以有赋无"[①]。

[①] "若有若无,以有赋无"的散文诗,要求十分成熟的描写技巧,高超的语言影射力,和与之相适应的具有神秘倾向的主题。特别是,作者要有恰到好处的度量感,因为稍有不慎,他的作品就会瓜葛连蔓、云山雾罩,或者库藏浅薄、枯索割裂,甚至综合此二病,沦为充满匠气又了无深意的臃肿首饰,如同在中国很多赋体著作中所发生的那样。赋作为一种古老的技巧传统,怎样能被积极地运用于当代的散文诗创作,对《美丽的多罗泰》的阅读,也许会给我们一些他山之石的启发。

第三类作品，是叙事一闪而过的散文诗。在这类作品中，叙事因素确然存在，但却只是行使一种特定的功能，即支持思考、议论、抒情等非叙事因素；因而它们在文中只是间奏性地出现，寥寥数笔匆匆给出。这类作品有五篇，分别为《双重的房间》《黄昏》《孤独》《窗》和《善良的狗》。它们在语言表现上的最显著特征，就是在统摄全文的动词现在式之中，嵌入以动词过去式为主的一二段落，忽然冲进，又忽然冲出。这种忽入与忽出，可以集中发生一次，也可以是重复性的，屡屡间断文本的主要时态，使之富于跌宕的动感。

需要注意，在这一类作品中，叙事虽然只作为例子或插曲，掠影一般一闪而过，然而从文本的结构上看，有时却起到重要作用。最突出的一例是《双重的房间》，文中的要害部位——幻想的房间和真实的房间两个描写板块之间的衔接——恰恰是一个简短的叙事段落：沉重的敲门声忽然响起，随后一个幽灵般的人走进房间。再如全书最后一篇《善良的狗》，以苦涩和自嘲的口吻，描述现代社会中艺术家丧家之犬的境地，但在这种象征性的描述之中，插进若干简短的叙事，对狗的"行为"进行一番几乎社会学意义上的考察，妙趣横生地打破了象征的氛围，使文章不在单纯的维度中进行。特别是，在接近结尾时，又以极为精简的笔墨，穿插进埃尔莫沙别墅街小酒馆里的一件轶事，让它围绕着狗，发生在诗人和画家之间。这件轶事，正是文章写作的直接起因。因而，在文章的内容和文章的书写之间，就通过这最后一个叙事段落，达成一种双镜渊照的效果。

第四类散文诗作品，叙事因素与非叙事因素在文中并驾齐驱，重要程度大致相同。叙事因素可以说是非叙事因素的凸透镜，非叙事因素也可以说是叙事因素的粘合剂，二者相辅相成，甚至有相互转化的倾向。这样的文章有三篇，分别为《女野人和窈窕淑女》《寡妇》《穷人的玩具》。这一类文章的结构形式,通常是以玄远的思考为发端,思考某种普遍的人类境况,而后笔锋突然一转,跳到某一个人、行为或场景,将它们作为那种境况的化身,以一种满怀悲悯又不乏调侃的语调,近切地加以刻画。

比如《寡妇》一篇,先用四个自然段,写寡妇作为一类人的特征,或者不如说这一类人身上,如何体现出整个人类的本色境况:孤独,残破,总是在经历着某种老年,满怀成为灰烬的激情,沉浸在自我的世界中。而后,在第五段正中,以一串省略号为分界,由"什么样的寡妇最悲惨,最令人黯然神伤?"这样一个对"类"的追问,突然过渡到一个人,一个陌生的老年寡妇。作者以一种偷窥者的眼光,写到她在一个下午的所作所为,或者不如说无所作为。而这个无所作为的人物身上,格外吸引着作者的,是一种神秘而凛然的男子气质,从她刻板的剪影中四射而出。由普遍到个别、由抽象到具体的转变,占据了两个半自然段。而后,文章写到这位寡妇走进公园里听免费军乐演奏,又重新荡回比较普遍和抽象的层次,对她的行为做出一番揣测:

> 也许,这就是这位青白的老妇人(或者说被净化了的老妇人)的一次小小放纵吧,就是她以又一个没有朋友、没有交谈、没有欢乐、没有知己的沉重日子,努力赚得的一种安慰。这样的日子,大概多年以来,就是这样一年三百六十五日,日日由上帝的手中落到她的头上。

紧接着这一番揣测,一个自成段落的短句"还有一个",又铁骑突出一般,使刚刚冲淡了的叙事,转向另一位寡妇并且重新加强。而这一位与那一位,从场景和行为观之,几乎完全相同,都是在公园里听一场音乐会。这第二位寡妇,身上焕发出的庄严和高贵,使她与场内入座的富人和场外站听的贫民,同等地格格不入。如同一尊遗留自上个时代的铜像,她站在两个人群的界线之上,把人的隔绝——诗人本人无时无刻不经历着的隔绝——昭然体现出来。

在《寡妇》中,作者的思路沿着由抽象到具象、再到更具象的轨迹,通过全然外部的描写,展示出一个外化为人物的境况。这种境况,不光为一个人或一类人所有,而是带有绝对普遍性,揭示出现代人的某种底色,或者说,某种规定着现代人底色的缺无:人类古典时代所谓的爱情,连同以这种爱情为最通常隐喻的"你与我"的诗意关系,根底性的人与世界的诗意关系,在现代一举终结了。因而,这篇散文诗中不断加强着的具象,其实最终又把它推向一个更高层次的抽象。这一层层的具象,与其说在为这个更高层次的抽象提供范例,不如说是诗人的目光投射到最高层次的抽象上,衍映而成的幻象的光谱。在这里,抽象和具象彼此生成,理与情萦回并进,诗人不光是引导读者思考一种人类境况,更让他从感情甚至感官上"生成"它,从而与它合二为一,激发出一种真切而深沉的同情。这样一种写法,受到十六和十八世纪"人性研究者",特别是蒙田、帕斯卡尔和拉布吕耶尔的影响。《寡妇》一文,正是以引用一位著名的"人性研究者"沃维纳格开篇的。

第五类作品,叙事在散文诗中占主要地位,作为一个结构性的线索,引领文章的起承转合。而诸种非叙事因素,比如抒情、思考乃至场面描写,虽然积极地存在着,有时甚至数量可观,但它们都是在叙事的路线中进行,前后左右伴随它,从不游离于其外。这样的作品有七篇,分别是《小丑与维纳斯》《恶劣的玻璃工》《老杂耍艺人》《时钟》《穷人的眼睛》《伪币》和《月亮的恩惠》。在这七篇散文诗中,非叙事因素有时散见于各个叙事段落的端末:作者回顾叙事中某一细节,进行分析、议论或讽刺;它们不断打破叙事的链条,产生一种斜逸旁出的幽默效果,《恶劣的玻璃工》即为一个显例。但更经常采用的结构,是将非叙事因素作为一个楔子,沉实地打在叙事之前,行使引入或铺垫的功能。例如《小丑与维纳斯》,开头大段描写公园和人群,交代事件发生的环境;行文至中,才突笔转入"小丑"——或"狂人"——在维纳斯雕像前的表演。需要指出,在波德莱尔散文诗中,非叙事因素打下的这种楔子,常常是一个反向的楔子:它所给出的场面,制造的氛围,恰与后面所叙事件,特别是事件中的人物,异质甚至完全绝缘。《老杂耍艺人》是最突出的一例:文章前半部分以场面描写,营造欢乐、躁动、盈满、热烈的节日气氛;后半部分则借叙事者之口,写出老杂耍艺人的寂静、孤苦、冷漠、空虚;二者之间的反差,使文章在结构和意义上,同时获得强大的张力。

　　同一类以叙事为主线、间杂非叙事成分的散文诗,还有一个特殊的分支。篇章构成的方法是:整篇一贯而下都在叙事,情节神奇美妙,笔调深沉隽永,感情激越崇高;然而,到叙事收束、文章进入结尾的一刻,却突然甩出一串简短的非叙事语句,调侃神奇美妙,揶揄深沉隽永,嘲弄激越崇高,以一种恶魔般的口吻,狞笑着瓦解刚刚建成的叙事。这种自我戕害式的散文诗,有《时钟》和《月亮的恩惠》两篇。《时钟》是名篇中的名篇,令人过目难忘。大家回想这篇散文诗的内容时,都会立刻记起"天朝"悠远的阳光与土地,从猫眼看时间的异域奇遇,以及诗人由此生发的美妙遐想:他从他那猫一样的情人眼中,也看到"时间",然而这种时间将不再以小时、分、秒来分割和计数,它是永恒本身,一个"广阔、庄严、伟大的时刻"。行文至此,可以说已经揭示出一个深刻而美好的主题。然而,熟知《巴黎的忧郁》的读者,也许还记得,文章并未就此告终,而是突然加进一个令人不知所措的段落。

"不是吗,夫人,这难道不是一首掉弄才情的短歌,写得象模象样,和您一样矫饰浮夸?说真的,编织这样一套矫揉造作的情话,给了我这样大的乐趣,以至于我决不会向您索取任何回报。"

在这里,作者劈空加入一个"夫人",似乎前此的文字,都是对她而发。而读者受文势所迫,不得不进入这个"夫人"的位置。奇思妙想尚在他脑中缭绕,他却忽然裸身站立于作者面前,来承担他恶毒的话语,本来自以为是作者的兄弟,现在摇身一变成了夫人!作者之"我"忽然唤出的一个"你",与其说是为了促成思想和情感的交流,不如说是为了瓦解交流;而交流本身,却又正是整篇作品写到此处,必然实现的语言效果,而且实现得何等强大与完满[①]!在《时钟》里,文本主体之一成,与文本末尾之一毁,都是真切的,不能说这个是那个的影壁或障眼。文本的自戕,在这里是文本的人格,一种阴沉而伟大的冲动力。这正如"时间"——《时钟》一文的主题,它本身的人格、冲动和力量,其实就是它的自我毁灭。

[①] 文本进行这样的自我戕害,同时也就戕害了围绕文本形成的作者和读者的关系。这种特殊而热忱的关系,是一种基础性的社会关系,它产生于文学,由历代文学的每一部作品,一砖一瓦建设起来。简而言之,它就是人和人之间没有理由的信赖。或者说,一本书的存在,使作者和读者在不同甚至阻隔辽远的时空里,无缘无故把对方设想为一个好人,甚至一个亲人;并在不知不觉间把这种设想出来的亲缘,扩大到身边存在的真实的社会关系中。我们尽可以称它为虚幻,它确实也就是虚幻,然而在所有人能够想象并实现的社会关系中,它却是最真实的一种。现在,波德莱尔却用寥寥数语,让它不攻自灭了。"自杀",是波德莱尔思考现代性的关键线索之一。而自杀之折射于文本,不仅形成各种主题、意象、情境,也形成了某种特殊的结构倾向。

第六类作品,叙事占压倒性优势,构成文章的结构框架。从时态上看,文本由过去式动词承担,从头至尾相衔而下,极少被其他时态的动词打断。而叙事的各大要素,虽然未必具足,但是给出的要素,已足以构成鲜明的情节。至于非叙事因素,它们所占篇幅极小,而且被叙事的框架有力地囊括和支配着,成为叙事的一个有机成分;并且,总是一经写到,就立刻被叙事内部的某些强势因素所吸收,变成叙事的一个齿轮,引动着另一个或另一些齿轮。最明显的例子,那就是感想和议论:在这类作品中,它们几乎从不是无人称地凭空而发;而是经由某一人物之口道出,标有这一人物的主观,又常常会立刻勾出其他人物的感想和议论,来延续它,或反对它,共同组成情节的一部分。在这里,非叙事因素虽然不是纯粹功能性的,但它们的意义,倘若离开叙事的框架,将变得完全不可理解:它们再不能作为格言警句,脱离上下文摘出。

这种叙事占压倒性优势的作品,全书共有十七篇。在我们所厘定的七个梯度中,它是最为丰盛的一个类别,而且其中多有名篇。作品数量既多,我们可以划出三个支脉,分头加以考察。

第一个分支,寓言或哲学故事。有十三篇,分别是《老太婆的绝望》《狗和香水瓶》《各有各的鬼怪》《哪一个是真的?》《镜子》《爱讨女人欢心的射击者》《仙女的馈赠》《诱惑——爱神、财神和荣誉女神》《计划》《一个慷慨的赌徒》《意愿》《射击和坟场》《让我们击倒穷人!》。前六篇极短,后七篇稍长。无论长短,在场景和人物设置上,都不追求所谓真实,有时甚至反其道而行之,从闹市通衢一步拐入飘渺之境,并且从容居之,坦然交接神鬼仙人。这类作品总体的风格策略,是以生动换真实,越不真实之处,越是写得活灵活现,妙趣横生。

第二个分支,追述某些亲历事件,篇目有《玩笑家》和《凌晨一点钟》。这两篇作品里时间和地点都是当下,讲述者与经历者皆为"我",在记录事件和描摹行为时,讲求一定程度的逼真。文章所表现的思想和情绪,明显为作者本人具有。

第三个分支,其实是前两个分支的融合,即某一亲身经历的事件,或起码是当作亲历事件讲到的情节,被作者以抽象化的手段,写成了人类行为的标本,因而上升到寓言和哲学故事的高度。这个分支的作品也有两篇:《汤和云》,特别是《蛋糕》。在写法上,日常与非日常,人间与幻域,在此完全融为一体,说顿入顿出亦可,说不即不离更切。

从十七篇作品在三个支脉上的分布,明显可以看出:在《巴黎的忧郁》中,叙事性鲜明而强烈的篇章,绝大多数毫不掩饰地带有寓言性和思辨性;即使是那些以轶事琐闻为题材的作品,也常有向寓言和思辨转化的趋势。至于寓言的寓意或思辨的思路,应该说在波德莱尔这里是比较明白易懂的,不像后来的散文诗作者那样,刻意地追求恢诡玄秘。在波德莱尔笔下,寓言通常具有单一的寓意,清晰地由作者本人道出;思辨通常沿着递进的思路,发展轨迹不违背一般逻辑。然而,即使在波德莱尔这里,也已开始存在一些作品,它们的寓意十分隐晦,呈现出漫射和自返的特征,可以引发出几种大相径庭的阐释。《老太婆的绝望》和《爱讨女人欢心的射击者》即属此列;《镜子》和《让我们击倒穷人!》在较弱的程度上,也呈现相似的特征。《老太婆的绝望》大概是全书中最难理解的一篇。它写最常见的一种人——老太婆,最普通的一件事——想逗婴孩却把他逗哭了,而且完全是从外部去写,貌似只是给出一个趣事小景,没有任何深意。读者只有读到十遍以后,在这十遍的间隔中自己也衰老了,对这个短章的寓意,才会有些许领会。至于《爱讨女人欢心的射击者》,它的故事十分特别,明显带有某种寓意,然而正由于它情节的古怪、惊人和有趣,使读者在捧卷深思那个显然存在的寓意时,总是不知不觉又回到情节上来,全然无法停留于抽象的层次。也就是说,具象化的情节,在这里不光为一个意义提供一个"相",而且就是它的"本相",这个意义没有也不可能有别的相来表象它。透过寓言追索寓意的人,猛一抬头,发现自己又回到寓言中来,正站在靶场外边,盎然地观望那位拙劣的射击者,如何把标靶想象成情人的身姿,瞄也不瞄地举起手枪来。这一类寓言作品,内容清晰,风格简洁,不弄玄虚,不掉辞藻。然而就是这样光明如镜的文本,意义却让人无从把握。它们具有鲜明的现代性,其实已难以用"寓言"这个古典体裁来框范。从文学源流上说,它们直接启发了二十世纪某些伟大作品。我们把《爱讨女人欢心的射击者》同卡夫卡的某些断片并列齐观,它们在旨趣和方法上的亲缘关系,是不难找到的。

　　第七类作品,即"小小说",叙事如此丰满,人物如此复杂,以至于按照当代的体裁标准,很难再把它们视为散文诗。这最后一类作品,共有四篇,分别是《英勇的死》《绳子》《情妇的肖像》和《手术刀小姐》。以篇幅论,都可以说是书中的大制作。《英勇的死》在题材和结构上,深受爱伦·坡小说的影响,时间为不确定的古代,地点为莫须有的王国,气氛阴沉,情节充满象征性。其余三篇,都是以作者生活时代的巴黎为背景,设置比较具体的情节,揭示现代人与人之间复杂、暧昧、病态的关系。在写法上,虽然时有细致入微之笔,但并不像当时兴盛的现实主义小说那样,以"逼真"作为美学原则的要著。对"社会原因"的探索,对人物心理的分析,也不是这些文章的旨趣所在。文本只是集中于表现,以生花的妙笔,写出一种现代"病",那就是因隔绝和冷漠而产生的不可遏止的毁灭冲动,并进而将其概括为现代人的一种人格。至于这种病态人格的前因与后果,它在每一个体的生成和发展,则并不进入作者视野之中:他的眼光是过于高迈了,无法集定于这些无聊的细事。这种独特的写作趋向,使某些评论者,如亨利·勒麦特尔,在分析《手术刀小姐》这样的经典篇目时,冠之以"象征现实主义"这样古怪的、只对一篇文字适用的类别词。

*

  在上文中,我们深入各个篇章,按照叙事作用于其中的强弱梯度,对《巴黎的忧郁》做了一番纵向的分类描述。现在,让我们把目光腾驾于全书之上,围绕叙事这个主题,对它进行一次横向的全景考察。

  从数量上看,叙事成分缺无、模糊或只是一闪而过的作品,共计十九篇,在全书占五分之二弱。叙事成分鲜明、突出乃至占压倒性地位的作品,共计三十一篇,在全书占五分之三强。篇目数量上的这个倾向,以文字数量观之,则更加明显:叙事性强的作品,通常篇幅也较长。因此,讲到《巴黎的忧郁》的总体构成,认为叙事是一个关键的因素,作用不可或缺,这应该不是一个夸张的说法。

  应该注意到,某些篇目所述事件不只是一个,而是若干个,时密时散地组成一个序列,形成并置或者递进的结构。这种序列式的叙事,甚至是波德莱尔散文诗的一个特征,在后来作者的散文诗中,很少出现。序列叙事采用的形式,可以是一份清单,比如《凌晨一点钟》,讲一天之内发生在"我"身上的八件事,组成一本微缩的流水账。而这八件事,又被一个后起事件——"我"于凌晨一点独处陋室,黯然回顾过去的一天——统摄于同一个"愿景":"愿景"之无。序列叙事组成的形式,还可以是交谈,比如《意愿》和《情妇的肖像》,结构十分相似,都是让四个交谈者——前者为四个孩子,后者为四个赌徒——就某一主题——人生憧憬或男女关系——依次发表不同的意见,讲述自己身上发生的典型事件。序列叙事的第三种形式,可以称之为"类引",即先叙述一人一事,再由此及彼联想到另一人事,叙事之间循类相引,源源而出。前面讲到的《寡妇》,就运用了这种手法。《黄昏》中"第一个朋友"向"第二个朋友"的过渡,《恶劣的玻璃工》中从"朋友"到"朋友"再到"我"的推进,也都在采用这种类引。

  类引式的序列叙事,递进性通常很明显。前一个或几个次要叙事,在情节和情绪上,准备着最后一个主要叙事。次要叙事和主要叙事,在篇幅长短、细致程度上差距显著。叙事的序列,可以说是沿着自虚而实的标准排出。然而,先写之务虚的叙事,有时又具有它自己的厚度,并不完全被后写之务实的叙事遮蔽,而是以某种方式注入后者,形成一种景深弥散、边缘混沌的效果。《寡妇》是最明显的一例。文章讲到两个人物,叙事手法不同,前一个寡妇是虚写,只有线条;后一个寡妇是实写,给出画面。然而,前面虚写的线条,写的是一连串行动,人物构成一个积极的核心,承担着所有行为。而后面实写的画面,却只给出一个静态的姿势——倾听,人物不过是一个消极的核心:一种在场者的"不在",与她有关的一切,都是通过包围她的环境侧面地涉及。因此,前之一虚,因动而获得相当的实;后之一实,因静而染上绝对的虚。二者并没有清晰的界线,而是处于互相渗透之中。虚实借动静而实现的这种冲融,在意义的层面上,又因人物共同的"相"性——她们都只是作为表象、从外部被观察到——有所加强。因此,读者在回顾这篇作品时,头脑中其实无法分清彼此,形成两个寡妇的独立形象,而只能设想出一个人,或者说"寡妇"这个"概念人物"来。这种手法,当作者意在写类别而不是写个体时,自然十分适用。

交谈式的序列叙事,来源古老,可以上溯至古希腊的哲学对话,与文艺复兴时期以来的小说也有明显的渊源。这种叙事形式,优点是能自然而然地打开局面,生发文本,使它枝繁叶盛。缺点是容易流于虚假,作者虽然借了好几张嘴,其实总是在说他自己想说的话。这个缺点,在小说中可以借助人物个性,即发语者在性格和语气上的不同,加以弥补。而在散文诗中,因为篇幅一般很短,人物塑造经常无法也不追求鲜明的个性,所以格外容易把交谈写得形式化,失去对话存在的真正理由,亦即引入各种不同的声音,让它们共振而成一个文本空间。波德莱尔的散文诗,在这方面也是不成功的,《意愿》和《情人的肖像》,都在全书最薄弱的作品之列。《意愿》中四个孩子说的话,尤其是第三个孩子讲的故事,虽然十分有趣,但它们并列于一篇之中的惟一理由,就是它们其实都代表着波德莱尔的心声。

清单式的序列叙事,讲到的事情既多,每件事上用笔就十分简省。叙事骤起骤结,顶踵而进,节奏匆迫。这种叙事构造,通过对不同材料的错杂和并置,经常能制造出幽默效果。《凌晨一点钟》,既是全书中最悲怆的一篇,也是最具有喜剧色彩的一篇,而它之令人发笑,也恰恰就是来自它的悲怆,或者说来自悲怆的重复、纷繁、了无尽头。清单作为一种表现手段,它与现代生活规范性的支离破碎,有何种内在的关系,或者说,清单作为艺术形式,在现代怎样成为一种必然,中国读者只要读一读于坚的《零档案》,就可以了然,这里不必多说。

《巴黎的忧郁》中那些叙事性单薄的散文诗,比如上面讲到的叙事一闪而过的第三类作品,有时会给读者这样一种感觉,那就是叙事只作为非叙事因素的图解而存在;它构成文中比较孤立的部分,切入文本的方式很突兀,好像是文章大致写成之后,作者为了使行文更生动具体，最后加进去的。阅读《黄昏》一篇时，读到讲"两个朋友"因黄昏而疯狂的那几个段落，很多读者大概会有这种感觉。

然而，真实的情况恰恰相反。《黄昏》是波德莱尔最早写成的两首散文诗之一，第一次发表是在 1855 年①。比较 1855 年发表的初稿和 1869 年出版《巴黎的忧郁》中的定稿，可以发现很大不同。最明显之处，就是初稿不到定稿三分之一长，而它很短的篇幅，几乎全被"两个朋友"的轶事所占据。叙事的内容与脉络，也与定稿基本相同。也就是说，《黄昏》这首散文诗创作的真正源头，不是思考或抒情，而正是事件②，而且是很特殊的一种事件：由黄昏所代表的自然，本是一种抚慰人心的力量，然而在现代城市的环境里，却变为一种神秘的压迫力，一个抚慰的鬼魂，使最需要它的一类人——艺术家，更加孤立隔绝，以至陷入疯狂。作者以叙述这一事件为出发点，从一稿到另一稿，加入了许多感想和情绪，以一种烦宛而疏阔的意境，将叙事的内核包裹起来。然而，这个内核始终存在着，本身没有什么变化。可以推测，正是这个稳定、坚硬、富于时代特征的叙事内核，使波德莱尔

---

① 1855 年 5 月，《黄昏》和《孤独》两首散文诗发表在《枫丹白露——向 C.-F. 德内古尔致敬》（巴黎，阿歇特出版社）一书中。该书为一部不同作者的诗文合集，波德莱尔除两首散文诗外，还有两首诗作《夜晚》和《早晨》合成一组发表。两首诗在两首散文诗前，又顶以一封致费尔南·德努瓦耶的信，要旨为反对当时流行于诗坛的自然崇拜。这两首 1852 年 2 月已曾发表在《演剧周报》上；1857 年收入《恶之花》，在 1852 年和 1857 年发表时，皆题为《黄昏》和《黎明》。

② 1855 年 5 月初次发表的散文诗《黄昏》，与 1852 年 2 月发表在《演剧周报》上的诗《黄昏》，标题本来完全相同。散文诗《黄昏》和诗《黄昏》，在母题上有若干联系。但从内容、意境和感情色彩看，二者又有明显的差别。特别是，散文诗的叙事性，在诗中完全没有。诗《黄昏》对散文诗《黄昏》的创作即便有所启发，也不能看作是它的源头。大概正是这个缘故，使波德莱尔认为可以把这两篇作品合为一束，发表在 1855 年的《枫丹白露》一书中，丝毫也不担心它们会有重合之弊。他只是为了避免混淆，在此次发表时把诗的标题改成《夜晚》而已。

觉得,这个作品所应采取的形式,不能是古典的格律诗,而必须开辟一种新体裁,来实现一种与之相应的灵活、柔韧与贴切。而散文诗提供的文本空间,在外与内、具象与抽象之间,既然能够自如周转,捭阖多变,波德莱尔选择它作为书写现代性的利器,来捕捉"现代大城市错综复杂的关系",记录现代人心灵中"抒情的冲动、幻想的波澜与意识的迁越",这也就是很自然的事了。

至于《巴黎的忧郁》中那些叙事性鲜明的作品,也就是上面列举七类作品中的后四类,如要简略地归纳其根本的叙事特征,那么应该首先提到两点:第一,自足性;第二,原型性。在这两点上,波德莱尔对散文诗的文体发展,作出了决定性的贡献。

自足性,指每篇作品中的叙事,即使十分短小,灵光乍现式地写出,但此乍现之灵光,本身总能自成一天地,有头有尾,呼应相成。它们根据一定的逻辑,生成清晰的脉络,虽然与非叙事因素紧密勾合,但并不依赖它们而获得意义。在这一点上,波德莱尔与贝尔特朗十分不同。在《夜晚的伽斯帕尔》中,叙事经常支离破碎,光怪陆离。它的每一部分有时写得清晰如画,但部分与部分之间的过渡却经常丧失;即使存在,也总是朦朦胧胧。因而,它们共同的意义指向十分模糊,要求读者凭自己的想象甚至知识去弥补。贝尔特朗的叙事给人这样一种感觉,就是有一个更大更完备的叙事沉于水下,水面上只能看到这个叙事的若干凸起;这些凸起由于水面的晃动,本身的边缘不断变幻着,而它们的组合,更似乎是偶或而随机。这当然是一种有意为之的写作技巧,它与人对个体经验的回顾、对大历史的记忆,在形式上十分吻合。对贝尔特朗抱有的那种创作意图——再塑古往、重现消失、营造梦境——来说,大概是最好的一种表现方法。波德莱尔的叙事却完全不是这样。叙事的内容无论多么玄怪,叙事本身也从不失连贯清晰。叙事的诸大要素时常并不全部出现，然而每个出现的要素都是充足的，它们之间的关系也一目了然，即使完成于三言两语之间，也总是遵循逻辑和时序。

叙事的自足与否，在此引出另一个问题，那就是散文诗的结集。《夜晚的伽斯帕尔》有六十四篇作品，单摘出其中一篇，没有相当诗歌经验、历史知识和美术素养的读者，根本不知所云。对这样一本书，读者要随着阅读的次第深入，逐渐熟悉它篇章的构成方法，才能体会到它的妙处。换言之，书中各篇在结构上，呈现互相重复和反射的态势，而这种重复和反射，对读者的理解，甚至理解最基本的内容，是至关重要的。各个篇章依赖于全书，在它的统摄下获得意义和深度。因此可以说，《夜晚的伽斯帕尔》是一部严格意义上的诗集。读者要进入诗人的世界，最好按照目录，顺次读下去。《巴黎的忧郁》却全然不是这样。它的每一篇都完全自足，因而也十分独立，具有自成一体的内容和结构，一般读者可以立刻加以领会。从全书来看，它是五十篇作品松散的组合，篇次没有不可动摇的顺序。况且，它的目录也并非波德莱尔拟定，而是1869年作者去世两年后，由他全集的两位出版者夏尔·阿斯利诺和蒂奥多尔·德·邦维尔议定的。对他各篇散文诗之间关系的松散，波德莱尔自己有明确的意识。1862年8月，他将十四首散文诗集成一束，邮给友人阿尔塞内·乌塞，希望以《小散文诗》为题，发表于后者主编的《新闻报》上。在致乌赛的信中，他写道：

> 人们若说它没头没尾，那将是不公道的。恰恰相反，在这里，每一处都既是头又是尾，交替地，相互地。请您想想，这样一种组合，为所有人，为您、我和读者，提供了多么大的便利！我们可以随时中断：我，中断我的遐想；您，中断看

稿；读者，中断阅读。因为，我不愿促令读者把他那桀骜不驯的意志，悬置起来，让他跟着一条细密的情节之线，一路走到无穷。您且看这些蜿蜒蛇行的幻想，您从中抽去任何一节脊骨，它的两端还会毫无困难地重新接合。您用一把斧子将它切成若干断片，您会看到各个断片都能单独存在。

随信寄去的十四篇，和同月续寄的六篇散文诗，绝大多数都是叙事性鲜明的作品。这就是波德莱尔在信中，何以会提到"情节之线"，并且说明不愿将其制成小说一般的"细密"。因而，信中讲到"每一处都既是头又是尾"，又讲到"各个断片都能独立存在"，这显然也与作品的叙事特征直接有关。散文诗以叙事为基轴，而叙事又具有自足性，这就势必会使篇相对于集，构成相当独立的个体，从集中抽去一篇甚或若干，集依然成立。二十篇已是如此，五十篇则更加显然。这个特点，波德莱尔不待人说，已夫子自道地指了出来。可以猜想，他在指出这个特点的同时，不会不意识到一个问题：各篇既然都是"断片"，都能"独立存在"，那么有什么必然的、内在的理由，能把这些各自具足的断片，有机地组合在一起，形成一本名副其实的诗集呢？随处抽去若干"脊骨"，却仍岿然不动的一本诗集，还称得上诗集吗？虽然波德莱尔在信中使用蛇的比喻，形容这种不集之集的好处，但那明显是回护之辞。我们只要想一想，在《恶之花》的立目、分章、排序上，波德莱尔花费了何等苦心，就会明白：他根本不是那种喜好断片和散置的作家；至于编辑或读者的"便利"，更是丝毫也不会进入他的考虑之内。容使波德莱尔将散文诗结集发表的真正原因，更可能是他在致乌塞的那封信中，隔下几段讲到的创作意图，那就是挪用贝尔特朗创立的表现手法，借以"描写一种更抽象的现代生活"。正是在这个统一的创作意图下，作者十余年间零星创作的多篇散文诗,才能集合在一起,组成一本虽然松散,却拥有某种共同追求的诗集。

"描写一种更抽象的现代生活"? 如此宽泛的美学追求,在文本构成的层面上,真的足以使形式各异的篇章,超越本身的自足和独立,组成一本血脉贯通的诗集吗? 散文诗的合集,是散文诗体裁的一个本质性难题,对叙事性较强的散文诗来说,尤其如此。这个难题,波德莱尔其实没有真正解决,只是在他去世之后,出版者们替他一刀了断而已。波德莱尔在上面提到的同一封信中,对贝尔特朗抱有的崇敬溢于言表,并且数次表达自愧弗如之情,历来的评论者,都以为这是夸大其词的谦虚。然而,波德莱尔是话不空发的作家,他如果不是真诚地推崇贝尔特朗,没有必要在给朋友的信中,两次三番谈到他,将那本早已被遗忘的书,称为自己创作的"神秘而辉煌的范本"。波德莱尔的散文诗,与贝尔特朗的散文诗,在主题与风格上,没有可以坐实的影响关系。波德莱尔称其为"范本",并声言自己在效法时没有达到同等高度,可以猜想这种说法的一个原因,就是波德莱尔认为贝尔特朗的散文诗,写成了一本真正的书,而他自己的散文诗,自始至终都只是独立篇章的沙聚。诚然,在《夜晚的伽斯帕尔》中,贝尔特朗以一种贼胆包天的勇气,让残缺与残缺相互映照,为他的诗集创造出一种飘忽的统一,并且创造得十分成功。然而即便对这部"神秘而辉煌的范本"而言,诗集之合成其实总是一个问题。1841年4月,当贝尔特朗贫病交加,僵卧于临终之床时,仍日夜为这个问题所困扰,并决定将那本已经很短的诗集,再劈去三分之一。幸而因为他的猝然死去,这个计划没有实现。

波德莱尔散文诗叙事的另一个特征,是原型性。简言之,就是叙事不以讲述一个事件为终极目的,而以通过事件导向某种抽象的类型。这个类型和一般所说的"典型"不同。它不是一种实有,可以作为母题在文中写出;而只是范畴性的,只作为文本的意义倾向而存在。或者说,典型在型之中,是型的代表;原型在型之上,是型的抽象。

《巴黎的忧郁》中叙事的素材,要而言之有四个来源:第一,作者在巴黎散步时的见闻;第二,发生在他或朋友们身上的轶事;第三,他在外省或海外的旅行回忆;第四,对神话或文学神话的挪用。四个来源中,前三个明显占据主要地位,最后一个只是偶一用之。可以说,从素材来看,波德莱尔散文诗的叙事是朝向现实的,它们大多发生在真实的时间和地点,毫无超凡绝尘之处的常人身上。若干篇章,甚至可以在作者的笔记和书信中,找到真实的人和事,寻出它们创作的根由。而作者之挪用神话或文学神话时,也是把它们蓦地推置于日常,让古希腊的神灵或基督教的天使,徜徉于巴黎的大街。波德莱尔的散文诗,创作的背景是他生活的巴黎,这个背景渗透到他的字里行间,即使当他写到荒凉壮丽的山顶,如《蛋糕》,或虚无缥缈之地,如《各有各的鬼怪》,他写的其实也只是巴黎①。作者对此十分清楚,他在致费尔南·德努瓦耶的信中说:"当我坐在树林深处,被圣器室圆顶或天主堂穹隆一般的苍天笼闭着,我心中想的却是我们那些令人惊异的城市;而山顶上滚荡着的那一阵阵奇妙音乐,在我听来

---

① 《巴黎的忧郁》中,明确讲到"巴黎"的篇目,其实寥寥无几。即便是《巴黎的忧郁》这个题目,也并非作者为全书拟定,他只是在 1864 年 7 月和 12 月,在《费加罗报》和《巴黎杂志》上零星发表自己的散文诗时,两次用过这个题目。作者生前在集束发表散文诗时,以及在书信中提及它们之处,最常用的题目是《小散文诗》。1869 年阿斯利诺和邦维尔把五十篇散文诗合编,发表于波德莱尔全集第四卷中时,用的正是《小散文诗》这个题目。然而,书中作为氛围而无处不在的"巴黎",使《巴黎的忧郁》这个原本只是场合式地使用过的题目,一经二十世纪 10 年代后期的某些出版者选为副标题,加到《小散文诗》之后,便在一般读者心目中生根,甚至很快凌驾于正标题之上,成了这本书众所周知的名字。虽然文学史家屡屡大加指摘,这个书名却根深蒂固地流传下来。

只是在翻译着人的哀叹。"①

然而,当诗人以他所熟知的现代城市为背景,倾听着他本身为其一员的现代人的哀叹,动笔创作散文诗时,他所选取的叙事策略,却完全不是写实主义的,而是履着抽象化的路途。这个特点,在叙事的诸大要素上都清晰地显现出来。

从地点上看,事件发生的场域,除了最后一篇《善良的狗》给出三个实有的巴黎地名之外,其余的场合总是使用"街"、"人行道"、"公园"、"花园"、"报亭"、"公寓"、"房间"这样的一般名词。在法语原文中,均绍以定冠词,这样写出的"街",就不是某一条街,而仿佛是"街"本身。这些一般名词,通常也并未有场面描写伴随之、具化之,街一上来就是街,似乎读者早已了解它,不必再做额外勾画。即使是那些有场面描写烘托之的地点,场面描写的真正对象其实也并非地点,而是这个地点的某种氛围,——经常是人群迅急的、不间断的、尘埃般的运动,以及由这种运动产生出的光影斑驳。这样一种地点,第一次提到时,仿佛就已是印象的地点,或者说地点的印象,具有虚远斑杂的特征,不像是正在观察的对象,而像是回忆中泛起的形象残存。

需要指出,《巴黎的忧郁》除"巴黎"外,还写到一些地理名词,比如"波罗的海"、"荷兰"、"鹿特丹"、"巴塔维亚"、"托尔内奥"、"里斯本",还有"俄罗斯"、"中国"、"苏门答腊"等。但这些专有名词,在文中都完全失去了实指性,只是表征某种意愿或情绪的符号。它们作为"别处"的一个个假托,与"这里"对峙。况且,它们经常是在非叙事性的篇目中,例如《旅行之邀》,被成串地列举而出。

地点经受的这种抽象化,在时间上也可以清晰地观察到。

---

① 见于1855年《枫丹白露——向C.-F.德内古尔致敬》,前揭。

全书五十篇作品，没有一处提到具体的年份或日期。所叙事件发生的时间，是"一天"、"早晨"、"中午"、"黄昏"、"夜晚"、"凌晨一点钟"。写到最具体处，也不过是"新年"或者"节日"。这样一些普通、亘常、心理化了的坐标，与其说是在为事件划定时刻，不如说是把它扔进永恒的一个小小凹陷当中。同样，那些能够标志时代特征的"物品"，在书中也极少写到。绝无仅有的一处，是《穷人的眼睛》中提到的那盏瓦斯灯①。而当时所有敏感于时代变迁的作家都写到并当作现代性之表征加以思考的火车，在《巴黎的忧郁》里毫未提及。我们若是回想一下在《恶之花》中，与火车有关的许多名词，多少次出现，多少次构成关键的隐喻；再回想一下《巴黎的忧郁》写作的时代，巴黎怎样大规模修建火车站，把它们作为新的基准，为古老的城市重新规定方位感，就会明白：波德莱尔，这位现代化进程的观察者，现代性概念的创始人，在他追求描写现代的散文诗中，对现代的这个象征物毫不提及，这大概不是疏忽，而是一种有意为之。

现代，在波德莱尔的散文诗中，是作为一个潜在的、弥漫的背景而存在的。这个背景如此强大，包裹、支配、映照着作品的一字一句，用自己的脉搏打击它的节奏，用自己的呼吸浸染它的色彩，使它无论写什么、怎么写，都是在写现代，都只能是在写现代。因而，作者不需要，甚至不应该再从浅显的语义层面上，将现代加以母题化的书写。需要注意，在波德莱尔的作品中，作为既定状态而存在的现代，从一开始就是他对现代的一种观照，是内心世界与外部世界的彼此映射，它既是环境性的，又是精神性

---

① 关于波德莱尔生活时代巴黎的瓦斯灯，还有当时文学家和艺术家对瓦斯灯的思考与表现，特别是瓦斯灯在波德莱尔作品中的特殊地位，参见瓦尔特·本雅明1937年发表的《波德莱尔笔下第二帝国时代的巴黎》第二节"散步者"。

的。这种环境与精神彼此冲融而形成的"精神环境",具有任何客观环境、实际的时间与地点都不具备的稳定性。而这种"精神环境"之稳定性的基础,其实也就是无时无刻不盘踞于作者心头的情绪,那种巨大的、因巨大而几乎成为喜悦的悲凉。因为这种悲凉,波德莱尔写到的许多黄昏,其实只是一个黄昏,"黄昏";写到的许多公园,其实只是一个公园,"公园"。

叙事的原型化,在人物塑造上尤为明显。《巴黎的忧郁》中,除了经常出现的"我"之外,正面写到的人物有四十余个。这许多人物无一例外,都有一个突出的特征,那就是模棱。他们的外貌和衣着,通常并不交代;动作和语言,只用最精简的笔法写出。除了归为"小小说"的那三篇作品,人物从来没有名字。他们的社会属性也很暧昧:"寡妇"、"孩子"、"疯子"、"小丑"、"杂耍艺人"、"手术刀小姐"。如果一定要给他们一个社会属性,那就只能说他们都是"穷人",不是经济意义上的,而是陀思妥耶夫斯基笔下的那一种,因自己的贫穷,使整个世界变成一场贫穷的喜剧。

波德莱尔散文诗写到的人物,也没有心理活动。作者只从外部接近他们,以一种窥探的眼光,观察他们的景况,揣测这景况中隐藏的废墟,然而却不对他们的内心做直接涉入。这些人物,因为作者的注目,蓦然从人群中抽离而出,像是刚从一个闷热的梦中醒来,额头上还带有人群的无法定义的定义,缺乏特征的特征。而他们之所以被作者注意到,经常是因为他们的静止甚至呆滞,使他们在潮骚浪涌的人群之中,成为一个孤立的绝缘点。《巴黎的忧郁》虽不是戏剧也不是小说,但就人物塑造而言,却直接继承了毕希纳的《丹东之死》,也与同时代创作的麦尔维尔《书记员巴托比》有明显的亲缘关系。这种继承与亲缘,不是比较文学学者刻意勾划的所谓"影响",而是一种内在精神的契合,而这种契合的可能性,就是它们都产生自现代这同一个伟大而黑暗的母体,也都是同一种特殊而极端的虚无的最忠实的儿子。正如毕希纳的丹东和麦尔维尔的巴托比,波德莱尔笔下的各个人物,也是历史漩涡里的不动尊者,人世喧嚣中的虚静过客。他们都是"没有个性的人",或者说他们的个性就是个性的消失。这种消失,这种被存在框范为虚妄的"自我意识",起自于他们在某一瞬间,从各自的角度,同社会化、历史化、工业化了的无意义,发生过于亲密的关系。因而,就人物塑造这一点而言,这三位伟大作家,与浪漫主义直至今日的绝大多数文学创作者,有根本区别:他们对"个人"毫无兴趣。相反,他们的作品与古典时期的文学,乃至希腊罗马时代的悲剧与神话,在旨趣上有极大的相通之处:在塑造人物时,都是一步超越个人,着眼于个人背后那个普遍的原型。不过,在这三位现代作者这里,文本所要构设的原型,不再是关系——社会关系、行为关系、性格关系——的原型,而是一种更加抽象的境遇的原型。这种境遇,在特定的作品中,体现于此时此地此一人物身上;但它是如此根底和本色,完全可以体现于彼时彼地彼一人物身上,只要此与彼同在一世界,即现代之中。体现这种"境遇原型"的所谓人物,一方面完全产生于文学在抽象与具象之间的游动,并不追求通过"模拟"去同现实中的人——自以为活生生的一个个"我"——产生任何关联;另一方面,他们内在的本相性和无介质的辐射力,又使他们能突破文学的限度,直接关系到每一个现实中的"我",假如这个"我"还有足够的感知力,能被伟大的事物关系到。在这一点上,毕希纳、麦尔维尔和波德莱尔的"玩偶",远胜于现实主义文学中的"人形"。他们既抽象,又动人,因抽象而获得的光滑,使他们能够在心灵之间通行无碍。

不难理解,以境遇原型为追求目标的作家,在叙事时有一个共同的倾向,就是对事件的起因和结果,很少探究;即便写到,也只做功能性的处理。他们的笔力,完全集中在书写某一种既存。在这一点上，波德莱尔散文诗的叙事，提供了一个很好的范例。我们不知道，年老的杂耍艺人是谁，被哪一条路途引到盛大的节日；也不知道，节日结束之后，他会走向何方。作者只是告诉我们：有一个年老的杂耍艺人，在笑语喧阗的欢乐场上，默默地坐在一个角落，"不笑，不哭，不跳舞，不做手势，不喊叫，不唱任何快乐或悲伤的歌，不乞求。只沉默着，动也不动"。这个绝对的静态，这一连串的"不"，它要给出哪一种境遇原型？读者当然可以有不同理解；然而，若一言以蔽之，那就是"已经没有人了"。年老的杂耍艺人，还有波德莱尔笔下别的许多人物，他们体现出来的，都不是人的原型，而是无人的原型。一种被盈满锻造的尖利的无，从地面升起，像中国人常说的地气一样，由脚心钻入人的身体，直贯向他的头顶，使他心脏的每一次跳动，肺叶的每一次起伏，词语的每一次发出，都立刻泡裂乌有。而个别的人，一旦体认到这种"无人"，并且自觉或不自觉地以无向无，以空虚的自我映射这个"人的沙漠"，他反而成为一种"不"，一个否定甚至挑衅，因此而被孤绝和弃置，化为一种古怪的无中之无。现代社会特有的虚无，每个现代人都参与生产并恬然享用的虚无，是一种力，伟大而可怕，能摧毁任何朝向意义的努力，使一切信仰的冲动、理解的欲望和爱的要求，都事先转变为一种疲惫。像毕希纳和麦尔维尔一样，波德莱尔准确地观察到现代社会这一庞大机器中作为中心动力行使着的虚无，并用自己的艺术手段，把它直观、简朴、机智地表现出来，使它由一种能够立刻击毙我们的暴力，转化为一个审美对象。

*

波德莱尔的《巴黎的忧郁》是散文诗的源头作品。没有它，散文诗后来的历史不可想象；而贝尔特朗的开创之功，也将早已湮灭，不成其历史。这部散文诗集中的叙事因素，也对后世的散文诗影响甚大。如果说,法国本土的散文诗作者,从马拉美开始,经兰波到克罗岱尔和谢阁兰,再到雅科布、儒韦、雷维尔蒂,在叙事性上总体渐趋模糊;可是前面讲到的那种若有若无或一闪而过的叙事,非但没有消失,反而很快稳定为一种常用的表现技法。法国散文诗真正摆脱叙事,要等到二十世纪40年代才在蓬热的手中完成。二十世纪30年代成熟起来的散文诗作者,特别是亨利·米肖和让·达尔丢,都反蓬热之道而行之。他们十分注重叙事,只不过经过超现实主义运动的洗礼,叙事手法更加诡秘和晦涩罢了。至于法国之外的散文诗作者,他们首先从波德莱尔那里学到的,恰恰是他独特的叙事手段,并且经久不衰地实践和发展了它。十九世纪下半叶,深受波德莱尔影响的三位散文诗巨匠,俄国的屠格涅夫,英国的王尔德和波兰的博莱斯拉夫·普鲁斯,都是叙事类型的作者。而叙事因素在东方散文诗的草创时期,也起到至关重要的作用;黎巴嫩的纪伯伦,印度的泰戈尔和中国的鲁迅,都可以为我们提供范例。当然,在每一位作家笔下,叙事与非叙事的勾连,抽象与具象的关合,又因时代的特征和写作的追求,各有不同,必须切近观察,才能有所理解。不过这已超乎本文的范围,只能留待下一次讨论了。

波特莱尔三首诗的随感①

李欧梵②

我不是诗人,而是学者,所以和波特莱尔的渊源大多是从学问得来的。

早在台大外文系求学时代,我就听到波特莱尔的名字,当时(上世纪 50 年代末至 60 年代初)台湾的现代诗坛大谈"横的移植",向西方现代诗学习,咸认为其师祖就是波特莱尔,又有人称他为颓废派和"恶魔诗人"。后来我在美研究中国现代文学,才发现其来有自,早在 30 年代就有人介绍和翻译波特莱尔的散文诗,鲁迅的散文诗集《野草》中有数篇(如《颓败线的颤动》《过客》的部分)都受到波特莱尔诗的意象影响;徐志

---

① 原载张历君、郭诗咏主编:《"波特莱尔与我们"小辑》,《字花》,第 24 期,2010 年 3、4 月,第 111—112 页。
② 李欧梵,香港中文大学冼为坚中国文化讲座教授,2020 年 7 月底退休,现为荣休教授。台湾"中央"研究院院士。曾任教于美国哈佛大学、芝加哥大学、加州大学洛杉矶分校、印第安纳大学、普林斯顿大学等名校。重要学术著作有:《现代性的想像》《上海摩登》《铁屋中的呐喊:鲁迅研究》《中国现代作家浪漫的一代》等。其他文化评论著作二十余种,包括音乐、文学、电影、建筑以及人文经典阅读等。最近出版的有:《情迷现代主义》《人文六讲》《音乐六讲》和《中国文化传统的六个面向》等。

摩更写过专文介绍,并在他主编的北京《晨报》副刊上发表数篇译诗。这一切中外学界早已研究得相当透彻,我在此不愿多谈。

做学问并不一定会牵动自己的感性神经,我对波特莱尔的另一种感受却是从他的几首诗作的原文和英译直接得来的,中文翻译却从未留意。

我从未仔细研读过《恶之花》(Les Fleurs du Mal, The Flowers of Evil)的每一首诗,但对其中一首却是印象深刻,那就是 Une Charogne,并曾在拙作《上海摩登》第七章中讨论过。第一次读原文就被震住了:还有谁可以化腐朽为神奇,把这首腐尸写成"荡妇"?而且还"直开着腿"!徐志摩把原文《une femme lubrique》译为"荡妇似的放肆",无端端地加上"放肆"两个字,我觉得有贬义,而这个女性形象惊人之处,非但在于她的色欲(法文 lubrique 一词英文可译为 lewd 或 lustful,我一向认为应是后者,有主动的意涵)而且在于她的颓废,她身体发出来的却是腐尸的秽气,这种写法真是大胆之至!有了波特莱尔的"前车之鉴",才会有邵洵美等唯美诗人的模仿,为中国现代诗打破了禁忌。

另一首我喜欢的诗是《天鹅》(Le Cygne, The Swan),我初读这首诗是在课堂上:我在加州大学洛杉矶分校任教时和同事苏源熙(Haun Saussy)合开一门研究生的讨论课,以现代主义为主题,苏源熙教授是耶鲁大学比较文学系科班出身,除中文外还精通欧洲数国语文,我在班上只有学习的份儿。他选的一首波特莱尔诗就是《天鹅》,记得他在课堂上大讲诗中的古希腊典故,如荷马史诗中的安德洛玛刻(《伊利亚特》中特洛伊城英雄赫克托耳之妻,她丈夫与希腊大将阿喀琉斯决斗时被杀死,她遂成了寡妇),全诗开头就引出她来,说那 Sinaoi's 河水都被她的泪水浸得发咸,我读来感动万分。又读到诗人对巴黎街景变迁的感叹——"老巴黎已不复存在(一个城市的面貌/变得比人心还快)",又引起我一种异样的感伤。我当时正在研究30年代的上海,80年代初曾去过几次实地体验,虽然景物依旧,但和我在大量历史资料中所见到的老上海的气氛大不相同。然而上海毕竟不像波氏诗中的巴黎,旧街市中跑不出一只天鹅来!(见全诗第五段)。

天鹅到底代表什么?这并不重要,但它所引起的联想却不少。原诗是献给雨果的,雨果小说中的巴黎当然是老巴黎,街上铺的还是石子,但波特莱尔却看到新的资本主义文化兴起,文明将取代老式的"乡村社会"(Gemeinschaft),"现代性"在波特莱尔眼中永远是吊诡的,在这首诗中他更把古旧的神话融了进来,造成一种怪诞的神秘感。这就是现代诗!

不少人问我:写老上海是否怀旧?我心中的答案就是这首诗,当然还有本雅明写的那本名著:《波特莱尔:一个资本主义发达时代的抒情诗人》。至于如何推论这个新与旧的辩证,则须要费点功夫了。也许,我对于新旧香港的印象亦是如此,但在上环也见不到天鹅。

另外一首我钟爱的波特莱尔的诗,却与学术无关,是偶尔在一张唱碟中发现的,多年前我买到一张唱碟:荷兰名高音艾莉·阿梅林(Elly Ameling)演唱法国艺术歌曲,由艾度华指挥三藩市交响乐团伴奏,内中有一首亨利·迪帕克(Henri Duparc)作的歌——*L'Invitation au voyage*(《请上旅程》),动听之至,我边听边看歌词,才发现是波特莱尔的诗,法文实在太美了,英译大打折扣,不如先引全诗原文和英译如下,懂法文的读者可以欣赏诗中"法国味"十足的韵脚,但英译不尽理想。

| L'Invitation au voyage | Invitation to a Voyage |

Mon enfant, ma sœur,	My child, my sister,
Songe à la douceur	Dream of the sweetness
D'aller là-bas vivre ensemble!	Of going yonder to live together!
Aimer à loisir,	Of loving at leisure,
Aimer et mourir	Of loving and dying
Au pays qui te ressemble!	In the land which is like to you!
Les soleils mouillés	Suns, drenched—
De ces ciels brouillés	In these discordant skies,
Pour mon esprit ont les charmes	Have for my senses
Si mystérieux	The so mysterious eyes,
De tes traîtres yeux	Glistening through their tears.
Brillant à travers leurs larmes.	

| Là, tout n'est qu'ordre et beauté, | There, all is but order and beauty, |
| Luxe, calme et volupté. | Splendour, stillness, and delight. |

Vois sur ces canaux	See, sleeping on these canals,
Dormir ces vaisseaux	The boats,
Dont l'humeur est vagabonde;	Whose spirit is vagabond;
C'est pour assouvir	It is to gratify
Ton moindre désir	Your least desire
Qu'ils viennent du bout du monde.	That they come from the ends of the world.
Les soleils couchants	The setting suns
Revêtent les champs,	Clothe the fields,
Les canaux, la ville entière,	

D'hyacinthe et d'or ;	The canals, the whole city
Le monde s'endort	With hyacinth and gold ;
Dans une chaude lumière.	The world falls asleep
	In a warm radiance!
Là, tout n'est qu'ordre et beauté,	There all is but order and beauty,
Luxe, calme et volupté.	Splendor, stillness, and delight.

我非翻译家,只能在此试译几句,或可与中译本对照。全诗描写的是一种极美的"仙境",是否指的是"西天乐土"?我不得而知,也不想探究,如果能从诗的语言中感受一点余味,已经足够了,当然最好还是边读诗边听这首歌。

> 我的孩子,我的姐妹
> 梦想
> 那甜蜜之美
> 到彼岸共度此生
> 爱与漫游
> 爱与死亡
> 在与你相似的彼邦!
>
> 看那润湿的太阳
> 在那动荡的穹苍
> 令我意乱情迷
> 你谜样的眼睛
> 如此神秘
> 光辉照亮了泪痕

> 那里,一切是秩序与艳丽
> 光泽,宁静,和悦喜

下面还有一大段,我力有未及,就不译了。在我的心目中,波特莱尔既不是恶魔,道德也不颓废,正如本雅明所言,他是一个大都会的抒情诗人,只不过他所抒的情并不浪漫伤感,而在字里行间蕴有深意,也许他那个时代的读者体会不出来,现在反而感受越来越深。

翻译与死亡①

苏源熙②

作者按③：

虽说诗歌的艺术性难以迻译，但波德莱尔的诗仍给全世界现代诗歌潮流以启发，可见他的诗在一定程度上是可以翻译的。

---

① 本文原文最初发表信息如下："Death and Translation."*Representations* 94 (2006): 112—130。原文后经作者修订，发表于 *Translation as Citation: Zhuangzi Inside Out*. (Global Asias.)Oxford and New York: Oxford University Press, 2017, p. 23—44。本文依据修订后原文译成。
② 苏源熙(Haun Saussy)教授任教于芝加哥大学比较文学系、东亚语言文明系和社会思想委员会，曾当选美国古根海姆学者，现任柏林美国研究院院士、美国艺术与科学院院士。他致力于一些时间段、语言、学科和文化中的传统与现代修辞研究，著有《中国美学问题》(*The Problem of a Chinese Aesthetic*, 1994)、《话语的长城》(*Great Walls of Discourse*, 2001)、《节奏的人种志研究》(*The Ethnography of Rhythm*, 2016)、《作为引用的翻译：庄子内外》(*Translation as Citation: Zhuangzi Inside Out*, 2017)、《我们还在比较吗？》(*Are We Comparing Yet?*, 2019)等作品，编纂有《书写中国》(*Sinographies*, 2007)、《全球化时代的比较文学》(*Comparative Literature in an Age of Globalization*, 2008)、《穷人伴侣：一位保罗·法默的读者》(*Partner to the Poor: A Paul Farmer Reader*, 2010)等。苏源熙教授还翻译了李贽《焚书》《续焚书》(*A Book to Burn and a Book to Keep Hidden*, 合译, 2016), 以及 Jean Métellus (*When the Pipirite Sings*, 2019)和 Tino Caspanello (*Three Plays: Sea, Pictures from a Revolution, and Bounds*, 2020)的作品，并与几位同仁合作创办博客：printculture.com。
③ 该按语由作者专为文章在本文集中发表而用中文写成。

或者说,别的诗人,不管什么国家或什么语言的诗人,发现他的诗里有一些可以借鉴之处。可能是题目,可能是表现方式、态度、意象、构造,等等。总之,波德莱尔的诗具有高度的可传播性。

中国二十世纪20年代的现代派诗人对国际文学很好奇,也很开放。他们的诗吸收了那么多其他语言来的题目跟形式。徐志摩当然会邂逅这位法国现代诗的鼻祖。必须承认,徐志摩对波德莱尔的接受是间接的。徐氏不会法语,他读的是英文翻译本。不过可能正是这种间接的接受方式,使得徐氏格外关注翻译过程,因而将《尸体》一诗的翻译变成对翻译本身的一种独特宣言。诗和序一起成为一种统一的艺术品,其中包括散文,也包括诗,包括抒情,也包括分析,总之是一篇有代表性的现代综合书写。

我研究徐志摩的翻译是为了让读者同时看见徐译的忠实性与创造性。我不知道这一目的是否已达致,但至少我与两颗伟大的诗魂一起度过了一些兴奋的时光。

翻译即肉体的死亡。

模 仿 论

模仿论和作者身份是两个存在已久的关于文本生成和阐释的学说,为了语言的自主性取代它们成了现代主义文学创作和文学理论的共同目标。"任何文本都是由种种引文镶嵌而成的,任何文本都是对其他文本的吸收和转化。"这句话常被视为对翻译的注解,揭示了翻译长期以来对反思写作的本质至关重要。当一部作品正在被翻译,距离"毁谤"就不远了:译作应忠于原文并代其发声,不免招致滥用的骂名。翻译甚至被视为对艺术模仿论的曲解,模仿对象从人或现实变成了文本(柏拉图、亚里士多德和贺拉斯认为模仿人或现实是诗歌的目的)。理想状态下,阅读遵从模仿论的译文应当与阅读原始文本感受相似,毕竟译者所"说"的只是对原始文本的如实报道而已。倘若翻译偏离模仿论的条例约束和原始文本的从属地位,开始为自己发声,一切就显得不合时宜了。译文是否有权质疑原文文本的主导地位?也许是有的,当"原始"文本引诱它这么做。波德莱尔一首诗歌的早期中译本就展示了这是如何发生的。

译菩特莱尔诗《死尸》的序(徐志摩,1924)

这首《死尸》是菩特莱尔的《恶之花》诗集里最恶亦最奇艳的一朵不朽的花。翻译当然只是糟蹋。他诗的音调与色彩象是夕阳余烬里反射出来的青芒——辽远的,惨淡的,往下沉的。他不是夜鸮,更不是云雀;他的像是一只受伤的子规鲜血呕尽后的余音。他的栖息处却不是青林,更不是幽谷,他像是寄居在希腊古淫后克利内姆推司德拉圻裂的墓窟里,坟边长着一株尖刺的青蒲,从这叶罅里他望见梅圣里古狮子门上的落照。他又像是赤带上的一种毒草,长条的叶瓣像鳄鱼的尾巴,大朵的花象满开着的绸伞,他的臭味是奇毒的,但也是奇香的,你便让他醉死了也忘不了他那异味,十九世纪下半期文学的欧洲全闻著了他的异臭,被他毒死了的不少,被他毒醉了的更多,现在死去的已经复活,醉昏的已经醒转,他们不但不怨恨他,并且还来钟爱他,深深的惆怅那样异常的香息也叫重浊的时灰压灭了。如今他们便嗅穿了鼻孔也拓不回他那消散了的臭味!……

我自己更是一个乡下人,他的原诗我只能诵而不能懂;但真音乐原只要你听:水边的虫叫,梁间的燕语,山壑里的水响,松林里的涛声——都只要你有耳朵听,你真能听时,这"听"便是

"懂"。那虫叫,那燕语,那水响,那涛声,都是有意义的;但他们各个的意义却只与你"爱人"嘴唇上的香味一样——都在你自己的想像里;你不信你去叫住一个秋虫,一只长尾巴的燕,掬一把泉水,或是攀下一段松枝,你去问他们说的是什么话——他们只能对你跳腿或是摇头:咒你真是乡下人! 活该!

所以诗的真妙处不在他的字义里,却在它的不可捉摸的音节里;它刺戟著也不是你的皮肤(那本来就太粗太厚!)却是你自己一样不可捉摸的魂灵——象恋爱似的,两对唇皮的接触只是一个象征;真相接触的,真相结合的,是你们的魂灵。我虽则是乡下人,我可爱音乐,"真"的音乐——意思是除外救世军的那面怕人的大鼓与你们夫人的"披霞娜"。区区的猖狂还不止此哪! 我不仅会听有音的乐,我也会听无音的乐(其实也有音就是你听不见)。我直认我是一个干脆的 Mystic。为什么不? 我深信宇宙的底质,人生的底质,一切有形的事物与无形的思想的底质——只是音乐,绝妙的音乐。天上的星,水里的沤的乳白鸭,树林里冒的烟,朋友的信,战场上的炮,坟堆里的鬼燐,巷口那只石狮子,我昨夜的梦……无一不是音乐做成的,无一不是音乐。你就把我送进疯人院去,我还是咬定牙龈认账的。是的,都是音乐——庄周说的天籁地籁人籁;全是的。你听不着就该怨你自己的耳轮太笨,或是皮粗,别怨我。你能数一二三四能雇洋车能做白话新诗或是能整理国故的那一点子机灵儿真是细小有限的可怜哪! 生命大著,天地大著,你的灵性大著。

回到菩特莱尔的《恶之花》。我这里大胆地仿制了一朵恶的花。冒牌:纸做的。破纸做的,布做的,烂布做的。就像个样儿;没有生命,没有魂灵,所以也没有他那异样的香与毒。你尽闻尽尝不碍事。我看过三两种英译也全不成;——玉泉的水只准在玉泉流着。①

译　诗：

我爱,记得那一天好天气
你我在路旁见着的那东西；
横躺在乱石和蔓草里,有
一具溃烂的尸体。

它直开着腿,荡妇似的放肆
泄漏着秽气,沾恶腥的粘味
它那痈溃的胸膛也无有遮盖,
没忌惮的淫秽。

火热的阳光照临着这腐溃,
化验似的蒸发,煎熬,消毁,
解化着原来组成整体的成分,
重向自然返归。

青天微粲的俯看着这变态,
仿佛是眷注一茎向阳的朝卉,
那空气里却满是秽息,难堪,
多亏你不曾昏醉。

大群的蝇蚋在烂肉间喧哄,
酝酿着细蛆,黑水似的汹涌,

---

①　原载1924年12月1日《语丝》周刊第3期。

他们吞噬着生命的遗蜕,
啊,报仇似的凶猛。

那蛆群潮澜似的起,落,
无餍的飞虫仓皇的争夺;
转像是无形中有生命的叹息,
巨量的微生滋育。

丑恶的尸体。从这繁生的世界,
仿佛有风与水似的异乐纵泻。
又像是在风车旋动的和音中,
谷衣急雨似的四射。

眼前的万象迟早不免消翳,
梦幻似的,只模糊的轮廓存遗,
有时在美术师的腕底,不期的,
掩映着辽远的回忆。

在那磐石的后背躲着一只野狗,
它那火赤的眼睛向着你我守候,
它也撕下了一块烂肉,愤愤的,
等我们过后来享受。

就是我爱,也不免一般的腐朽,
这样恶腥的传染,谁能忍受——
你,我愿望的明星!照我的光明!
这般的纯洁,温柔!

是呀，便你也难免，艳宛的后！
等到那最后的祈祷为你诵咒，
这美妙的丰姿也不免到泥草里，
与陈死人共朽。

因此，我爱呀，吩咐那越趄的虫蛆，
它来亲吻你的生命，吞噬你的体肤，
说我的心永葆着你的妙影，
即使你的肉化群蛆！

同　　化

　　波德莱尔的原诗与徐志摩的译诗兼序言之间的关系似乎违反了翻译的模仿准则，但若更加仔细地审视模仿这个概念，结论可能大有不同。

　　"模仿"这个术语对亚里士多德《诗学》的读者而言并不陌生，几乎是其科学专著中的一种普遍范式（倘若非要用一种抽象的语言来描述它，我们称之为普遍存在的）。例如人体消化食物的过程：食物中的各种混合物质通过咀嚼、分解，最后有选择性地被血液吸收；人体只会吸收那些能够维持体热的同类成分，而将食物残渣排出体外。相似地，知觉活动也可以解释为感觉器官感知与其本质相同的事物。眼睛易于捕捉形状和颜色，因为它潜在地与被感知对象的质料相似。也就是说，眼睛既受到外部对象的形式影响，又能够通过自身重现这一形式。耳、鼻、肌肤也是基于这些感官的生理机能来接收和再现感觉的，但仅限于这些感官。知觉通过形式而非质料层面的分解、吸收来"消化"目标对象。通过对更古老的修辞术语——"暗喻"的认知性再定义，亚里士多德将这种思维模式扩展到了语言学领域。暗喻有助于在两个不相关事物中"看到同一性"，它不再是词与词之间的关联，而是一种知觉活动和同化行为。是的，暗喻是一种行为。如果我说阿喀琉斯（Achilles）是头雄狮，并不是说他拥有狮子的血肉之躯，而是指他的活动、他的能量与狮子的活动拥有相似的感知形式。在知觉过程中，感官会受被感知对象的影响，与后者拥有短暂的相似性，在此基础上知觉的形式被提交给大脑进行进一步的净化和消化。（在某种程度上，把头脑视为消化器官并不完全是一种修辞。亚里士多德认为人的心灵同胃一样靠热量运作。）当头脑像暗喻或模仿那样把两种不同的输入物看作是相似的，它便为这些事物临时创造了一种"形式的形式"，一种对它们之间相似性表示尊重的标记。这一信息提取方式构成了我们所谓的学习和模仿。不仅仅是作为可以思想的动物，也是作为生物的我们，总是在吸纳需要的东西而排斥其余事物。

这种器官隐喻似乎并不能为我们所处的信息时代提供些什么。在当今时代，身体、自我、物质对文化、经济和政治的掌控早已被即时数字信息传递（而非类比型信息传递）取代。一个人收集到的信息不是单一的，而是可复制的，能够在各种不同译码或程式中实现自身，并且在不同物理形态和媒介间的传播中保持不变。一些人认为信息具有道德中立性；其他人认为它是一项基本权利；还有一些人强调信息交流的自由。有些人把我们的性格描绘为可以被下载到电脑上、复制到新机体的信息集群。正如凯瑟琳·海尔斯（Katherine Hayles）所言，"信息是可以脱离载体而存在的意识形态"已经从二十世纪40年代控制论的诞生绵延至今。

克劳德·香农（Claude Shannon）在其1948年划时代的论文中写道，"通信的基本问题是，在一点精确地或近似地复现在另一点所选取的讯息"。复现，意即表示、再制定、模仿。"信息"暗含了模仿的可能性以及传输的挑战性。它从一个载体被传送到与其本质相似或相异的另一载体（比如一个电话号码可以从号码簿上抄写到一张纸上，然后念给某个人听，再由这人在脑海里记下并随后按下按键），而任何信息载体的其他属性则仅仅是附带的。当然了，信息载体可能会有误导性：假设我用黑墨水来标记想要被拨打的号码，用红墨水标记永远不要拨打的号码，号码本身并不能承载所传达的信息，而需要某种进一步的标记。但是，这种标记不必与原始信息中的相应记号完全一样，只要指出二者之间的不同点即可。

正如香农发现的那样，人类接收和传播信息的渠道非常广泛。即便每隔一个字删除文本内容（比如波德莱尔的《死尸》），该文本的易读性可能也不会受到很大影响。冗余信息防止了信息缺失，因为随着消息传播过程中错误频出，信息的准确度就下降了。或许我们可以预先判断收到的消息中哪些是信息、哪些不是，但是这些判断也可能会受错误或误解的影响。

使用文学语言的人从来不能确信什么是信息，什么是噪音或单纯的载体。当达达主义者们和俄国先锋派诗人开始摆弄字体，他们声称自己呈现给读者的这些可复制的艺术品拥有一种毋庸置疑的独特性。雨果·鲍尔（Hugo Ball）在他的17行诗《商队》("Karawane"）中每一行都使用了一种不同的字体。如果你把它翻译成像日语这样印刷字体有很大差异的语言，或是大声朗读，就得考虑原诗中的这种字体差异性如何找到对应表达。这里假定读者已经把字体当作诗文信息的一部分，而不仅仅是修饰（事实上，鲍尔的这首诗经常被打印成同一字体）。作为一名文学读者,你要准备好接收惊喜,或如克劳德·香农可能说过的那样,信号运载容量的扩充。

常言道,"诗乃翻译中失去的东西"。诗歌拒绝释义,拒绝消减到只剩信息价值。若想用刚才的术语来解释这句话,先得抹掉一些熟悉的词义联想。当一首诗被翻译成英语或汉语时,我们通常会说原诗的形式,即诗的格律、韵脚、词序等等将被抹去,只有诗的实质或内容得以存留。但是从诗歌的价值、作诗的辛劳来看,以及从亚里士多德的角度出发,能够被翻译的只有形式,而非诗的内容本身这种说法则更加准确。人们对"形式"一词常常感到疑惑,因为它同时出现在两组对立关系中:形式与内容,形式与物质;并且含义完全不同。让我们校正这些术语,以便看清亚里士多德的形式质料说(包括知觉、消化、模仿)和包括指导大多数翻译的信息内隐理论(信息即意义)在内的当代信息论之间的类比关系:把"形式/内容"中的"形式"看作"具体化","内容"看作"主题";"形式/物质"中的"形式"理解为"形式"。因此我们可以说,任何精准或近似直译的东西都实现了译诗的形式,而任何忠于不同版本(甚至是原诗)措辞的东西则被视为诗歌的质料。这实际上是把文学用语中原本称作"内容"的部分叫做"形式"。而这种术语名称的对调将会带来许多好处,比如明晰。

亚里士多德的学说和信息论之间不仅仅是类比关系,更展现了一种谱系特征。"信息"一词起源于中世纪,最初是用来阐释亚里士多德的一个学说。《炼狱篇》的第 25 首中,但丁问罗马诗人斯塔提乌斯为什么脱离躯壳的灵魂有面容和表情,甚至呈现出变胖或变瘦的样子。斯塔提乌斯解释说当灵魂飞跃到来世:

等到在那边的空间里安定下来时,
它把自己成形的力量向四边辐射,
在形状和数量上与活的身体相同;
……
因此在这地方,那四周的空气
变为那灵魂印在上面的形状,
灵魂就赋有这种成形的潜在力;
……①

死亡和翻译为验证"信息效力"(virtute informative)(演变自斯塔提乌斯的"virtù formativa")或者说"信息价值"提供了机会。但丁的科幻小说中,灵魂在它所占据的空间之外为自己打造了一个身体,一个虚拟的身体。信息传送畅通无阻:这一模仿是完美的,不受天电干扰地将身份诠释为表象。任何从事不同语言翻译的译者都会嫉妒这种完美。如果一首法文诗可以自发地"印刻"在英国或中国的空气中,并且在那儿重组自身的形状,不是很好吗?如果上帝也从事翻译,建立起整个宇宙,使身份的重建不受空间和物质的阻碍,人类将不再需要图灵测试来检测结果。但是根据我们惯常的经验,诗歌的个性(不同于电话号码)与它们实现自身的物质条件有关,失去那些条件也就失去了诗歌本身。尽职的从业者会发现翻译是一种低忠诚度的迂回。

异　　乐

徐志摩自谦自己的译诗《死尸》是"糟蹋",是原诗被丢弃的

---

① 但丁:《神曲》,朱维基译,上海:上海译文出版社,2007年,第336页。

下脚料；是冒牌的恶之花，"就象个样儿……你尽闻尽尝不碍事"。言下之意似乎翻译是不可能的，诗的风格完全是个人化的。在译序的结尾，他写道，"玉泉的水只准在玉泉流着"。

尽管徐志摩承认翻译很大程度上听天由命，依赖运气，他并不否定诗的个性早已确定。《死尸》是波德莱尔《恶之花》诗集里"最恶亦最奇艳的一朵不朽的花"，散发着最强烈的"异臭"。奇怪的是，徐志摩把这异臭和十九世纪的欧洲直接联系了起来，观察它对别人的影响而不是自己去亲身经历。这至少是部分事实。徐志摩没有读过《死尸》的法文原诗，而是依靠词典和先前的英文译诗来阅读波德莱尔。他先是承认，"他的原诗我只能诵而不能懂"，继而又为自己辩解，"但真音乐原只要你听……你真能听时，这'听'便是'懂'……诗的真妙处不在他的字义里，却在他的不可捉摸的音节里；他刺戟着也不是你的皮肤（那本来就太粗太厚！）而是你的魂灵。"这话听上去像是对那些无法探知诗歌真义之人的一种补偿：含义对诗人的创作而言无足轻重。徐志摩把自己阅读波德莱尔的经历与"诗的真妙处"归结于音乐的非语言层面。瓦格纳崇拜者和颓废派将这种音乐性推崇为其他一切艺术追求的境界。这篇译序可能会让不知情的中国读者误以为徐志摩所谓的翻译只是他自己的创造。（事实上，尽管忽略了很多概念间的关联，并且误导读者把诗的主题想象成人类，而非动物死尸，徐的译诗仍不失为准确的改写。）徐志摩一方面鼓吹"听"便是"懂"，借由"听"读者可以直接阅读波德莱尔；另一方面他似乎难以超越自身语言的边界，在汉语书面语中使用英文术语"mystic"以及外来语"piano"对应的上海话音译词（披霞娜）：这些对大多数读者而言恐怕只是无意义的"音乐"词汇或者纯粹的声音。（排字工人将"Mystic"误打成"Mystu"，由此可以看出这个信号的接收存在困难。）就像撒谎者被迫用更大的谎言去掩盖之前的谎言,徐志摩把波德莱尔的诗歌抬高到了音乐的地位,否定了诗歌独有的语言特色(这一特色无法被其译者欣赏),并且声称不仅是波德莱尔的诗歌,自然界、人类生活乃至整个宇宙都只是音乐。这里他借用了公元前四世纪的哲人庄子所言——"天籁地籁人籁"。在这样一个包罗万象的语境下,不同语种(比如法语和汉语)之间的差别似乎变得微乎其微。徐志摩试图为自身公然的无能为力开脱,同时他的译序又最恰当地引用了波德莱尔:"异乐"(étrange musique)是《死尸》中最引人注目的比喻之一。"音乐"——这个在不同语言和意义下多次重复的术语,连接了三个文本:波德莱尔的原诗、庄子的比喻以及徐志摩融合二者的新文本。前两个文本在某种程度上相互关联,为当前文本中所谓的"神秘主义"提供了依据。这种重复是否以某种方式构成对波德莱尔原诗中定义的"异乐"的模仿?

就像徐志摩的辩白式序言一样,波德莱尔的诗歌充斥着渣滓和残余物。《死尸》以"我爱,记得……"开头,召唤爱人回想在野外郊游时遇见的可怖场景——烈日之下,一具不知名的、腐烂的动物尸体(奶牛?马?)四周爬满了食腐动物。这首诗是及时行乐主题的一种残酷变体(较为温和的版本有龙沙[Ronsard]《美人,让我们去看那玫瑰花》和《当你老了,在夜里,烛光摇曳》)。叙述者提醒"我"的爱人终有一天,"临终的圣餐礼之后",她也会变得像这腐尸一样,并吩咐她告诉那些趑趄的虫蟮,他的心"永葆着爱的形姿和爱的神髓"。这里传达的信息很奇怪,相当于让女子告诉虫蟮她自己或她的身体是渣滓,是糟粕,是他所爱的"形姿和神髓"偶然的载体。在波德莱尔那里,"形姿和神髓"被保存在他处,并且不可磨灭。《死尸》的叙述者很难想象波德莱尔会拥有不坏之身,他一定预料到自己也难逃同样的命运。因此当他说已经保存了爱人的本质,这里的"我"是诗中重复出现的纯粹的语言学记号,而非传记中那个于1867年中风不愈而亡的"我"。"我"作为一系列成功复制的成品继续发声:从手稿传递到印刷品,从一个印刷版本传递到另一个印刷版本,相继在抄写员、编辑、排字工人、照相胶版印刷工、译者和读者手中流转;他们识别出一种形式上的模仿,并将其重新打造成传递链上最新的链环。形式克服了不断重复的信息熵而取得某种不可思议的一致性,这让我们有理由相信波德莱尔仍然在对我们言说。

《死尸》把"形式"与"残料"的分离看作一个消化的过程而非一对类别。诗的臭气不容忽视:"臭气是那样强烈,你在草地之上,好像被熏得快要昏倒。"火热的阳光照临着死尸(哈姆雷特称之为"就像神亲吻腐尸"),蝇蚋和蛆群潮澜似的在它四周起落,仿佛赋予了它一种奇妙的新生命:"好像这个被微风吹得膨胀的身体,还在度着繁殖的生涯。"尸体的腐败被类比成信息的衰退、消除和遗忘。诗中的明喻展现了这只动物是如何失去它独有的全部属性,回归到原始的粗略草图:"形象已经消失"(注意这里使用了未完成时态来表示进行中的、未完成的动作)。奇妙的是,消除被叙述为一种逆向的创生:"就像对着遗忘的画布,一位画家单单凭着他的记忆,慢慢描绘出一幅草图。"这种非线性叙事时间(同样参见于《天鹅》里建筑工地被塑造成古老的废墟)提出了一个观点:动物尸体的腐败正是艺术品的新生。作为讲话者的"我"——受惠于印刷机而不断复制再生的人像素描,难道不是另一个这样的"草图"吗?动物肉体的腐朽预示着结尾处蛆群所受的警示:神髓将永存不朽。究竟神髓是因腐朽而生,还是为抗拒腐朽而生?

波德莱尔对腐朽的矛盾叙述中暗含了一个隐喻,引发了徐志摩对翻译的思考:"丑恶的尸体,从这繁生的世界,仿佛有风与水似的异乐纵泻。又像是在风车旋动的和音中,谷衣急雨似的四射。"蝇蚋和蛆群腐蚀尸体的喧嚣声就像流水和风（自然界的两种无机物质）的乐响，又像谷物过筛的声音。风与水是干净的、清爽的，使读者从前面诗节中的腐烂场景暂得舒缓。然而，簸麦子的蓬勃意象提醒我们食腐动物以腐尸为食，就如同我们以小麦为食。食腐动物筛选、挑拣、分离腐尸，就像我们去除食用谷物的谷壳那样。昆虫和收割庄稼的农夫做着同样的工作，如同诗人从腐败中保存"形式"。这条以"异乐"为起始点的明喻链消除了害虫的食物和人类食物的两极对立，并将之相对化。以草图为终结而非起点的艺术创造过程是奇特的，这种奇特与音乐的奇特如出一辙（至少从十九世纪的标准来看）。伴随着动物转化成食腐动物的食物的声音对我们而言是噪声，对一些耳朵而言却是奇妙的乐响。对徐志摩而言，这是奇妙的乐响，是超越功利的军事目的（救世军的那面怕人的大鼓）与对资产阶级虚荣心的满足目的（你们夫人的"披霞娜"）的音乐。

　　不只是从波德莱尔的诗中，徐志摩声称从万事万物中听到了音乐，即庄子所言"天籁，地籁，人籁"。通过引用早期道教的哲学专著，徐志摩把《死尸》挪用到了很久以前的本土语境中，并赋予了波德莱尔一种独特的中国声音。但究竟什么是"籁"呢？

　　庄子作品中一个虚构的人物——子綦，在回过神来后抒发了一段玄妙之论：

　　　　子綦曰："……女闻人籁而未闻地籁，女闻地籁而未闻天籁夫！……夫大块噫气，其名为风。是唯无作，作则万窍怒呺。而独不闻之翏翏乎？山林之畏佳，大木百围之窍穴，似鼻，似口，似耳，似枅，似圈，似臼，似洼者，似污者；激者，謞者，叱者，吸者，叫者，譹者，宎者，咬者，前者唱于而随者唱喁。泠风则小和，飘风则大和，厉风济则众窍为虚。而独不见之调调、之刁刁乎?"

　　子游曰:"地籁则众窍是已,人籁则比竹是已。敢问天籁。"

　　子綦曰:"夫吹万不同,而使其自己也,咸其自取,怒者其谁邪?"

　　叙事者又继续说道,"喜怒哀乐,虑叹变慹,姚佚启态;乐出虚,蒸成菌。日夜相代乎前,而莫知其所萌。已乎已乎!旦暮得此,其所由以生乎。"

这三种"籁"是广阔的、杂乱无章的音乐会的不同章节。这场音乐会是庄子对宇宙不同部分相互作用的一种想象。人籁指竹制乐器吹出的乐声;地籁是充盈天地间的风吹拂林木发出的声音;而所谓天籁,就是其他物根据自身的形态发出各种不同的声音,不论我们是否听见。庄周及其后学认为,能够听到"天籁"的人脱离了人类愿景和欲望的局限,站在了一个对大多数人而言"奇特的"立场。例如,当子来奄奄一息时,

　　其妻子环而泣之。子犁往问之,曰:"叱!避!无怛化!"倚其户与之语曰:"伟哉造化!又将奚以汝为?将奚以汝适?以汝为鼠肝乎?以汝为虫臂乎?"

当子舆身患丑疾:

　　曰:"伟哉夫造物者,将以予为此拘拘也!曲偻发背,上有五管,颐隐于齐,肩高于顶,句赘指天。"……

　　子祀曰:"女恶之乎?"

　　曰:"亡,予何恶!浸假而化予之左臂以为鸡,予因以求

时夜;浸假而化予之右臂以为弹,予因以求鸮炙;浸假而化予之尻以为轮,以神为马,予因以乘之,岂更驾哉!"

这些虚构的道家超人认为,面对死亡和腐朽这样的苦境甚至自身的消亡,正确的态度是要保持愉快而专注的好奇心。"至人无己":正是心中无我让他们得以无利害地静观,聆听万事万物吹拂而过的"音乐",并随之而变。

徐志摩借用庄子在音乐上的见解,把波德莱尔一同招揽进来。但这究竟何意?是说庄子像波德莱尔吗?还是把波德莱尔比作法国的庄子,亦或庄子是中国的波德莱尔?波德莱尔与子犁、子舆所体现的泰然自若截然不同:他毫不讳言对动物腐尸的厌恶,把腐朽的场景细致入微地呈现在同伴和读者的面前,并且骄傲地宣称对虫蠕的来之不易的胜利。我们越是费心从这种比较中得出结论,越是一无所得。徐志摩本人似乎也无意作一个延展的、实质性的比较,不论是将法国高蹈派诗人比作无为的道家,还是将两位作家归入诸如物质主义或自然主义的同一阵营。"异乐"和天籁的巧合只是一闪而现的灵光,在不相关的事物中"看到相似性",是一种不同文化间的双关语。我们从这偶然的碰撞中既看不出什么,也追寻不到什么。波德莱尔和庄子就像在电梯里偶然相遇的熟悉的陌生人,互相脱帽致意而后各自离去。

好吧,避免了一场无果的问询。然而仅此而已吗?徐志摩在他不可译的译诗中将波德莱尔与庄子并举,或好或坏地连接了"异乐"和"天籁"的命运。我们仍然会忽视徐志摩的译诗,认为他的语言是单纯的记叙式语言;而那篇译序,从诗人的角度来说,是对思想的思考,是通由一系列行为(或者示意动作)完成的述行语。与隐喻一样,行动所包含的不仅是一种认知内容(如果我称你为雄鹰,即使这一说法不切实际,它仍留下一个额外产物,即奉承的行为)。把庄子和波德莱尔结合在一起的隐喻也留下一个额外产物。或许没有人先于波德莱尔的《死尸》把苍蝇的嗡鸣描述成"音乐"。"异乐"的说法一定曾被当成反语或讽刺,被视为对整个《恶之花》写作计划的高度概括:于万事万物中都听到音乐是最低级堕落的表现。翻译的读者接受理论告诉我们,只有事先熟稔柏拉图、奥古斯丁、但丁、帕斯卡尔以及他们的价值尺度,波德莱尔才是可译的、可以对抗和颠覆的。但徐志摩无需复制"中国波德莱尔"的存在所需的这些条件,就能实践其"翻译即挪用"的理念。徐志摩预测出"忧郁"和"理想"之间的距离,在此基础上把波德莱尔的讽刺回译为庄子有关"天籁"的寓言,展现了对波德莱尔与庄子之间差异性的极度漠视,借用"至人无己"的形象,超越波德莱尔原诗的讽刺意味。

　　徐志摩引证"天籁"作为波德莱尔"异乐"的一种可能性注解,可谓一举多得。如前所述,他成功地把波德莱尔挪用到了有关音乐、王权和宇宙观的中文语境中,在这里反抗仪式、审美或道德上的区别不再被视为一种卑劣的行为,而是一种超越。庄子寓言的讽刺对象——那些仪式专家们认为音乐是对秩序井然的宇宙的一种想象,近乎巫术般地为秩序井然的社会树立了典范:基调被牢固地建立起来,和声按时奏响,并行不悖。对他们而言,音乐的感染力使之有别于单纯的噪音。庄子发出了不一样的声音,将噪音也视为一种音乐。他把精通礼仪者的秩序观归入了一个更为广阔的概念:噪音即秩序,将其还原为声音本体论的一个无足轻重的子集。

　　徐志摩借庄子回应了波德莱尔的诗歌:要像庄子的发言人理解死亡、病痛、残疾以及其他任何引发恐惧和厌恶的事情那样去理解波德莱尔。《恶之花》呈现出一种尼采式的姿态:它要求读者能够超出对部分经验的是非判断。对人类观念毫无信心的相对主义者将在波德莱尔的诗歌里找到许多胡言乱语,第一个废话就是诗人从腐朽中拯救"形姿和神髓"。但至少这样一个人将会是波德莱尔在中国的可能读者——一个从未有人声称过的角色。

首先,"异乐"和天籁共同迎合了徐志摩提出这个说法的言语行为。这篇译序的作者就像蛆群、打谷者和饿狗那样,挪用现存语料库(更准确地说应该是腐尸的一部分),吸收一小块养分满足自己的需要,丢掉剩余部分。徐志摩的翻译并非是一种对等,而是挪用;他也无意于在独立、分离的个体间建立新的身份,而是将这些东西分解、再回收利用。我们倾向于在暗喻和信息模式下理解翻译,将其视为用另一种语言来表达相同含义的重构活动。(二十世纪 20 年代的上海作为重构波德莱尔的大背景本应提供理想条件。)作为暗喻的翻译忽略了,或者说有些看似聪明的暗喻型翻译无耻地利用了语言系统化的、安排有序的特征:法语中的术语 A 有含义是因为它与无穷多的其他术语相关联,而在汉语中很难找到拥有所有这些类比关系的一个术语 X。用术语 X 来翻译术语 A 损伤了索绪尔的语言本体以及双方语言的想象空间。然而,翻译发生了而且是必要之举:这个光荣的索绪尔本体也是由先前各种如徐志摩的大胆隐喻那样看似别扭、具有冒犯意味的借用、注释和"滥用"(词形误变)行为组成的。倘若我们把翻译视为消化和腐坏的过程,那么它所处理的对象就不是可传递的完整形式,而是一片零碎的、但是紧紧依附于赋予它们主要含义的语境的语言实体的粘性粉体;即便我们努力重建一个完整、清晰的"信息效力"(virtù informativa)体系,我们对这些零星碎片的咀嚼和吸收仍然是不超然的。消化不像是暗喻的替代选择。更确切地说,同化吸收是消化的最后阶段,而撕咬、消化、有选择地摄取共同组成了一个闭环:先是提喻,然后是转喻,最后是隐喻的挪用。这种挪用是"看见同一性"、发现整体中的关联的条件。

我们可以像解读波德莱尔诗歌叙事那样,将徐志摩特立独行的翻译和评论解读成引证型、物质型或消化型翻译模式的象征,这一模式改写、颠倒了暗喻和知识的一个重要模式,即亚里士多德模式。在此模式下,我们通过发送和接收"形式"实现与世界的往来。亚里士多德把知觉和知识描述为同一模式下的消化过程。但是有一个阶段超出了消化,斯塔提乌斯在《炼狱篇》中的发言再次为我们提供了参考:

> 精美完善的血是干渴的血管
> 所不能喝尽的,却留在那里,
> 就像你留在桌上要搬去的佳肴;
> 它于是在心脏中获得一种潜在的
> 力量,将生命赋予人的身体各部,
> 就像流过血管变成身体各部的血。
> 再经过精炼后,它流到不说出来
> 比说出来较为合适的那个地方,
> 然后借自然器官滴在另一人的血上。[①]

但丁从大阿尔伯特(Albertus Magnus)、托马斯·阿奎那(Thomas Aquinas)、阿维森纳(Avicenna)和阿威罗伊(Averroes)处吸收了许多亚里士多德的学说。这几行诗不仅浓缩了这些哲思,同时也是对但丁的散文《飨宴》第 49 章中一些段落的改

---

① 但丁:《神曲》,前揭,第 334 页。

写。"根据亚里士多德的观念,食物只有通过一系列变形分解或消化才能让自身变得可吸收,继而转化为身体的成分。"消化活动把食物吸收进血液。男性血液中过剩的精食经过进一步的"烹调"转化为了精液。精液虽与血液相同,但拥有更高程度的"信息效力",能够使女性经血中不连贯的物质转化为一个新生命。(亚里士多德认为男人提供了新生儿的形式,而女人仅仅提供了质料。)在《飨宴》里,男性对后代的贡献被比作在蜡或金属的表面打上印记,一种不掺杂物质传递的、纯粹的形式赋予。也许有人会说子宫是一种知觉器官,像眼、耳那样从外部接收形式,并以作为父亲仿制品的孩子的形式储存起来。亚里士多德在解释有性生殖的形成和原因时暗示道:"对于处于正常发育阶段的生命体而言,最自然的行为就是繁衍一个与自身相像的生物。为了这个目的,在其本性允许范围内,它将分享永恒和神性。这是一切生物生存的目的。"斯塔提乌斯借用亚里士多德的学说来解释生活在炼狱的人的"类生命体",宣称只有上帝才能创造灵魂——显而易见,这是中世纪的阿奎那对亚里士多德学说所作的一种嫁接,目的是为灵魂不朽与肉身复生腾出空位。

这是中世纪的信息论。阐释灵魂与胚胎、肉体的关系正是"信息"一词得以创立的原因,同时也是认为信息可以被远距离传送而不失本真的当代信息论的一种预示。让我们把这个理论的平行部分放在一起来看。知识的学习者或生产者,像胃消化田间的产物那样来消化理解的对象。暗喻和消化是同化、分解、筛选异物并使之成为自我一部分的过程。正常情况下(尽管与现实有很大出入),繁殖可以看作是已经实现的自我"召集"大量非自体,并在上面刻印自身形象的过程。用不那么明显的神学术语来说(只是不那么明显),暗喻实际上与标准的男性人格相似,都可以看作灵魂-信息,或者身份-信息的传递过程。自我掌控消化,就像上帝和父亲掌控灵魂那样。

《死尸》讲述的则是肉体腐烂的故事,是自我变成他者的故事:完全实现的生命体堕落为一张草图和一股恶臭,身份和作为暗喻基础的"同一性"纷纷瓦解,物质被偷走的同时形式也便消亡了。这是物以类聚的颠倒。《庄子》中的疯子和圣人提醒我们这仅仅是他者,或者说许多他者自我形成的过程:个体不再是其自身必要的、不变的参照系,可以变成像公鸡、弩上的弹子、老鼠的肝或虫子的腿一样的东西。《死尸》并非真的拒斥暗喻性的消化模型,毕竟诗中的"我"尽管实质上简化为一串重复信息,仍然自称"永葆着爱的形姿和爱的神髓",这点是诗中的动物残骸和女人所不能表达出的(也是对亚里士多德从未真的脱离这些前提的另一种暗示)。《死尸》只是换个方向,展示消化的过程而非消化的完成。它试图把"无我化"的过程翻译为死后"本体"的草图。这首诗的关键是两种时刻的关联性。(遗憾的是,徐志摩的译诗更多地呈现这两种时刻的对比,因而表现出爱伦·坡式的阴郁的哥特风格。)说话者耐心又细致地研究有关腐败的"异乐",从而弥补性地跳跃到信息领域,而这个领域中的自我不会腐烂。"对美的探索是艺术家败北之前发出恐怖叫喊的一场决斗。"① 尽管这句话搁置了我们对美的大部分期望,我们必须承认《死尸》的结尾描绘的正是波德莱尔笔下的艺术家如何"恐怖地哀鸣",最终放弃了与物质的斗争。庄子笔下的道家贤者长期受天籁熏陶,超然世外,至少在寓言层面不断转化,直至变成虫子的腿。他们既不为己辩护,也不采取任何一种观点。而波德莱尔的诗完全是在歇斯底里地支持一种观点。徐志摩的译序确

---

① 夏尔·波德莱尔:《恶之花 巴黎的忧郁》,钱春绮译,北京:人民文学出版社,1991年,第382页。

定了它的自我诊断；即一篇"神秘主义的"译序：它似乎要消解任何有限视角，宣称一个看起来疯狂而伟大的新见解。"无一不是音乐"这一空洞的宣言很容易被改述为"无一不是某种东西"。

徐志摩将庄子和波德莱尔相结合，由此制造出"异乐"。他的译序就是有关异乐的一个例证。徐志摩从十九世纪法国高蹈派那儿摘取一小块碎片，同公元前四世纪中国原始主义的一个小片段一起烹调，从而使翻译、比较文学和阅读呈现为一种分解、腐朽和选择性吸收的过程。波德莱尔在写作《死尸》过程中也曾对彼特拉克体的抒情传统做过同样的拆解和吸收。重写、翻译或引用耗尽了它们所消化的材料。这也许是瓦尔特·本雅明所说的——译文是原文"后来的生命"（afterlife）？如果真是这样，徐志摩的重写就不是他赋予不朽性主题以个人化形式的问题，而是让亚里士多德、彼特拉克、波德莱尔和庄子在一定程度上都变得无法辨认的过程。在徐志摩的重写过程中，消化活动无疑发生了，但却没有促生一个新我，至少没有促生一个强我，它催生的是一个不同于原始死尸但受其喂养的自我的"全体"（monde）（徐志摩将其误译为"群众"[crowd]）："全部都是音乐"中的"全部"（everything）。二十世纪的中国，新的白话文学尚在建构中，勇于创新的年轻作家们都在为国家意识打造新的"身体"，此时"异乐"的提出不失为一种堕落的、有可能产生反效果的选择。同样奇怪的是我们竟然能够在其中听到音乐——一种疏离的乐响。

"等待他们的传译员"

第一次大流放期间，居住在莫斯科的奥西普·曼德尔施塔姆（Osip Mandel'stam）写了如下几行字，也许是一首诗，也许只是诗的草稿：

> 鞑靼人,乌兹别克人和涅涅茨人
> 和整个乌克兰民族,
> 甚至伏尔加河畔的德国人
> 都在等待他们的传译员。
>
> 也许就在这一刻,
> 某个日本人正把我
> 翻译成土耳其语
> 且看穿我的灵魂。①

"他们的传译员"？是指那些能把从前独属于鞑靼人、乌兹别克人和涅涅茨人的文学宝藏变成世界文学一部分的译者吗？不,就像贺拉斯和普希金那样,曼德尔施塔姆心里有更狂妄的图景。普希金过去模仿贺拉斯《颂诗集》的第三卷第三十首,而曼德尔施塔姆正在呼应普希金的《纪念碑》。他们在等待着能够翻译曼德尔施塔姆的译者,也许此刻一个日本人正把他译成土耳其语。

贺拉斯认为文学不朽("不完全死去")依凭的是罗马帝国和拉丁语永不败落,而普希金则把它归于俄罗斯幅员辽阔。曼德尔施塔姆一举超越了他们二人：他将借由翻译继续活着。我们可以想象一个日本人用日语翻译一个俄国诗人的难度之大,而这个日本人现在却要把他译成土耳其语,简直不可思议！不仅

---

① 奥西普·曼德尔施塔姆：《曼德尔施塔姆诗选》,黄灿然译,南宁：广西人民出版社,2015 年,第 178 页。

如此，这一非俄裔的译者正在用非母语的土耳其语"看穿我的灵魂"。

我们幻想中的翻译经常假定一个前提性的唯我论框架。只有我对自身的思想活动有知晓的特权；也只有理解我的语言的人能够获知我的想法；译者的天赋在于让其他不同的语言社群能够理解这些表达的想法。受此框架影响，译者往往被期待把外来语本土化——听取他者的话语，并且"朝向自身"来翻译，也就是说，让外来语变得熟悉。曼德尔施塔姆所宣称的借由翻译永垂不朽，则呈现了一种截然不同的立场：译者把自身话语"朝向他者"输出到遥远的涅涅茨人、乌兹别克人的社群；在想象的可能世界中，作为他者的日本人正在把它们译入另一个他者的国度——土耳其。尽管，或者说由于存在这些以同心圆的方式不断向外拓展的距离，这样的译者还是能够直达诗人灵魂。软禁的最佳对策是像用无线电那样广播自己的主体性，从原本立足和熟悉的地方走出去。这也是曼德尔施塔姆面对自身险境的回应，神秘而陶醉。

"翻译即肉体的死亡。"但是不要用它来交换一个脱离肉体的精神形式。我们从翻译中获得了一个不同的身体，一系列不同的身体。外来语打破本土话语方式，在一系列模仿所构成的异乐声中将其拆解另作他用。现有的翻译理论充斥着自我和他者、主要和次要、主导与附属的两极分化，以及源自于文学所有权和文学特性观念的伦理焦虑。事实上，它们对于我理解类似于徐志摩对波德莱尔的那种翻译并没有多大帮助。搁置这些所谓的对立，我发现徐志摩的翻译对原诗的拆解正是对原文意涵的准确回应。徐译在中文世界中实现了原诗的美学构想，特别是在译者最偏离诗人可能希望表达的意思，即译者显得最不负责任的段落中，译者对原诗美学构想的实现显得格外完美。"翻译伦理"是一种食人以自给的伦理吗？如果能从翻译的日常话语跳脱出来，也许它会告诉我更多。

（张梦 译 杨振 校）

忧郁的都会
——阅读本雅明的波德莱尔研究[①]

张历君[②]

当天空像盖子般沉重而低垂，
压在久已厌倦的呻吟的心上，
当它把整个地平线全部包围，
泻下比夜更惨的黑暗的昼光；

当大地变成一座潮湿的牢房，
在那里，"希望"就像是一只蝙蝠，

---

① 本文原刊于《诗潮》，2002年7月，第6期，第50—53页。
② 张历君，毕业于香港中文大学文化及宗教研究系，获哲学博士。现为香港中文大学中国语言及文学系客座助理教授、文学院兼任副研究员，亦为香港中文大学图书馆香港文学特藏顾问委员、《现代中文学刊》通讯编委、《方圆：文学及文化专刊》学术编辑、《字花》杂志编委以及苏州大学海外汉学（中国文学）研究中心的成员。历任哈佛燕京学社的访问学人（2009—2010）、香港中文大学文化及宗教研究系助理教授、"中央"研究院中国文哲研究所访问学人（2019—2020）、台湾清华大学中国文学系兼任助理教授。研究论文散见于《现代中文学刊》《中外文学》《文化研究》《知识分子论丛》等。专著《瞿秋白与跨文化现代性》（*Qu Qiubai and Transcultural Modernity*）于2020年由香港中文大学出版社出版。该书重点探讨瞿秋白与五四知识分子对柏格森（Henri Bergson）生命哲学的接受和创造性转化（creative transformation），获中国现代文学研究领域三位重要学者李欧梵、王德威和黄子平具名推荐。

用怯懦的翅膀不断拍打牢墙，
又向朽烂的天花板一头撞去；
……

以上是《恶之花》(Les Fleurs du mal)第四首《忧郁》(Spleen)中的片断。① 在这里，大都会被喻作一座铺天盖地的大牢房，而诗人则犹如都会的居民，身陷于无望和忧郁的情绪中，无法开脱。都会和忧郁连结起来构成了诗语经验的地平线。正如卡恰里(Cacciari)所言，所谓"忧郁"指的就是都市居民那种对任何事物都感到厌倦、无聊的情绪(blasé)。② 而这也是与波德莱尔同时代的读者的普遍特征。因此，本雅明曾这样说道："波德莱尔面对的是读抒情诗很困难的读者。《恶之花》的导言诗就是写给这些读者的。意志力和集中能力不是他们的特长；他们偏爱的是感官快乐；他们总摆脱不了那种扼杀兴趣和接受力的忧郁。碰上这么一位向回报最少的读者说话的抒情诗人真是奇怪。"③

要理解这种大都会的忧郁，便得先理解震惊(shock)和都市居民的生命体验(Erlebnis)。震惊和生命体验是本雅明讨论波德莱尔的关键术语，也是不少本雅明研究者的重要论题。卡恰里便曾在《大都会》(Metropolis)中谈及这对术语，并向读者提供了一个理解它们的有效切入点。他认为，齐美尔(G. Sim-

---

① 波德莱尔：《恶之花・巴黎的忧郁》，钱春绮译，北京：人民文学出版社，1994年，第171页。
② Massimo Cacciari, *Architecture and Nihilism*, trans. Patrizia Lombardo, New Haven, London: Yale University Press, 1993, p. 8.
③ Walter Benjamin, *Charles Baudelaire*, trans. Harry Zohn, London, New York: Verso, 1997, p. 109.

mel)1903年的《大都会与精神生活》(The Metropolis and Mental Life)与本雅明二十世纪30年代的波德莱尔研究共同划定了他们这段历史时期的界限,并指出,本雅明的"震惊"和"生命体验"这对术语直接源自齐美尔对"感官神经生活"(Nervenlebens)和"理智"(Verstand)的讨论。①

在《大都会与精神生活》中,齐美尔指出,街道纵横,经济、职业和社会生活发展的速度与多样性,这一切都把都会的精神生活与乡镇的生活彻底地区分开来。与都会这个建立在各种各样差异和多样性的机体组织相比,乡村的生活节奏与感性精神面貌(sensory-mental phase)更缓慢地、更惯常地、更平坦地流溢而出。在这一对比中,都会精神生活的"理智"特点便变得可以理解。齐美尔认为:"为了适应变化以及各种现象的比照,理智并不需要任何冲击和内部剧变,它只是利用这些剧变使得更保守的心理状态可以适应都市生活的节奏。都市人——当然他/她以成千上万的变体出现——发展出一种器官来保护自己不受危险的潮流与那些会令他/她被彻底毁灭的外部环境的威胁。他/她用头脑代替心灵来做出反应。"所谓"感官神经生活"指的正是都市中充满刺激和变化的生活。而相对于乡镇居民建基于传统稳定节奏的"感性精神面貌",都市人则在变动不居的环境中发展出一种以理智和头脑为中心的防卫网,以抵御都市生活的巨大破坏力对个体生命的侵害。但另一方面,对都市现象的反应亦使器官变得麻木,产生都市人"厌倦"(blasé)的心理症状。②

---

① Massimo Cacciari, *Architecture and Nihilism*, pp. 3—4, 16—17.
② Georg Simmel, *On Individuality and Social Forms*, ed. Donald N. Levine, Chicago, London: The University of Chicago Press, 1971, pp. 325—326.

齐美尔的论述构成了一个参照系,使我们得以对一系列本雅明提出的术语作一清晰的界定。相应于"感官神经生活",本雅明的"震惊"意谓人的生命机体在都市生活中所承受的来自外界的猛烈刺激;而"生命体验"则相应于齐美尔的"理智"意指意识的屏幕(screen)在挡隔震惊以保护个体时所存留下来的记录。因此,本雅明这样描述生命体验产生的过程:"这种防范震惊的功能在于它能指出某个事变在意识中的确切时间,代价则是丧失意识的完整性;这或许便是它的特殊成就罢。这是理智的最高成就;它能把事变转化为一个曾经经历过的瞬间(Erlebnis)。"因此若没有理智的思考,生命体验除了是一种突然开始即被立刻打住的震惊感觉便什么也没有。由于意识的防范作用,每一事件中所包含的丰富"经验"(Erfahrung)根本无法被保存下来。而"经验"相应于齐美尔的"感性精神面貌"则只能是乡镇生活以及都会形成之前的历史环境的产物。对于这一点,本雅明可以说是心中有数。他便曾指出:随着诉诸个人感性"经验"的说故事形式日益为诉诸感官的新闻报导所取代,经验贫乏的时代也随之到来。①

在本雅明看来,"震惊"对于波德莱尔的人格具决定性的意义,他并以此重释《太阳》(Le Soleil)一诗②:

> 沿着古老的市郊,那儿的破房
> 都拉下了暗藏春色的百叶窗,
> 当毒辣的太阳用一支支火箭
> 射向城市和郊野,屋顶和麦田,
> 我独自去练习奇异的剑术,

---

① Walter Benjamin, *Charles Baudelaire*, pp. 117, 112—113.
② 波德莱尔:《恶之花·巴黎的忧郁》,前揭,第 193 页。

> 向四面八方嗅寻偶然的韵律,
> 绊在字眼上,像绊在石子路上,
> 有时碰上了长久梦想的诗行。
> ……

本雅明认为波德莱尔这一"斗剑"的形象意味着他已把"震惊"置放在其艺术作品的中心。他并指出:"波德莱尔的精神自我和肉体自我力求回避震惊,不管它来自何方。震惊的防卫以一种搏斗的姿态被图示出来。"① 但必须注意的是,本雅明研究波德莱尔,其目的不是单纯地要把波德莱尔定名为一个都市诗人;相反,从这个被十九世纪的资本主义商品世界异化了的抒情诗人的目光出发,本雅明希望能重新阅读巴黎这个十九世纪的都城,并重新发掘出资本主义的起源史(Ur-history)。

卡恰里认为,大都会是一个在社会关系理性化进程中被预先设定下来的普遍形式,它是所有社会关系理性化并进而是生产关系理性化的一个阶段。虽然齐美尔和本雅明都同样把自己的视线移向这一理性化过程,但这同一个过程却分别在两人的理论构想中产生了不同的意义。"对于齐美尔来说,它是现代存在的决定性时刻;而对于本雅明,它则进一步是作为一种社会结构的资本进行支配统治的时刻。"②

依据卡恰里的阐释,齐美尔把"理智"视为"感官神经生活"自然发展的结果,并将这一过程理解为一个全面的"精神实现过程"(the process of the realization of the Geist)。③ 因此,齐美尔把大都会同时是金融中心的现象视为货币经济与"理智"统治内

---

① Walter Benjamin, *Charles Baudelaire*, pp. 117—118.
② Massimo Cacciari, *Architecture and Nihilism*, p. 4.
③ Ibid., pp. 4—5.

在地联结在一起的明证,亦即"精神实现过程"的明证。他认为,在都会里,不同利益的群体必须把他们的关系和活动统合在一个高度复杂的组织中,而当不同的群体聚集在一起时,精确的计算便显得非常重要。这样一来,"现代精神变得越来越精于算计。货币经济所引起的现实生活中的精确计算与自然科学的理想相一致,亦即将整个世界变成一个算术问题,以数学公式来安置世界的每一个部分。"在齐美尔的构想中,现代文化的发展是以一种"客观文化"作为其基础的。这种"客观文化"的发展使人类社会演变成"大都会"这样一个由各种事物和力量构成的庞大组织,它割裂了个体与进步、灵性和价值的连系,并把个体转换成组织中的一个齿轮。①

但可惜的是,虽然齐美尔已发觉到大都会精神生活的这一非人格化倾向,但他却始终认为大都会是个体摆脱政治、土地、行会和宗教领袖束缚,以争取自由和实现自身独特性的基本条件。② 正是在这一点上,我们可以谈论齐美尔和本雅明的分歧。不同于齐美尔把大都会中否定和矛盾的因素不断综合和化约成一个单一的逻辑,本雅明则透过波德莱尔这个在商品异化世界中打转的忧郁者的目光,把"大都会"转换成一个资本主义社会关系的综合象征,并把被齐美尔所掩盖的否定因素重新解读成阶级矛盾的各种象征符号。③ 比如,他把游乐场中的机动游戏与在工厂中将一批批工人"训练"成非技术劳工的机器工作相比照,指出:"游乐场用碰碰车和其他类似的娱乐为人提供的不过是一种训练的滋味而已,非技术劳工在工厂中便必须服从这种

---

① Georg Simmel, *On Individuality and Social Forms*, pp. 326—328, 337.
② Ibid., pp. 338—339.
③ Massimo Cacciari, *Architecture and Nihilism*, p. 16.

训练。"另外,他亦透过解读《赌博》(Le Jeu)一诗,把赌徒在赌桌上进行永无休止的赌博的空洞时光阐释成一种无限重复的地狱时间,并指出:"一切周而复始正是游戏规则的观念,就像干活拿工资的观念一样。"但讽刺的是,在十九世纪,赌博才刚变成一种资产阶级的股票娱乐,到了二十世纪 30 年代,赌博却已成了"时髦生活以及在大都会底层无处安身的千百人的生活"的一部分,换言之,我们早已身处于无穷无尽的地狱时间中。[1]

如果我们这些都市居民透过"生命体验"所认识到的世界是一个安全的梦境世界的话,那么本雅明的波德莱尔以其忧郁的目光看到的则是,"理智"和"生命体验"本身便已是一部使不同的个体步向"异化"状态的巨大装置。而忧郁作为一种都会的症状,它所指涉的则是一种异化状态下的无望感。安逸的梦境本身不过是地狱,文明的运作逻辑是最彻底的野蛮。这样一来,我们才能真正理解波德莱尔的《虚无的滋味》(Le Goût du néant)[2]:

> 我从上空观看这圆滚滚的地球,
> 我不再去寻找一个藏身的处所!

---

[1] Walter Benjamin, *Charles Baudelaire*, pp. 132—133,134—137.
[2] 波德莱尔:《恶之花·巴黎的忧郁》,前揭,第 176 页。

波德莱尔笔下的中国

安德烈·谢利诺①

波德莱尔笔下的中国首先是他同代人笔下的中国:这个文明帝国在衰落中传承了上千年,其艺术古怪的复杂性令人啧啧称奇。这种复杂性首先表现为无限的隔阂与差异,它使规范性的文艺理论失去效用,因为这些理论无法帮助我们理解人类存在和普遍生命力的无限多样性。当《1846年的沙龙》作者希望说明有多少个个体,就有多少种"原始理想"时,他提到那些"巴黎化"的中国人。他们在他眼前鱼贯而过,代表着人类多到"可怕"的变体②,而他们在自身的独特性中又表现出一种和谐。

---

① 安德烈·谢利诺(Andrea Schellino),巴黎索邦大学文学博士,罗马第三大学法国文学系副教授,巴黎文本与手稿研究院(Institut des textes et manuscrits modernes de Paris)波德莱尔研究小组共同负责人。著有《从波德莱尔至尼采的颓废思想》(*La Pensée de la décadence de Baudelaire à Nietzsche*, Classiques Garnier, 2020),曾编订出版《巴黎的忧郁》(*Le Spleen de Paris*, GF-Flammarion, 2017),主编《波德莱尔研究年刊》(*L'Année Baudelaire*)克洛德·皮舒瓦(Claude Pichois)纪念专号(2018),参与主编七星诗社文丛若利斯·卡尔·于斯曼(Joris-Karl Huysmans)《小说作品集》(2019)和谢阁兰(Victor Segalen)《作品全集》(2020)。

② 夏尔·波德莱尔:《1846年的沙龙》;《波德莱尔全集》(Charles Baudelaire, *Salon de 1846*, *Œuvres complètes*, texte établi, présenté et annoté par Claude Pichois, Paris, Gallimard, coll. Bibliothèque de la Pléiade, 1976, t. II, p. 456)。

10年后,在评述1855年巴黎世界博览会时,波德莱尔以"中国"这一人类与艺术的极端形式为例,发起一场反对"现代温克尔曼①"和艺术说教者的运动。他认为,面对"一件造型奇特、色彩浓烈,有时精细到令人眩晕的古怪的中国展品②"时,他们的理论会不攻自破。波德莱尔强调,这样一件作品同时也是"普遍之美的样本",它值得被理解、被欣赏。另一方面,人们也应当考虑到"能够孕育出这种不同寻常之绽放的环境"③。波德莱尔借助中国的多样性为美学"世界主义"辩护,这种世界主义向"具有多元形式和多重色彩,在生命无尽的螺旋中运动着的美"开放,是对系统化艺术理论的反拨。

1855年,巴黎美术宫(Palais des beaux-arts)举办了一场中国展,展出由前法国驻沪总领事敏体尼(Charles de Montigny)带回法国的一些中国艺术品。泰奥菲尔·戈蒂耶对它们的评价引起波德莱尔的注意。戈蒂耶认为,中国人将艺术与自然区分开,他们追求"理想之丑"而非"理想之美":

> 中国人生于两千年前,他们黄色的额前似乎还留有过去的皱纹。他们早已发明了语言,至今却仍旧只能够结巴地发出一些单音节词。而人们要花费二三十年时间,才能够流畅地阅读他们的表意文字。他们拥有古怪的天赋和耐心,这与其他任何民族的特性都不同。他们不是像鲜花般绽放,而是如曼德拉草根一样扭动④。

---

① 约翰·约阿希姆·温克尔曼(Johann Joachim Winckelmann,1717—1768),德国考古学家、古董收藏家、艺术史学家,新古典主义创始人。——译注
② 夏尔·波德莱尔:《波德莱尔全集》(Œuvres complètes, éd. cit., t. II, p. 576)。
③ 同上。
④ 泰奥菲尔·戈蒂耶:《欧洲美术 1855》(Théophile Gautier, Les Beaux-arts en Europe — 1855 —, Paris, Michel Lévy, première série, 1856, p. 131)。

在《吸鸦片的人》(Un mangeur d'opium)中,波德莱尔引用英国作家托马斯·德·昆西回忆录中的一长段。该片段描述作者与一位带着"被更新过的古旧风貌"的中国人接触时生出的恐惧感。中国"像童话一样古怪、造作、奇妙、陈旧",和印度一样压迫所有诉说者:

> 每晚我都被这个男人带到亚洲的图画中。我经常想,如果我被迫离开英国,不得不去中国,在中国的风俗和环境中生活,我可能会疯掉。我不知道在这一点上其他人是否和我有同样的感受。我恐惧的根源是深刻的,其中一些根源与其他所有人相一致。南亚通常是恐怖形象和骇人联想的天堂,不过作为人类摇篮,它应当会令人产生莫名的恐惧和敬畏。[……]广袤的帝国铸就了亚洲始终庞大的人口,这使东方的名字和形象更添威仪。尤其是中国,忽略它与南亚其他地区的共同点,其生活方式、风俗习惯,还有使我们与之分隔的,那太过深奥、让人捉摸不透的情感壁垒,这些都使我感到害怕与抵触。恐怕与疯子或恶棍一起生活都会令我感到更加舒适①。

根据巴尔贝·多尔维利(Barbey d'Aurevilly)的说法,波德莱尔了解这种作为中国人特征的文化衰老。巴尔贝将《恶之花》的作者视为"文学逆流",指出其天赋"无可争议,注重精工细作,不厌其烦,带着中国人特有的耐心,他就是颓废温室中的一朵恶

---

① 夏尔·波德莱尔:《人造天堂》;《波德莱尔全集》(Charles Baudelaire, Les Paradis artificiels; Œuvres complètes, éd. cit., t. I, p. 484)。

之花"①。巴尔贝在为1854年出版、古伯察神父(Père Évariste Huc)所著《中华帝国》(L'Empire chinois)撰写书评时指出,"一种巨大的腐败正在戕害中华民族——这个萎靡而衰老的民族"②注定要面临最缓慢的没落。巴尔贝用谚语和格言塑造出一幅固化的中国文化形象,其中也有巴尔贝1858年7月对波德莱尔所做评论的影子。巴尔贝写道:"诚然,我们同意,盛极而衰的文明的温室中培育出的花散发的香气,比任何其他花香都更浓郁、更沁人心脾。"③

虽然巴尔贝承认中国人的独特性,但他对这种颓废形式的分析无疑是在影射他那个时代逐渐由盛转衰的法国文化。根据泰奥菲尔·戈蒂耶的说法,这其实是两种截然不同的颓废的相遇,它们因为共同经历衰落而产生某种关联:几千年的孤立造就了中国人这一既"幼稚又衰老的'种族'",他们在所有人野蛮时文明,在所有人文明时野蛮"④。夏多布里昂在《墓畔回忆录》中讽刺支持社会进步的"现代信徒"时提到中国的衰落:

> 另一些人更好,他们承认文明的优雅,将我们改造成结构上的中国人,成为近乎无神论者,成为自由开明的老人,

---

① 儒勒·巴尔贝·多尔维利:《夏尔·波德莱尔先生的〈恶之花〉》(Jules Barbey d'Aurevilly, « Les Fleurs du Mal, par M. Charles Baudelaire », Articles justificatifs pour Charles Baudelaire auteur des Fleurs du Mal, [août 1857]);在安德烈·纪尧的《解读〈恶之花〉(1855—1905)》中再版(André Guyaux, Un demi-siècle de lectures des Fleurs du Mal (1855—1905), op. cit., p. 195)。也可见安德烈·纪尧所写的序言(La Préface d'André Guyaux, p. 107—108)。

② 巴尔贝·多尔维利:《古伯察先生的〈中华帝国〉:一位前中国传教士》(Barbey d'Aurevilly, « L'Empire chinois par M. Huc, ancien missionnaire apostolique en Chine », art. cit)。

③ 同上。

④ 泰奥菲尔·戈蒂耶:《反复与曲折》(Théophile Gautier, Caprices et zigzags, éd. cit., p. 222)。

在数世纪中穿着黄袍坐在花田里,坚守少数服从多数原则,惬意度日。我们似乎已发明了一切,发现了一切,可以平静地坐享已有的进步。他们将我们像包裹一样放上火车,让我们从广州去往长城,与天朝的另一位工业家聊聊干涸的沼泽和挖掘的运河。无论是这样或者那样的设想,是美国人或者中国人,我将很高兴能在这种幸福降临前死去。[1]

波德莱尔则脱离这些社会争论,根据《中华帝国》中的一则轶事,在散文诗《时钟》(*L'Horloge*)里别出心裁地将"美丽的翡丽娜"比作一只猫[2]:

中国人能从猫的眼睛里看到时间。

一天,一位传教士在南京郊外散步,发觉他忘了带表,于是问一个小男孩,现在是什么时辰。

这个天朝的小家伙迟疑片刻,接着灵机一动答道:"我来告诉你。"稍后当他再次出现时,臂膀间抱着一只肥硕的大猫。男孩儿和它四目相对,而后毫不犹豫地说:"还没到午时呢。"事实的确如此。

---

[1] 夏多布里昂:《墓畔回忆录》(Chateaubriand, *Mémoires d'outre-tombe*, précédés de *Mémoires de ma vie*, deuxième édition revue et corrigée, édition critique par Jean-Claude Berchet, Paris, Le Livre de poche-Classiques Garnier, coll. La Pochothèque, t. II, 2004, p. 1015)。

[2] 见古伯察神父著《中华帝国》(l'abbé Huc, *L'Empire chinois*, Gaume, 1854, t. II, p. 329—330):"一日,我们准备去拜访几家务农的基督徒家庭,在一座农庄附近遇见一个正在田间放牛的中国小伙。我们随手问他是否还未到晌午。这个孩子抬起头,但太阳躲进厚厚的云层中,使他无法回答。——他告诉我们:'太阳看不清,你们等一下……'说话间他向农庄跑去,几分钟后当他回来时,手臂下夹了一只猫。——他说:'还没到中午呢,拿着,你们自己看'。说着,他用两只手撑开猫的眼皮,向我们展示猫的眼睛。

而我,如果我俯就美丽的翡丽娜——多么恰当的名字,她既是自己性别的荣耀,也是我内心的骄傲、心灵的芬芳,无论是日、是夜,是光明一片,还是暮色如晦,在她明丽的眼眸深处,我总是清晰地看到时间,总是同一个时间,恢弘、庄严、伟大的时间,就像空间一样再无切割的分分秒秒,——时钟上无处可寻的停滞的时间,却又轻如叹息,快似一瞥。

当我的目光落在这美妙的钟面上,如果偏有讨厌鬼来把我打扰,如果哪个暴躁偏执的精怪,哪个促狭捣乱的魔鬼来对我说:"你在那儿全神贯注地看什么?你在这个活物眼中找什么?你在那里看到时间了吗,你这个挥霍无度、游手好闲的凡人?"那么我会不假思索地回答:"对,我看到了时间,那就是永恒!"

夫人,这难道不是一首真正值得称赞的情诗,而且和您一样情感丰富吗?实话说,我在精心编造这番近乎夸张的献辞时是那么愉快,以至于不再需要您另给我任何回报。[1]

中国文化作为东方不同表现形式的交融地以及想象力的来源,不仅激发了波德莱尔对异国情调的思索,它的遥远和神秘更使其成为一种理想。在《旅行》(Le Voyage)中,朝向中国启航是旅程的前奏,诗人终将穿越"黑暗之海"[2],走向未知。在《苦闷与漂泊》(Mœsta et errabunda)中,失落的天堂似乎比"印度和中国更加遥远"[3]。成真的幻想结合了咫尺与天涯、真实与想象,

---

[1] 夏尔·波德莱尔:《巴黎的忧郁》;《波德莱尔全集》(Charles Baudelaire, Le Spleen de Paris; Œuvres complètes, éd. cit., t. I, 1975, p. 299—300)。

[2] 夏尔·波德莱尔:《恶之花》;同上(Charles Baudelaire, Les Fleurs du Mal; ibid., p. 133)。

[3] 同上(Ibid., p. 64)。

以"西方的东方"或"欧洲的中国"的形式呈现。散文诗《邀请旅行》(L'Invitation au voyage)创造出一个中国,一个"生活甜蜜、幸福而宁静的西方的中国",它成为沐浴着爱情的女性的新象征。只有将不同的极端在几乎不可能的情况相调和的国度,才值得托付生死。正如波德莱尔所言:"这是你应当去生活的地方,这是你应当去结束生命的地方!"[①]

(杨菁菁 译 杨振 校)

[①] 夏尔·波德莱尔:《巴黎的忧郁》;同上(Charles Baudelaire, Le Spleen de Paris; ibid. , p. 301)。

历史回眸

波德莱尔在二十世纪20—30年代中国的译介[①]

杨 振[②]

波德莱尔在二十世纪20—30年代中国的译介早已引起中法比较文学学者的注意[③]。不过总体而言,现有研究较少触及批

[①] 本文部分内容曾刊登于《汉学研究》(北京)第27辑(2019年12月),第143—159页,略有改动。
[②] 杨振,南京大学法语语言文学学士,上海外国语大学法语语言文学硕士,巴黎索邦大学法国文学与比较文学博士,复旦大学外国语言文学学院法语语言文学系副教授,法国国家科研中心及巴黎高等社会科学院所属中国现当代研究中心兼职研究员,华东师范大学出版社"快与慢"丛书编委会成员。主要从事现代中国中法文学、文化关系研究。发表中、法文学术论文近30篇,文学、学术译作约45万字。2014年获国际法国文学研究会(AIEF)年度论文奖。著有《两个文学共和国的相遇——1917至1937年中国文学期刊中的法国文学》(孟华主编:"中法文学关系研究丛书",北京大学出版社,2021),主编《波德莱尔与中国》(华东师范大学出版社,2021)。
[③] 触及这一议题的法文作品有:Michelle Loi, *Roseaux sur le mur. Les Poètes occidentalistes chinois 1919—1949*, Gallimard, 1971; Jin Siyan, *La Métamorphose des images poétiques 1915—1932: des symbolistes français aux symbolistes chinois*, Dortmund, Projekt Verlag, 1997; Haun Saussy, «Les Engagements multiples de la traduction: Baudelaire retransmis par Xu Zhimo, 1924», Isabelle Poulin et Jérôme Roger(éd.), *Le Lecteur engagé: critique, enseignement, politique* (Modernités, 26), Bordeaux, Presses universitaires de Bordeaux, 2007, p. 169—174; Che Lin, *Entre tradition poétique chinoise et poésie symboliste française*, L'Harmattan, 2011; Wen Ya, *Baudelaire et la nouvelle poésie chinoise*, L'Harmattan,(转下页注)

评文本的知识来源及彼此间的互文性,也较少将对波德莱尔的评介放置在当时的文学思想脉络中进行深入探讨。笔者曾以"病态与颓废"为线索,对部分评论波德莱尔的文字进行探源,并梳理它们之间的互文性①。本文将在前文基础上,补充介绍具有代表性的评介波德莱尔的文字,并结合部分评论家的翻译实践,揭示二十世纪20—30年代中国波德莱尔接受中体现出的主体性,初步分析其原因,以期抛砖引玉。

一、评论波德莱尔

1. 田汉与波德莱尔

1921年,田汉在《少年中国》上发表了《恶魔诗人波陀雷尔的百年祭》一文。在文章第二部分,作者强调诗人故意自我放逐:

(接上页注)2016; Wen Ya, «La Première Réception de Baudelaire en Chine», *L'Année Baudelaire*, 2017, p. 195—207. 相关英文研究有: Gloria Bien: *Baudelaire in China: A Study in Literary Reception*, Newark: University of Delaware Press, 2012; Haun Saussy: «Death and Translation», *Translation as Citation: Zhuangzi Inside Out*, New York: Oxford University Press, 2017, p. 23—44. 相关中文论文有:刘波、尹丽:《波德莱尔作品汉译回顾》,《四川外语学院学报》,2008年第2期,第62—69页;杨振:《病态与颓废的诗人:民国时期波德莱尔批评中的一种趋向探源与反思》,《中国比较文学》,2016年第4期,第146—159页;卢丽萍:《〈恶之花〉的汉译》,《新文学史料》,2017年第3期,第125—128页;文雅:《波德莱尔在中国的接受和研究》,《解放军外国语学院学报》,2018年第4期,第144—150、158页。苏源熙(Haun Saussy)教授的《死亡与翻译》(Death and Translation)一文从翻译学角度出发,对徐志摩译波德莱尔"死尸"进行了深入细致的讨论。该文中文版即将在《史料与阐释》(陈思和、王德威主编)杂志上发表。

① 杨振:《病态与颓废的诗人:民国时期波德莱尔批评中的一种趋向探源与反思》,《中国比较文学》,2016年第4期,第146—159页。

他虽和许多罗曼主义者一样去求美,然而他于那美中发见了丑之潜伏。他求善反得了恶,求神反得了恶魔,求生之欢喜,反得了死之恐怖。他于是乎苦于人生根本的矛盾。他的悲恸不是普通许多罗曼主义者那样空想的情绪的悲恸,而是由神经之烦闷来的人生之根本来的极深远极深远的悲恸。[……]他的诗之毅然决然歌颂人世之丑恶者,盖以求善美而不可得,特以自弃的反语的调子出之耳。①

经考证,该段文字来源于生田长江、野上臼川、升曙梦、森田草平的《近代文艺十二讲》②。田汉认为,"神经之烦闷"是颓废象征主义的特色之一,这一派的另一特色是吸食大麻③,"双重室"描写的即诗人在大麻作用下产生的幻觉。田汉这一观点来自于英国诗人与翻译家斯特姆(Frank Pearce Sturm)为《波德莱尔,散文和诗》(*Baudelaire: His Prose and Poetry*)一书所作的题为"Charles Baudelaire"的序言④。

田汉还引用了《人工天堂》中的一段文字:

官能弄成功异常的犀利而锐敏,眼光能贯穿无极,耳朵

---

① 田汉:《恶魔诗人波陀雷尔的百年祭(续)》,《少年中国》,III—5,1921 年 12 月 1 日,第 23—24 页。
② 谢六逸译:《法兰西近代文学》(译自日本《近代文艺十二讲》),《小说月报》,第 15 卷号外,1924 年 4 月,第 22 页。关于此文作者的考证,见杨振:《自然主义在中国(1917—1937)——以莫泊桑对福楼拜的师承在现代中国的接受为例》,《外国语文研究》,n° 3,2011,第 187 页。
③ 田汉:《恶魔诗人波陀雷尔的百年祭(续)》,《少年中国》,第 19 页。
④ *Ibid.*, p. 21; Frank Pearce Sturm, «Charles Baudelaire», dans *Charles Baudelaire: his Prose and Poetry*, éd. Thomas Robert Smith, New York, Boni and Liveright, 1919, p. 23.

于甚嚣之中能分出极难分的音。幻觉起了,外界的事物呈怪异的模样,而表现于一种未经人知道过的形态。……最奇异的暧昧语言,最难说明的思想之转换,生出来了。于是我觉得音响会有色彩,而色彩成了音乐。①

田汉的这段文字转译自斯特姆的上述序言。斯特姆借此段呈现波德莱尔在大麻作用下产生的幻觉,田汉则将此段视为"近代主义"的标志:

这一种情调,姑无论其为病的与否,总而言之为欲研究"近代主义"Mordernisme(原文如此。——引者注)的,尤以欲研究近代"醴卡妣象征主义"Decadent Symbolism 的所不可不知。盖此派文学或谓之神经质的文学,此派的文人太都神经敏锐,官能纤利的人。②

田汉将神经敏锐,特别是嗅觉敏锐视为波德莱尔颓废之表现,并引用《异国的香》《云鬓》和《玻璃坛》为例③。田汉的观点和例证均来自奥地利医生、社会批评家诺尔道(Max Nordau)的 *Degeneration* 一书。田汉对《云鬓》一诗表达爱情的特殊方式似乎格外有兴趣。诺尔道在书中只引用了此诗中的五句,田汉则多引用了七句。④

---

① 田汉:《恶魔诗人波陀雷尔的百年祭(续)》,《少年中国》,第 21 页。
② 同上。关于"情调"作为民国评论波德莱尔的关键词之一,以及田汉对"醴卡妣"概念的文学再现,见杨振:《病态与颓废的诗人:民国时期波德莱尔批评中的一种趋向探索与反思》,《中国比较文学》,2016 年第 4 期,第 148—150、153 页。
③ 田汉文章第三部分绝大部分内容均参考了诺尔道的作品。
④ Max Nordau, *Degeneration*, London, William Heinemann, 1895, p. 293;田汉:《恶魔诗人波陀雷尔的百年祭(续)》,《少年中国》,第 22 页。

波德莱尔颓废的另一标志——恶魔主义也吸引了田汉的注意力。他这样写道：

> 他礼拜自己，厌恶自然、运动和生活；他梦想着一种不动性的，永远沉默的，均齐的人造的世界；他爱疾病、丑陋和罪恶；他一切的性癖，都逸出常轨，远异神清气爽之人；媚他的嗅觉者只有腐败的气味；娱他的目者只有臭尸，脓血和别人的痛苦；使他最舒畅的是昏迷暧曃的秋天；能刺激他的官能的只有不自然的快乐。他新的是可惊的厌倦，和痛楚的感情；他的心充满着愁默的理想，他的理想只与可悲可厌的想像相联络；能引他注意使他有趣的只有歹恶——杀人，流血，邪淫，虚伪。他祈祷沙丹（恶魔），欣慕地狱（依英译）。由他这些性质可以推见他那恶魔的人格和恶魔的艺术的大概。①

该段引自 Degeneration 第三卷"巴纳斯主义者与恶魔主义者"一章。诺尔道在原书随后两段中严厉批评了波德莱尔的恶魔主义。他指出，在精神病医生看来，恶魔主义不过是头脑疾病的症候。田汉显然无意从医学角度对波德莱尔进行判断，因此他没有引用诺尔道的这两段文字。田汉将波德莱尔的恶魔主义视为对宗教道德和资产阶级道德的反抗。②

田汉不仅发掘波德莱尔的革命价值，还拷问何为理想的美。在《恶魔诗人波陀雷尔的百年祭（续）》一文末尾，田汉引用诗人"美之赞颂"倒数第二段，证明波德莱尔不仅是颓废诗人，更是在

---

① Max Nordau, *op. cit.*, p.294；田汉：《恶魔诗人波陀雷尔的百年祭（续）》，《少年中国》，III—5，1921年12月1日，第18页。

② 田汉：《恶魔诗人波陀雷尔的百年祭（续）》，《少年中国》，第23页。

艺术上追求无限的诗人。①

田汉在《恶魔诗人波陀雷尔的百年祭》中引用的作品同时也是当时中国波德莱尔批评家最常参考的作品。比如，上文提到的《近代文艺十二讲》第六章后来被译成中文，冠之以"法兰西近代文学"之名，发表于1924年出版的《小说月报》法国文学专号②。同样发表其上的还有上文提及的斯特姆研究波德莱尔的文章，译者为张闻天。同一篇文章1929年7月20日由血干重译，发表于《华严》③。斯特姆研究波德莱尔的文章之所以在中国如此有名，很可能因为该文章被收录于托马斯·罗伯特·史密斯(Thomas Robert Smith)《波德莱尔，散文和诗》一书，这本书当时许多懂英语的中国人都可以读到。比如，1930年4月出版、邢鹏举译《波多莱尔散文诗》即以这本书为底本。邢鹏举在译本引言中提到斯特姆文章对他的影响。④

---

① Charles Baudelaire, *Œuvres complètes* I, texte établi, présenté et annoté par Claude Pichois, bibliothèque de La Pléiade, Paris, Gallimard, 1975, p. 25；田汉：《恶魔诗人波陀雷尔的百年祭(续)》，《少年中国》，第31—32页。
② 生田长江、野上臼川、昇曙梦，森田草平：《法兰西近代文学》，谢六逸译，《小说月报》，第15卷号外，1924年4月，第19—40页。
③ 斯特姆在文中犯错时，中国批评家也跟着犯错。比如，斯特姆引用了巴尔贝·多尔维利(Barbey d'Aurevilly)的一句话："波德莱尔从地狱中来，但丁往地狱里去。"巴尔贝·多尔维利的原文是："但丁的缪斯在梦中见过地狱，《恶之花》的缪斯用抽搐的鼻孔嗅到地狱的气息，就像马儿嗅到手榴弹！一个缪斯来自地狱，另一个缪斯往地狱去。"《近代文艺十二讲》第六章的作者们很可能因为受斯特姆影响，也声称"檀德往地狱，他来自地狱。"中国批评家们均犯了同样错误。请见 Frank Pearce Sturm, art. cit., p. 22; André Guyaux, *Baudelaire. Un demi-siècle de lectures des* Fleurs du Mal (1855—1905), PUPS, 2007, p. 196；生田长江、野上臼川、昇曙梦，森田草平：《法兰西近代文学》，前揭，第23页；波多莱尔：《波多莱尔散文诗》，邢鹏举译，上海：中华书局，1930，第11页；金石声：《欧洲文学史纲》，上海：神州国光社，1931，第88页；高滔：《近代欧洲文艺思潮史纲》，北平：著者书店，1932，第338页。邢鹏举的错误源自斯特姆，金石声和高滔的错误则很可能来自《近代文艺十二讲》第六章。
④ 波多莱尔：《波多莱尔散文诗》，邢鹏举译，上海：中华书局，1930，第2页。

2. 厨川白村、周作人、鲁迅与波德莱尔

厨川白村对波德莱尔的评论大量被留日文学批评家引用。在 1921 年 11 月 14 日发表于《时事新报》的《法国两个诗人的纪念祭——凡而伦与鲍桃来尔》一文中,滕固这样评论波德莱尔《快乐的死者》一诗:"死与颓废,腐肉与残血,是他的诗境;是他的恐怖之美。他有名的诗集《恶之花》出版后,人家称他是'地狱之书''罪恶之圣书'。"该段文字照搬了厨川白村在《近代文学十讲》中对该诗的评论。《近代文学十讲》1922 年由罗迪先译成中文出版。① 在该书"耽美派和近代诗人"一章中,厨川白村强调波德莱尔提倡为艺术而艺术,但他与社会保持距离的方式与日本隐士不同:

> 近代的诗人,远社会,避脱俗众的生活,不是纯粹厌生的意味;自然也不是日本所谓"俳味"啦"风雅"啦消极的超然的态度的东西。却和此等是正反对的积极的东西,人生的妄执,极端的贪强的欲乐和欢乐 Volupte 的甘味,要求一切的新的感觉,新的刺戟。……不使得人生一切诗的享乐的机会逸脱,尝尽了真味到极底里,由此使他充实丰富精神生活的内容,在这一点,享乐主义 Dilettantism 的态度,确是他们的一面。并且在不自然的人工的空气里生着,贪肉感的兴奋刺戟,都是从这样意义的享乐主义而来的。如果要深知人生,须先爱他,即他们对于人生为热烈的爱慕者一

---

① 滕固:《法国两个诗人的纪念祭——凡而伦与鲍桃来尔》,张大明:《中国象征主义百年史》,开封:河南大学出版社,2007,第 52 页;厨川白村:《近代文学十讲》,罗迪先译,学术研究会丛书部,第 2 卷,1922,第 241 页。

点,和世上所谓厌生家不同,即和东洋流的世外闲人啦,风流人啦,也全然异趣①。

这段引文让人想起周作人对波德莱尔的评论。在1921年11月14日发表于《晨报附镌》的《三个文学家的记念》一文中,周作人指出被压抑的生命力是诗人颓废的根源:

"波特来耳爱重人生,慕美与幸福,不异传奇派诗人,唯际幻灭时代,绝望之哀,愈益深切,而执着现世又特坚固,理想之幸福既不可致,复不欲遗世以求安息,故唯努力求生,欲于苦中得乐,于恶与丑中而得善美,求得新异之享乐,以激刺官能,聊保生存之意识。"他的貌似的颓废,实在只是猛烈的求生意志的表现,与东方式的泥醉的消遣生活,绝不相同。所谓现代人的悲哀,便是这猛烈的求生意志与现在的不如意的生活的挣扎。②

厨川白村认为,日本隐逸文人与西方颓废主义者不可相提并论。周作人也指出,波德莱尔式的颓废与"东方式的泥醉的消遣生活"不可同日而语。周作人与厨川白村均关注东方国民性。在1908年发表的《哀弦篇》中,周作人写道:

吾东方之人,情怀惨憺,厌弃人世,断绝百希,冥冥焉如

---

① 厨川白村:《近代文学十讲》,罗迪先译,学术研究会丛书部,第2卷,1922,第233—234页。
② 仲密:《三个文学家的记念》,《晨报副镌》,1921年11月14日,《周作人散文全集2(一九一八——一九二二)》,钟叔河编订,桂林:广西师范大学出版社,2009,第476页。

萧秋夜辟,微星隐曜,孤月失色,唯杳然长往而已①。

周作人感叹当时中国"民向实利而驰心玄旨者寡,灵明沮丧,气节消亡,心声寂矣"。相比之下,"情怀惨憺,厌弃人世,断绝百希"的东方国民性证明古代中国人具有精神性追求。周作人此处构建的东方国民性尚非负面形象。而在1917年发表的《欧洲文学史》中,东方国民性在古希腊国民性的映衬下呈现出负面色彩:

> 盖希腊之民,唯以现世幸福为人类之的,故努力以求之,迳行迅迈,而无挠屈,所谓人生战士之生活,故异于归心天国,遁世无闷之徒,而与东方神仙家言,以放恣耽乐为旨者,又复判然不同也②。

此处对东方国民性的论述与周作人1921年评论波德莱尔时的相关论述一脉相承。厨川白村对周作人1908年以来国民性论述转变的影响值得深究,该影响直接形塑了周作人解读波德莱尔的视角。

厨川白村同时也影响了鲁迅。后者翻译了厨川的两部作品:《苦闷的象征》和《出了象牙之塔》,译文分别于1925和1931年出版。在《苦闷的象征》中,厨川白村将波德莱尔的作品视为生命力的表达:

---

① 周作人:《哀弦篇》,《河南》,第9期,1908年12月20日,《周作人散文全集1(一八九八——一九一七)》,钟叔河编订,桂林:广西师范大学出版社,2009,第131页。

② 周作人:《欧洲文学史》,北京大学丛书,上海:商务印书馆,1918初版,1933年再版,第68页。

> 如果(文艺。——引者注)是站在文化生活的最高位的人间活动,那么,我以为除了还将那根柢放在生命力的跃进上来作解释之外,没有别的路。读但丁(A. Dante)、弥耳敦(J. Milton)、裴伦(G. G. Byron),或者对勃朗宁(R. Browning),托尔斯泰,伊孛生(H. Ibsen),左拉(E. Zola),波特来而(C. Baudelaire),陀思妥夫斯奇(F. M. Dostojevski)等的作品的时候,谁还有能容那样呆风流的迂缓万分的消闲心的余地呢?①

厨川白村强调,作家和读者要以严肃态度对待文学,用文学反思社会对个体的束缚,但文艺不是解决社会问题的工具,真正的艺术家应当像嬉戏的孩童,不关心行动的实际效用,仅表达被社会压抑的个体生命力。然而在现实社会中,人往往因名利而忽视个体自由的价值。厨川认为,只有能够自由思考、充分表达生命力的人,才能够体会到生的真正乐趣②。

在《苦闷的象征》讨论艺术与道德的关系部分,厨川白村再次提到波德莱尔:

> 在文艺的世界里,也如对于丑特使美增重,对于恶特将善高呼的作家之贵重一样,近代的文学上特见其多的恶魔主义的诗人——例如波特来而那样的"恶之华"的赞美者,自然派者流那样的兽欲描写的作家,也各有其十足的存在的意义。③

---

① 厨川白村:《苦闷的象征》,鲁迅译,上海:北新书局,1926,第28页。
② 同上,第1、2、4、6—13页。
③ 厨川白村:《苦闷的象征》,鲁迅译,上海:北新书局,1926,第112—113页。

厨川认为,恶魔主义是被压抑的人性的一部分,因此它对于作家和读者都具有吸引力。① 文学是普遍被压抑的生命力的象征,每位读者都有可能从艺术作品中发现自己的影子,通过阅读他人作品丰富自身,获得愉悦。阅读即读者借助作家提供的象征符号,再创造属于读者自己作品的过程。② 厨川指出,波德莱尔的散文诗《窗》正是对这一观点的文学再现:

> 烛光照着的关闭的窗是作品。瞥见了在那里面的女人的模样,读者就在自己的心里做出创作来。其实是由了那窗,那女人而发见了自己;在自己以外的别人里,自己生活着,烦恼着;并且对于自己的存在和生活,得以感得,深味。所谓鉴赏者,就是在他之中发见我,我之中看见他。③

在《出了象牙之塔》中,厨川白村进一步论述波德莱尔的颓废。厨川指出,波德莱尔厌倦了善与美,希望体验罪恶乃至人生的所有面向,通过培育恶之花制造新的颤栗。④ 我们不应对波德莱尔的恶之花施以道德批判,因为道德源于生活中的即时目的,天才创造则源于人类生命最深处的需求。人需要超越各种限制,"看人生的全圆",才能深刻体会何为人性。像波德莱尔这样勇于跨越道德藩篱、赞美恶的艺术家,可谓具有深刻人性之人。⑤

---

① 同上,第114页。
② 同上,第49、50、51、57—59、60页。
③ 同上,第64页。
④ 厨川白村:《出了象牙之塔》,鲁迅译,上海/北平/成都/重庆/厦门/广州/开封/汕头/武汉/温州/云南/济南:北新书局,1935,第25—28页。
⑤ 厨川白村:《出了象牙之塔》,鲁迅译,上海/北平/成都/重庆/厦门/广州/开封/汕头/武汉/温州/云南/济南:北新书局,1935,第80—83页。

厨川白村的分析反映出反抗道德和功利主义约束的意愿。其产生背景是厨川对日本人国民性的批评。厨川白村指出，日本人热衷追求即时功利，忽视发展内心生活，凡事追求中庸妥协，缺乏追究到底的认真态度，因而无法成就纯粹的美。厨川认为，这种精神状态不利于文化进步。

厨川白村对日本国民性的批判在很大程度上适用于中国社会，让中国读者发现波德莱尔式的颓废对于解决中国功利主义问题的效用。这也是鲁迅翻译厨川白村的原因之一。在《出了象牙之塔》后记中，鲁迅写道：

> 著者所指摘的微温，中道，妥协，虚假，小气，自大，保守等世态，简直可以疑心是说着中国。尤其是凡事都做得不上不下，没有底力；一切都要从灵向肉，度着幽魂生活这些话。凡那些，倘不是受了我们中国的传染，那便是游泳在东方文明里的人们都如此……但我们也无须讨论这些的渊源，著者既以为这是重病，诊断之后，开出一点药方来了，则在同病的中国，正可借以供少年少女们的参考或服用，也如金鸡纳霜既能医日本人的疟疾，即也能医治中国人的一般①。

如上所述，鲁迅于1925年翻译出版了厨川白村的《苦闷的象征》。此前数月，1924年10月26日，鲁迅在《晨报附镌》中发表了该书的部分章节，其中包括散文诗《窗》的译文。对比《苦闷的象征》单行本和《晨报附镌》节译本中《窗》的译文我们发现，鲁

---

① 厨川白村：《出了象牙之塔》，鲁迅译，上海/北平/成都/重庆/厦门/广州/开封/汕头/武汉/温州/云南/济南：北新书局，1935，第252页。

迅在出版单行本时对该诗译文进行了多处修改。这说明1924年下半年,鲁迅对波德莱尔作品,特别是散文诗《窗》的思考持续深入①。此后一段时间,波德莱尔继续吸引鲁迅的注意力:1927年4月10日,鲁迅主编的《莽原》杂志刊登了波德莱尔《理想》(L'Idéal)和《美》(La Beauté)中译文;1927年底至1928年底,鲁迅担任《语丝》主编期间,石民在其上发表了三篇波德莱尔作品译文:《圆光之失却》(Perte d'auréole),«Any Where out of the World»和《愉快的死者》(Le Mort joyeux)。

如果说翻译出版《苦闷的象征》前后的鲁迅将波德莱尔的颓废视为生命力和反抗道德约束的象征,1930年起,鲁迅对波德莱尔的态度发生变化。1930年3月1日,鲁迅在发表于《莽原月刊》的《非革命的急进革命论者》一文中这样评论波德莱尔:

> 法国的波特莱尔,谁都知道是颓废的诗人,然而他欢迎革命,待到革命要妨害他的颓废生活的时候,他才憎恶革命了。所以革命前夜的纸张上的革命家,而且是极彻底,极激烈的革命家,临革命时,便能够撕掉他先前的假面,——不自觉的假面。②

鲁迅在此文中这样描述波德莱尔式的颓废者:"自己没有一定的理想和无力,便流落而求刹那的享乐;一定的享乐,又使他发生厌倦,则时时寻求新刺戟,而这刺戟又须利害,这才感到畅

---

① 鲁迅对《窗》的解读深受厨川白村影响。在某种程度上,"颓败线的颤动"可以被视为鲁迅在厨川白村影响下对《窗》的续写。对此笔者将另外撰文讨论。
② 鲁迅:《非革命的急进革命论者》,鲁迅:《鲁迅全集》,第4卷,北京:人民文学出版社,2005,第232页。

快。革命便也是那颓废者的新刺戟之一。"①颓废在这里变成缺乏真正理想的标志。这时的鲁迅似乎背离了厨川白村的理论。厨川认为,以波德莱尔为代表的颓废者们拥有真正的理想,即丰富自己的生命体验。

其实我们可以推测,鲁迅与厨川白村乃至波德莱尔之间的裂痕早在1924年便已埋下伏笔。诚然,鲁迅和波德莱尔都强调想象的重要性②,但富有现实关怀精神的鲁迅是否真的能够同意诗人在《窗》末尾所言:"在我以外的事实,无论如何又有什么关系呢,只要它帮助了我生活,感到我存在和我是怎样?"③这是值得深究的问题。

3. 徐志摩与波德莱尔

徐志摩选择从道德角度理解波德莱尔。在1929年12月10日发表于《新月》的《波特莱的散文诗》一文中,徐志摩以《寡妇》(Les Veuves)、《穷人的玩物》(Le Joujou du pauvre)和《穷人的眼》(Les Yeux des pauvres)为例,证明波德莱尔将人类最简单的感情,特别是对穷苦人的同情予以升华。④

徐志摩如此强调波德莱尔的同情心并非偶然,同情是20年

---

① 鲁迅:《非革命的急进革命论者》,鲁迅:《鲁迅全集》,第4卷,北京:人民文学出版社,2005,第232页。
② 1924年的西安之行让鲁迅深切感受到对于文学家而言,想象比现实更重要。见孙伏园:《杨贵妃》,《鲁迅先生二三事》,重庆:作家书屋,1944,第39、40页;《致山本初枝》,《鲁迅选集·书信卷》,徐文斗、徐苗青选注,济南:山东文艺出版社,1991,第227页。关于波德莱尔对想象的部分论述,可见Charles Baudelaire: Œuvres complètes II, texte établi, présenté et annoté par Claude Pichois, bibliothèque de La Pléiade, Paris, Gallimard, 1976, 第114—116,120—121页。
③ 厨川白村:《苦闷的象征》,鲁迅译,上海:北新书局,1926,第63页。
④ 徐志摩:《波特莱的散文诗》,《新月》,II—10,1929年12月10日,第2—3页。

代徐志摩作品的重要主题。他在作于1922年8月的《康桥再会罢》一文中写道:"人生至宝是情爱交感,即使/山中金尽,天上星散,同情还/永远是宇宙间不尽的黄金。"①徐志摩指出,学会爱会让中国人变得更具精神性:

> 爱就像宗教一样(宗教本身也是神圣的宇宙的爱),是超趣,是纯化,由于被那种神秘的力量所纯化,人凡俗的眼睛就能看见属于精神领域的图景,这种图景是实际眼光通常无法看到的;人的耳朵将充满庄严崇高的音乐,像浩瀚的海浪自天际滚滚而来。②

徐志摩将泰戈尔视为最完美的爱的代言人。面对中国青年对泰戈尔神秘主义的指责,徐志摩反驳道:"我们的诗人,虽则常常招受神秘的徽号,在事实上却是最清明,最有趣,最诙谐,最不神秘的生灵,他是最通达人情,最近人情的。……他到处要求人道的温暖与安慰,他尤其要我们中国青年的同情与情爱。"③

在1924年12月1日发表于《晨报六周年纪念增刊》的《落叶》一文中,徐志摩赞美释迦牟尼和耶稣的慈悲心。他这样评论两位圣人的丰功伟绩:

> 真的感情,真的人情,是难能可贵的,那是社会组织的基本成分。初起也许只是一个人心灵里偶然的震动,但这

---

① 徐志摩:《康桥再会罢》,徐志摩:《徐志摩全集》,第4卷,韩石山编,天津:天津人民出版社,2005,第63页。
② 徐志摩:《艺术与人生》,徐志摩:《徐志摩全集》,第1卷,韩石山编,天津:天津人民出版社,2005,第187—188页。
③ 徐志摩:《泰戈尔》,徐志摩:《徐志摩全集》,第1卷,韩石山编,天津:天津人民出版社,2005,第446页。

震动,不论怎样的微弱,就产生了及远的波纹;这波纹要是唤得起同情的反应时,原来细的便并成了粗的,原来弱的便合成了强的。①

除人道主义维度外,徐志摩也强调波德莱尔作品揭示的灵魂深度:

在十九世纪的文学史上,一个佛洛贝,一个华而德裴特,一个波特莱,必得永远在后人的心里唤起一个沉郁,孤独,日夜在自剖的苦痛中求光亮者的意像……但他们所追求的却不是虚玄的性理的真或超越的宗教的真。他们辛苦的对象是"性灵的抒情的动荡,沉思的纤细的轮廓,天良的俄然的激发。"本来人生深一义的意趣与价值还不是全得向我们深沉,幽玄的意识里去探检出来?②

徐志摩用"特异的震动"、"微妙的,几于神秘的踪迹"、"瞬息转变如同雾里的山水的消息"等短语描写这一深刻而神秘的意识。他将艺术创作比"一支伊和灵弦琴(The Harp Aeolian)在松风中感受万籁的呼吸,同时也从自身灵敏的紧张上散放着不容模拟的妙音!"③

早在1924年为其译文《死尸》撰写的引言中,徐志摩便对该诗的音乐性表现出格外敏感:

---

① 徐志摩:《落叶》,徐志摩:《徐志摩全集》,第1卷,韩石山编,天津:天津人民出版社,2005,第455页。
② 徐志摩:《波特莱的散文诗》,《新月》,II—10,1929年12月10日,第1页。
③ 同上,第1—2页。

我自己更是一个乡下人,他的原诗我只能诵而不能懂;但真音乐原只要你听:水边的虫叫,梁间的燕语,山壑里的水响,松林里的涛声——都只要你有耳朵听,你真能听时,这"听"便是"懂"。那虫叫,那燕语,那水响,那涛声,都是有意义的;但他们各个的意义却只与你"爱人"嘴唇上的香味一样——都在你自己的想象里。①

在徐志摩看来,正如在爱情中,双唇的接触不过是灵魂结合的象征,诗歌的音乐性也比诗歌的所指更重要,因为比起后者,前者更微妙、更深入地触及到读者灵魂。徐志摩声称不仅能听到有声的音乐,还能听到无声的音乐:

我不仅会听有音的乐,我也听听无音的乐(其实也有音你听不见)。我直认我是一个干脆的 Mystic。为什么不?我深信宇宙的底质,人生的底质,一切有形的事物与无形的思想的底质——只是音乐,绝妙的音乐。天上的星,水里的泅的乳白鸭,树林里冒的烟,朋友的信,战场上的炮,坟堆里的鬼磷,巷口那只石狮子,我昨夜的梦……无一不是音乐做成的,无一不是音乐。②

对徐志摩而言,相较于俗世之人的雕虫小技,捕捉到宇宙的音乐性是大智慧的体现。徐志摩指出,宇宙之乐与灵魂之乐紧密相连。要想听到宇宙之乐,必须学会聆听自己内心的声音。为达致这一目标,必须放弃功利心态,真诚面对自己的内心需

---

① 徐志摩:《波特莱的散文诗》,《新月》,II—10,1929年12月10日,第6页。
② 菩特莱尔:《死尸》,徐志摩译,《语丝》,n°3,1924年12月1日,第6页。

求。在这一点上,徐志摩与厨川白村不谋而合。后者在《苦闷的象征》"自己发见的欢喜"一节指出,生命力无处不在,作为生命力最明显象征的节奏律动也无处不在。①

然而,《苦闷的象征》译者鲁迅却将徐志摩关于神秘音乐的言论斥为荒唐之言。在发表于1924年12月15日的《"音乐"?》一文中,鲁迅针对徐志摩的《死尸》前言极尽讽刺之能事,他写道:"我不幸终于难免成为一个苦韧的非Mystic了,怨谁呢。"②鲁迅将徐志摩比作叽叽喳喳的麻雀,在文末感叹道:"只要一叫而人们大抵震悚的怪鸱的真的恶声在那里!?"③鲁迅所谓"真的恶声",是指具有独立思考能力和批判精神的思想家针对社会流弊发出的正义之声。

在发恶声问题上,鲁迅对徐志摩显然相当不公平。就在《死尸》译文发表同年,即1924年,徐志摩曾多次表达用恶声唤醒民众的意愿。在1924年3月10日发表于《小说月报》的《给抱怨生活干燥的朋友》一文中,他写道:"(夜鹰)虽则没有子规那样天赋的妙舌,但我却懂得他的怨忿,他的理想,他的急调是他的嘲讽与咒诅;我知道他怎样的鄙蔑一切,鄙蔑光明,鄙蔑烦嚣的燕雀,也鄙弃自喜的画眉。"④

不过,仔细研究徐志摩对《死尸》的翻译,我们发现他确实有

---

① 厨川白村:《苦闷的象征》,鲁迅译,上海:北新书局,1926,第57页。
② 鲁迅:《"音乐"?》,鲁迅:《鲁迅全集》,第7卷,北京:人民文学出版社,2005,第56页。
③ 同上。
④ 徐志摩:《给抱怨生活干燥的朋友》,徐志摩:《徐志摩全集》,第1卷,韩石山编,天津:天津人民出版社,2005,第421页。相关主题另见徐志摩1924年2月21日致英国汉学家亚瑟·威利(Arthur Waley)的信,徐志摩:《徐志摩全集》,第6卷,第451页;徐志摩:《汤麦司哈代的诗》,徐志摩:《徐志摩全集》,第1卷,第406页;徐志摩:《毒药》,徐志摩:《徐志摩全集》,第4卷,第167页;徐志摩:《徐志摩全集》,第6卷,第303页。

将波德莱尔神秘化的倾向。我们将在研究波德莱尔的中文翻译时专门讨论这一问题。

4. 本间久雄、高滔、徐懋庸与波德莱尔

1928年8月,本间久雄《欧洲近代文艺思潮论》中文版面世。该书直接或间接借用诺尔道(Max Nordau)、戈蒂耶(Théophile Gautier)和波德莱尔自己的作品,分析波德莱尔作为颓废作家的特质:"自己崇拜"、"偏重技巧"、"无感觉"、"偏重'恶'"。① 在1932年出版的《近代欧洲文艺思潮史纲》中,高滔参考了本间久雄的作品②,同时有所调整,突出时代的作用。对比以下两段可资证明:

本间久雄:

> 使波特来耳的文学家价值垂于永久的,是他三十七岁时发表的诗集《恶之华》(一八五七年)。这本诗集的内容包含长短诗篇八十,因为和表题所示同样,他的感觉和普通道德的感觉离开得太远,一般社会以为他故意的以病态的不健全的感情和情绪来描写故意的病态的和不健全的题材……《恶之华》的确是以从来诗坛上所不能看到的病态的不健全的事象为题材的作品。但是,这绝不是可以从普通的思想感情的见地而加以非难的作品。因为这种作品的内

---

① 本间久雄:《欧洲近代文艺思潮论》,沈端先译,上海:开明书店,1928,第290—293页;André Guyaux, *op. cit.*, p. 492 – 493, 505; Charles Baudelaire, *Œuvres complètes* II, texte établi, présenté et annoté par Claude Pichois, bibliothèque de La Pléiade, Paris, Gallimard, 1976, p. 319。

② 证据见高滔,前揭,第323—324、336、338、339、341—342页;本间久雄,前揭,第292、295—299页。

容,实在是太深刻了!

高滔:

　　波多莱尔藉以永垂不朽的,乃是一八五七年所发表的诗集《恶之华》(*Les Fleurs du Mal* 英译为 The Flowers of Evil)。这本书含有长短诗篇八十首,都是以病态的不健全的感情和情绪来描写病态的和不健全的题材的,其感觉也和普通道德的感觉相距太远;……有人说,"但丁是向地狱里去的,波多莱而是从地狱里来的",实则波氏的生活经验,因为时代先后与环境变异的原故,较之但丁复杂得多了。①

本间久雄认为《恶之花》是一部深刻的作品,高滔则强调波德莱尔的深刻来自于"时代"与"环境"变异。

对比本间久雄与高滔对让-马里·居约(Jean-Marie Guyau)《社会学视角下的艺术》中同一段落的评论,更能凸显高滔对波德莱尔与外部世界关系的强调。在该段中,居约批评颓废派作家淫乱、悲观、做作,将他们比作垂死之人。本间久雄这样评论居约的论断:

　　苟育所论,对于颓废派文学的特质,确是有些中肯的地方,但是将这种文学看作活力衰颓的老衰文艺,而加以非难,却不是对于颓废派有理解的见解。②

---

① 本间久雄,前揭,第296页;高滔,前揭,第338页。
② 本间久雄,前揭,第299页。

高滔则这样评论居约的论述：

> 这种批判与非难虽然有些道着是处，却没有认清时代，及其必然的产物。颓废派不是凭空掉下来的，乃是有着他时代的背景。寻求异常不得则易陷于烦恼，痛苦悲哀搔着他们的心则易流于没落，这自是他们的缺点；然而我们一忆及没落的时代必产生没落文学时，也就奈何它不得了。①

高滔所谓"没落的时代"即资本主义时代。他引用诺尔道的《变质论》证明，生活在资本主义社会中的人们在竞争、投机及各种重担压迫下，不得不借助烟酒甚至毒品来缓解疲惫、镇定神经，波德莱尔即其中一例。②

1936年出版的《文艺思潮小史》也参考了本间久雄作品关于颓废五种特质的论述③，同时也采用唯物主义立场。作者徐懋庸将颓废作家视为非革命的改良主义者。他指出，颓废文学反抗社会，但不彻底否定资本主义。颓废作家试图通过艺术地处理现实生活中的恶，在资本主义社会内部创造一种新生活。④

二、翻译波德莱尔

1917至1937年，波德莱尔的多部作品被译成中文。以下为最初译成中文的波德莱尔作品列表：

---

① 高滔，前揭，第341—342页。
② 同上，第301页。
③ 徐懋庸，前揭。第98—101页。
④ 同上，第97页。

发表日期 (年/月/日)	中文标题	原文标题	译者	期号	发表刊物 或专著
1921/11/20	外方人	L'Étranger	仲密		晨报副镌
1921/11/20	狗与瓶	Le Chien et le flacon	仲密		晨报副镌
1921/11/20	头发里的世界	Un hémisphère dans une chevelure	仲密		晨报副镌
1921/11/20	你醉	Enivrez-vous	仲密		晨报副镌
1922/01/01	头发里的世界	Un hémisphère dans une chevelure	仲密	VIII—1	妇女杂志
1922/01/01	窗	Un hémisphère dans une chevelure	仲密	VIII—1	妇女杂志
1922/01/09	穷人的眼	Les Yeux des pauvres	仲密	I—9	民国日报·觉悟
1922/01/09	你醉	Enivrez-vous	仲密	I—9	民国日报·觉悟
1922/03/10	窗	Les Fenêtres	仲密	XIII—3	小说月报
1922/04/09	月的恩惠	Les Bienfaits de la lune	仲密		晨报副镌
1922/04/09	海港	Le Port	仲密		晨报副镌
1922/08/01	游子	L'Étranger	仲密	VIII—8	妇女杂志
1923/04/15	醉着罢	Enivrez-vous	平伯	II—1	诗
1923/04/15	无论那儿出这世界之外罢	N'importe où hors du monde	平伯	II—1	诗
1923/05/05	一个尸体	Une charogne	秋潭	3	草堂
1923/05/05	生动的火把	Le Flambeau vivant	秋潭	3	草堂
1923/05/05	坏钟	La Cloche fêlée	秋潭	3	草堂
1923/12/01	月亮的恩惠	Les Bienfaits de la lune	焦菊隐	19	晨报副镌
1924/05/13	两重室	La Chambre double	王维克	33	文艺周刊
1924/10/13	月亮眷属	Les Bienfaits de la lune	苏兆龙	143	文学周报
1924/10/13	那一个是真的	Laquelle est la vraie?	苏兆龙	143	文学周报

(续 表)

发表日期(年/月/日)	中文标题	原文标题	译者	期号	发表刊物或专著
1924/12/01	死尸	Une charogne	徐志摩	3	语丝
1924/12/25	尸体	Une charogne	金满成	57	晨报副刊·文学旬刊
1925/01/15	腐尸	Une charogne	张人权	59	晨报副刊·文学旬刊
1925/02/23	镜子	Le Miroir	张定璜	15	语丝
1925/02/23	那一个是真的	Laquelle est la vraie?	张定璜	15	语丝
1925/02/23	窗子	Les Fenêtres	张定璜	15	语丝
1925/02/23	月儿的恩惠	Les Bienfaits de la lune	张定璜	15	语丝
1925/02/23	狗和罐子	Le Chien et le flacon	张定璜	15	语丝
1925/11	鬼	Le Revenant	李思纯	47	学衡
1925/11	鸱枭	Les Hiboux	李思纯	47	学衡
1925/11	血泉	La Fontaine de sang	李思纯	47	学衡
1925/11	腐烂之女尸	Une charogne	李思纯	47	学衡
1925/11	猫	Le Chat («Viens, mon beau chat,…»)	李思纯	47	学衡
1925/11	破钟	La Cloche fêlée	李思纯	47	学衡
1925/11	凶犯之酒	Le Vin de l'assassin	李思纯	47	学衡
1925/11	密语	Causerie	李思纯	47	学衡
1925/11	赭色发之女丐	À une mendiante rousse	李思纯	47	学衡
1925/11	暮色	Le Crépuscule du soir (en vers)	李思纯	47	学衡
1926/12/01	情人之死	La Mort des amants	绍宗	周年增刊	《洪水》半月刊
1927/04/10	理想	L'Idéal	邓琳	II—7	《莽原》半月刊

(续 表)

发表日期 (年/月/日)	中文标题	原文标题	译者	期号	发表刊物 或专著
1927/04/10	美	La Beauté	邓琳	II—7	《莽原》 半月刊
1927/12/15	窗	Les Fenêtres	虚白	I—4	真美善
1927/12/18	明月的哀愁	Tristesse de la lune	徐蔚南	No. 295 V—20	文学 周报
1928/07/09	圆光之失却	Perte d'auréole	石民	IV—28	语丝
1928/07/09	Any where out of the world	Any where out of the world	石民	IV—28	语丝
1928/07/16	愉快的死者	Le Mort joyeux	石民	IV—29	语丝
1928/09/01	"请去旅行"	L'Invitation au voyage (en prose)	朱维基 芳信	单行本	《水仙》
1928/09/01	饼	Le Gâteau	朱维基 芳信	单行本	《水仙》
1928/09/01	老江湖	Le Vieux Saltimbanque	朱维基 芳信	单行本	《水仙》
1928/09/01	玻璃小贩	Le Mauvais Vitrier	朱维基 芳信	单行本	《水仙》
1928/09/01	诱惑：或，Eros, Plutus 和 Glory	Les Tentations, ou Éros, Plutus et la Gloire	朱维基 芳信	单行本	《水仙》
1928/09/01	仁慈的赌博者	Le Joueur généreux	朱维基 芳信	单行本	《水仙》
1928/09/01	绳	La Corde	朱维基 芳信	单行本	《水仙》
1928/09/01	一个英雄般的死	Une mort héroïque	朱维基 芳信	单行本	《水仙》

(续 表)

发表日期 (年/月/日)	中文标题	原文标题	译者	期号	发表刊物或专著
1928/10/13	妖魔	Les Ténèbres	林文铮	VIII—201	现代评论
1928/10/13	肖象	Le Portrait	林文铮	VIII—201	现代评论
1928/10/20	西精娜	Sisina	林文铮	VIII—202	现代评论
1929/01/01	奉劝旅行	L'Invitation au voyage (en vers)	陈勺水	I—1	乐群（月刊）
1929/01/01	毒药	Le Poison	陈勺水	I—1	乐群（月刊）
1929/02/01	吸血鬼	Le Vampire	陈勺水	I—2	乐群（月刊）
1929/02/01	波德雷无题诗	« Je t'adore à l'égal de la voûte nocturne »	陈勺水	I—2	乐群（月刊）
1929/02/01	波德雷无题诗	« Tu mettrais l'univers entier dans ta ruelle »	陈勺水	I—2	乐群（月刊）
1929/02/01	波德雷无题诗	« Une nuit que j'étais près d'une affreuse Juive »	陈勺水	I—2	乐群（月刊）
1929/02/01	波德雷无题诗	« Avec ses vêtements ondoyants et nacrés »	陈勺水	I—2	乐群（月刊）
1929/02/01	波德雷无题诗	« Je te donne ces vers afin que si mon nom »	陈勺水	I—2	乐群（月刊）
1929/02/01	波德雷无题诗	« Que diras-tu ce soir, pauvre âme solitaire »	陈勺水	I—2	乐群（月刊）
1929/03/01	黑暗	Les Ténèbres	勺水	I—3	乐群（月刊）
1929/03/01	香气	Le Parfum	勺水	I—3	乐群（月刊）
1929/03/01	画框	Le Cadre	勺水	I—3	乐群（月刊）

(续　表)

发表日期 (年/月/日)	中文标题	原文标题	译者	期号	发表刊物 或专著
1929/03/01	画像	*Le Portrait*	勺水	I—3	乐群 (月刊)
1929/03/20	博多莱尔寄其母书(一)	*Lettre à Madame Aupick I*	肇颖	I—3	华严
1929/04/20	博多莱尔寄其母书(二)	*Lettre à Madame Aupick II*	菌	I—4	华严
1929/05/20	博多莱尔寄其母书(三)	*Lettre à Madame Aupick III*	刘绍苍	I—5	华严
1929/06/20	博多莱尔寄其母书(四)	*Lettre à Madame Aupick IV*	刘绍苍	I—6	华严
1929/07/20	博多莱尔寄其母书(五)	*Lettre à Madame Aupick V*①	刘绍苍	I—7	华严
1929/09/15	登临	*Épilogue aux* Petits Poèmes en prose	石民	I—9	春潮

---

① 按照它们在 1929 年 3 月 20 日至 7 月 20 日《华严》杂志中出现的历时顺序,这些信件的写作时间分别是 1845 年、1853 年 4 月、1845 年 4 月中旬、1866 年 3 月 30 日、1841 年 5 月初、1848 年 1 月 2 日、1845 年 7 月初、1846 年 1 月 15 日、1847 年 12 月 16 日、1853 年 6 月 27 日和 11 月 18 日。笔者采用皮舒瓦(Claude Pichois)和齐格勒(Jean Ziegler)对信件日期的考证结果,而非中文译者对信件日期的标识。详见 Charles Baudelaire, *Correspondances*, Paris, Gallimard, coll. Bibliothèque de la Pléiade, t. I, 1973, p. 122, 126, 129, 221, 632, 763, 766—767, 826。

(续 表)

发表日期 (年/月/日)	中文标题	原文标题	译者	期号	发表刊物 或专著
1929/10/14	译诗一首 ——恶之 花第四十三	Que diras-tu ce soir, pauvre âme solitaire	石民	V—31	语丝
1929/10/27	疯人与 维娜丝	Le Fou et la Vénus	石民	V—32	语丝
1929/10/27	老妇人之 失望	Le Désespoir de la vieille	石民	V—32	语丝
1929/10/27	早上一点钟	À une heure du matin	石民	V—32	语丝
1929/10/27	伪币	La Fausse Monnaie	石民	V—32	语丝
1929/10/27	靶子场	Le Tir et le cimetière	石民	V—32	语丝
1929/10/27	野蛮妇与 妖姣女	La Femme sauvage et la petite-maîtresse	石民	V—32	语丝
1929/10/27	穷孩子的 玩具	Le Joujou du pauvre	石民	V—32	语丝
1929/10/27	倒霉的 玻璃匠	Le Mauvais Vitrier	石民	V—32	语丝
1929/10/27	EPILOGUE	Épilogue aux Petits Poèmes en prose	石民	V—32	语丝
1930/01/06	老浪人	Le Vieux Saltimbanque	石民	V—43	语丝
1930/01/06	姑娘们的 写照	Portrait de maîtresses	石民	V—43	语丝
1930/01/06	宿缘	Les Vocations	石民	V—43	语丝
1930/08/16	孤独	L'Isolement	石民	I—2	现代文学
1930/08/16	诱惑：色情， 黄金，荣誉	Les Tentations	石民	I—2	现代文学
1930/08/16	黄昏	Le Crépuscule du soir (en prose)	石民	I—2	现代文学

（续　表）

发表日期 (年/月/日)	中文标题	原文标题	译者	期号	发表刊物或专著
1930/08/16	射手	*Le Galant Tireur*	石民	I—2	现代文学
1930/08/16	镜子	*Le Miroir*	石民	I—2	现代文学
1930		*Petits Poèmes en prose de Baudelaire*	邢鹏举		《波多莱尔散文诗》
1932/01/01	快乐的死者	*Le Mort joyeux*	陈君冶	I—6	新时代
1933/03/01	应和	*Correspondances*	卞之琳	IV—6	新月
1933/03/01	人与海	*L'Homme et la mer*	卞之琳	IV—6	新月
1933/03/01	音乐	*La Musique*	卞之琳	IV—6	新月
1933/03/01	异国的芳香	*Parfum exotique*	卞之琳	IV—6	新月
1933/03/01	商籁	*Sonnet d'automne*	卞之琳	IV—6	新月
1933/03/01	破钟	*La Cloche fêlée*	卞之琳	IV—6	新月
1933/03/01	忧郁	*Spleen*(«Quand le ciel bas et lourd pèse comme un couvercle»)	卞之琳	IV—6	新月
1933/03/01	瞎子	*Les Aveugles*	卞之琳	IV—6	新月
1933/03/01	流浪的波希米人	*Bohémiens en voyage*	卞之琳	IV—6	新月
1933/03/01	入定	*Recueillement*	卞之琳	IV—6	新月
1933/06/01	穷人之死	*La Mort des pauvres*	卞之琳	III—12	文艺月刊
1933/07/01	喷泉	*Le Jet d'eau*	卞之琳	IV—1	文艺月刊
1933	登临	ÉPILOGUE	石民		《他人的酒杯》
1933	秋情诗	*Sonnet d'automne*	石民		《他人的酒杯》
1933	愉快的死者	*Le Mort joyeux*	石民		《他人的酒杯》

(续　表)

发表日期 (年/月/日)	中文标题	原文标题	译者	期号	发表刊物 或专著
1933	将何言	*Que diras-tu ce soir, pauvre âme solitaire*	石民		《他人的酒杯》
1933	回魂	*Le Revenant*	石民		《他人的酒杯》
1934/03/01	交响共感	*Correspondances*	诸候	II—3	文学
1934/03/01	生生的炬火	*Le Flambeau vivant*	诸候	II—3	文学
1934/03/01	贫民的死	*La Mort des pauvres*	诸候	II—3	文学
1934/03/01	航海——赠流浪者的座右铭	*Le Voyage*	诸候	II—3	文学
1934/10/16	窗	*Les Fenêtres*	黎烈文	I—2	译文
1934/10/16	奇人	*L'Étranger*	黎烈文	I—2	译文
1934/10/16	时钟	*L'Horloge*	黎烈文	I—2	译文
1934/10/16	狗与小瓶	*Le Chien et le flacon*	黎烈文	I—2	译文
1934/10/16	头发里的半个地球	*Un hémisphère dans une chevelure*	黎烈文	I—2	译文
1934/10/16	老妇人的绝望	*Le Désespoir de la vieille*	黎烈文	I—2	译文
1934/10/16	醉罢	*Enivrez-vous*	黎烈文	I—2	译文
1934/10/16	那一个是真的	*Laquelle est la vraie?*	黎烈文	I—2	译文
1934/12/01	露台	*Le Balcon*	梁宗岱	III—6	文学
1934/12/01	秋歌	*Chant d'automne*	梁宗岱	III—6	文学
1935/01/01	旁若无人随笔	*Extrait de Fusées et de Mon cœur mis à nu*	疑今	56	论语
1935/01/15	贫民的玩具	*Le Joujou du pauvre*	若人	16	小说

(续　表)

发表日期 (年/月/日)	中文标题	原文标题	译者	期号	发表刊物或专著
1935/01/15	贫民的眼睛	Les Yeux des pauvres	若人	16	小说
1935/02/01	晚间的谐和	Harmonie du soir	李金发	VII—2	文艺月刊

下面我们通过三个个案，即《腐尸》(Une charogne)的五个最初中文译本、李思纯(1893—1960)的文言文译诗和陈勺水(1886—1960)发表在一份左翼杂志中的译诗，揭示中文译者如何通过操控文本，建构与原诗非常不同的波德莱尔形象。

1. "腐尸"的五个中文首译本

1923至1925年，《腐尸》一诗被五次重译。1923年5月5日，首译本《一个尸体》发表于四川文学杂志《草堂》①。秋潭在译者前言中将波德莱尔定义为"苦恼悲愤、穷极无聊"、"性僻异"的世纪末诗人。②

秋潭强调诗人与社会的对立，徐志摩则强调该诗的异国情调与神秘色彩。1924年12月1日，徐志摩在《语丝》上发表译文《死尸》，并称该诗让他想到古希腊淫后克利内姆推司德拉坼裂的墓窟、坟边长着尖刺的青蒲、梅圣里古狮子门上的落照等意象。徐志摩在诗中听到一种异乐，看到夕阳余烬里反射出的辽远、惨淡的青芒，闻到既是奇毒也是奇香的异臭。③

徐译发表两周后，金满成(1900—1971)译《尸体》一文发表于《晨报副刊·文学旬刊》。该文编者将波德莱尔描述为思想奇

---

① 同期刊登有波德莱尔另两首诗歌的翻译：《生动的火把》(Le Flambeau vivant)和《坏钟》(La Cloche fêlée)。
② 《法国诗人鲍笛奈而的诗》，秋潭译，《草堂》，n°3，1923年5月5日，第53页。
③ 菩特莱尔：《死尸》，徐志摩译，《语丝》，n°3，1924年12月1日，第5—6页。

异、字句精炼、感觉敏锐、充满"痛苦、兴奋、暧昧的热情"的诗人。编者指出,金满成与徐志摩的译文有诸多不同之处,可以让读者对波德莱尔有更为全面的印象①。

1925年1月15日,《晨报副刊·文学旬刊》刊登张人权译《腐尸》。译者指出,他发现徐志摩和金满成的译文与原文多有出入,因此决定重译。张人权和金满成当时同为北京中法大学文学院(伏尔泰学院)学生,因此张译也可能是同学间一较翻译水平高下心理的产物。②

1925年11月,《腐尸》的第五个中译本《腐烂之女尸》发表于《学衡》。译者李思纯将该诗主题总结为"哀死去之爱情也"。李思纯在翻译前言中指出,波德莱尔的诗歌"使人读之若感麻醉,若中狂疾"③。

上述五位译者似乎都忽略了诗人对想象的强调。原诗最后一句:«Que j'ai gardé la forme et l'essence divine/De mes amours décomposés!»④李思纯将其译为:"情爱任分离　留此残躯形。"原诗叙事者借助想象跳脱出失去爱人的悲伤,李译叙事者面对"残躯形"却似乎无法自拔。这也是为什么李思纯将该诗主题总结为"哀死去之爱情"。其他四位译者对该句的翻译也都反映出他们对恋人的不舍。秋潭将其译成:"我保守着你的形像与香馥";金满成将其译成:"你说我对于解体的爱情,我还保守着他的形像和精诚",以强调叙事者的忠诚;张人权在译文中将«la forme»("形式")与«l'essence divine»("神圣的精髓")相对立,

---

① 波特来耳:《尸体》,金满成译,《晨报副刊·文学旬刊》,n° 57,1924年12月25日,第1页。
② 陈凤兮:《陈毅轶事》,《红岩春秋》,n° 5,1997年10月15日,第5—6页。
③ 《仙河集》,李思纯译,《学衡》,n° 47,1925年11月,第50页。
④ 该句可直译为:"对于那解体的爱情/我保留了形式与神圣的精髓。"

将第一个短语译为"形像",第二个短语译为"精神";徐志摩则将这两句译为:"说我的心永远葆着你的妙影"。由此可见,五个中译本将原文中具有抽象意义的«la forme»("形式")一词具体化了①。

中译者强调叙事者对恋人依依不舍。原诗«La puanteur était si forte, que sur l'herbe/Vous crûtes vous évanouir.»一句(直译为:"臭味如此浓烈,您不禁觉得要晕厥在草地上。")具有一定讽刺意味。叙事者似乎暗示,女子现在觉得眼前的腐尸臭不可闻,殊不知她死后也会变得如此不堪。徐志摩将这两句译成:"那空气里却满是秽息,难堪,多亏你不曾昏醉。""多亏"一词反映出徐志摩希望塑造对恋人关心备至的叙事者形象。李思纯将该句译为:"恶臭薰积草。使人眩且昏。"原诗中的«Vous»("您")变成了泛指的"人",原诗的讽刺对象消失了②。

大部分中国译者都强调该诗氛围的阴森,他们中数位将原诗中的动物尸体译成女尸。李思纯在译文中写道:"路角一女尸,石上僵且腐。"波德莱尔在原诗中这样描写腐尸:«Les jambes en l'air, comme une femme lubrique»。此句直译为:"腿朝天,似淫妇"。这里的腿本指动物四肢,金满成却将此句译成:"两腿朝天,与淫妇相似。"秋潭将此句与下一句译成:"展开两支火热的毒气熏腾的光腿,如像一个淫妇。"张人权这样解释原诗«Et le ciel regardait la carcasse superbe»(直译为:"天空凝视着赤裸裸的骨架")中的«carcasse»("骨架")一词:"其中 Carcasse 一字,[……]本作'动物的骨架'解,但亦可不客气一点用来称呼

---

① 《仙河集》,李思纯译,第 51 页;《法国诗人鲍笛奈而的诗》,秋潭译,第 57 页;菩特莱尔:《死尸》,徐志摩译,第 7 页;波特来耳:《尸体》,金满成译,第 2 页;《腐尸》,张人权译,《晨报副刊·文学旬刊》,n° 59,1925 年 1 月 15 日,第 1 页。

② 菩特莱尔:《死尸》,徐志摩译,第 6 页;《仙河集》,李思纯译,第 50 页。

人体。此处似用第二个解说较妥。"徐志摩用"它"指"腐尸",却又用"他们"指原诗中的"蝇蚋"和"细蛆"①,这让我们难以辨别他所指的是动物尸体还是人尸。但可以确定的是,和其他译者一样,徐志摩也强调该诗的阴森氛围。这一点通过对比徐志摩和斯特姆的译诗可资证明。②

事实上,在徐志摩宣称参考的《腐尸》几个英译本中③,我们发现他切实阅读过斯特姆的译文。以下为两个例证:

波德莱尔原文:	徐志摩译文:	斯特姆译文:
Et le ciel regardait la carcasse superbe Comme une fleur s'épanouir	青天微粲的俯看着这变态,仿佛是眷注一茎向阳的朝卉。	The sky smiled down upon the horror there As on a flower that opens to the day.

波德莱尔原文:	徐志摩译文:	斯特姆译文:
On eût dit que le corps, enflé d'un souffle vague, Vivait en se multipliant.	转像是无形中有生命的吹息, 巨万的微生滋育。	It seemed as though a vague breath came to swell And multiply with life
Et ce monde rendait une étrange musique,	丑恶的尸体。从这繁生的世界,	The hideous corpse. From all this living world

---

① 《仙河集》,李思纯译,第50页;《法国诗人鲍笛奈而的诗》,秋潭译,第54页;波特来耳:《尸体》,金满成译,第1页;《腐尸》,张人权译,第1页;菩特莱尔:《死尸》,徐志摩译,第6页。
② 李欧梵称徐志摩的翻译很可能参考了亚瑟·西蒙士(Arthur Symons)的译文。见李欧梵:《上海摩登——一种新都市文化在中国1930—1945》,毛尖译,前揭,第250页。
③ 菩特莱尔:《死尸》,徐志摩译,第6页。

| Comme l'eau courante et le vent. | 仿佛有风与水似的异乐纵泻。 | A music as of wind and water ran. ① |

在翻译原诗 « Quand vous irez, sous l'herbe et les floraisons grasses »（直译为"当您去向草与秾丽的花之下时"）一句时，徐志摩用"泥"代替原诗中的"花"（"floraisons"），斯特姆则忠实于原文。

徐志摩刻意夸大尸体的腐烂程度。在翻译原诗第一段最后一句时，徐志摩没有采用英译文"A loathsome body lay"（直译为："躺着一具令人不快的尸体"），而是将"loathsome"（"令人不快的"）换成"溃烂的"。再比如，斯特姆将第十段第一句诗译成："And you, even you, will be like this drear thing"（直译为："你，即使是你，也会像这晦暗的东西"）。徐志摩似乎觉得"drear"（"晦暗的"、"阴郁的"）一词不够味，将其换成"腐朽"。

徐志摩希望在翻译中建构一种充满张力的氛围。波德莱尔原文描写了一只"目露凶光看着我们"的母狗。斯特姆笔下的这只狗眼神虽然也带怒气，却又有些凄凉："A homeless dog behind the boulders lay/And watched us both with angry eyes forlorn."（直译为："一条无家可归的狗躲在巨石后/用愤怒而凄凉的目光看着我们"）。徐志摩删去"forlorn"（"凄凉的"）一词，将该句译成："在那磐石的背后躲着一只野狗，它那火赤的眼睛向着你我守候。"

徐志摩对诗中的荡妇形象尤为感兴趣。他不满足于斯特姆

---

① Charles Baudelaire, *Œuvres complètes*, éd. cit. , t. I, p. 31；菩特莱尔：《死尸》，徐志摩译，第 6—7 页；Charles Baudelaire, « The Corpse », trad. Frank Pearce Sturm, dans Thomas Robert Smith, *op. cit.* , p. 170.

对第二段第一句的翻译:"The wanton limbs stiff-stretched into the air."(直译为:"荡妇似的腿僵直地向天空竖起"),而是选择更为贴近原文的翻译:"它直开着腿,荡妇似的放肆。"徐志摩还特别在后半句后加入法文原文。

2. 李思纯:波德莱尔的文言文译者

1925 年 11 月,《恶之花》中多首诗由李思纯首次译成中文发表于《学衡》:《鬼》(Le Revenant)、《鸱枭》(Les Hiboux)、《血泉》(La Fontaine de sang)、《腐烂之女尸》(Une charogne)、《猫》(Le Chat)(«Viens, mon beau chat, …»)、《破钟》(La Cloche fêlée)①、《凶犯之酒》(Le Vin de l'assassin)、《密语》(Causerie)、《赭色发之女丐》(À une mendiante rousse)和《暮色》(Le Crépuscule du soir)。李思纯在译文中均使用文言。《暮色》一诗中有三句原文:«On entend çà et là les cuisines siffler, les théâtres glapir, les orchestres ronfler; les tables d'hôte, dont le jeu fait les délices…»②,直译为:"四处听见厨房在呼啸,剧院在尖叫,乐队在轰鸣;旅馆餐桌上的游戏令人流连忘返。"李思纯分别选用古汉语词汇"宵炊"、"乐馆"、"长案"来翻译« les cuisines »("厨房")、« les orchestres »("乐队")和« les tables d'hôte »("旅馆餐桌"),并用"博塞"、"饮奕"和"弹棋"翻译« jeu »("游戏")③。上述三句话被译成四句七言绝句:"随处酒食闻宵炊,舞台乐馆歌吹低。俱乐部中长案齐,博塞饮奕及弹棋④。"就这样,李思纯

---

① 该诗部分选段由罗迪先译成中文,发表于 1922 年 10 月 1 日出版的《近代文学史纲》。
② Charles Baudelaire, *Œuvres complètes*, éd. cit., t. I, p. 95.
③ "博塞"和"弹棋"指非常古老的棋类游戏,"饮奕"指边喝酒边下围棋。
④ "仙河集",李思纯译,第 55 页。

笔下的巴黎变成了一座中国古城。

  李思纯为每篇译文添加的评注都强调波德莱尔对恶的刻画。这一思维定势导致译者误读其中一些作品。比如,李思纯为"鸱枭"一诗添加如下评注:"罪人之象征也。"李思纯译文这样描写鸱枭:"其智能自警,所惧嚣与动。凶人负罪恶,幽匿多畏惊。易地如枭鸟,趋暗避光明。"① 李思纯用喜欢找暗处躲藏的鸱枭比喻罪犯,而原诗中的鸱枭实为智慧的象征。它们教智者学会畏惧"嚣与动",因为喜欢游移之人往往因易地而受到惩罚。②

  除误译外,李思纯在翻译"鸱枭"时还将原文清晰的观点模糊化了。比如,李思纯将原诗第一段译成:"阴森黑水松。群枭藏匿之。妖神瞪赤眼。注视而沉思。"没有原诗做参照,中国读者未必能够确信"妖神"即"群枭"的比喻。③ 而原诗中《 ainsi que 》("正如")这一短语在二者间明确建立类比关系。李思纯与中国古代诗人一样,倾向于在译诗中隐去连接词,结果造成意义不明。

  有时,采用中国传统诗歌形式译诗也能让译者将原诗密不可分的两部分更好地衔接起来。比如,在《破钟》中,波德莱尔先写破钟,后写自己的灵魂,二者之间存在类比关系。李思纯的译文则将这两个主题更为紧密地联系起来。他写道:"钟响夜寒加。余魂亦龟裂。郁郁屡听之。其声渐微弱。"④ 这里李思纯隐去了动词《 écouter 》("听")的主语,由此留下丰富的阐释空间:可能是灵魂听钟,也可能是叙事者听钟,还可能是叙事者聆听灵魂。钟与灵魂因此水乳交融。

---

① "仙河集",李思纯译,第49页。
② Charles Baudelaire, *Œuvres complètes*, éd. cit., t. I, p. 67。
③ 《仙河集》,李思纯译,第49页;Charles Baudelaire, *Œuvres complètes*, éd. cit., t. I, p. 67。
④ 《仙河集》,李思纯译,第51页。

3. 陈勺水：波德莱尔的进步主义译者

1929年1月至3月，陈勺水在《乐群》杂志上翻译出版《恶之花》中如下篇目：《奉劝旅行》(L'Invitation au voyage)、《毒药》(Le Poison)、《吸血鬼》(Le Vampire)、《波德雷的无题诗》[1]、《黑暗》(Les Ténèbres)、《香气》(Le Parfum)、《画框》(Le Cadre)和《画像》(Le Portrait)[2]。陈勺水刻意塑造铿锵有力的风格，其所译诗句多用逗号一分为二。《黑暗》《香气》《画框》和《画像》每句译文均使用十二个汉字。《黑暗》译文共使用八个感叹号，而原诗只有两个感叹号[3]。如果说《黑暗》原诗是在诉说，陈勺水的译文则像是革命者在呼喊。

陈勺水对《奉劝旅行》的翻译格外引人注目。译者将原诗的颓废风格完全变成进步主义风格。译者将波德莱尔想象成充满力量和激情的诗人，每段诗后的副歌均用感叹号结尾。原文一共只有两个感叹号，陈勺水的译文则用了九个感叹号。

陈勺水视野中的波德莱尔向往光明的未来，这一视野体现在他对《奉劝旅行》中 « beauté »（"美丽"）一词的翻译上。该词三次出现于原诗副歌中，陈勺水分别用"明媚"、"堂皇"和"美满"对其进行翻译。三词的使用部分出于译者押韵的需要，更反映出译者对每句副歌前一段内容的理解。陈勺水认为，原诗第一段描写的

---

[1] 其中包括以如下诗句开头的诗篇：« Je t'adore à l'égal de la voûte nocturne »、« Tu mettrais l'univers entier dans ta ruelle »、« Une nuit que j'étais près d'une affreuse Juive »、« Avec ses vêtements ondoyants et nacrés »、« Je te donne ces vers afin que si mon nom »、« Que diras-tu ce soir, pauvre âme solitaire »。

[2] 前两首诗的译文发表于1月1日，第三、四首诗的译文发表于2月1日，最后四首诗的译文发表于3月1日。

[3] 波德雷：《黑暗》，陈勺水译，《乐群》，I—3，1929年3月1日，第117—118页；Charles Baudelaire, Œuvres complètes, éd. cit., t. I, p. 38.

景色是"明媚"的。他完全忽视了该段原文中体现颓废色彩和朦胧美的句子:« les soleils mouillés/de ces ciels brouillés »。该句直译为:"模糊的天空/透射出被浸湿的阳光。"陈勺水的译文强调阳光充足,且仅被云气微微打湿:"太阳光线,满天都是,微微的,被云气打湿。"①

译者的进步主义立场也体现在他对落日景象的再现中。波德莱尔原诗结尾处« les soleils couchants »("落日")前有一破折号②。我们可以想象如下画面:通篇对恋人倾吐爱意的叙事者在诗歌结尾停止诉说,用破折号引入落日画面。夕阳西下,叙事者陷入遐思,全诗在安宁的氛围中终结,留给读者无限遐想。陈勺水的译文则展现出一幅完全不同的图景。他删去破折号,让叙事者继续激情洋溢地说话。不仅如此,他还添加了一句原诗中没有的句子来描写落日:"红冬冬的,好不打眼!"③原诗的安宁氛围完全被译诗的激昂情绪取代。

陈勺水的进步主义翻译风格与其政治立场有关。陈勺水是马克思《资本论》的首位中译者。翻译波德莱尔诗作时,他正在日本系统学习马列主义经济学。④ 陈勺水译诗发表的期刊《乐群》具有明显的左翼色彩。《奉劝旅行》和《毒药》所在的该刊第一期发表了《论无产作家》《现代的日本无产诗坛》《高而基的回忆琐记》等文章。

二十世纪20—30年代中国对波德莱尔的译介折射出这一

---

① 波德雷:《奉劝旅行》,陈勺水译,《乐群》,I—1,1929年1月1日,第144页。
② Charles Baudelaire, *Œuvres complètes*, éd. cit. , t. I, p. 54.
③ 波德雷:《奉劝旅行》,第146页。
④ 关于陈勺水生平,见刘会军:《陈豹隐》,长春/北京:吉林大学出版社/红旗出版社,2009。陈勺水是陈豹隐的笔名。

时期影响中国的不同思潮：对功利主义的反抗、对自由的追寻、对人道主义的呼唤、对为艺术而艺术的赞美，以及文学上的保守主义、马克思主义文学观等。法文，特别是英文、日文波德莱尔评论和译文构成中国波德莱尔译介的主要知识来源。不论波德莱尔的评论者还是译者都表现出充分的主体性，构建出符合他们期待的中国波德莱尔形象。

波德莱尔与徐志摩之巴黎[①]

张寅德[②]

徐志摩笔下的巴黎充满了波德莱尔式的颓废美学与意象。本文试图从三个方面来探讨徐志摩对巴黎的艺术构想。从其法国之旅,到波德莱尔诗歌移译,再到他的散文《巴黎的鳞爪》,我们可以窥视出诗人的创作轨迹,以及法国之都的象征化过程。巴黎成了文学与艺术相辅相生的见证,同时转写了徘徊于忧郁与理想、堕落与飞升之间的徐志摩个人神话。

在二十世纪上半叶的中法文化交流史上,徐志摩(1897—1931)与巴黎的关系是一个特殊个案。他在诗中展现出对剑桥(Cambridge)[③]的深厚依恋,为此创作出众多充满情感的怀旧诗。与法国派的诗人与作家不同,他更多被认为是英国式的浪漫主义诗人。尽管如此,法国依然在他的创作中留下难以磨灭

[①] 原文题为《Le Paris baudelairien de Xu Zhimo》。
[②] 张寅德,现任巴黎新索邦第三大学外国语言文学文化学院比较文学研究所教授、博士生导师,法国国家科研中心及巴黎高等社会科学院所属中国现当代研究中心成员。主要研究领域:十九至二十世纪中西中法文学关系,中国现当代文学。
[③] 即康桥。

的印记:1925年,诗人在法国短暂停留五个月后,写成旅行记闻《巴黎的鳞爪》①,这正是巴黎印记的最好证明。尽管篇幅不长,这些文本为诗人与法国之间的深层联系提供了宝贵启示。这一联系并非体现在作家是否在法国长居久留,而是体现在作家与法国在文艺上的亲近性,这种亲近性是通过英语媒介建立的。细读这些叙事,重构其语境,让我们能够超越那些围绕诗人的、必然有简化之嫌的标签,揭示出一幅多维的、受当时不同文艺潮流综合影响的诗人肖像。这篇有关巴黎的散文最为引人入胜之处,是徐志摩对旅居巴黎的中国艺术家的观写。徐志摩在文中描写了一位中国同胞画家的工作室。这位画家名为Sanyu,即常玉②,是一位被当地艺术运动和撼动其母国艺术界的辩论所成就的人物。对故事发生场所和创作姿态的再度想象,不仅具有史料价值,为我们展现艺术与文学之间的互动,还揭示出徐志摩如何将巴黎转化为自己的创作素材。这其中涉及诗人的个人神话,尤其是他对颓废美学的偏爱。徐志摩与巴黎的关系是波德莱尔式矛盾的一部分,成就一种在忧郁与理想、堕落与飞升的张力间进行的写作。为了展示徐志摩笔下波

---

① 《巴黎的鳞爪》最早分别于1925年12月16日、17日和24日在《晨报副刊》上连载。同名散文集于1927年在上海新月书店出版。我们在本研究中使用的版本是:《徐志摩散文全编》,上海:学林出版社,2010,第186—202页。
② 一些线索使我们可以在徐与这位画家间建立起即时联系:大量散文引用王季冈的回忆,提及常玉在移居蒙帕纳斯街区之前,在圣米歇尔大道的第一处住所。徐志摩在叙事作品中也曾提及相关内容。在1930年4月25日写给两个月前抵达巴黎的刘海粟的一封信中,徐志摩怀旧地回忆起他与常玉的会面,以及他的妻子马姑的盛情款待。后者真名 Marcelle Charlotte Guyot de la Hardrouyère,她的拿手好菜意大利面让客人们赞不绝口。在1931年2月9日给刘海粟的另一封信中,徐再次问起常玉的近况,并提及陈雪屏赠予的、被他戏称为"宇宙大腿"的常玉画作。《徐志摩全集》(1949年商务印书馆版影印本),第五卷,上海:上海书店,1995年,第2、139、145页。

德莱尔式的巴黎,我们首先以事实为基础回顾他与法国的关联。在明确背景后,笔者将回顾徐志摩对《死尸》的翻译,而后以徐志摩的总体创作为参照,细读《巴黎的麟爪》,发掘法国首都的寓言性意义,从而展现同为被诅咒诗人的徐志摩的心路历程和美学选择。

一、法国之旅

1925年5月至7月旅欧期间,徐志摩在巴黎进行了零星、但为期最长的停留。诗人的第一部诗集大获成功,又在新月诗社、《现代诗刊》中扮演重要角色,并任教于北京大学,这让他成为彼时文坛的核心人物。创作方面的辉煌与诗人婚姻生活的挫折及其与票戏陆小曼纠葛不清的短暂情缘形成鲜明对比。这种复杂的情绪状态驱使他于1925年5月10号开始欧洲之旅。[①] 徐志摩在意大利与导师泰戈尔约见未成,两度在巴黎逗留,欲与罗曼·罗兰取得联系也未能如愿。诗人于是开始实施补偿计划,其中包括拜谒作家。从伏尔泰到卢梭再到维克多·雨果,更不能不提他在坐落于蒙帕纳斯(Montparnasse)的波德莱尔的坟茔前长时间的凭吊,就像他曾在位于阿房(Avon)的曼殊斐儿(Catherine Mansfield)墓前瞻仰那样。他经由曼殊斐儿的丈夫、文学评论家约翰·米德·莫里(John Middle Murry)介绍认识女作家,并为这次会面撰写了一部纪实,以志"这二十分不死的时间"。墓地对于徐志摩始终具有吸引力:从莫斯科的契诃夫和克鲁泡特金之墓,到佛罗伦萨的伊丽莎白·巴雷特·布朗宁(Elisabeth Barrett Browning)之墓,乃至北京的外侨公墓——

[①] 有关人物传记信息,见宋炳辉:《徐志摩传》,上海:复旦大学出版社,2011年。

徐志摩曾以此为主题写过一篇奇幻故事:《死城》(1929)。早在1922年,他乘船从盘桓两年的英国回国时途经马赛,便以该城之名,赋诗一首,将这座城市比作地下墓穴,并认为这一比喻适用于所有大都会。保罗·塞尚画作中特有的光色、耀眼的财富、咖啡馆里的笑语,都无法抹去笼罩在«la cité phocéenne»(古称福西亚城)上的"惨澹的神情",将诗人置于废墟和坟墓中,"在繁华声色场中,有梦亦多恐怖"①。文人的葬骨处蕴含失落与颓丧的意味,这在充盈着直白描写的作品,如《希望的埋葬》(1923年)中可以被感受到,有时则隐匿在更为模糊的表达中,正如对"melancholy"一词的翻译:"眸冷骨累"②。枯骨这一意象凝结着无处不在的死亡图景,在作者赴法前一年即1924年所译的波德莱尔的《死尸》(Une Charogne)一诗中便已有映照。

二、诗歌翻译:《死尸》

徐志摩1920年至1922年第一次旅英期间便已迷上这位法国诗人。此前,在周作人与田汉的开创性译介之下,波德莱尔的作品在中国已有一定影响——这或许已经引起徐的注意,而在剑桥的岁月决定了他直接走近波德莱尔:在这一阶段,诗人生活在充满象征主义和颓废美学运动的文艺氛围中,尤其受到诗人、著名季刊《黄皮书》(1894—1897)的撰稿人,《恶之花》和《小散文诗》的译者阿瑟·西蒙斯(Arthur Symons 1865—1945年)的影响③。

---

① 《徐志摩诗全编》,杭州:浙江文艺出版社,1991年,第39页。
② 《青年杂咏》(1923),《徐志摩诗全编》,同上,第58页。另外,这种表达的语法顺序被证明是可逆的:在下一诗句中,它变成了"河流流不尽骨累眸冷"。
③ 他还是《波德莱尔研究》(Charles Baudelaire, A Study, London, Elkin Mathew, 1920)一书的作者。

与此同时,这种影响的其他来源亦不容忽视。前一年出版的文集《波德莱尔,散文和诗》①也可能是徐志摩读到的相关著作之一,因为它不仅收入了分别由理查德·赫恩·谢泼德(Richard Herne Shepherd)和斯特姆(F. P. Sturm)翻译的、时而重译的《死尸》(The Corpse),同时也收入了史文朋(A. C. Swinburne)为波德莱尔逝世而作、名为《你好,永别了》(Ave Atque Vale)的挽歌,以及斯图姆(Strum)的一篇研究论文。值得一提的是,这篇研究于1924年由未来的中共总书记张闻天②译成中文。亚瑟·西蒙斯的专著有其特殊重要性,它帮助我们更好地理解徐志摩在波德莱尔翻译和评论中的选择。

徐志摩对波德莱尔的翻译意味深长。他曾翻译了二十几篇托马斯·哈代(Thomas Hardy)的诗作,却仅翻译了一首波德莱尔的《死尸》(Une Charogne)。这一情有独钟可以用徐和西蒙斯的情趣相投来解释。他们认为该诗凝聚了波德莱尔的最高审美成就。因此徐的评论开篇就是一连串的最高级形容词:"这首'死尸'是菩特莱尔的《恶之花》诗集里最恶亦最奇艳的一朵不朽的花。"③这一描写让人想起西蒙斯的逆喻型的夸颂法④。这种

---

① Baudelaire, *His Prose and His Poetry*, edited by T. R. Smith, New York, Boni- and Liveright Publishers, 1919.
② 史笃姆(Sturm):《波特来耳研究》,闻天译,《小说月报》,15卷,"法国文学专号",1924年,第5—20页。
③ 《徐志摩诗全编》,前揭,第562页。
④ 亚瑟·西蒙斯(Arthur Symons)在其作品中用一连串最高级描述波德莱尔的这部诗集:"《恶之花》是全世界到现代为止出现的最奇特,最微妙,最迷人,最非凡的作品。"Charles Baudelaire, A Study, 前揭, 第31页。该作品第三部分关于撒旦主义的探讨以对《尸体》的分析入手,并用一个注专门补充说明:西蒙斯新近获得该文本手稿,手稿显示出诗人对此前文本表现出的后悔,以及一些删除行为。西蒙斯认为该文本"包含了波德莱尔所写就的最精彩的文字",在对于精益求精的追求当中,他达到了"在某种可怕的变态中的某种极端的狂喜"。引用文献同上,第110页。

正反二分法的解读在徐志摩的翻译中得到确证。一方面,它通过一系列短语和主题创造出戏剧化的嗅觉和视觉效果,突出恶、腐烂和分解的特征。法文原版中的秽意(« sale »,« immonde »,« obscène »)变格变位:形容令人无法呼吸的恶臭的"秽息"、"秽气",以及与« lubrique »和« salace »的内涵相对应的"淫秽"。如果说标题中的"死尸"还显示出一定的中立性,身体的腐烂感则通过"烂肉"(« chair putride »)一词的重复出现得到了强调。该词取代了原诗第五节和第九节中的"肚子"(« ventre »)和"块"(« morceau »),强化了分解、腐朽、溃烂的感觉。同样的感觉还通过同一语义场中的一连串词语得以表达:"溃烂"、"痈溃"、"腐溃"、"腐朽"。从这一视角来看,译者在诗第二节"荡妇似的放肆"一句后,用括号将原文« comme une femme lubrique »("像一个淫荡的女人")附于其后,并非为了表达作者对译文有所犹豫,而是一种肯定的选择,体现出它与已有英译本的不同。[①] 正如该诗所展示的那样,恶被其反面所平衡。徐志摩的译文试图强调这些反面特征。腐朽和毒药的对立面是太阳、生命和美。译

---

① 徐志摩认为他本可以参考的两三个英文译本"不能令人满意"。《徐志摩诗全编》,前揭,第 563 页。无论如何,在两种译本中,斯特姆的"The wanton limbs stiff-stretched into the air"("僵硬的四肢伸向空中"),谢泼德的"Its legs erected, wanton-like, in air"("其腿直立在空中"),都使淫荡女人的形象消失了。参见 Baudelaire, *His Prose and Poetry*, edited by T. R. Smith, New York, Boni & Liveright, 1919, pp. 107, 201. 亚瑟·西蒙斯提供的翻译是"lewd legs in the air, like a lewd woman's passion,/burning with odious revelations,/showing in a sad and cynical and cruel fashion/its belly full of exhalations"("淫荡的双腿伸向空中,就像淫荡的女人的激情。/面目丑陋地燃烧着/以悲伤,愤世嫉俗和残酷的方式展现/腹部充满秽气"),参见 Joseph M. Bernstein (ed.), *Baudelaire, Rimbaud, Verlaine: Selected Verse and Prose Poems*, Sacaucus, N. J: Citadel Press, 1947, p. 30;转引自 Leo Ou-Fan Lee, *Shanghai Modern*, Cambridge, Harvard University Press, 1999, p. 236. 这一版本中加入的"激情"一词只有在押韵的考量下才具有其正当性。

者特意在最后一节原文"它会拥吻着将你吞噬"(« qui vient embrasser votre vie »)中加入"生命"(vie)意象,译文变成"它来亲吻你的生命",显示出对死亡的拒绝和对复活的向往。作者的主观性在意义的滑移和添加中得以体现。尽管将«étrange musique »翻译为"异乐"其忠实性无可置疑,然而把簌箕"有节奏的运动"译作"和音",就不免带上乐观的色彩。特别是,在第四节中,«Et le ciel regardait la carcasse superbe comme une fleur s'épanouir » 被非常具有代表性地诠释成"青天微粲的俯看着这变态,仿佛是眷注一茎向阳的朝卉"。"绝妙的骨架"这一使用矛盾形容法表达的意象的消失有些令人惋惜,但将其替代为"变态"(metamorphose),似乎也显示出作者很清楚这种转变。特别是"一茎向阳的朝卉"这一意象不仅呼应了开场时译作"好天气"的"这个美丽的夏日早晨"(«ce beau matin d'été »)的氛围,还诠释出对太阳与光明的渴望。此外,译者特别利用这首诗的对话性维度,将其延伸至结尾,诗文最后两节即是具有启发性的例证:

| Que j'ai gardé la forme et l'essence divine De mes amours décomposés ! | 说我的心永远葆着你的妙影即使你的肉化群蛆! |

在原诗结尾,波德莱尔将一切重新聚焦于在爱情中升华、接近"神圣之存在"的自我,而徐志摩更关心他作为诗人的地位,他应当已经完成升华,在这里重申自己的权力。使用对比强烈的"我的心"与"你的肉"这两组语词,并且将原文中通过复合过去式表达出的"现实"转变为利用连词"即使"和副词"永远"构建出的"假设"和"意愿",这种双共陈述使他能够重申不朽的精神与腐朽的身体之间的二元对立。在保持"美"与"恶"的二元性的同

时,努力从邪恶中提炼出美感,这样的语言行事设置最终强化了诗人对美的追求,正如蕴含着一种隐秘而又微妙的优雅感的"妙"字所证明的那样。

徐志摩所采取的是和波德莱尔一样的主题风格并重的步骤。徐在评论中指出了波德莱尔诗歌兼具恶臭和醇芳的双值性,同时强调其神秘的音乐性,并引用庄子的表达,称其为"天籁,地籁与人籁"[1]。因此,尽管译者自谦能力欠佳,却在翻译中接受挑战,在新的韵律规则中重构难以企及的音乐性。《尸体》一诗的形式特征让译者有机会结合中文文言与白话的长处,来处理原诗中的交叉韵以及十二音节与八音节诗句交替构成的长短交错的亚历山大体,使译文获得相对的和谐。译文也实现了十到十三个音节的长句与六到八个音节的短句的相互交替。然而与原文中的对偶不同,译本中每一节尾句都变成短句,其整体押韵更符合中国古诗中绝句的韵律规则,即第一、二、四句同韵而第三句换韵的韵律节奏。对诗文韵律性或声音效果的探索并未过多影响语义迁移,因为译者更多着眼于话语和文本层面的翻译,不拘泥于对原文字句的忠实。如"早晨"一词的翻译,尽管其呈现在空间上与原文对应句相距甚远,却在跨越多行的记忆中复现。因此我们很难理解鲁迅将其视为荒谬之谈的尖刻评论[2],不知是徐的译文还是评论令其感到不适。这位《野草》(1925年)作者在同一时期借由日文和德文翻译[3],也对波德莱尔产生浓厚兴趣。总而言之,徐志摩对波德莱尔的翻译和评论将会渗透到他自己的巴黎叙事中。

---

[1] 《徐志摩诗全编》,前揭,第563页。
[2] 《鲁迅全集》,第7卷,北京:人民文学出版社,2005,第51—57页。
[3] Leo Ou-Fan Lee, *Shanghai Modern*,前揭,第237—238页。

三、散文写作:《巴黎的鳞爪》

徐志摩与他的缪斯陆小曼之间一波三折的关系,大约是1925年12月出版的《巴黎的鳞爪》的前奏,如8月22日日记中这段虚构对话所示:"眉,你得引我的思想往更高更大更美处走;假如有一天我思想堕落或是衰败时就是你的羞耻,记着了,眉!"①这一深情的警示反映出堕落和飞升始终萦绕着徐志摩,这也渗透到他的巴黎叙事中,使其具有了一种二元性的结构。《巴黎的鳞爪》一文实际上就包含了两个相互独立的内容,分别被命名为"九小时的萍水缘"和"先生,你见过艳丽的肉没有?",其布局谋篇也包含了这种双重性。

第一部分的故事集中于作者在餐馆与一位年轻法国女子的邂逅。女子讲述了自己两段不幸的婚姻——第一段是十七岁时,她迫于父亲压力与一位冷漠无情的英国贵族结婚;第二段婚姻则把这位对爱情心灰意冷的年轻女士推向东方:受浪漫和异国情调诱惑,她嫁给一个菲律宾人,随夫来到他的故国,却发现夫家对她满怀敌意,并用一个当地女子取代她的地位,将她一休了之。她从此深陷孤独,"心是死定了的",恰如"死尽的火灰"。这个晦暗的故事之后是一个光明而激昂的故事,故事主人公是一位旅居巴黎的中国画家。画家向叙述者描述了在他拥挤的阁楼画室——或曰"迷人的乱货堆"——里为他作画造型的裸体模特。直到第二天,当这位画家邀请他最喜欢的模特 Hélène(爱菱)到枫丹白露进行"草地上的午餐"时,这位访客强烈的好奇心才终于得到了彻底的满足。

---

① 《徐志摩全集》,第4卷(补编),前揭,第58页。

在这篇短文中,这两段关系遥远的故事线被波德莱尔式的"善与恶"假设汇聚在一起,并被巴黎这一地理空间所隐喻。早在两个故事前的介绍性段落中,作者便将法国的首都视为"天堂—地狱"这一二元对立概念的暗喻。这段开场白揭示了大都市的矛盾特质,正如后来穆时英笔下被誉为"东方巴黎"的上海所具有的特质。[1] 与张德彝或王韬等十九世纪后期的外交官或赴外记者,乃至朱自清[2]等二十世纪30年代的作家不同,徐志摩没有耗费笔墨描写名胜古迹、旅游景点或异国情调,而是集中探讨地域潜在的象征性。作者不希望读者被水光闪耀所蒙蔽,因此对于卢浮宫、塞纳河、咖啡馆只是一笔带过,转而揭示可能让天真的游客深陷其中的"潜流"和"漩涡"。这些"大漩涡"对爱伦·坡和维克多·雨果[3]而言弥足珍贵,它们向人们警示着这座城市地狱般的漩涡的纹螺:"(巴黎)多的是漩涡——轮着的时候谁躲得了给卷了进去?"叙事者笔下水的形象从一开始就具有模棱两可的性质:他宣称自己没有溺水,为自己是位幸运的观察者,得以浅涉充满危险诱惑的塞纳河,但又未被拖入水底而感到庆幸。

从这一角度来看,第一个故事集中展现了坠入痛苦深渊的主题。这位年轻的女子沉浸在悲伤的记忆中无法自拔。婚姻的

---

[1] Mu Shiying, «Le Fox-trot de Shanghai», in *Le Fox-trot de Shanghai*, traduit par Isabelle Rabut et Angel Pino, Albin Michel, 1996, p. 191.

[2] Meng Hua, «De Jules Aleni à Zhu Ziqing: le récit de voyage et l'émergence d'une France romantique dans la représentation chinoise», *Revue de littérature comparée*, n° 1, 2011, p. 49—58.

[3] 如雨果所言:"巴黎是一个漩涡,在这里一切会不知所踪,一切都在这个世界的肚脐中消失了,就像在海洋的肚脐中一样……各种逃亡者都知道这一点。他们去巴黎就像是拥抱被吞噬的命运"。见 Victor Hugo, *Les Misérables*, Pagnerre, Libraire-Editeur, t. 1, 1862, p. 563.

不幸带来的绝望让人想起托马斯·哈代,因为哈代同样陷入不可逆转的宿命论中,并严厉批评体制。① 但是在徐志摩的这篇文章中,社会批判让位于一种阴郁的想象:这种想象用虚幻的逃避取代了堕落。餐厅这一狭小的叙事地点呈现的场域,象征着令人绝望的心理禁闭。这种固定的封闭空间,遮蔽了巴黎的环境以及主人公曾经误想的遥远空间,标志着她如同波德莱尔,不再对旅行或远方抱有幻想。徐志摩的独创性在于他表现出欧洲人所受的双重束缚,即因急需自由良方而成为异国情调的囚徒,并构筑出幸福的海市蜃楼。主人公的不幸被归因于《一千零一夜》的阅读影响,以及制造婚姻极乐幻象的迷人北京:年轻时,她曾在北京姐姐经营的时式帽铺里遇到一对幸福的跨国情侣。正如波德莱尔的《旅行》(Le Voyage)所表现的,这种幽闭感和无尽的倦怠感只是她在英吉利海峡两岸生活感受到的无聊的延伸。与难以名状的厌倦相反,这种百无聊赖(ennui)具有拉辛式的甚至词源学上的意义,以至于演变成对自我的恶心和憎恨,认为自我已死:"我只是个实体的鬼影,活动的尸体;我的心也早就死了,再也不起波澜。"这位自认"埋葬了的活人"的年轻女子讲完自己的厄运,显得更加黯然神伤,因为这位异域的倾听者为她提供了一面镜子,让她意识到自身的幽深莫测。②

---

① 徐志摩还翻译了他的二十来首诗,并不忘向陆小曼推荐这位英国作家的最新小说《无名的裘德》。参见作家1925年3月3日致陆小曼的信,收录于《徐志摩全集》,第五卷,前揭,第4页。徐志摩支持托马斯·哈代(Thomas Hardy)的悲观主义,认为这是对生命之黑暗这一"文艺创作始终动机"最清醒、最勇敢的洞察。徐志摩:《哈代的悲观》,《徐志摩散文全编》,前揭,第307页。有关命运的想象,包括《苔丝·德伯维尔》(Tess d'Urberville)中表达的相关观点,详见Carole Ksiazenicer-Matheron:《Hardy, Tess d'Urberville》, in *Destinées féminines dans le contexte du naturalisme européen*, SEDES, 2008, p. 64—91.
② 在叙事过程中,年轻女子请叙述者"看着她的眼睛"以了解"她灵魂的真相"。关于"目光的深渊"这一话题,见Jean Starobinski, *La Mélancolie au miroir. Trois lectures de Baudelaire*, Julliard, 1989, p. 21:"没有比由镜子映照出的忧郁更为深沉的忧郁了,因为此刻忧郁面对的是作为脆弱、缺乏深度和绝对虚妄象征的镜子。"

然而,无救之感呼唤升华。转向热情与变化的下篇"先生,你见过艳丽的肉没有?"可为佐证。这位崇拜裸体的波希米亚式画家的故事显然来自于法国和中国文化的相互参照。其形象的具体所指很可能是常玉,而非徐悲鸿在内的某某中国画家朋友。因为常玉与他们不同,他是巴黎大茅屋画室的常客,这是一个为独立艺术铺平道路,使其摆脱学术限制的机构。① 这篇在很大程度上基于为裸体模特辩护的叙事,有可能来源于这位经常被比作马蒂斯、才华横溢的不羁艺术家的孜孜躬行,但灵感同时来自于上海使用女性裸体模特所引发的争议。自1924年春泰戈尔访华,徐志摩与上海美专创始人刘海粟结为好友,使用裸体女模这一革命性实践让刘海粟成为众矢之的。事件的导火索是1925年8月9日创刊不久的《上海画报》头版刊登了一张横卧在校内画室里的全裸女性照片②。被徐志摩自己形容为无以归类的、"不是小说,不是写实,也不是写梦"的故事,是一份变相的辩护词,对军阀豢养的道德说教者姜怀素之流作出抨击。但另一方面,徐志摩对常玉的描写又不仅是论战檄文,而是蕴含了作者本人最隐秘的幻想。

事实上,诗人对理想和希望的趋抱,画室这一创造空间和女性身体的描写,为其实现了升华。小巷尽头的一幢老房子顶层阁楼提供了视觉性描写。这座斜顶阁楼间拥杂难言,堆满了从圣米歇尔大道旧货铺觅来的各类小摆设和日常物什。破旧的墙壁和发霉的家具映衬出房屋的破败与逼仄。然而,庞那(Bonnard)、马奈(Manet)、罗丹(Rodin)、门泽尔(Menzel)等艺术家

---

① 见 Sanyu, *L'Écriture du corps*, Skira, 2004; *Artistes chinois à Paris*, Musée Cernuschi, 2011,特别是第136—159页。

② Julia F. Andrew, «Sanyu et les modernistes de Shanghai », in San Yu, *op. cit.*, p. 77—84.

的珍品居然收藏其间,这个巴尔扎克式的住所突然变成一片广阔天地,令来访者叹为观止。画家带着骄傲和激情对素描和油画,如数家珍,逐一介绍,瞬间抵消了壁顶的败敝,代之以柯罗画式的风景以及文学记忆景色[①]。目光捕捉到了这一理想的瞬间,使其定格在视野中。升华闪光的时刻转瞬即逝,却与前文年轻女子愁绪缭绕下时间的无限延伸形成鲜明对比。

由此可见,逼仄却又向天的阁楼可以被解读成对屋主理想化的一种比喻。与蒙帕纳斯的常客们一样,艺术家以勤勉生活为代价,做出一个不妥协的艺术选择。这位近趋神话的人物,就像当时去世不久的意大利画家莫迪利亚尼(Modigliani),向天真无知的访客介绍裸体艺术,责无旁贷。描写段落之后,接之而起的是关于女性身体的一番宏论。画家随之和业余爱好者展开对话,试图阐明自己的美学理论。作为叙述者的访客是一位懂行的对话者,思想开放,艺术史品味不拘一家。提问涉及众多艺术风格和流派,从意大利文艺复兴到巴洛克时期的弗拉芒派,再到后印象派。这些旁征博引显露出徐志摩当年与布鲁姆斯伯里团体(the Bloomsbury group)不无来往,与其成员、英国艺术批评名笔罗杰·弗莱(Roger Fry)不无亲近[②]。

[①] "飘飘欲化烟"化用了王士禛《秋柳》中"桃根桃叶正相连,眺尽平芜欲化烟"一句。
[②] 罗杰·弗莱推动了后印象派艺术家作品的传播,并首创"后印象派"这一术语。1922年,徐志摩在清华大学做题为"艺术与人生"的英文讲座,其主题和标题均来自这位英国友人的启发。但是,诗人在这次讲座中对于民族艺术挑剔而保留的态度引起观众,尤其是主持人梁实秋的不满。关于罗杰·弗莱,见其所作 Vision and Design, New York, Peter Smith, 1947(1e ed. 1924),特别是"Art and Life"(From notes of a lecture given to the Fabian Society, 1917)、"The French post-impressionists"(Preface to Catalogue of second PostImpressionist Exhibition, Grafton Galleries, 1912)等篇目,第1—10、156—159页。徐志摩广采众长的品味也反映在他的批评文章中。例如,1925年10月25日《晨报副刊》上徐志摩发表《喒死木死》一文,该文配有刘海粟评论德拉克洛瓦(Delacroix)的文章。见《徐志摩散文全编》,前揭,第143—153页,他在此文中批判了简单化的标签和分类归纳的倾向。

如此旁征博引,并非出于炫耀,而是为了将画家的讲解引向两个要点:其一是艺术所呈现的裸体与裸体模特本身的区别,其二是在中国使用女性模特的必要性。画家认为,使用多位裸体模特有其正当理由,因为每人的身体都各具特性,其可塑性和细部之美需要观察者借助艺术敏感去发掘,正如罗丹作品表现的那样。这些裸体模特同时也是不可模仿的,因为她们都有着"活的气息的神奇"。这种特质超越任何艺术表现形式,无论是《昔兰尼的维纳斯》(*Vénus de Cyrène*)那样的雕塑,鲁本斯的画作,还是特奥菲尔·戈蒂耶(Théophile Gautier)的文学作品。画家还驳斥了所谓亚洲人身体低人一等的刻板印象,指出"东方的玫瑰不比西方的玫瑰差什么香味"。人体之美,或者说中国女人的身体之美,需要用严格意义上的审美判断而非解剖学意义上的分析去发掘。一切都被归结为"审美判断",这就与约翰·帕里斯①的异国风情小说 *Sayonara* 唱起反调。帕里斯在小说中描写了一个毫无性感可言的裸体日本女人,由此扬言亚洲女性身体缺乏可展示性。不过,与学术报告不同,徐志摩笔下主人公滔滔宏论中不时穿插着轻佻放荡的私闻轶事。切身体验使他放弃了关于艺术和自然的抽象辩说。"审美本能"使他重视女性身体本真之美,并对人工技巧胜于自然流露的观点产生怀疑,似乎这也相对化了徐志摩自己所珍视的审美观。这段虚构的讨论在本质上拒绝了身心分离的理念:审美情趣和感官快乐构成了艺术活动的一体两面,用画家的说法,是用"淫眼"来实现"眼淫"。

　　故事结尾不乏模糊性:当这位访客从枫丹白露的"草地上的

---

① John Paris, *Sayonara*(*Good-bye*), London, W. Collins Sons & Co. Ltd, 1925.《徐志摩散文全编》(第196页)中的注释误将这位约翰·巴里士(John Paris)当作英国教育理论家约翰·贝勒斯(John Bellers)。

午餐"回来时,他觉得自己做了一个"最荒唐,最艳丽,最秘密的梦"。事实上,我们无从知晓它究竟是一个凭空杜撰的幻境,还是一个实现了的梦想。不论如何,"淫眼"一词暴露了理想化的巴黎的矛盾之处:它并非建基于善与恶的两极对立,而是建立在二者的不可分离上。这样的巴黎体现在一些反复出现的意象中,如那张塌陷、发霉、却充满了色情记忆的沙发。一件模特络绎光顾的家具——上千幅画稿由此产生——因为弹簧已不听使唤几近废弃,却在来访者脑海中唤起充满感官享受的画面。沙发坑洼起伏的线条和外形,见之让他魂不守舍,触之使他飘飘欲仙。丑陋和死亡因此孕育着不断重生的生命活力。欲望的客体化凝结最终并聚了两个相辅相成的观点:一个观点来源于访客,他将画家的陋室视为"艳丽的垃圾窝";另一个观点来源于画家,他坚信巴黎是一个"理想的地狱"。

  矛盾比喻法的泛用再次证明徐志摩对波德莱尔的偏好,让他的巴黎叙事成为颓废美学的范式。在这方面,1925 年法朗士(Anatole France)的短篇小说《维罗纳圣母》①的翻译所起到的作用并非微不足道。维罗纳绝艳女人,一个兼具神圣和邪恶的尤物,十五岁完婚,二十岁即死于自慰。这一撒旦美学也成为徐志摩另一篇叙事——《"浓得化不开"》②——的灵感来源。徐志摩的这篇散文记述的是发生在某热带地区一次充满暴力的色情经历。郁郁葱葱的植被,其令人陶醉的香气以及神出鬼没的妖影,让旅人毫不犹豫将这片土地比附为一首"淫诗"。当晚,在下榻的酒店,叙述者便倒入了一个巧克力肤色、性感剧毒的女人的

---

① Anatole France, « La Dame de Vérone », in *Le Puits de sainte Claire*, Calmann-Lévy, 1900, p. 129—134.
② 《徐志摩散文全编》,前揭,第 338—342 页。1928 年发表。

怀抱中。场景飘忽于真实和艺术幻象之间,当叙述者沉浸在色情而致命的嬉戏中时,看到马奈的奥林匹亚和高更的波利尼西亚人的画卷在眼前展开。由此看来,这一充满多义性和隐喻性的标题,应当被理解为同时包含一出魔遇(与一个"妖艳"美女)、一个充满感官享受的夜晚和一场互文演练,主人公沉醉其中,不辨善恶。此次热带之旅作为巴黎之旅的补充,提炼出一种浓缩的"毒药"①(Pharmakon)②,这味暧昧的催情毒剂,让诗人最终踏上了波德莱尔式的征旅。

请你给我们倒出毒酒,给我们鼓舞!
趁我们头脑发热,我们要不顾一切,
跳进深渊的深处,管他天堂和地狱,
跳进未知之国的深部去猎获新奇!③

(张雨禾 译 杨振 校改 张寅德 审定)

---

① 徐志摩:《毒药》(1924,8),《徐志摩诗全编》,前揭,第 151—152 页。另见波德莱尔的同名诗。
② 德里达曾对柏拉图一篇谈论对立的两极最终相互汇合的经典篇目进行解构主义解读。他指出,Pharmakon"这种'药物',这种催情药剂,集毒药与解药于一身,进入人体时便带有一切双重性。这一魅力,这一具有吸引力的美德,这一让人着迷的力量可以以交替或同时的方式呈现为好的或坏的"。见 Jacques Derrida, *La Pharmacie de Platon*, Paris, Seuil, 1972, p. 264.
③ 波德莱尔:《旅行》,《恶之花》,钱春绮译,北京:人民文学出版社,1986 年,第 346 页。

"恶魔诗人"与"漂泊诗人"
——田汉笔下的法国象征派诗人像与日本文坛的影响[①]

赵 怡[②]

导　言

1998年是中国现代戏剧创始人之一田汉(1898—1966)诞生100周年,日本学界颇为关注。田汉对于中国现代戏剧与现代文学所作的贡献自然得到很高评价,他与日本的关系尤受瞩目。由中日两国学者共同编著的《田汉在日本》(伊藤虎丸监修、小谷一郎、刘平编,人民出版社,1997)包含了很多重要的一手资料,详尽

---

① 本文原为笔者1994年3月提交给东京大学的硕士论文《中国の象徴主義運動と日本——田漢から魯迅まで——》第1章,后经修正发表于"东大比较文学会"会刊《比较文学研究》第73期(1999年2月)。承蒙主编不弃,得以借本书出版之机将此20余年前的旧作译成中文发表。不过笔者研究方向已变,加之译稿时间仓促,未能关注相关研究之后的进展,仅为顾及读者习惯略做了一些增改。若有不到之处,还望读者海涵斧正。
② 赵怡,日本关西学院大学教授。研究方向为比较文学与比较文化,近年尤关注上海法租界的历史文化。著有《二人旅:从上海到巴黎——金子光晴·森三千代的海外体验与异乡文学》(日文,2021),合编著《上海租界与兰心大戏院》(2015),译著《谷崎润一郎与东方主义——大正日本的中国幻想》(西原大辅,2005)、《西方音乐家的上海梦——工部局乐队传奇》(榎本泰子,2009)等。

地介绍了田汉与日本文人的关系,可谓众多著述中最重要的一册。

田汉在日本留学期间致力于翻译介绍西方近现代文学,功绩卓著,尤其在西方近现代诗歌的译介方面可谓先驱者之一。这些译介活动不仅成为田汉自身文学创作的重要养分,对诞生伊始的中国现代文学与戏剧也影响颇深。尤其值得关注的是,田汉的这些译介作品还深受当时的日本文坛之影响,但中日双方对此似乎都缺乏相关研究。虽然日本文坛对中国接受西方文学和文艺思潮所起的中介作用人所共知,但具体的实证研究并不充分。鉴于此,本文详考了田汉对法国象征诗人波德莱尔与魏尔伦的译介文章之材源,并通过文本分析深入探讨了田汉笔下的法国象征诗人形象与日本文坛的关系。

众所周知,西方文学的译介随着新文化运动的兴起蓬勃展开,而当时接受西方文艺思潮的一大特征是从古典主义到浪漫主义、自然主义、象征主义、表现主义以至于未来派等等同时代最新的文学思潮与各种流派不分先后一起涌入。另一个特征则是中国文人在接受西方文化时,往往一面追求西方的最新思潮,同时又乐于从中国的古典文化中去寻求这些最新潮流的共同之处乃至源泉,呈现出一种乐于发现最新的外来文化其实本国"古已有之"的心态。而这种心态在法国象征诗译介中也相当明显。也就是说他们往往一面强调象征主义的近现代性,同时则将其艺术特征与中国古典诗歌相比较并寻求共性。田汉的译介可谓一大例证。

一、田汉的波德莱尔像

1.《恶魔诗人波陀雷尔的百年祭》

田汉毕业于长沙师范学校,受过系统的近代教育,1916年东渡日本,1920年进入东京高等师范学校文科第三科(英语)学习,在偏重"实学"的留日学生中实为罕见。不过他似乎并没有按部就班地每天到校听课,而是热衷于参加各种社会活动,课内外也阅读了大量东西方文学和文艺理论作品。有关田汉留日时期的活动,尤其他与创立于1919年的中国少年会之关系,《田汉在日本》的编者之一小谷一郎做了详尽的考证研究①。这里想补充的是,少年中国会虽为政治团体,但同时要求会员具有高中以上学历,颇具学术性。1919年7月创刊于上海的学会期刊《少年中国》(月刊)与《新青年》《新潮》并立为新文化运动中介绍西方文学思潮的重要刊物之一。而《少年中国》也正是田汉译介西方文学和文艺思潮的主要舞台,他本人不仅参与编辑,而且从创刊号发表《平民诗人惠特曼的百年祭》起,几乎每期都发表文章,其中有关外国文学的译介文章主要如下:论文《说尼采的〈悲剧之发生〉》(翻译,第1卷第3期)、《歌德诗中所表现的思想》(第1卷第9期)、《新罗曼主义与其他》(第1卷第12期)、《恶魔诗人波陀雷尔的百年祭》(第3卷第4、第5期连载);文学翻译有王尔德的《莎乐美》(第2卷第9期)、莎士比亚的《哈姆雷特》第一幕(第2卷第12期)、《罗密欧与朱丽叶》(第4卷第1—5期)等等,其中很多都属最早的中文译介。

孙玉石指出,"最早将象征派诗歌理论和创作介绍到中国来的,是少年中国学会的年轻的诗人群"②。《少年中国》自1920年第1卷第8、第9两期编辑《诗学研究号》起,刊载了一系列译介象征诗的文章。重要的可举第1卷第9期吴弱男《法比六大诗人》、第2卷第4期周无《法兰西近世文学的趋势》、第12期李

---

① 小谷一郎:《田汉与日本》,收伊藤虎丸监修、小谷一郎、刘平编《田汉在日本》,北京:人民出版社,1997年;《創造社と日本——若き日の田漢とその時代》,收伊藤虎丸编《近代日本における中国と日本》,汲古书院,1986年。
② 孙玉石:《中国初期象征派诗歌研究》,北京:北京大学出版社,1983年,第55页。

璜《法兰西诗之格律及其解放》等等。在新文化运动背景下,这些文章均高度评价欧洲新文学流派之一的象征诗,尤其关注其自由诗的特征,但多为概论,诗人介绍往往一带而过,列举的诗歌翻译也相当粗糙。与此相对,田汉所著《恶魔诗人波陀雷尔的百年祭》(以下简称《恶魔诗人》)堪称白眉之作。发表于1921年11月、12月,长达两万字的这篇文章,不仅对诗人的生涯和作品特色做了全面的介绍,还包含了多篇诗歌翻译。这应该是出自中国人笔下的最早详细译介波德莱尔的长篇专论。

田汉的《恶魔诗人》开首用英文引用了英国诗人斯温伯恩(A. C. Swinburne, 1837—1909)的诗篇 AVE ATQUE VALE(拉丁文,意为"你好,再见了。"),原为作者追悼波德莱尔之作,田汉未加译文。以下分五节,分别是《神与恶魔》、《波陀雷尔的生涯》(连载上篇)、《波陀雷尔的特色》、《波陀雷尔的主义》、《艺术家与宗教》(连载下篇)。他在《神与恶魔》中叙述了自己从两年前介绍美国平民主义诗人惠特曼转为现在介绍"恶魔主义"诗人的宗旨。第二节详述诗人的生涯。从波德莱尔少年时期违背继父的意愿走向文学道路开始,到赴印度旅行,中年创作《恶之花》毁誉参半,名声大噪,晚年落魄贫困并吸食鸦片,后流落比利时病逝于旅店的一生,由青年田汉用充满热情的语调娓娓道来。田汉在第三节末尾言及"英人 F. P. Sturm 氏的《波陀雷尔论》详实透彻,本篇取材于彼者颇多"。[1] 该文原题"A Study",是斯特姆为自己英译的《波德莱尔诗集》(1905)所写的长篇前言[2],也是当时用英文介绍

---

[1] 田汉:《恶魔诗人波陀雷尔的百年祭》(续),载《少年中国》第3卷第5期,第23页(人民出版社1980年影印本)。以下仅标明页数,省略注释,字体和标点参照《田汉全集》第14卷(花山文艺出版社,2000年版)所载文。

[2] F. P. Sturm, "A Study," in: Baudelaire, *Poems*, trans. F. P. Sturm, The Canterbury Poets Series, London: The Walter Scott Publishing Co., Ltd., n. d.

波德莱尔生涯的最有名的作品。两相比较,可以推断田汉所写的诗人生涯基本上参考了这篇长文。此外田汉还提及了诺尔道(Max Nordau)、松浦一和厨川白村等人的著作。

　　据矢野峰人等考证,当时在日本一般可见的有关介绍波德莱尔的英文资料,除了斯特姆的长文以外,还可举诺尔道《颓废论》(Entartung,1892)的英译本、托尔斯泰《艺术论》、西蒙斯《象征主义的文学运动》以及海内卡所著《波德莱尔神话》等等。而日本学者所著的波德莱尔论则可举岩野泡鸣《恶魔主义的文艺与思想》、松浦一《生命的文学》、大冢保治《唯美主义的文艺》、厨川白村《近代文学十讲》等等。① 与田汉文章相对照,他参照的应该是岩野泡鸣、松浦一和厨川白村等人的著作。显然田汉尽可能地收集了英日文的各种资料,据自己的考量做取舍增补,并以此描画出了一幅独特的波德莱尔形象。以下即对比田汉的文章与他所凭据的资料做一番具体的考证。

2. "恶魔主义"之意味

　　岩野泡鸣著《恶魔主义之思想与文艺》出版于1915年,开卷之始作者即做了如下阐述:

> 恶魔主义之所以能产生于十九世纪后半叶的法国,是对浅薄的常识、通俗的感情以及平凡恶俗的技巧所发出的胜利的凯歌。波德莱尔的这种主义,在其思想层面上刷新了旧世界的生活,开拓了"近代性"发展的道路。而在文艺

---

① 矢野峰人:《日本におけるボードレール》,载《日本比較文学会会報》第7—80号(名著普及会1987年复刻版);关川左木夫:《ボオドレエル・暮鳥・朔太郎の詩法系列》第3章,昭和出版,1982年;佐藤正彰:《ボードレール雑話》,筑摩书房,1974年等。

层面,则成为了魏尔伦之表象主义、马奈和龚古尔之印象主义、尼采之超人主义、易卜生之表象的自然主义、奥斯卡·王尔德等人之唯美主义的源泉。①

接着泡鸣将爱伦·坡与王尔德作为恶魔主义的代表加以详述,然后在第四章举出了"恶魔主义之本家"波德莱尔。他将诗人的"主义与生活的某些特色"归纳为"自我崇拜"、"对丑恶的腐肉的赞美"、"厌世的人工论"、"对气味的兴趣",以及"诗想的金属化"等五点。同时强调了波德莱尔的这种反自然、反道德、反宗教的恶魔主义具有"近代性"。

据矢野峰人考证,岩野泡鸣依据的资料即为斯特姆、诺尔道和海内卡三人的英文著作,这其中两人的文章以波德莱尔的传记为主,而诺尔道则着重分析了波德莱尔的诗歌作品。② 当时法语国家以外,人们主要依据英译了解波德莱尔,因此诺尔道列举的众多法语诗歌原文以及解读应该大受欢迎。不过作者的本意其实并非颂扬,他是从病理学的观点出发彻底批判颓废主义文学,甚至将颓废主义文学的爱好者也视作"道德狂人、低能、痴呆"。

田汉在论及波德莱尔的特色时,首先大段引用诺尔道的波德莱尔批判的原文并附上译文:

> 他礼拜自己,厌恶自然运动和生活。他梦想着一种不动性的、永远沉默的、均齐的人造的世界。他爱疾病、丑陋

---

① 岩野泡鸣:《恶魔主义の思想と文芸》,《岩野泡鸣全集》第 10 卷,临川书店,1996 年,第 155 页。笔者译,下同。
② Max Nordau, *Degeneration*, trans. from *Entartung*, 7th edition, New York: D. Appleton and Company, 1895; James Huneker, "The Baudelaire Legend," in *Egoists, A Book of Supermen*, New York: Charles Scribner's Sons, 1909.

> 和罪恶。他一切的性癖，都逸出常轨，远异神清气爽之人。媚他的嗅觉者，只有腐败的气味；娱他的目者，只有臭尸、脓血和别人的痛苦。使他最舒畅的是昏迷瑷璁的秋天，能刺激他的官能的只有不自然的快乐。他新的是可惊的厌倦，和痛楚的感情。他的心充满着愁默的理想，他的理想只与可悲可厌的想象相联络。能引他注意使他有趣的只有歹恶。——杀人、流血、邪淫、虚伪。他祈祷沙丹（恶魔），欣慕地狱（依英译）。（第18页）

田汉因此总结"由他这些性质，可以推见他那恶魔的人格和恶魔的艺术的大概"。有趣的是原作者激烈的抨击经田汉之笔却似乎变成了对"恶之花"的赞美之辞。

作为波德莱尔的特色，田汉主要论述了其"厌世的人工论"和独特的感觉表现。他虽然没有提及岩野泡鸣之名，但是这部分显然来自后者。同样"恶的赞美"、"腐肉的赞美"、"诗想之金属化"之类的表现来源也不难推断，而且两者引用的英文资料也往往相同。不过相比泡鸣蹩脚的译文，田汉的翻译与理解要高明许多，而且他在引用诗歌时基本上都添加了法语原文（遗憾的是收录于《田汉全集》时大都被删去）。当时的留学生们在文中大量使用外文是一种时髦，客观上也给予了读者接触原文的机会。

需要指出的是，田汉虽然很大程度上参照了岩野泡鸣的文章，但两者对恶魔主义的解释并不一致。泡鸣将波德莱尔的生活与艺术全体的特征归结为"近代的恶魔主义"，田汉则将"近代性"与"恶魔主义"分开来看。也就是说，他将"近代性"视作波德莱尔的艺术特色，同时将"恶魔主义"视作诗人对社会与宗教的反抗。

在第四节"波德莱尔的主义"中,田汉主要介绍了诗人的《反抗》诗篇。这部作品原是诺尔道批判波德莱尔的证据之一,在其著作中也引用了《亚伯与该隐》和《献给撒旦的祈祷》的部分内容。对此岩野泡鸣也照搬不误,但并未做进一步的解释,而田汉的论述则要详尽得多。他首先翻译了《圣彼得的否认》和《亚伯与该隐》的主要部分,并附上了《圣经》的相关内容,最后评价说"敬虔的基督教徒读到这个地方一定切十字而战栗"(第26页)。关于《亚伯与该隐》,他也翻译了"该隐的子孙哟,你上天,把上帝投到地下来"这有名的一节,并评说"至此,波德莱尔的恶魔态度,已表示得痛快淋漓"(第27页)。最后将《献给撒旦的祈祷》视作能将"波氏的意味深长的恶魔主义,才发挥致尽"(第27页)的作品,并翻译了大部分。

反抗众神并赞美恶魔原是浪漫派诗人热衷的题材。早于田汉十多年留学日本的鲁迅,也曾在《摩罗诗力说》中论及了拜伦等浪漫派诗人对撒旦的赞美。田汉则指出波德莱尔所怀有的"人生根本的悲哀"并非浪漫派诗人所具有的空想的、情绪化的感情。但是如日本学者所指出的那样,波德莱尔在《反抗》中体现出了对俗众的嘲笑与怀疑,以及对诗人(耶稣)的"复杂心理"(包含了怨恨、共鸣、哀惜与愤怒),而《献给撒旦的祈祷》也因为诗人祈愿之心的强烈与执着,反过来令人意识到了某种"灵性"的存在,而这也是与撒旦所对立的,因此波德莱尔的诅咒具有一种"双重性"。[①] 显然深受基督教影响的波德莱尔的这种复杂心理是年轻的田汉所难以捕捉和理解的。他的反抗更为单纯,矛

---

① 松本勤注释:《聖ペテロの否認》,宇佐美齐注释《サタンへの連祷》,收于多田道太郎编《シャルル・ボードレール「悪の華」注释》下,平凡社,1988年,第1272、1316页。

头直指宗教与社会：

> 恶魔之可贵，贵在"反叛"。一千九百余年前的耶稣基督，一个对于多神教的"反叛者"也，多神教之魔既斩，基督之魔代立，支配欧洲垂一千八百余年，无敢问其鼎之轻重者。而恶魔主义者之波陀雷尔公然扬"反叛"之声，此波陀雷尔的恶魔主义之所以有生命也。（第29—30页）

如果说波德莱尔所反抗的是统治西欧长达近两千年之久的基督教的话，那么田汉所反抗的自然是支配了中国两千年以上的儒教。对于积极投身于打倒孔家店的新文化运动中的田汉而言，波德莱尔的《反抗》显然代表了他自己的心声。

田汉在论及《反抗》时并没有提及自己所依据的资料，据笔者考证，这当为松浦一的文章。矢野在考察大正初期日本接受波德莱尔的历史时曾经指出，值得大书特书的是东京帝国大学文学部大冢保治教授和松浦一讲师分别在"唯美思潮"和"文学概论"这两门课中讲述了波德莱尔。[①] 其中松浦一的讲义于大正7年（1918）题为《生命的文学》出版，其第一讲"是贵族的还是平民的"讲述了波德莱尔，其中包含了《反抗》诗篇几乎全文的翻译，并附上了法语原文。矢野指出这是该作品首次在日本得到译介。显然田汉正是根据出版不久的松浦一的讲义理解了这部作品的大意，他的中文翻译也基本上是松浦日文翻译的重译。

不过松浦一的文学评论有其独到之处。谷荻弘道指出，松浦并非从形式和理论上评价或解读文学作品，而是尝试从文学

---

① 矢野峰人：《日本におけるボードレール》第14，载《日本比較文学会会報》第21号（名著普及会1987年复刻版），第1页。

作品中获取"人类的生命之表现",而且在解释这种生命观时经常参照东洋思想、佛教和日本古典的审美观。① 松浦在评《反抗》时指出,"如此诅咒上帝,愚弄基督的非基督教的态度本身,其实才是真正的宗教的、美的态度"。为什么呢?"因为据佛教的理念,将佛与魔区别开来,想象两者间的争斗谓小乘,而大乘之境则视魔即法界。"而且他进一步说明,在欧洲人们因基督教而失去了身体的自由,因此最接近这种"大乘"艺术观的就是艺术至上主义,而其代表即是波德莱尔。② 如此松浦一将波德莱尔的艺术至上主义与出自佛教的"大乘艺术观"连在了一起。看来追求"古已有之"的心态并非中国文人所独有。

田汉对松浦的这种宗教文学并未显示兴趣,但充分借用了"至大乘后魔即法界"的说法。在论文开头田汉就解释了自己为什么将关心的对象从平民主义的惠特曼转为恶魔主义的波德莱尔,而他用来说明自己看似矛盾的态度的理由就是松浦的理论。也就是说能够在平民主义与恶魔主义之间自由往来的态度就是"大乘的"态度。"谓耶、佛皆可敬,然一拿束缚之绳胁我自在的威严,佛、耶皆可斩吗? 佛、耶可斩,恶魔何独不可斩!"(第29页)田汉不仅借用松浦一的逻辑推崇艺术至上主义的观点,进而证明艺术的文学与人生的文学可以并列:

> 吾人皆知道科学家所采求者为真,宗教道德家所信仰者为善,而艺术家所热爱者为美。同一艺术家的中间,……所主张的艺术,也有"纯艺术的"与"人生的"之各别。因而"美

---

① 参照谷荻弘道:《文学総論——比較文学的考察》第 2 部第 1 章《松浦文学の成立》,松柏社,1971 年。
② 松浦一:《生命の文学》,东京宝文馆,1919 年第 4 版,第 120 页(1918 年初版)。

的宗教"中分出"恶魔派"与"人道派"的两个大潮,互相消长。其实艺术家的生命,全在"人天相接处",如箭发于弦而未达的,蛙投于井而未闻声,即一种极紧张、极空灵的世界也。古今东西,有生命的艺术品,莫不是这个世界中的产物。近世文学拟古之极改变为罗曼,罗曼之极改变为写实,写实之极改变为象征,象征之极改变为达达。同时人道主义之极致,即恒接近恶魔,恶魔主义之极致,即恒接近人道,譬如活水滔滔无时或息,如必执着一端以定一尊,则又像流水久积含污纳秽,清新活泼的生命,便一点也没有了。(第30页)

众所周知,在当时的中国文坛,鲁迅、周作人的文学研究会倡导为人生的文学,与主张为艺术的文学的郭沫若等人的创造会正展开激烈的论争。对此田汉则主张文学应既具备艺术性又具有社会性。他之所以将波德莱尔反宗教反社会的"恶魔主义"与其具有"近代性"的艺术特色分开来论述,其理由应该源自他的这种文学观。

3. 颓废派文学之"近代性"

田汉介绍说,"论波陀雷尔在文艺史上的位置者,莫不曰他是法国十九世纪罗曼主义的殿将,象征主义的先锋","近代的象征诗人鲜有不汲波陀雷尔之流者"。他解释象征诗为"把自己神经上所起的情调籍朦胧的符号(文字)传之与人,使之起同一情调之诗之谓也"(第19页)。而波德莱尔敏锐的感觉则来源于吸食麻醉剂而产生的幻觉,"因为这一种人造的情调,便使他五官杂用莫可区辨,目可以听五音,耳可以迷五色,入他那官能与灵魂的法悦之境"(第21页)。作为其代表作,田汉附上了波德莱尔的著名诗篇《应和》的法文原文和自己的译文,应该是这首名作首次全文译介给中国读者：

> "自然"是一个大寺院，那里的话柱
> 时时吐朦胧的语。
> 人逍遥于象征之森林，
> 而内观以亲热的眼，
>
> 好像远处来的悠长的反响
> 混合着阴森深远的太极。
> 夜一样、光明一样的广大，
> 香色，和音与他相答。
>
> 那种香，像小儿的肉一样的鲜丽，
> 像木笛一般的优婉，牧场一般的油碧。
> ——其他则为腐败的、丰富而凯旋的香气。
>
> 备一切事物的膨胀：
> 像琥珀、乳香、安息香和麝香似的，
> 唱灵魂与官能的法悦。①

（第 20—21 页）

田汉虽然将象征主义的重要特征共感觉视作由麻药导致的"病态的"、"神经质的"东西，但还是认识到了最能表达这种特质的《应和》是象征诗的代表作，也注意到了波德莱尔"音响会有色

---

① 译诗第一行末尾"话柱"应为"活柱"之误。最后一行的第一个字因影印本有墨迹不明，《田汉全集》所载文标为"对"字，笔者据原文假设为"唱"字。

彩,而色彩成了音乐"的主张。而波德莱尔"对香味的溺爱"部分,虽然参照了诺尔道和岩野泡鸣的文章,但田汉的说明更加详尽:

> 盖此派文学或谓之神经质的文学,此派的文人大都神经敏锐、官能纤利的人。同一音也,在他们的耳中或异于常音。同一色也,在他们的眼中或幻为他色。至若波陀雷尔,尤以对于香味的敏感著名。他平时耽于苦痛和魔道的冥想,苦闷之极,逃于酒色。酒色之极,逃于香味。遁至一切皆通过香味而为之。其对于女子之爱亦然,与其爱肉体美,宁爱其香味。(第21页)

作为例证,田汉译介了《人工乐园》《异国的芳香》《云鬟》和《玻璃坛》的部分诗句。举部分译诗如下:

> 温暖的秋宵,闭着两眼,
> 吸酥胸的热香,
> 我看见你幸福的海滨的舒卷,
> 目眩着单调的日光。
> 　　　　　　(《香水坛》)

> 绿发哟,紧张的阴暗的天幕哟,
> 你送我以无限而圆的大空之浅绿;
> 我于你那卷涡的发束的绒毛的周围,
> 饮那可可油、安息香,和沥青相混合的芳香而烂醉。
> 　　　　　　(《云鬟》)

对当时的中国读者来说这些词句显然颇具官能的诱惑,但是相比于散发着死与腐败的臭气的《香水坛》,还是更容易接受些。田汉指出"他的诗境常为死,为颓唐,为腐肉,为败血,为燐光。他所爱的香,自然也带这些死的、颓唐的、腐肉的、败血的、燐光的气味,吐出来的香亦然"(第23页)。但是田汉本人似乎更喜欢自然的香气,他所引用的《云鬟》与《香水坛》的分量,与他所参照的诺尔道的引用分量完全相反,也是一个有趣的例证。

田汉认为波德莱尔的反自然态度是对现实世界感到绝望的象征,并引用斯塔姆评波德莱尔的名言"他的艺术好像真珠似的,是病的'美丽的产物',责其病等于责真珠耳"(His art is like the pearl, a beautiful product of disease, and to blame it is like blaming the pearl),认为"寥寥数语,道尽他的真价。波陀雷尔有灵,当以一瓣麝香,谢此半世纪后的知己"(第23页)。

需要指出的是,田汉将病态的情绪和神经质的文学视作象征主义的特征,这种观点在当时的日本相当流行,其中尤以厨川白村的影响为大。日本著名学者伊藤虎丸曾经就日本大正时期的文化氛围做过如下阐述:

> 在当时的东京,所谓病态的、忧郁的,或者说颓废、性欲、世纪末等等之类的言辞,全都有着新潮时髦的味道。比如你只要看一下厨川白村的《近代文学十讲》等著作,就可以发现这些词汇基本上就是"近代"的同义词。[①]

因此年轻的田汉倾心厨川白村的文艺理论也是自然。

[①] 伊藤虎丸:《郁達夫と大正文学》,收其编《近代日本における中国と日本》,汲古书院,1986年,第234页。

他曾与友人一起直接登门拜访了白村本人,亲聆指教并甚为感激。① 对他而言,厨川白村的《近代文学十讲》可谓最好的文学理论教科书。这个时期田汉的很多论文中都可以找到白村文艺理论的影子,其语言也时不时出现在田汉的文章里。比如之前提到的"他的诗境常为死,为颓唐,为腐肉,为败血,为燐光"之句,显然出自厨川白村之语:"死与颓废,与腐肉和燐光和败血,一直是他的诗境"。② 受日本文坛的这种思潮影响,对田汉来说,所谓颓废文学仅是一种文艺形式。他虽然热衷于译介王尔德、爱伦·坡、波德莱尔等颓废派诗人,自己也创作发表过一些颓废派文学作品,但并没有真正理解这些诗人,从内心深处与他们产生共鸣。究其理由,对近代工业社会怀有绝望之情的欧洲近代诗人,与正挣扎于半封建社会的中国年轻文人之间,出发点显然大相径庭。事实上对当时的田汉来说,波德莱尔与王尔德,其实与他当时所热衷的电影、咖啡馆、葡萄酒等等相似,都是一种"近代的"时髦符号。而这种态度也并非田汉所特有,实在也是以创造社为代表的留日文学青年的共同特征。当然我们并不能因此而否定他们对近代文学所具有的敏锐感觉。

不过田汉虽然通过厨川白村了解到了波德莱尔的近代颓废主义,但是白村认为近代诗人与社会是无法相融的相反的存在,必须尽可能地远离现实生活,或者社会。而田汉却要求文学既具艺术性,同时也具社会性。他一面积极参与少年中国会这种政治团体的活动,同时又是主张为艺术而艺术的创造社成员;一面洋洋洒洒地执笔介绍王尔德、波德莱尔等颓废派文学的代表

---

① 见田汉:《新罗曼主义及其他》,载《少年中国》第 1 卷第 12 期,1920 年 6 月,第 39—40 页。
② 厨川白村:《近代文学十讲》,《厨川白村全集》第 1 卷,1924 年版,第 540 页。

作家，同时又写作了《诗人与劳动问题》《秘密恋爱和公开恋爱》《第四阶级的妇女问题》等等讨论社会问题的一系列长文。田汉的文学创作中也同样既包含颓废倾向，同时又不乏充满新文化运动激情之作品。这种双面性一方面反映了中国文人热衷政治社会的传统理念和当时中国的社会背景，同时也显现出田汉深受留学时期的大正日本文坛的影响。因此他一面借厨川白村之语指出波特莱尔的艺术特质是"尽病态的人工的艺术之极致"，同时又重视诗人对宗教与社会的反抗，将其视作波德莱尔恶魔主义的主干。但是厨川白村则认为波德莱尔拥有蔑视庸俗的生活并逃避现实的性格，而这种性格与近代颓废主义情调相结合，成为诗人"奇怪的、危险的撒旦主义"之起源。① 显然这种见解与田汉的主张形成了鲜明的对照。

　　总而言之，田汉的波德莱尔论在理解上虽然有囫囵吞枣之处，但内容十分丰富，并包含了许多著名诗篇的翻译，具体而言，分别为 *Correspondances*（《应合》）、*La Chevelure*（《云鬓》）、*Hymne à la Beauté*（《美之赞歌》）、*Parfum exotique*（《异国的芳香》）、*Le Flacon*（《香水坛》）和 *La Révolte*（《反抗》）。这些作品基本上都是中国最早的汉语译介，而且大多数还配上了法语原文，为读者阅读原作提供了难得的机会。而长篇弘论的最出色之处，在于田汉描绘了一幅独具特色的波德莱尔形象：一位高举近代颓废主义大旗，竭力反抗社会与宗教道德的恶魔诗人。

　　但是同为象征派诗人，田汉笔下的魏尔伦形象却截然不同。在他身上并无田汉所追求的近代性，反倒呈现出一种东方古典式的哀怨之情。

---

① 厨川白村：《近代文学十讲》，第 536、540 页。

二、田汉笔下的魏尔伦形象

1.《可怜的侣离雁》

田汉的《恶魔主义》文末记有"一九二一年八月二十一日脱稿于东京月印精舍",一年后的 1922 年 8 月,《创造季刊》第 1 卷第 2 期刊载了田汉译介魏尔伦作品的《可怜的侣离雁"PAU-VRE LELIAN"》。*Pauvre Lélian* 原是魏尔伦将自己的名字 Paul Verlaine 重新排列组合而成的别名,田汉的译法既谐音又达意,仿佛一只孤雁漂泊独行的诗人形象跃然纸上。

田汉写这篇文章主要参考了温格特(A. Wingate)的《魏尔伦诗集》,这与前述斯特姆的《波德莱尔诗集》同属坎特伯雷诗歌丛书,当然译者所写的长篇前言也成了田汉的主要参考文献。此外还有索雷(W. Thorley)的《保尔·魏尔伦》和前述诺尔多著作中所举的相关作品和描述等。① 不过这次田汉并未详述诗人的一生,他仅仅摘取了"少年诗人"的故事,也没有详细探讨其思想与艺术特征,而主要抒发自己的感慨和译介作品。他所举的也以魏尔伦早期诗集《土星人的歌》和《雅宴》为中心。这种做法自然无法全面展现诗人的特征。事实上魏尔伦的后半生深陷婚姻危机与同性恋问题,辗转于疗养院和低档妓院,生活十分凄惨。田汉也许有意回避了这部分。他笔下的诗人形象比本人要"纯洁"得多。

田汉共翻译了《一都冷雨》(*Il pleure dans mon cœur*)、《秋之歌》(*Chanson d'automne*)、《感伤的会话》(*Colloque sentimen-*

---

① Verlaine, *Poems*, trans. Ashmore Wingate, The Canterbury Poets Series, London: The Walter Scott Publishing Co. , Ltd. , n. d. ; W. Thorley, *Paul Verlaine*, London: Constable and Company Ltd. ,1914.

tal)、《美资》(Metz)、《三年之后》(Après trois ans)、《致科勒曼诺》(À Clymène)、《巴黎夜曲》(Nocturne parisien)、《我熟悉的梦》(Mon rêve familier)、《曼陀林》(Mandoline)等九首诗,均未加法语原文。这些作品当时只有部分有粗糙的汉译,而田汉的译诗相当精致,既深受日本文学家的名译影响,又有其独特的创意。以下主要就此作一些具体的文本解读与分析比较。

2. 传统情调的移植

田汉文章开首为"阿阿,好了！今晚落雨了！我这篇《可怜的侣离雁》写得成了"。[①] 他以雨为背景,从回顾晚清著名诗人苏曼殊的漂泊生涯开始,自然滑向魏尔伦的代表作《一都冷雨》。

魏尔伦的这首诗借助法语里"下雨"(«il pleut»)与"他哭泣"(«il pleure»)谐音,将雨与愁浑然一体,表达了一种莫名忧伤(«deuil sans raison»)的情绪。众所周知,哀愁原是中国传统诗词里常见的主题,田汉在文中也列举了李白"抽刀断水水更流,举杯消愁愁更愁"、李煜"问君能有几多愁,恰似一江春水向东流"等名句。日本学者目加田诚还专门写文概括罗列了自春秋至唐代咏叹哀愁的著名诗人与其作品。[②] 而将哀愁与雨相连也是中国古典诗词的常用手法,李煜的"帘外雨潺潺,春意阑珊"、李清照"梧桐更兼细雨,到黄昏,点点滴滴,这次第,怎一个愁字了得"等也为人熟知。田汉不仅列举了这些名句,还特意说明自己为了写魏尔伦一直在等雨。而这首诗的翻译风格也与他译介波德莱尔时采用的自由诗形式迥然不同。他使用的词汇更

---

① 田汉:《可怜的侣离雁"PAUVRE LELIAN"》,《创造季刊》第 1 卷第 2 期,1922 年 8 月,第 1 页。使用简体字。以下仅标明页数,省略注释。
② [日]目加田诚:《與爾同銷万古愁——憂と愁》,收《目加田誠著作集四 中国文学論考》,龙溪书舍,1985 年。

为古风,语调幽怨,诗行长短交错,格式与韵味都与古典词相近。

一都冷雨,
　满腔酸泪;
何事断人肠,
　这般愁思?

地上淋淋,
　屋上淋淋!
敢是多情,
　歌一曲,为旁人?

懊恼的怀中,
　没来由泪雨纷纷,
曾未怀半丝儿异志,
　将何处觅愁根?

愁根无觅处,
　愁思向谁语,
既与人无爱无嗔,
　又何事伤心如许?

(第2—3页)

中国的格律诗早在千年前就传入日本,被称作"汉诗",文人不仅将其按照日文的语法和音韵诵读,而且创作了大量作品,日本汉诗因此成为日本诗歌文学的重要组成部分。与此相比,词的受众要少得多。但在中国古典诗歌中词向来作为抒情的重要手段,田汉本人也经常填词,在解读魏尔伦的这首作品时,也说"读这篇诗可以感到白石道人所谓'别又伤心无数'、'一声声更苦'的情调,卒章'既与人无爱无嗔,又何事伤心如许'云云,与曼殊大师调筝人中绝所云:'雨笠烟蓑归去也,与人无爱亦无嗔'之句,又何其相类"(第3页);并且在解读了魏尔伦的众多诗作后,又指出"昔人论词之清空质实者,谓姜白石如野云孤飞,去留无迹,吴梦窗如七宝楼台,眩人耳目。我们的少年诗人,殆可谓兼而有之"(第14页)。姜白石与吴梦窗均为宋代著名词人,田汉所引"昔人论"为宋代词人、评论家张炎所著《词源》中的评论。显然田汉从魏尔伦的诗中读出了中国古典词的感觉,并在翻译时有意采用了类似词的形式,并常常借用著名词人的名句。同样的手法在他所译《秋歌》和《三年之后》等译诗中也能看到,而这种东西融汇的手法实际上深受日本文坛的影响。

3. 有关《秋歌》的翻译

提到魏尔伦的《秋歌》,日本学者自然会想起著名文学家上田敏的翻译。上田敏既立足于日本古典诗歌的传统,又极好地再现了具有近代意义的象征诗的翻译手法,当时引起轰动,其译诗集《海潮音》(1905)也成为后人难以突破的名译。我们可以对比一下魏尔伦的法语原诗和田汉与上田敏(改题为《落叶》)的翻译。

Les sanglots longs	秋天里,	秋の日の
Des violins	璟玻璘,	ヸオロンの
De l'automne	长咽声。	ためいきの
Blessent mon cœur	孤调的,	身にしみて
D'une langueur	没精神,	ひたぶるに
Monotone	伤我心。	うら悲し。

Tout suffocant	听钟音，	鐘のおとに
Et blême, quand	息为窒，	胸ふたぎ
Sonne l'heure	色为灰。	色かへて
Je me souviens	思往事，	淚ぐむ
Des jours anciens	不胜悲，	過ぎし日の
Et je pleure	泪双垂。	おもひでや。
Et je m'en vais	风冷冷，	げにわれは
Au vent mauvais	吹我魂，	うらぶれて
Qui m'emporte	无定栖。	こゝかしこ
Deçà, delà,	如落叶，	さだめなく
Pareil à la	之飘零，	とびちらふ
Feuille morte.	东复西。	落葉かな。

　　　　　　　　——田汉译　　　——上田敏译①

　　魏尔伦的原诗打破了法文诗歌传统的每行恪守 12 个音节的亚历山大诗体，创造了每行仅用 4 个音节的崭新格律，对此上田敏在翻译时采用了每行五音，这脱胎于日本诗歌传统的五七五调，对日本读者来说也是既新鲜又熟悉。而田汉译成每行三字，也属创新，同时与中国传统诗词中的三言短句相仿佛，与日译颇有异曲同工之妙。而将诗行斜向排列的做法则来自当时流行的未来派诗歌的影响，田汉似乎很喜欢这种形式，这时期发表于《少

---

① Paul Verlaine, *Œuvres poétiques complètes*, Gallimard, 1977, pp. 72—73. ,［日］山内义雄、矢野峰人编：《上田敏全訳詩集》，岩波クラシックス42，岩波书店，1983年，第 49—50 页。省略注音符号。

年中国》第4卷第1—2期的《江户之春》组诗中的《黄昏》和《暴风雨后的春潮》也采用了这种诗体。显然田汉既积极取源于中国古典诗词的传统,同时对欧洲和日本近代诗的潮流也十分敏锐。

进一步对比原诗和中日文的翻译,不难看出田汉很大程度上参照了上田敏的译诗,但也并非仅仅是日译的重译,他应该也看了温格特的英译,但后者基本上是意译,因此可以推测田汉也看了法文原作。① 上田敏选用的词汇更古色古香,更接近日本传统诗歌的意境,田汉的翻译可谓古今交融,还有"伤我心"应对«Blessent mon cœur»这样的逐字直译。而比之法语原作的"恶风把我吹向这里那里,仿佛那片落叶"的直白说法,则无论是上田敏的"さだめなく/飛びちらふ/落葉かな"(没有定数的/四处飞散的/(那些)落叶啊),还是田汉的"如落叶,之飘零,东复西"都显然更符合东方传统诗歌的意境。

再从音韵上分析,法语原诗第一连频繁重复O音和鼻音,造成了一种音乐效果,正如小提琴如歌似泣的旋律。对此上田敏的翻译"akinohino/bioronno/tameikino/minishimite/hitaburuni/urakanashi"则通过重复O音和i音,基本上再现了这种效果。田汉的翻译虽没有这么明显,但也有ian、iang等鼻音的重复。接下来原诗第二连突然以«Tout suffocant»这种短促有力的声调一旦切断了第一连的哀怨,但很快又回到了«Je me souviens/Des jours anciens/Et je pleure»的咏叹调。这种音韵的变化可以说在田汉的译诗里也近乎完美地得到了再现,甚至超过了上田敏译诗的效果。

第三连田汉以"风冷冷"对应«le vent mauvais»(恶风),以

---

① 英译第一连为 The wailing note/That long doth float/From Automn's bow/Doth wound my heart/With no quick smart/But dull and slow. Wingate, *op. cit.*, p.27.

"魂"对应"我",也令漂泊感更强烈,最后连接上落叶飘零的意境也显得十分自然。可以说上田敏首创的以西方摩登的梵亚铃意象开场,再归结到东方式"落叶飘零"意境的手法,在田汉译诗中得到了发扬光大。而且法国象征派诗人与印象派画家一样,原本颇受东方文化的影响,因此这种东西合璧的情调得到中日文学家的理解和呼应也属自然。

这种充分利用中国古典诗词意境的手法,在田汉的其他译诗中也能看到。比如《三年之后》可谓"旧地重逢,物是人非",因此田汉使用的"云雀儿飞来飞去,似曾相识"自然也令人想起宋代词人晏殊的名句"无可奈何花落去,似曾相识燕归来"。田汉翻译的9首诗均为诗人早期之作,只有一首《美资》是魏尔伦晚年为怀念在普法战争中失去的故乡而写,而这种心情用"国破山河在,城春草木深"来形容自然再贴切不过。因此田汉虽然给魏尔伦贴上了"近代颓废派的模特,象征主义之先驱"的标签,但他笔下的诗人形象却充满了东方传统的哀怨感伤的漂泊情怀。在这篇译介文章的最后,他一气翻译了诗集《雅宴》中的三首作品,并将之全部归结到一个"愁"字,最后以《感伤的会话》为全文之结。

4.《感伤的会话》与永井荷风的《珊瑚集》

《感伤的会话》是魏尔伦的诗集《雅宴》中的最后一首作品,描述了两个人影在一座阴冷的废园中追忆往事。仅举其中的对话部分与田汉译诗如下:

-Te souvient-il de notre extase   "你可还记得当年的欢乐?"
　ancienne?
-Pourquoi voulez-vous donc   "郎要我追忆他做甚么?"
　qu'il m'en souvienne?

-Ton cœur bat-il toujours à mon seul nom ? -Toujours vois-tu mon âme en rêve ? -Non.	"你每听着我的名字可还心跳难禁? 你梦寐之中可还看见我的心不也?"
-Ah ! les beaux jours de Bonheur indicible Ou nous joignions nos bouches ! -C'est possible.	"咳！我们那时候，嘴亲着嘴儿，何等欢美， 好像做梦似的。"——"啊真是那样。"
-Qu'il était bleu, le ciel, et grand, l'espoir ! -L'espoir a fui, vaincu, vers le ciel noir. ①	"当时天空何其青，希望可不小！" "但是希望于今逃了，逃到暗室中去了。"

(第15页)

原诗中的对话双方，一方（权称其为 A）充满热情："你可还记得我们那些令人神思恍惚的昔日时光?"对方（B）却反应冷淡："你为什么要我去回忆它?"A 再问："你的心是否还一听到我的名字就跳跃不止?"B 的对答更绝情："不。"A 仍不死心："啊，那些难以形容的幸福美好的日子，我们的唇总是紧紧吻在一起！"B 的回复照旧不冷不热："也许吧。"A 最后回忆："那时的天真蓝，希望真大！"B 却给出一个残酷的结论："希望已经逃了，失败了，隐进了黑暗的天空。"借日本学者斋藤矶雄之言，可以说

---

① Paul Verlaine, *op. cit.*, p. 121.

作者心底的"掩盖在各种华丽场面下的忧愁、悲哀和倦怠之色",至这首作品"带上了'死'之形态,化作凄凉的鬼气飘荡在字里行间"。① 可以说通过这段短短的对话,魏尔伦对爱情之反复无常的失望与嘲笑,对人生已然淡漠的情绪跃然纸上。

另外值得重视的是原作中对话双方的性别并不明确,仅从字面我们难以判别 AB 是同性还是异性,若是异性,也不知哪个是男哪个是女。鉴于魏尔伦的同性恋倾向,双方同为男性也有可能。也就是说,A 与 B 的不同性别造成了对作品的不同解读,我们可以设想出好几种场面。不管魏尔伦的本意如何,为读者造就了很大的想象空间也是这首诗的特点之一。

然而回过头来看田汉的译诗,可以发现他用第二行的"郎"字明确地将 A 设为男性,将 B 设定为了女性,虽然汉语中也可以用"你"这样暧昧的称呼来造成与原诗相同的效果。他的翻译近乎直译,虽无大错,但是第四行末尾那个非常重要的否定词《Non》不知为何消失了(也可能是印刷问题)。而将第 6 行末尾的《C'est possible》(也许吧),译成"啊真是那样"。这些做法其实不少出自当时日本文坛风行一时的另一个名译。收录于著名作家永井荷风的译诗集《珊瑚集》(1913)的翻译如下:

　　——お前は楽しい昔の事を覚えているか。
　　——なぜ覚えてろと仰有るのです。

　　——お前の胸は私の名をよぶ時いつも顫へて
　　お前の心はいつも私を夢に見るか。——いいえ。

---

① 斋藤矶雄:《詩話　近代ふらんす秀詩鈔》,立风书房,1972年,第213页。

——ああ私等二人唇と唇を合わした昔
危い幸福の美しい其の日。そうでしたねえ。

——昔の空は青かった。昔の望みは大きかった。
——けれども其の望みは敗れて暗い空にと消えました。[①]

相比于法语原诗，日文翻译的口语腔更浓，"お前"（omae）是上对下的第二人称，而且比较粗俗，一般用于男性对女性或下属，句式也是简体，显然 A 是一个居高临下，说话比较粗鲁随便的男子。而 B 则使用了敬语，语气也很柔软，应该是女性。同为否定，日语的"いいえ"也比《Non.》温和，而将《C'est possible》译成"そうでしたね"与田汉的"啊真是那样"同义。也就是说，虽然日文和中文翻译整体上基本直译，但由于这些人称和语气的不同，原诗所有的冷嘲几近消失，仅仅成为一对男女在凭吊逝去的爱情的场面。

田汉参照日译的证据，还可举中日译均将原诗的《le ciel noir》（黑暗的天空）译成"暗い空"或"暗空"（"暗室"当为印刷错误）。不过永井荷风在对话部分使用口语，在叙述部分则使用了书面语。田汉则全部使用了口语，而且"郎要我追忆他做甚么？""咳！我们那时候，嘴亲着嘴儿，何等欢美"等近似戏剧台词，与前述古色古香的翻译风格形成鲜明对照。类似做法在《我熟悉的梦》的翻译中也能看到，比如"想煞人啊，那不相识的人儿，知侬又爱侬"（第 11 页）。这种不拘一格的尝试体现了田汉在翻译西方名著时的大胆心态，而这种大胆应该也受教于永井荷风将

[①] 永井荷风：《珊瑚集》，籾山书店，1913 年初版（日本近代文学馆 1971 年复刻版），第 35—37 页。省略注音符号。

"お前"这种比较粗鲁的人称词汇放进法文象征诗的创意。上田敏的《海潮音》与永井荷风的《珊瑚集》,作为法国象征诗和欧洲近代诗歌翻译诗集的双璧,长期享誉日本文坛,显然也成为了田汉的重要参考资料。无论从他的选材,还是翻译风格以至遣词造句,都可以看出日本前辈翻译家的影响。但是他并非亦步亦趋,而是在参照日译和英译的基础上努力学习法语原诗,并充分利用中国的古典诗歌和口语戏剧的传统,创造出了融汇东西的意境,因此其翻译和理解水准远胜当时一般粗陋之作。

但正如斋藤矶雄所说,魏尔伦"一生可谓信仰与背叛,颓废与纯真等两个极端的混合体",因此他的作品也往往具有双面性。诗人的"敏锐纤细的感受中同时夹杂着善良与残酷、狡诈与天真、清纯与淫秽。而诗人将这种难以捕捉的阴霾,以极其天真烂漫同时又非常精巧的语言组合,再忠实不过地体现了出来"。[①] 但田汉笔下的魏尔伦却缺乏这种双面性,他描画出的仅仅是失去了故乡,一生追求爱情而无着的漂泊者形象,其孤独与感伤也与中国古典诗词中常见的意象并无二致。这与他描述波德莱尔时,将其"病态的"、"恶浊的"趣味与生活归结为诗人的"恶魔主义"="近代性"形成了鲜明的对照。也就是说,同为十九世纪法国象征派诗人,波德莱尔与魏尔伦却被田汉置于近代与传统的两极。其实这种受容方式不仅是田汉的特征,在同时代的中国文人中也可以看到,而其背后则有着日本文坛鲜明的影响。

结　　语

从 1910 年代到二十世纪前半叶,中国迎来了接受法国象征

---

① 斋藤矶雄:《詩話　近代ふらんす秀詩鈔》,第 194 页。

主义的第一波，其魅力自然首先在于其新。这种不断追逐西方最新的文艺潮流之心态，尤其在留日群体中非常显著。而这背后自然也有着日本文坛接受西方文学思潮时"不问时间先后，国之甲乙，只要是新潮就拼命迎合"①之倾向的影响。

　　针对中国接受欧洲文艺思潮的特征，鲁迅也曾尖锐地指出："因为我们能听到某人在提倡某主义……而从未见某主义的一篇作品，大吹大擂地挂起招牌来，孪生了开张和倒闭，所以欧洲的文艺史潮，在中国毫未开演，而又像已经一一演过了。"②在欧洲前后跨越200年间诞生发展的各种文艺思潮，仅仅在不到20年的时间里就一度涌入中国，令众多文人消化不良也属自然。如鲁迅、周作人那般孜孜于译介欧洲近现代文学的学者并非多数，一般文人对象征派诗歌等近现代文学的理解也相当肤浅。被视作中国早期象征派诗人的穆木天与冯乃超的作品中流淌着浓厚的浪漫主义的哀愁，周作人则将象征诗与中国传统文学的"兴"相比，认为"古已有之"。③如田汉那样将象征派诗歌归结到中国古典诗词之意境的倾向也不少见。中国象征诗的名作如戴望舒的《雨巷》里忧愁的丁香一般的姑娘的意象，也来源于南唐诗人李璟的名句："青鸟不传云外信，丁香空结雨中愁。"④可以说，一般中国文人真正开始理解法国象征主义，要到1930年代后期，在那之前有关文章都仅仅是一些概论，具体作品的译介更是少之又少。

---

① 日夏耿之介：《明治大正诗史》，收《日夏耿之介全集》第3卷，东京：河出书房新社，1975年，第416页。
② 鲁迅：《〈奔流〉编校后记》11，收《鲁迅全集（编年版）》第6卷，北京：人民出版社，2005年，第118页。
③ 周作人：《〈扬鞭集〉序》，载《雨丝》第82期，1926年5月，第17—18页。
④ 参照孙玉石编：《中国现代诗导读》，北京：北京大学出版社，1990年，第169页。

因此田汉早在 1920 年代初期就发表了如此详尽的译介象征派诗人的长文，堪称先驱。他不仅介绍象征主义的文艺思潮，在翻译上也极下功夫，除了参考英译并阅读法文原作，还尽可能参照了日本文人的著作和名家的译本。田汉既大胆汲取欧洲和日本最新文学潮流的养分，又善于从中国古典诗词、戏曲、民歌中寻找材料，这种东西古今融汇的手法令其翻译作品的质量大增。而他笔下的法国象征派诗人形象，虽不全面，但是立足于详尽的传记和作品分析，也颇具说服力。当然那里面也可以看到传统与近代的交织和碰撞，而这并非田汉独有，也是同时代中国文人的共通之处。事实上早于中国迈进近代化的邻国日本的文人也经历了类似的体验。田汉的象征主义理解，承载着上田敏、永井荷风、厨川白村等明治、大正时代日本著名文学家的经验也是自然。

　　在中国文学史上，留日群体起到了极其重要的作用。鲁迅、周作人兄弟自不待言，创造社成员郭沫若、郁达夫、田汉等人的文学活动也受到中日双方文学界的瞩目，他们对于中国现代文学的确立与发展所做出的功绩向来得到极高评价，同时他们对西方文学的翻译介绍所付出的努力与成果也载入了史册。但是从比较文学的视野与方法论出发，对他们的译介作品做具体的探讨，并考察其背后日本文坛的中介作用之研究似乎并不多见。这篇 20 多年前的旧文所举田汉的法国象征诗译介可谓一个具体的例证，期待能够抛砖引玉。

异域的花香:朱维基波特莱尔译诗研究

陈硕文[1]

前　言

波特莱尔(Charles Baudelaire,1821—1867)作品在中国的译介开始得很早,1919年,周作人在他的小诗创作短序中首先谈到波特莱尔和他的散文诗[2]。1920年,周无在《少年中国》发表了《法兰西近世文学的趋势》,介绍了波特莱尔的诗歌艺术[3]。尔后数十年,波特莱尔诗歌的译介不绝如缕,其代表作《恶之华》(*Les Fleurs du mal*)、《巴黎的忧郁》(*Le Spleen de Paris*)陆续

---

[1] 陈硕文,政治大学中文系博士,现任政治大学中文系助理教授。曾获台湾"科技部"奖助于法国国立东方语言文化学院(INALCO)访学与从事博士后研究。研究领域为中国近现代小说、报刊文化以及晚清民初翻译文学。学术论文曾刊于《汉学研究》《编译论丛》《东亚观念史集刊》《政大中文学报》等。合译作品《降生十二星座》(骆以军著)收入 A. Pino Et I. Rabut, *Felix s'inquiete pour le pays: Anthologie historique de la prose romanesque taiwanaise moderne iv*, Paris: You Feng, Octobre 2018.

[2] 周作人:《小河》,《新青年》第6卷第2号(1919.02),第91—95页。

[3] 周无:《法兰西近世文学的趋势》,《少年中国》第2卷第4期(1920.10),第14—28页。

被译为中文①,包括波特莱尔在内的法国象征主义诗歌文论亦散见各大报刊②,在中国现代诗坛引起了巨大的回响。在这些译者与创作者队伍中,不乏知名诗人如穆木天(1900—1971)、王独清(1898—1940)、戴望舒(1905—1950)等,其波特莱尔诗歌的译介、重写、评论等,深刻影响了波特莱尔在中国的跨文化接受和经典化历程,已引起不少学者关注③;尤有甚者,受到波特莱

---

① 民国时期,波特莱尔的作品翻译已甚多。二〇年代,波特莱尔诗歌的译者有仲密、王独清、焦菊隐、张定璜、林文铮、徐志摩等,其翻译散见于《小说月报》《语丝》《东方杂志》等报刊;进入三〇年代,《文学》《文学季刊》《新月》《文学评论》上都刊登了不少波特莱尔诗歌翻译;继之石民、邢鹏举等据英文版翻译了《恶之华》与《巴黎的忧郁》。四〇年代,更有陈敬容、王力等人踵事增华,译出更多诗歌作品。
② 中国现代著名诗人如梁宗岱、沈宝基、卞之琳都翻译、评介过波特莱尔诗歌或法国象征派文学,如曹葆华翻译的《象征派作家》、梁宗岱的《象征主义》等。相关研究则有朱寿桐,《论"五四"象征主义文学初潮》,《南京大学学报》1998 年第 3 期,第 117—127 页。Vincent Yang, "From French Symbolism to Chinese Symbolism: A Literary Influence", *Tamkang Review* 17. 13 (Spring 1987), pp. 221—244. Yiu-man Ma, "The Reception of French Symbolism in China, 1919—25", in *The Force of Vision* Vol. 4, *Translation and modernization: Proceedings of the 13th congress AILC/ICLA Tokyo* 4, eds. Hyun, Theresa and José Lambert, Tokyo: University of Tokyo Press,1995, pp. 46—53. Harry Allan Kaplan, *The Symbolist Movement in Modern Chinese Poetry*, Ph. D dissertation, Harvard University, 1983. Siyan Jin, *La Métamorphose des images poétiques* 1915—1932: *des symbolistes français aux symbolistes chinois*, Dortmund: Project-Verlag, 1997.
③ 相关研究如马耀民:《波特莱尔在中国,1919—1937》,台湾大学外国语文学系博士论文,1997。Yiu-man Ma, "Translation and Literary Politics: Baudelaire in the New Literature Movement 1921—1925", *Tamkang Review* 28, no. 1 (Autumn 1997), pp. 97—112. Gloria Bien, *Baudelaire in China: A Study in Literary Reception*, Newark: Delaware University Press, 2013. 刘波、尹丽:《波德莱尔作品汉译回顾》,《四川外语学院学报》第 24 卷第 3 期(2008 年 3 月),第 62—69 页。张松建:《"花一般的罪恶"——四十年代中国诗坛对波德莱尔的译介》,《中国现代文学研究丛刊》,2005 年第 2 期,第 76—100 页。对于波特莱尔在中国的译介与接受的研究回顾,可参看张松建:《现代诗的再出发:中国四十年代现代主义诗潮新探》,北京:北京大学出版社,2009 年。

尔作品的灵感刺激,一批中国诗人更创作出不少现代诗歌名篇,亦引起许多注意。然而,相较上述几位诗人,仍有一些波特莱尔诗歌作品的中国译者,一直以来较少受到学者青睐,其中,二三十年代,在"为艺术而艺术"、"为人生而艺术"思潮方兴未艾,写实主义与浪漫主义文学思潮相随风行中国,左右翼文学阵营激烈交锋之时,在其以"美的追求"为旗帜的同人刊物上发表自译的波特莱尔《巴黎的忧郁》,以唯美文学倡导者与实践者自期的诗人朱维基(1904—1971),便是其中之一①。

然而,究竟朱维基所提倡的唯美文学所指为何?和波特莱尔间的关系又是什么?其文学实践与文学理想该如何解读?本文以探讨朱维基20年代末的波特莱尔诗歌翻译与其办刊、结社、创作间的关系为主旨,考察朱维基如何翻译、评述波特莱尔的文学创作,并据之为其文学观点的资源与养分,通过办刊与创作,回应、参与他当时面对的文学环境。本文也考察波特莱尔的诗风如何体现在朱维基此时期的诗歌创作中,形塑中国现代诗歌的另一面貌,以回应学界对波特莱尔诗歌翻译在中国的关注。

朱维基与绿社

朱维基,创作时亦常署名朱维琪、维琪,上海人,上海沪江大学毕业,主修西洋文学,曾任教师、编辑,亦写诗。20年代末,他与几位文友夏莱蒂(1901—1973)、徐葆炎(生卒年不详)、芳信(1902—1963)等创办了绿社,和芳信合译了诗文集《水仙》,推出

---

① 朱维基的波特莱尔翻译相关研究,可见马耀民:《波特莱尔在中国,1919—1937》,台湾大学外国语文学系博士论文,1997年,第144—150页。不过该文作者主要只探讨了朱维基和芳信合译的《水仙》译诗集中的八篇作品。

了一系列诗刊,并自行出版了诗集《花香街诗集》,以唯美诗人的形象留名文坛。战争期间,朱维基参与了行列社与杂志《行列》的出版,推出了风格写实的诗集《世纪的孩子》,积极参与文艺抗日活动,并曾因此入狱①。1941年,朱维基抵苏北解放区,于中国艺术学院等校教授英国文学。1949年后,他陆续在上海华东文化局、出版社任职,继续执笔翻译;文革时期,经历抄家、批斗,于1971年病逝②。

除创作外,朱维基也是一名文学译者,他很早便开始接触翻译工作,先是从事电影字幕的翻译,自20年代起,更陆续翻译了许多文学作品。他的文学翻译中较为人所知的,应为奥登(Wystan Hugh Auden,1907—1973)的《在战时》(*In Time of War*)、但丁(Dante Alighieri,1265—1321)的《神曲》(《地狱篇》《炼狱篇》《天堂篇》)(*The Divine Comedy*)、拜伦(George Gordon Byron,1788—1824)的《唐璜》(*Don Juan*)等。然而,除了这几部名作外,朱维基在英法唯美文学作品的翻译方面亦着力甚深。他先从爱伦·坡(Edgar Allan Poe,1809—1949)、波特莱尔的作品入手,接着又译出了佩特(Walter Pater,1839—1894)的散文,以及道生(Ernest Dowson,1867—1900)的小说集,这些翻译多可见于他和绿社同仁合作出版的刊物及文集中。

绿社同人推崇的是"为艺术而人生"的信条,认为人生就是艺术本身,更要积极在生活及创作中追寻美③,如同朱维基在《诗篇》开卷的序篇中所言:"美呀,我们看到你时,我们会心跳,

---

① 锡金:《芳信和诗歌书店》,《新文学史料》,1980年第4期,第128—132页。
② 汤婷:《翁婿两代翻译家》,《解放日报·朝花》,2017年4月29日,第19页。
③ 林微音:《为艺术而人生》,《绿》第2卷第1期(1932),收入刘钦伟编:《中国现代唯美主义文学作品选(上册)》,广州:花城出版社,1996年,第218页。

会惊悸,会呆木,会痴狂,会欢欣,会忧郁,会平静,会沉默,会愿意死。""我们还有什么可歌颂的,除了你,全在的美。"①这些都展现出以美为尚的文学风貌。而朱维基在《诗篇》的发刊词中亦这样谈及他们的唯美文学观点:"在一个伟大的激荡里,四周有无数支的急流无定地,相反地或交叉地流动着""我们要怀抱着凄寂、悲愤、或是激昂的情感,微妙唱出我们无可奈何的歌曲,为情或是为美""殉道地为艺术而中砥着这引导到万劫不复的境界去的狂潮",②颇可见他们在上海二三十年代内外交逼、多音齐响的文学场域中所立志追求的文学理想与众不同,并以文学先锋自期。

除了唯美文学作品以外,朱维基在 30 年代又陆续翻译了莎士比亚(William Shakespeare, 1564—1616)的戏剧、弥尔顿(John Milton, 1608—1674)的《失乐园》(*Paradise Lost*)等西方经典文学名著。而进入 40 年代,随着战争日益白热化,朱维基的翻译兴趣转向新兴的进步的作品和理论③,积极响应文艺救国的呼声,他自己的诗风也转而写实,诗集《世纪的孩子》(1946)书写贫穷、粮食、战事,关注的是战争底下现实社会的人民处境,与之前的唯美书写已大不相同。1949 年后,直到离开人世前,朱维基先后在华东文化部、新文艺出版社任职,陆续完成了西方经典名著的翻译工作,可以说一生都未停下创作、办刊及翻译的脚步。

从摩登上海到战争孤岛,从唯美颓废到现实关怀,朱维基的翻译和创作,展现出一个中国现代诗人的文学实践在各种文艺思潮与时代变局间交会和转变的历程,其文学关怀、翻译阅读及

---

① 朱维基:《第三次说话》,《诗篇》第三期(1934.1)。
② 朱维基:《第一次说话》,《诗篇》第一期(1933.11)。
③ 康:《朱维基埋头文艺翻译,神曲三部,已竣全工》,《文艺新闻》,1939 年第 5 期,第 4 页。

创作之间,更存在着有趣的互动关联。下文中,我将集中讨论的是朱维基在20年代末的波特莱尔诗歌译介,除探讨其翻译特色外,也将从此角度分析他此时期的文艺创作。

朱维基的波特莱尔翻译

朱维基的波特莱尔翻译集中在1926、1927年,也是朱维基参与唯美文学社团"绿社"及刊物创办的初期,他所译的是波特莱尔的散文诗《巴黎的忧郁》中的篇章,陆续发表在《泛报》《火山月刊》,以及他和芳信合译的《水仙》译诗集中①。据朱维基在《流星》翻译前言中所述,此乃据英译本翻译②,或许我们可以大胆推测,朱维基的波特莱尔诗歌翻译,同《流星》,大多是通过英文译本转译的③。

通过比对,我们可以发现朱维基的翻译基本上相当忠实,没有太多的增删或者创造性的翻译,不过对照原文,仍可以发现有些令人遗憾的不甚完整之处,究其原因,或许跟词语、文法、典故冷僻有关。

比方说在《请去旅行》(*L'Invitation au voyage*)中,朱维基把西方文学中的想象乐园(« un pays de cocagne »)音译成"珂开尼"④,并没有加上注解说明;在其他诗篇中,他对于不熟悉的名

---

① 见附表一。
② 根据查找,我认为该英译本是史密斯(T. R. Smith)编辑、集合多位译者的翻译,1919年在纽约出版的合集《波特莱尔,他的散文和诗》(*Baudelaire: His Prose and Poetry*)一书。*Baudelaire: His Prose and Poetry*, ed. T. R. Smith, New York: Boni and Liveright, 1919. 此为"Modern Library"系列丛书之一。
③ 朱维基将《比斯杜利小姐》(*Mademoiselle Bistouri*)翻译成《Bistoury小姐》,可见由英文译出。朱维基译:《波特赖尔散文诗选:BISTOURY小姐》,《泛报》第1卷第6期(1927.2),第11—15页。
④ 朱维基译:《请去旅行》,《水仙》,上海:大光书局,1928年,第1页。为求简要,下文注脚中凡引用该书处皆省略出版项。

词,有时还直接以外文标示,比方说«interns»(实习医生),«Eros»(爱神)等①,朱维基如此的翻译选择,对于不谙西语的读者,可能颇具陌生化的效果。

朱维基有时也有错译之处,比方说波特莱尔《早晨一点钟》(À une heure du matin)的最后一句:"我并不比我轻蔑的人更低贱"(«que je ne suis pas inférieur à ceux que je méprise!»)②,朱维基却译为"我不比那些给我藐视的人低卑"③。这句错译不严重影响读者对整首诗的理解,但是波特莱尔给读者留下的印象却因此有了很大的不同。在另一首诗《老江湖》(Le vieux saltimbanque)中,波特莱尔描述卖艺的老江湖艺人如同一个老文人,他们"活过了一代人,并曾是这时代出色的捉弄者"(«a survécu à la génération dont il fut le brillant amuseur.»)④,朱维基将之翻译成他们活过了"在他自己曾是东道主的时代"⑤,此句翻译偏离原文文意,强调的是文人在现今时代失去了作主的可能,只能听凭市场操弄的一面。总的来说,朱维基译笔下的波特莱尔,比原作更为强调诗人的自矜和不屈,诗人的形象显得更为刚强。

---

① 朱维基译:《诱惑,或 Eros, Plutus, 和 Glory》,《水仙》,第17页。
② Charles Baudelaire, «À une heure du matin», *Petits Poèmes en prose* (*Le Spleen de Paris*), Paris: Michel Lévy frères, 1868—1870, p. 26. 英文译本作"I am not the last of men, that I am not inferior to those I despise." Charles Baudelaire, "At One o'clock in the Morning", trans. F. P. Sturm, *Baudelaire: His Prose and Poetry*, ed. T. R. Smith, p. 120. 为求简要,下文注脚中凡引用该书处皆省略出版项。
③ 朱维基译:《CHARLES BAUDELAIRE 散文诗选,早晨一点钟》,《火山月刊》,第1卷第2期(1926.1),第51—52页。
④ Charles Baudelaire, «Le vieux saltimbanque», *Petits Poèmes en prose* (*Le Spleen de Paris*), p. 41. 英文译本作"I have just seen the image of the aged man of letters, who has survived the generation of which he was the brilliant entertainer." Charles Baudelaire, "The Old Mountebank", trans. J. T. Shipley, *Baudelaire: His Prose and Poetry*, ed. T. R. Smith, p. 68.
⑤ 朱维基译:《老江湖》,《水仙》,第12页。

此外,因误会译文而失误了的情况,在朱维基的翻译中不只出现一次,比方波特莱尔在《暮光》(*Le Crépuscule du soir*)中描写一日将近,"心灵,这时也开始安歇下来"。(« Le jour tombe. Un grand apaisement se fait dans les pauvres esprits fatigués du labeur de la journée. »)①朱维基却翻译成:"心有一种大大的不安来临"②。在《诱惑,或 Eros, Plutus, 和 Glory》(*Les Tentations ou Eros, Plutus et la Gloire*)中,朱维基将"我来世上并不是为了娶某些我不愿指名道姓的情妇为妻的"(« Va-t'en! Je ne suis pas fait pour épouser la maîtresse de certains que je ne veux pas nommer. »)③,翻译为:"我不愿说出他们的名字来的爱之光的而不去和这种光结合"④,此句错译,恐怕乃是误解、直译了英译本中的"轻浮女子"("light o' love")为"爱之光"而未考察原文之故。

波特莱尔的散文诗虽然是自由诗体,并不讲究完美的韵律和格式,然而偶仍有精巧的音乐感存在其中,据诗人的本意,他创作的是"一种诗意的散文,没有节奏和韵脚的音乐"⑤。比方

---

① Charles Baudelaire, « Le Crépuscule du soir », *Petits Poèmes en prose* (*Le Spleen de Paris*), p. 64. 英文译本作"The day is over. A great restfulness descends into poor minds that the day's work has wearied." Charles Baudelaire, "Evening Twilight", trans. Arthur Symons, *Baudelaire: His Prose and Poetry*, ed. T. R. Smith, p. 50.
② 朱维基译:《CHARLES BAUDELAIRE 散文诗选,暮光》,《火山月刊》,第 1 卷第 2 期(1926.11),第 55—57 页。
③ Charles Baudelaire, « Les Tentations ou Éros, Plutus et la Gloire », *Petits Poèmes en prose* (*Le Spleen de Paris*), p. 63. 英文译本作"So I replied, with all disdain: 'Get thee hence! I know better than wed the light o' love of them that I will not name.'" Charles Baudelaire, "The Temptations; or, Eros, Plutos, and Glory", trans. F. P. Sturm, *Baudelaire: His Prose and Poetry*, ed. T. R. Smith, p. 134.
④ 朱维基译:《诱惑,或 eros, plutus, 和 glory》,《水仙》,第 22 页。
⑤ Charles Baudelaire, « À Arséne Houssaye », *Petits Poèmes en prose* (*Le Spleen de Paris*), p. 1.

说在《发辫中的半个地球》(Un hémisphère dans une chevelure)一诗的第一段,原文如下:

> Laisse-moi respirer longtemps, longtemps, l'odeur de tes cheveux, y plonger tout mon visage, comme un homme altéré dans l'eau d'une source, et les agiter avec ma main comme un mouchoir odorant, pour secouer des souvenirs dans l'air.①

这一段文字很有代表性地表现了波特莱尔如何巧妙地通过语词的错落并置,形成一种自然流动的韵律感,并在简短的几句话中发挥想象力、凝炼诗意,抒发情感。

而朱维基翻译为:

> 让我深深,深深呼吸你青丝的芳息,让我把全个脸孔沉浸在你的青丝飘动,
> 好像一块洒上香水的手帕,把前尘影事飘去空中②。

---

① Charles Baudelaire, « Un hémisphère dans une chevelure », *Petits Poèmes en prose* (*Le Spleen de Paris*), p. 47. 此段可直译为"让我长久地,长久地闻著你的头发吧! 让我把整个头发都埋在里边吧! ——就像一个口渴的人把头伸进一股泉水里;让我用这只像一块散发著香气的绢子的手来抚摩这密发吧! 也好摇醒那飘游在空中的回忆。"

② 朱维基译:《CHARLES BAUDELAIRE 散文诗选,发辫中的半个地球》,《火山月刊》,第 1 卷第 2 期(1926.11),第 57—58 页。此句英译本作"Let me breathe, long, long, of the odor of your hair, let me plunge my whole face in its depth, as a thirsty man in the waters of a spring, let me flutter it with my hand as a perfumed kerchief, to shake off memories into the air." Charles Baudelaire, "A Hemisphere in a Tress", trans. J. T. Shipley, *Baudelaire: His Prose and Poetry*, ed. T. R. Smith, p. 70.

比对后,我们可以发现朱维基并没有完整译出上述段落①,且句子显得有些跳跃,文意因而较为晦涩;不过,我们仍可以看出他通过在句末运用脚韵的方式,尝试译出波特莱尔诗歌中的音乐感。

事实上,文句显得有些晦涩,可以说是朱维基翻译的波特莱尔散文诗的特色之一。我们可以对照朱维基和与他时代相近的诗人石民(1901—1941)②对波特莱尔《在凌晨一点》(À une heure du matin)的不同翻译来进一步阐析(两篇文本请见文末附文一)③。

对照原文与英译,可发现朱维基的翻译大致紧贴原文,虽有些错误,但尚称完整;然相较石民的翻译,朱维基的翻译便显得没有那么流畅。比方说第一段的一句:"但是起先锁里面钥匙转了二下。这个钥匙的转动在我似乎会使我更孤寂,使我与世界隔得更开。"④(« D'abord, un double tour à la serrure. Il me semble que ce tour de clef augmentera ma solitude et fortifiera

---

① 朱维基少译了"让我用这只像一块散发著香气的绢子的手抚摩这密发吧!"一句。
② 石民,湖南人,诗人、翻译家、编辑,北京大学英语系毕业,1929年到上海北新书局任职,编辑《北新月刊》《青年界》等,1930年前后,在文坛尤为活跃,曾翻译不少英美文学作品,刊登于《语丝》《文学杂志》等,与梁遇春、废名齐名,1936年到武汉大学任教,1941年病逝。详见眉睫:《被遗忘的诗人石民》,《朗山笔记:现当代文坛掠影》,台北:秀威资讯,2009年,第7—12页。冯健男:《关于诗人石民》,《新文学史料》,1989年第4期,第113—114页。石民曾经翻译波特莱尔的散文诗《巴黎之烦恼》(上海:上海生活书店,1935)。相关研究可见朱龙梅:《论石民对欧美象征诗派的翻译》,《文学界》,2012年第8期,第99页。马耀民:《波特莱尔在中国,1919—1937》,台湾大学外国语文学系博士论文,1997年,第131—140页。
③ 石民曾经在另一篇波特莱尔散文诗的翻译后记中注明其翻译是参照"modern library"的英译本翻译的,据此,我判断应跟朱维基所据译本相同。参见石民:《波特莱尔的散文诗三首,一、时计,二、仙女们的礼物、三、戏谑者》,《春潮(上海)》,第1卷第8期(1929.8),第49页。
④ 朱维基译,《CHARLES BAUDELAIRE散文诗选,早晨一点钟》,《火山月刊》,第1卷第2期(1926.11),第51—52页。

les barricades qui me séparent actuellement du monde. »)①石民的翻译为:"第一件事,使劲地把钥匙扭两下,把门锁好。我觉得钥匙这样地一扭似乎可以加强我的幽寂,而且可以使此刻给我隔离了世界的那些屏障更结实些哩。"②因为加上了副词"使劲地"、"把门锁好"、"哩",使语气更完足,石民的翻译显得较容易让读者理解。而在该诗篇最后一段的首句,朱维基译成:"那些我爱恋过,我歌唱过,的人底灵魂使我巩固;维持我;驱逐开这个世界的谎语与腐败的气雾;"③(« Âmes de ceux que j'ai aimés, âmes de ceux que j'ai chantés, fortifiez-moi, soutenez-moi, éloignez de moi le mensonge et les vapeurs corruptrices du monde »)④石民的翻译则为:"我从来所爱的那些人的灵魂,我从来所歌咏的那些人的灵魂呵,保佑我,护持我,给我驱除这世界的迷妄和那些乌烟瘴气罢。"⑤我们可以发现朱维基的词语、句法都明显地较为跳跃、断裂,"谎语"、"气雾"的使用也显得

---

① Charles Baudelaire, « À une heure du matin », *Petits Poèmes en prose* (*Le Spleen de Paris*), p. 25. 英文译本作"But first a double turn of the key in the lock. It seems to me that this turn of the key will deepen my solitude and strengthen the barriers which actually separate me from the world." Charles Baudelaire, "At One o'clock in the Morning", trans. F. P. Sturm, in *Baudelaire: His Prose and Poetry*, ed. T. R. Smith, p. 119.
② 石民译:《早上一点钟》,《语丝》,第 5 卷第 32 期(1929.10),第 34—35 页。
③ 朱维基译:《CHARLES BAUDELAIRE 散文诗选,早晨一点钟》,《火山月刊》第 1 卷第 2 期(1926.11.),第 51—52 页。
④ Charles Baudelaire, « À une heure du matin », *Petits Poèmes en prose* (*Le Spleen de Paris*), p. 26. 英文译本作"Souls of those whom I have loved, whom I have sung, fortify me; sustain me; drive away the lies and the corrupting vapours of this world; and Thou, Lord my God, accord me so much grace as shall produce some beautiful verse to prove to myself that I am not the last of men, that I am not inferior to those I despise." Charles Baudelaire, "At One o'clock in the Morning", trans. F. P. Sturm, in *Baudelaire: His Prose and Poetry*, ed. T. R. Smith, p. 120.
⑤ 石民译:《早上一点钟》,《语丝》第 5 卷第 32 期(1929.10),第 34—35 页。

较为拗口,而石民的翻译则显得较为流畅。

朱维基在他谈弥尔顿《失乐园》(*Paradise Lost*)翻译的文字中,曾提到他对选用语体文翻译弥尔顿此无韵诗巨作的看法。他认为,为了引进西方文学的新鲜能量,以新的字词、句子的组合,新的表现形式,刺激中国现代白话文学的发展,则以语体文译无韵诗又有何不可[①]。如果我们也从此翻译观检验朱维基的波特莱尔散文诗翻译,或许不难理解为何其翻译相对来说更带有一些陌生的"异国感",尤其体现在其特殊的句子排列组合形式上。或许,文句的通顺达意,不如作品本身的诗味、音乐感等更受到朱维基的重视。可以推测,在中国现代诗人纷纷开始思考何为中国现代诗特质的20年代晚期,朱维基亦有意以译诗促进中国现代诗歌的发展,而此一翻译观亦影响了他的翻译表现。

再来,值得我们留意的,还有朱维基怎么接受波特莱尔对"美"以及"浪荡子"(dandy)的看法。在波特莱尔随笔性质、记录诗人灵光一现想法的笔记《流星》(*Fusées*)中,波特莱尔这样谈到美:

> J'ai trouvé la définition du Beau, de mon Beau. C'est quelque chose d'ardent et de triste, quelque chose d'un peu vague, laissant carrière à la conjecture.
>
> Je ne prétends pas que la Joie ne puisse pas s'associer avec la Beauté, mais je dis que la Joie est un des ornements les plus vulgaires, tandis que la Mélancolie en est

---

[①] 朱维基:《评传译半部"失乐园"》,《诗篇》第1期(1933.11),第80—85页。朱维基:《谈弥尔顿"失乐园"的翻译》,《十日谈》,第11期(1933.11),第7—8页。

pour ainsi dire l'illustre compagne, à ce point que je ne conçois guère (mon cerveau serait-il un miroir ensorcelé?) un type de Beauté où il n'y ait du Malheur. ①

朱维基将之翻译为:"我寻到美,我的美,的定义了。这是热切而哀郁的东西,微微有些模糊的东西,把翅翼给予想像。""我不说快乐是不能和美联合在一起的,但是我说过快乐是美的最庸俗的装饰品中的一个,同时悲哀却是它显明的伴侣。到了这个程度我简直理会不出一种没有厄运的美来。"②对照上文所引朱维基在《诗篇》发刊词中对"美"的描述,可以看出,朱维基与波特莱尔一样,同样认为美可以引发人一切的感情,不只是光明和甜蜜,也有惊怖和沉郁,如同波特莱尔认为"美"可以存在于丑恶、忧郁中,"艺术"更可以将之升华成"美"③:朱维基亦期望他的诗刊歌颂美,"我们要怀抱着凄寂、悲愤、或是激昂的情感,微妙唱出我们无可奈何的歌曲,为情或是为美。"④故欢迎所有歌唱真诚情感——或凄寂、悲愤、激昂——的诗作来稿。

---

① Charles Baudelaire, *Œuvres posthumes*, Paris: Société du Mercure de France, 1908, p. 85. 英文译本作"I have found the definition of Beauty, of my Beauty. It is something ardent and sad, something slightly vague, giving conjecture wing." "I do not claim that Joy cannot be associated with Beauty, but I do say that Joy is one of its most vulgar ornaments, while Melancholy is, as it were, its illustrious companion, to such a degree that I can scarcely conceive (is my brain an enchanted mirror?) a type of beauty in which is no Misfortune." Charles Baudelaire, "Rockets", trans. Joseph T. Shipley, *Baudelaire: His Prose and Poetry*, ed. T. R. Smith, p. 120.
② 鲍特莱尔著、朱维琪译:《流星(续)》,《泛报》,第1卷第3期(1927.1),第8—16页。
③ "你来自天上或地狱——这有什么妨碍? 美哟! 巨大、可怕、纯真的怪物! 只要你一眼、一笑、一脚能为我打开/我所爱而未有所知的'无限'的门户!"杜国清译:《美的颂歌》,收入《恶之华》,台北:台湾大学出版中心,2011年,第70页。
④ 朱维基:《第一次说话》,《诗篇》第1期(1933.11)。

此外,波特莱尔不止一次在他的作品里提到"浪荡子"(dandy)①,《流星》(Fusées)中亦同。朱维基译为:"我之所以爱我的母亲,乃是爱她的优雅。这就是说,我是个早熟的浪子。"(« Enfin j'aimais ma mère pour son élégance. J'étais donc un dandy précoce. »)②波特莱尔此处称自己为"dandy",乃为表明自己从小便有对"优雅"与好品味的坚持。

坚持优雅品味可以说是"dandy"的重要特质。傅柯(Michel Foucault,1926—1984)谈波特莱尔《现代生活的画家》(Le Peintre de la vie moderne)中的浪荡子时,将之定义为一个"苦心经营自我"(« élaboration ascétique de soi »)的现代英雄③,而在《流星》(Fusées)一文的英文译者施普莱(Joseph T. Shipley,1893—1988)所作的序言中,施普莱则这样描述"dandy":

> 他不绝地追求的那个理想的花花公子的主要特征。不只是人中最秀美的,在他的起居习惯、选择的书籍和女人中,有最新奇的癖爱,还有打倒一切障碍的意志,要用莫大的力量反抗无常,并且要用所有艺术的材料去改正他自己天性的不可免的过错。④

---

① 此为彭小妍的翻译。请见彭小妍:《浪荡子美学与跨文化现代性——一九三〇年代上海、东京及巴黎浪荡子、漫游者与译者》,台北:联经出版公司,2012年。
② 鲍特莱尔著、朱维琪译:《流星(续)》,《泛报》,第1卷第3期(1927.1),第10页。Charles Baudelaire, Œuvres posthumes, p. 90.
③ Michel Foucault, « Qu'est-ce que les Lumières? » in Dits et Ecrits, tome IV, 1984, p. 562—578.
④ 朱维琪译:《流星》,《泛报》,第1卷第2期(1927.1),第5页。Charles Baudelaire, "Rockets", trans. Joseph T. Shipley, in Baudelaire: His Prose and Poetry, ed. T. R. Smith, p. 209.

从以上文字，我们可以看出波特莱尔笔下的"dandy"不但有着对品味的坚持，还有对自我的刻苦要求，朱维基仅将"dandy"翻译为"花花公子"，然不论是"花花公子"，或前文中他翻译的"浪子"，在中文脉络里，语义与"dandy"都并不完全相符。

现今学者如彭小妍，是如此总结浪荡子的——"浪荡子"的奢华品味，象征他们的贵族优越感——他们多半出现在贵族体制摇摇欲坠、民主体制尚未完全成立的过渡时期，其目的是打造新的贵族阶级，故以品味出众为标竿，不与平庸琐碎为伍①。周小仪则说："纨绔子（作者按：dandy）是对中产阶级意识形态和观念的挑战，是一种注定要失败的反抗。纨绔子要在弥漫于世的物质生活中辟出一块飞地，创造出一种'新型贵族'以及相应的生活方式。"②两位学者所言都明白指出波特莱尔谈论"浪荡子美学"时的政治意涵与社会背景，以及波特莱尔试图通过此议题对话的新旧转型中的时代议题，这也就是施普莱序言中提到波特莱尔坦白、可傲的原因："什么政治经济学者做过比这个宣言更绝对的吗？'除了贵族政治外，没有一个理性的、稳定的政府。王权、共和，以民主为基础，一样的弱小和荒诞。'"然而，英文译本中这段阐述波特莱尔政治、阶级意见的段落，在朱维基的中文译本中，却付之阙如③。

除了没有完整地译出"dandy"一词的意涵，删除了序中跟波

---

① 彭小妍：《浪荡子美学与跨文化现代性，一九三〇年代上海、东京及巴黎浪荡子、漫游者与译者》，第 61—62 页。
② 周小仪：《唯美主义与消费文化》，北京：北京大学出版社，2002 年，第 49 页。
③ 施普莱序言中的此段："什么政治经济学者做过比这个宣言更绝对的吗？除了贵族政治外，没有一个理性的、稳定的政府。王权、共和，以民主为基础，一样的弱小和荒诞。"(What political economist has made a more absolute declaration of principles than this："There is no reasonable, stable government save the aristocratic. Monarchy and republic, based on democracy, are equally weak and absurd"?)朱维基略过未译。

特莱尔政治意见有关的文字,朱维基也因为词语的选择不完全准确,并没有完整地表达波特莱尔通过"浪荡子"美学试图对话、回应的中产阶级文化脉络,以下有几个例子。在《流星》(Fusées)中,波特莱尔讽刺中产阶级:"倘若一位诗人向国家要求一种权利,即在他的马厩里养几名资产者,人们会万分惊讶;然而,倘若一个资产者叫了一份烤熟的诗人,人们便会觉得这是件相当自然的事情。"(« Si un poète demandait à l'État le droit d'avoir quelques bourgeois dans son écurie, on serait fort étonné, tandis que si un bourgeois demandait du poète rôti, on le trouverait tout naturel. »)[1]朱维基则翻译成:"倘若诗人要问国家给他权利,在他的马房中有几个中等人,那么一定会发生不少的惊讶;反之,如果一个中等人需要烤诗人,似乎是自然的。"[2]此处,朱维基只把« bourgeois »简单翻译成"中等人"。朱维基又把"啊资产者,今天,你们甚至连诗人都不如,对此将毫无异议,你们将不抱怨"(« ô Bourgeois, moins poète encore que tu n'es aujourd'hui, tu n'y trouveras rien à redire ; tu ne regretteras rien. »)[3]中的« Bourgeois »翻译成"庸人"[4],意思尽管接近,但原文中对"中产阶级"的针对性却消失了,如此,波特莱尔面对新旧交替的时代潮流,欲以"浪荡子美学"对抗"中产阶级"的琐碎与无聊之意图,在朱维基的翻译中便无法得到完整的传递。

---

[1] Charles Baudelaire, *Œuvres posthumes*, p. 88. 英文版为"If a poet asked the state for the right to have a few bourgeois in his stable, there would be considerable surprise; while, if a bourgeois asked for roast poet, it would seem quite natural." Charles Baudelaire, "Rockets", trans. Joseph T. Shipley, in *Baudelaire: His Prose and Poetry*, ed. T. R. Smith, p. 120.

[2] 鲍特莱尔著、朱维琪译:《流星(续)》,《泛报》,第1卷第3期(1927.1),第9页。

[3] Charles Baudelaire, *Œuvres posthumes*, p. 97.

[4] 鲍特莱尔著、朱维琪译:《流星(续)》,《泛报》,第1卷第3期(1927.1),第15页。

我们可以猜测,对朱维基来说,"浪荡子"作为一个美的象征,显然比其政治意义更吸引他的注意①。亦即,波特莱尔及其作品在现代中国,如同朱维基的前行者及后来者,多被诠释为带有特定意涵的文学形象,不只像其他 20 年代作家一样,于他象征了反抗与爱情②,而更像是其翻译所据的英译本序言所言,是一个美的象征③,一个远方的想望;也像是一面以艺术反抗现实、以新异参与文坛的旗帜。之所以如此,或许因其正面对着多音齐鸣,竞争激烈的上海二三十年代文学场域④,强调自己执着于对美的追求,文学上的或者生活上的⑤,对年轻文艺爱好者朱

---

① 中国现代文人译介波特莱尔时,多强调他作为"恶魔诗人"、"颓废诗人"的形象(参见刘波、尹丽:《波德莱尔作品汉译回顾》,《四川外语学院学报》,第 24 卷第 3 期[2008 年 3 月],第 69 页)。朱维基则偏重波特莱尔对美的追求,实际上他们对于波特莱尔的理解和译介都是较为片面的。
② Gloria Bien, *Baudelaire in China: A Study in Literary Reception*, Newark: Delaware University Press, 2013, p. 225.
③ 编者史密斯在前言中提到,因波特莱尔对唯美文学原则有高度的掌握,其文学风格有一种新的感知,给英美文学带来深远影响,因此特意编纂其文学作品英译合集出版,可见他所偏重的仍是波特莱尔作为唯美文学家的面向,我们或许不应该排除史密斯之波特莱尔作品译介也对朱维基理解波特莱尔产生了影响。See T. R. Smith, "preface" in *Baudelaire: His Prose and Poetry*, ed. T. R. Smith, p. 9—10.
④ 1927—1937 可说是中国现代文学的黄金十年,也是文坛百花齐放、出版业蓬勃兴盛的时代,各式文艺社团及思潮在上海现代文坛涌现,此亦涉及不同政治意识形态间的交锋,早已为前人学者关注。参见, Leo Ou-fan Lee and Andrew J. Nathan, "The Beginnings of Mass Culture: Journalism and Fiction in the Late Ch'ing and Beyond", in eds. David Johnson, Andrew J. Nathan and Evelyn S. Rawski, *Popular Culture in Late Imperial China*, Berkeley, CA: University of California Press, 1985, pp. 370—373.
⑤ 绿社同人的言行、服装如同他们的唯美文学宣言一样多为人所记忆,尤其是具独特风格的个人仪表。比方夏莱蒂"赤身裸体","学郁达夫的颓废";林微音经常穿黑纺绸的衫裤,左胸里插一个白手帕;芳信爱穿黑色的晚礼服到舞厅去跳舞等。参见施蛰存:《林微音其人》,《沙上的脚迹》,沈阳:辽宁教育出版社,1995 年,第 153 页。朱维基:《芳信与他的散文(对话)》,《诗篇》第 1 期(1933.11),第 74 页。

维基和其同伴来说,已成为一种自我认同的象征,某种切入公共对话空间的文学符号,能使他们以独特的姿态行走上海的文化执照①。

谈完翻译,在下文中,我将进一步阐释此时期的朱维基,如何以创作呼应了他的美学追求。

朱维基的创作

《花香街诗集》是诗人朱维基的第一本诗集,于1933年自费出版,收有23首诗,装帧相当唯美,诗风感伤、颓美。综观这本诗集,可以发现这些诗的主题大致分为两类:一种以在大自然中抒发离别、怀想、感伤的情感为主,相当具有浪漫色彩,如《来世》《下山》《过旧园门》等;一种书写情欲和女体,笔触大胆,如《重欲》《色的怀乡病》《在死的边缘上》。朱维基这些作品都不是散文诗,但形式自由,注重声音的和谐,并频繁使用象征、比喻来传达纤细、感伤的情绪,带有后期新月诗人的特色。

比方《在梦街上》一诗,此诗读来音韵琅琅,歌咏着异国他方:

> 阳光,如同水晶般地亮,
> 淡得像给海洗过的沙,
> 射满了全街。我轻扬地,
> 轻扬地在这街上向前走,

---

① 学者所谓"文化执照"乃指,一般来说,本地读者对于异国文艺思潮的包容度较大,译者因此能通过翻译抒发意见或传递观点,有如拿到一张具有豁免权的执照。Gideon Toury, *Descriptive Translation Studies and Beyond*, Amsterdam & Philadelphia: John Benjamins Publishing Company, 1995, p. 28.

> 不知道这是在什么国家。
> 两边的房屋,墙砖的颜色
> 和牠们的堆砌的图案,
> 街旁的摊贩,街上的行人,
> 都是我以前未曾见过的①。

在这个梦幻乌有之乡里,有一个美丽的女子身体曲线起伏仿佛波浪,勾起诗人无限想象,他说:

> 还有,从东方吹来的微风
> 带来海的芬芳,海的亮光。
> 我看到女人突起的后部,
> 长的棕发,有海浪的波动,
> 她们的奶好像两只浮筒,
> 她们的脸显出海的微笑②。

朱维基描写异国女子的身材如波浪起伏,使诗人联想到大海的芬芳,不禁让人想起波特莱尔的《发辫中的半个地球》(Un hémisphère dans une chevelure)一诗。在这首诗中,波特莱尔亦描写他在情人的青丝中嗅到了大海的气息,精神因而随之飘荡到了离海不远的远方:

> 你的青丝网住了一个拥挤着帆桅勾圆满的梦;你的青丝束住了大海,就在那海上信风把我吹向迷魂的气候中去,

---

① 朱维基:《在梦街上》,《花香街诗集》,上海:作者自印,1933年,第12页。
② 朱维基:《在梦街上》,第13页。

> 那里的苍穹是更深更蓝,那里的空气带着果香,叶香,与人的皮肤香。
>
> 在你青丝的海洋里我见到一个起着哀歌的海口,那里有万国的壮男子,那里也有各式的船只,它们精妙的建筑刻在永远发热的阔空上①。

在这两首诗中,诗人同样刻画着在这知音难寻的世上,仿佛只有在异国女子的身上,他们方能暂时脱离日常,在远方异地,唤醒回忆或梦想。

波特莱尔在《请去旅行》(*L'Invitation au voyage*)一诗中,也刻画了这样一个远方的乐园,那里神秘、奇异,并飘散着不明的香气:

> 有一个奇妙的地方,他们说是珂开尼的地方,我曾梦想和一个旧友去游历。
>
> 这是一处奇异的地方,迷失在我们北方的雾霭里。……从一切的东西里,从每一个角里,从抽屉的隙缝里,从帷幔的绉纹里,发出一种奇异的香气,一种苏蔓脱拉(Sumatra)的莫忘我花,这就是这间居室的灵魂像牠本来是这样的②。

波特莱尔笔下的乐园有着奇异的花香,烟雾渺渺,是远离现实的心灵寄托,而朱维基在《花香街》中,也描绘了这样一个花香洋溢

---

① 朱维基译:《CHARLES BAUDELAIRE 散文诗选,发辫中的半个地球》,《火山月刊》,第1卷第2期(1926.11),第57—58页。
② 朱维基译:《请去旅行》,《水仙》,第1页。

的他方:

> 奇异的房屋,似乎非人住的,
> 好像黄昏的阴影一般沉重地
> 停在一条街的两边。
> 轻浮,暗动,像晚潮般无声,
> 细长的人影,鬼影,
> 闲荡,倾挤,出,进;
> 永远的落日的黯光
> 把一切罩得更为迷濛。

> 但是有一种浓烈而轻淡的
> 花香凝结,和溶冰般液动:
> 这是不知从何处来的——
> 或许是盛艳的红玫瑰,
> 在寡妇的妆台上的紫瓶中的?
> 在少女房中的观音前的百合?
> 在老人的黑礼服上扣着的"江南生"?
> 或是在丑妇的假髻上的白兰花[①]?

在这两首诗中,诗人所处的外在环境似乎总是孤独、寂寞的,他们总想遨游到另一个宁静的世外桃源,那里弥漫着雾霾、迷濛的暗光,飘散着令人迷醉的花香。那花香,对波特莱尔来说来自"妳",对朱维基来说,来自任何不知名的女性。那是波特莱尔精神的休憩所,也是朱维基的迷魂川,象征任何一个离开现实世界

[①] 朱维基:《花香街》,《花香街诗集》,第10—11页。

的梦幻国度,而在这个神秘的地带,和波特莱尔诗歌中的乐园一样,漂浮着浮动的暗香。此处,朱维基使用了一传统诗词常见的意象——"暗动"的香气,但此"暗香"并不召唤"闲记忆,旧江皋"①,最后指向的却是一个"神秘,恍惚,模糊,颠倒,不能辨明,不能思索"的幻想乐园,体现了旧体诗词和西方象征派诗歌的巧妙嫁接②。

此外,朱维基的诗歌中也有一些使人联想到波特莱尔另一名作《恶之华》的,比方说《色的怀乡病》:

> 唉,我们的旅途的终点
> 是你的阴户,销魂的庄严,
> 一朵紫红的杜鹃花。夫人,
> 你是一切,我要死在你的一切里③。

朱维基在这首诗中仔细描绘对女性身体部位的痴迷,很容易使人联想到波特莱尔《恶之华》中的名诗如《跳舞的蛇》(*Le Serpent qui danse*),《猫》(*Le Chat* [« Dans ma cervelle se promène »]),尤其是《忘川》(*Léthé*)中的一段:

> 我想将我疼痛的头深深埋藏
> 在你那香水洒满的衬裙底下,

---

① 晏几道:《诉衷情(小梅风韵最妖娆)》,收入世界书局编辑部主编:《全宋词》第一册,台北:世界书局,1976年,第245页。
② 已经有许多学者观察到波特莱尔在中国现代诗坛受到关注的原因,与波特莱尔诗歌中的比喻、意象和暗示性,与中国传统诗词颇能对话有关。参见 Gloria Bien, *Baudelaire in China: A Study in Literary Reception*, Newark: Delaware University Press, 2013, p. 27.
③ 朱维基:《色的怀乡病》,《花香街诗集》,第20—21页。

> 有如吸吮一朵已经凋萎的花,
> 我要闻闻已逝的恋情的遗香。
>
> 我想睡! 与其生活我宁可睡!
> 沉入像死亡一样甜美的睡乡,
> 我要在你亮丽如铜的肉体上,
> 把我的热吻洒遍,无怨无悔①。

波特莱尔这首诗对女体的描摹,以及歌颂欲望与死亡的颓美氛围,在上述朱维基诗歌中都可以找到。我们或许可以大胆想象,此一翻译、阅读波特莱尔诗歌的历程,曾经给诗人带来了不少灵感刺激。

如同波特莱尔的《恶之华》在出版当时便出现了败坏道德、有伤风化的批评,朱维基的诗歌在当时也引来了斥之为色情作品的攻击,如瞿秋白(1899—1935)曾经这样批评绿社同人的诗歌:"原来这声是歌声,这色是色情",在这面对存亡危机之秋的中国,他们的作品"并非牵着战马去上战场的那一条",称之为"猫样诗人"②,无法见容于战乱时代的中国;而现今的批评家也这样评价朱维基书写女体的作品:"诗歌本身的意义和目的已经完全被华丽的辞藻以及炽热的肉欲所遮蔽"③,唯美诗人的知音不论从前或是现代,看来都难以寻觅。

---

① 波特莱尔:《忘川》,杜国清译,收入《恶之华》,台北:台湾大学出版中心,2011年,第294页。
② 瞿秋白:《猫样的诗人》,《瞿秋白论文学》,北京:人民文学出版社,1959年,第62页。
③ 赵鹏:《海上唯美风:上海唯美主义思潮研究》,上海:上海文化出版社,2013年,第131页。

《花香街诗集》是朱维基自费出版的第一本诗集,形式自由,诗风唯美纤细,亦浪漫大胆,但《花香街诗集》并不是朱维基唯一的诗歌作品集,当他在 40 年代出版第二本诗集《世纪的孩子》时,却摇身一变,不再歌颂女体和远方,转而专注描写脚下的战争与贫困,此时他的翻译兴趣,也从波特莱尔、史文朋,转向书写战地中国的奥登。我们或许可以说,面对着国破家亡的危急时刻,朱维基歌咏"美"的声音,最终仍不能避免地逐渐融入了时代雄壮的合唱,这也如同唯美文学在中国的命运,面对密布的战云,短暂绽放的恶之花终究失去了适宜培育她的土壤,只能随时凋零。

结　　语

朱维基的波特莱尔散文诗翻译集中在 1926、1927 年,并陆续刊登在他和绿社文友共同出版的代表性刊物以及译诗集中,可见得波特莱尔对当时的朱维基和绿社同人的深刻意义。朱维基翻译的波特莱尔散文诗,主要偏向两个主题。一个是对外在环境感到孤独,想邀游至宁静、幻想中的世外桃源(《请去旅行》),或漂流到一个"充满了哀伤的歌声、拥挤着各民族的壮汉……停泊着许多船只"的港口(《发辫中的半个地球》),或者抵达"一块富饶、美丽、充满希望的陆地"(《早已!》)的诗歌。另一个则是描写奇妙的想象,如遥想(《艺术家的忏悔文》),幻觉(《重室》),或梦境(《虚妄的计划》),或和神祇对话(《诱惑:或 Eros, Plutus, 和 Glory》)的作品,两者都充满了渺远的幻想。考察朱维基的波特莱尔散文诗翻译乃据英译本翻译,虽尽力忠实原作,但可能受限于当时的语言造诣,偶然力有未逮。但是他的翻译试图重现波特莱尔散文诗中的音乐感,并通过陌生、异国感的词语、跳跃、较为涩滞的语言，带领当时的读者体验诗的朦胧意象与意境，穿梭在超越现实的乐土，或许意在刺激、带动中国读者的想象力与创造力。翻译波特莱尔散文诗的同时，朱维基还译介了英译者的序言，将波特莱尔的"美"和"浪荡子"美学，介绍给当时的中文读者。不过他对于波特莱尔书写"恶之华"与"浪荡子"美学的对话对象，对宗教、社会的思考，及其话语诞生的时代背景、历史脉络的兴趣似乎不高，较侧重于波特莱尔颓美的诗人形象，并呈现其不屈不挠的诗人本色，究其原因，或与他欲以此作为在竞争激烈的上海文坛为文结社，标异志新有关。而朱维基此时期的诗作浪漫唯美，偶可瞥见阅读波特莱尔带来的灵感火花，且如同波特莱尔的诗作不为时代所容，朱维基大胆的尝试在战火如云的现代中国，一样引起不小争议和质疑，到了40年代，诗人自己也转向创作关怀现实人生的作品。朱维基阅读、翻译、编写相辅相成的文学实践，象征了上海二三十年代一群年轻的文艺爱好者在面对风起云涌的现代文坛时力求新变的独特尝试。尽管他们的唯美创作没有持续太长的时间，然而他们的文学实践和生命图景，反映了上海二三十年代文坛的多元色彩，以及上海作为"文化接触"地带（contact zone）的特殊人文景观，至今无疑仍然值得我们关注。

附文一　朱维基译波特莱尔《在凌晨一点》

早晨一点钟

　　终于一个人了！除了几辆迟缓而疲怠的轻马车的声音外什么都不能听见。现在至少有几点钟的静寂，倘若不是憩息。人面的暴虐终于不见了——除了孤独我将支持不下。我终于能够在黑影的沐浴中清醒我自己。但是起先锁里面钥匙转了二下。这个钥匙的转动在我似乎会使我更孤寂，使我与世界隔得更开。

　　一个可怕的生命和一个可怕的城市！让我们把一日的事情想过一遍。我看见了几个文人；他们中的一个要知道他能否从陆道到俄罗斯（他似乎有个观念，以为俄罗斯是一个岛国；）我十分大量地同一张评论报的主张争论，他对于每个反抗回覆道："我们偏在可尊敬的人民一方面，"那意思是除了他自己以外的报都是一个恶汉做主笔的；我差不多对二十个人行礼，他们中的十五个是我不认识的；又和一样数目的人握手，不先留意去买手套；我在大雨时不得不和一个说大话者消磨时光，她要我给她打一件 Venusta 的衣服的图样。我对一个戏园经理鞠躬，他说道："或者你还是去见 Z 的好；他是我所有的著作家中最沉重，最愚蠢，并且是最可敬的一个；和他你或者会讲出什么结果来。去见他，然后我们再说。"我夸张（为什么？）几件我从未犯过的恶事，并且暴怒地否认我欣然做过的耻事，某种夸大的恶行，人类尊敬的罪恶；我对一个朋友拒绝做一件极容易的情谊，却写了一张介绍书给与一个绝对的笨伯。天啊！一日总算完得不错。

　　脱离了自己，脱离了一切，脱离了别人，我应得很欢喜在孤独和静寂中拔救我自己,得回我的自尊。

那些我爱恋过,我歌唱过,的人底灵魂使我巩固;维持我;驱逐开这个世界的谎语与腐败的气雾;你呀,我的上帝,赐与我这么多的恩惠,使我能产生几首美丽的诗章,我自己就此证明我不是人中的末后一个人,我不比那给我藐视的人低卑。

附文二　石民译波特莱尔《在凌晨一点》

早上一点钟

好了！这可太平了！就是那稀少的疲倦的车马声也没有听到了。至少我可以有几点钟的寂静,即使并非安闲。好了！那些难堪的面孔已不见了;即使苦恼着,总还是我独自一个人在这里。好了！我可以悠然地沉浸于阴暗中！第一件事,使劲地把钥匙扭两下,把门锁好。我觉得钥匙这样地一扭似乎可以加强我的幽寂,而且可以使此刻给我隔离了世界的那些屏障更结实些哩。

难堪的生活！难堪的都城！且让我结算我的这一天的事情罢:会见了几位文学者,其中有一个问我们是否能够由陆路往俄罗斯去(他大概以为俄罗斯是一个海岛哩);……和一个杂志的主撰者颇客气地争论了一番,他对于各种反驳的论调总是用这么一句来回答:"我是就正经的人立论,"这意思就是说其他一切刊物都一些流氓主撰的了;……应酬了二十来个人,其中有十五个是于我不相识的;……和这同样多的人握过手,这却是不曾预先买了手套来防备的呀;……微雨中到一个跳舞的姑娘的房子里坐了一会,她要我给她拟定一种服装的式样;……和一个剧场经理接洽了一番,他送我出来时说道:"你顶好去访一访 Z 君罢,他是我所有的剧作家中最蛮,最拙,而又最受欢迎的;你和他大概可以说得上。去见他罢,那时我们可以再看":……对人夸耀了(为什么呢?)几种缺德的行为,其实我并没有做过那些事的,而对于我曾经高兴做过的几件丑事,因为有损体面,我却又愤然地予以否认了;……拒绝了一个朋友很小的请求,却又给一个混蛋写了一封介绍信;……哦,感谢苍天!这一切总算完了。讨厌我自己而又讨厌一切人,我,在这深夜的寂静和幽隐里,倒很想拯拔我自己,而且觉得一点骄傲了。我从来所爱的那些人的灵魂,我从来所歌咏的那些人的灵魂呵,保佑我,护持我,给我驱除这世界的迷妄和那些乌烟瘴气罢;而且你,主呵,我的上帝呵!请赐予我这种恩惠罢:让我作出几行绝妙的诗句,足以给我证明我自己并不是人类中最劣者,证明我自己并不下于我所厌恶的那班东西呀。

附表一　朱维基翻译波特莱尔作品译名对照表

法文原作	朱维基译①	今　译②	英　译③
L'Invitation au voyage	《请去旅行》*	《邀游》	"L'Invitation au voyage"
Le Gâteau	《饼》*	《点心》	The Cake
Le vieux saltimbanque	《老江湖》*	《卖艺老人》	The Old Mountebank
Le mauvais vitrier	《玻璃小贩》*	《恶劣的玻璃匠》	The Glass-vendor

---

① "*"者为与芳信合译。
② 此表中文篇名翻译出处请见波特莱尔著,亚丁译:《巴黎的忧郁》,台北:远流出版社,2006年。
③ 此表英文篇名翻译出处请见 Baudelaire, His Prose and Poetry, ed. T. R. Smith, New York: Boni and Liveright, 1919.

(续 表)

法文原作	朱维基译	今 译	英译
Les Tentations ou Eros, Plutus et la Gloire	《诱惑：或 Eros, Plutus,和 Glory》*	《诱惑或爱神、财神和名神》	The Temptations; or, Eros, Plutos, and Glory
Le Joueur généreux	《仁慈的赌博者》*	《慷慨的赌徒》	The Generous Player
La Corde	《绳（致 Edward Manet)》*	《绳子——给爱德华·马奈》	The Rope (To Edward Manet)
Une mort héroïque	《一个英雄般的死》*	《英勇的死》	A Heroic Death
Fusées	《流星》	《火箭》①	Rockets
Les Projets	《鲍特莱尔散文诗选：虚妄的计划》	《如此计划》	Projects
Perte d'auréole	《鲍特莱尔散文诗选：一个光轮的遗失》	《桂冠丢了》	The Loss of a Halo
Le Désir de peindre	《波特莱尔散文诗选：画画的欲望》	《画家的欲望》	The Desire to Paint
Mademoiselle Bistouri	《波特赖尔散文诗选：BISTOURY 小姐》	《比斯杜里小姐》	Mademoiselle Bistoury
Le Crépuscule du soir	《CHARLES BAUDELAIRE 散文诗选：暮光》	《暮色》	Evening Twilight
Le Fou et la Vénus	《CHARLES BAUDELAIRE 散文诗选：VENUS 和愚人》	《疯子与维纳斯》	Venus and the Fool
Les Fenêtres	《CHARLES BAUDELAIRE 散文诗选：窗》	《窗口》	Windows
À une heure du matin	《CHARLES BAUDELAIRE 散文诗选：早晨一点钟》	《在凌晨一点》	At One o'clock in the Morning

① 此篇中文篇名出处请见波德莱尔著、萧聿译：《我心赤裸——波德莱尔散文随笔集》，北京：中国广播电视出版社，1999年。

(续表)

法文原作	朱维基译	今 译	英 译
La Chambre double	《CHARLES BAUDELAIRE 散文诗选：重室》	《双重屋子》	The Double Chamber
Déjà!	《CHARLES BAUDELAIRE 散文诗选：早已!》	《"已经过去了!"》	Already!
Le Tir et le cimetière	《CHARLES BAUDELAIRE 散文诗选：射靶场和墓地》	《射击场与坟墓》	The Shooting-range and the Cemetery
Le Confiteor de l'artiste	《CHARLES BAUDELAIRE 散文诗选：艺术家的忏悔文》	《艺术家的"悔罪经"》	The Confiteor of the Artist
Le Port	《CHARLES BAUDELAIRE 散文诗选：港口》	《港口》	The Harbor
Un hémisphère dans une chevelure	《CHARLES BAUDELAIRE 散文诗选：发辫中的半个地球》	《头发中的世界》	A Hemisphere in a Tress

波德莱尔在中国:传播与影响的研究(1937—1949)

张松建①

夏尔·波德莱尔(Charles Baudelaire,1821—1867)是法国近代文学史上的一个"异数",以《恶之花》(*Les Fleurs du mal*,1857)和《巴黎的忧郁》(*Le Spleen de Paris*,1863)两部诗集奠定名山事业,遂为西方现代诗的先驱。一百五十年来,波德莱尔产生过持久的国际影响。"五四"新文学运动伊始,他就被介绍进中国文坛,产生过不小的震动。之后,中国作家不断译介波氏作品,更有人在其影响下从事白话自由诗的写作,日渐形成一个声势不小的文学风潮,与现代文学的三十年相伴始终。二十世纪20 至 30 年代,一批中国诗人借鉴其诗歌艺术创作出不少有成就的作品,包括李金发、穆木天、王独清、冯乃超、胡也频、姚蓬

---

① 张松建,新加坡国立大学博士,北京清华大学博士后。新加坡南洋理工大学中文系副教授,终身教职,博士生导师。主要研究中国现当代文学、海外华文文学、中西比较文学和批评理论。在海内外学术期刊上发表论文七十余篇,出版六部专著:《华语文学十五家:审美、政治与文化》(2020 年)、《重见家国:海外汉语文学新论》(2019 年)、《后殖民时代的文化政治:新马文学六论》(2018 年)、《文心的异同:新马华文文学与中国现代文学论集》(2013 年)、《抒情主义与中国现代诗学》(2012 年)、《现代诗的再出发:中国四十年代现代主义诗潮新探》(2009 年)。在美国哈佛大学、荷兰莱顿大学、台湾汉学研究中心、台湾大学担任访问学者。

子、石民、于赓虞、曹葆华、邵洵美等等①。但是比较而言,关于波德莱尔在二十世纪 30 年代末与 40 年代中国的传播与接受,中国学术界一直有所忽略。本节试图考量波德莱尔在这一时期中国的接受情况,意欲刷新学术界对彼时中西文学关系的理解。

1939 年,林柷敔在林微音主编的上海《南风》月刊上发表七首译诗:《活的明星》《枭》《雾与雨》《盲人》《旅之邀》《秋之歌》《洋台》。② 该杂志还登载了 M. R. 翻译的四首波德莱尔诗歌:《异乡客》《醉吧》《镜子》《疯神与爱情》③以及克宁翻译的两首:《头发里的半个世界》《那一个是真的》。④ 1940 年,王兰馥在沦陷区北平译出《恶之花》中的《敌人》和《忧郁》两首短诗。前者的主题是时光的暴虐,第一人称叙述者的低徊感伤与激扬亢奋的情绪,纠缠不清,如是反复,而以新奇的譬喻和拟人化手法传达出来。遗憾的是,译者忽略了这首十四行诗的典雅形式(四四、三三)和

---

① 关于波德莱尔在五四时期之传播与影响的研究,孙玉石的《中国初期象征派诗歌研究》(北京:北京大学出版社,1983 年)有开拓性贡献;张松建的《花一般的罪恶:四十年代中国诗坛对波德莱尔的译介》,也缕述了二三十年代的传播情况,载北京《中国现代文学研究丛刊》2005 年第 2 期;另外,承蒙单德兴教授提供信息,笔者得知台湾学者马耀民 1997 年在台大外文系完成博士论文,题为 Baudelaire in China,1919—1937,但笔者至今尚未见到全文,近日才读到其中一节 Translation and Literary Politics: Baudelaire in the New Literature Movement, 1921—1925,Tamkang Review 28. 2(1997): pp. 95—124.
② 《十四行(法兰西蒲特雷)》包括《活的明星》《枭》《雾与雨》《盲人》,载上海《南风》第 1 卷第 3 期(1939 年 7 月 15 日),第 210—212 页;《译诗三首》之《旅之邀》,载《南风》第 1 卷第 4 期(1939 年 8 月 15 日),第 276—277 页;《洋台》,载《南风》第 1 卷第 6 期(1939 年 10 月 15 日),第 459—460 页;《秋之歌》,载《南风》第 2 卷第 1 期(1939 年 11 月 15 日),第 495—496 页。
③ M. R. 译:《异乡客及其他(法兰西蒲特雷耶)》,包括《异乡客》《醉吧》《镜子》《疯神与爱情》,载上海《南风》第 2 卷第 1 期(1939 年 11 月 15 日),第 514—516 页。
④ 蒲特雷耶:《散文诗钞》,克宁译,包括《头发里的半个世界》和《那一个是真的》,载上海《南风》第 2 卷第 3 期(1940 年 1 月 15 日),第 666—667 页。

严谨格律(abba,cddc,eef,ggf)而迳以无韵自由体译出,未免大煞风景。后一首抒发现代人的忧郁情绪,从形式上看来,共计十六行,分为四节,每节四行,韵脚以 abab 的方式交错排列,同样被译者所忽略。在篇末"译者附识"中,王兰馥首先概括波氏的生平史略,继而描述他的诗歌艺术以及文学史地位:

> 波特莱尔是颓废派(Decadents)主要代表,同时他也是象征派(Symbolism)的先驱者,这是不可讳言的。论到颓废派的作家,他们极端反对自然科学和唯物论的机械观念而主张采取架空的技巧的态度。他们极端推崇自己的艺术,对于一切社会的道德,宗教,习惯等毫无兴味。至于这派作家创造诗歌的题材,多半采取人生的丑恶和黑暗;从那里他们认识美的存在,而将这种丑恶,黑暗当作美感而入手描写,波特莱尔的《恶之华》是代表这个倾向的。波特莱尔的文学价值是不朽的,当他三十七岁时发表生平唯一的诗集《恶之华》,他的声誉便轰动一时,在他的诗集里,我们窥见他的感觉和普通感觉相差太远。一般人认为他故意以病态不健全的感情来描写人生的黑暗方面。所以这部作品问世后,受当时人士猛烈攻击和非难。实际这部作品的内容实在太深刻了。所以雨果(Victor Hugo)致函于作者说:"你在艺术上创造了一种新的颤栗(Frisson nouveau)"。此外,我们看出波特莱尔的心境,像夜一般的暗澹;他诗中纵然有污秽丑恶,但却有一种美感①。

六年后,屠岸译出波德莱尔短诗《猫头鹰们》在上海发表②。

---

① 王兰馥:《忧郁及敌人》,北平《中国文艺》第 3 卷第 1 期(1940 年 9 月)。
② 上海《文汇报·笔会》第 116 期(1946 年 12 月 10 日);重刊北平《国民新报·国语》4 期(1946 年 12 月 13 日)。

此外需要补充的是，马宗融翻译了《恶之花》中的两首诗《人与海》《夜的韵和》，题名为《波德莱尔诗二章》①。四川万县的穆静、周昌歧编辑《诗前哨》第1辑（1944年7月）封底广告曰："周牧人主编《火之源丛刊》之二'诗（即大地的歌）要目'：波德莱尔作、曾卓译《窗》"②。另据唐弢提供的证词，朱儒在上海《新民夜报·夜光杯》上面以登载波特莱尔诗为"孤芳自赏"③。原土星笔会成员在南京创办《诗星火》，第一辑"魔术师的自白"（1948年10月）封三有"诗星火社丛书预告"，其中有汪铭竹《致波多来尔》一诗。陈敬容说过，有报刊预告马宗融译的《恶之花》，未见出版，曾在《抗战文艺》上刊过几章④。

　　综而观之，40年代翻译波德莱尔诗较多的人，大概是戴望舒、陈敬容、李冰若和王了一。戴望舒在报纸副刊上至少发表了六首，其中四首发表在唐弢主编的上海《文汇报》副刊"笔会"上：《风景》（第103期，1946年11月23日）、《烦闷》（第126期，1946年12月21日）、《人与海》（第126期，1946年12月21日）、《亚伯和该隐》（第205期，1947年3月26日）。《那赤心的女仆》和《邀旅》发表在冯至主编的天津《大公报·星期文艺》第11期（1946年12月29日），前面那首重刊于北平的《国民新报·人间世》（1947年11月3日）。一九四七年，戴望舒的《恶之花掇英》由上海的怀正文化社出版，计有波氏诗作二十四首。⑤戴氏译出瓦莱里的论文《波特莱尔的位置》作为"代序"。

---

① 《诗垦地丛刊》第2集（1942年3月1日），第89页。
② 火之源文学社成立于1944年，本年冬出版了《火之源》第1期。
③ 唐弢：《编者告白》，上海《文汇报·笔会》第153期（1947年1月30日）。
④ 陈敬容：《谈我的诗和译诗》，上海《文汇报·笔会》第161期（1947年2月7日）。
⑤ 施蛰存编选的《戴望舒译诗集》（长沙）湖南人民出版社，1983年）收录《恶之花掇英》。

在"译后记"当中,戴望舒谈到了翻译动机和译事之艰难①,强调"波特莱尔的质地和精巧纯粹的形式"。检视戴译,可发现他偏爱那些显示现代人的忧郁的抒情诗,很少翻译表现病态、怪诞、恐怖、丑陋事物的作品,像《腐尸》《吸血鬼》《吸血鬼的化身》《血泉》《从枯骨堆里出来的农夫》等完全被回避了,而且他忽略了原诗格律体裁而径以自由体翻译的做法遭到了卞之琳的批评。②

陈敬容也是波德莱尔爱好者。流寓重庆期间,她移译包括波德莱尔在内的法文诗歌,抗战胜利后回到上海,把译作发表在京沪的报刊上:《悲哀》③《波德莱试译二首》(包括《人与海》《生动的火焰》)④《黄昏的和歌》⑤《音乐》⑥《盲人》⑦等。陈敬容后来出版《图象与花朵》一书,收入波德莱尔诗歌三十六首⑧。陈译波德莱尔,注重的不是描绘丑怪事物的篇什,而是饱含忧郁情调的抒情诗,偶尔顾及形式的谨严,但是这种努力的程度远逊于戴望舒。

李冰若对波德莱尔也有浓厚兴趣,编译《世界两大散文诗作家代表作》一书,收录波德莱尔诗十五首,包括《镜子》《小狗与小瓶》《长于射箭的人》《头发中的遨游》《沉醉》《贫穷人底眼睛》《计划》《独处》《汤同云》《可爱的梭洛喜纳》《离开世界》《谁是真实的?》《陌生人》《伪币》《一个诙谐的人》,《卷头语》有关于波德莱尔的介绍⑨。

---

① 见本书戴望舒《翻译波特莱尔的意义》一文。
② 卞之琳:《读诗和写诗》,香港《大公报》"文艺"副刊第 1035 期(1941 年 2 月 20 日)。
③ 北平《国民新报·国语》第 4 期(1946 年 12 月 13 日)。
④ 上海《文汇报·笔会》第 21 期(1946 年 8 月 5 日)。
⑤ 上海《文汇报·笔会》第 82 期(1946 年 10 月 29 日)。
⑥ 上海《文汇报·笔会》第 96 期(1946 年 11 月 15 日)。
⑦ 上海《文汇报·笔会》第 153 期(1947 年 1 月 30 日)。
⑧ 陈敬容编选:《图象与花朵》,长沙:湖南人民出版社,1984 年。
⑨ 李冰若:《世界两大散文诗作家代表作》,重庆:渝友书店,1944 年,第 60—88 页。

在 40 年代，翻译波德莱尔最为勤勉的人恐怕是王了一，亦即著名语言学家王力。王氏熟悉法国文学，译过莫泊桑小说，时任西南联大教师，倾心波德莱尔的《恶之花》。大概考虑到原作的格律相当严谨而白话文又不足以传达其精妙处，王氏遂以五、七言古诗和乐府诗的形式试译《恶之花》之第一章《愁与愿》，共计五十八首，连载于林文铮、叶汝琏主编的昆明《中法文化》之第 4 期（1945 年 11 月 30 日）、第 5 期（1945 年 12 月 31 日）、第 6 期（1946 年 1 月 31 日）、第 7 期（1946 年 2 月 28 日）、第 10 期（1946 年 5 月 31 日）、第 11、12 期合刊（1946 年 7 月 31 日）上面。先看《信天翁》。译者将题目音译为《安巴铎》并加小注："安巴铎（Albatros），南海水鸟，有蹼"，全诗如下：

  海上有大鸟，名曰安巴铎。海客好事者，捕养以为乐。长随万里程，共逐风波恶。可怜天外王，局促系绳索。委地曳玉翅，孑孑殊落魄。空惭六翮坚，颓唐难振作。昔日一何美，而今丑且弱！烟斗拨其喙，海客竞相虐。时或效其态，蹒跚跛一脚。诗人困浊世，命运正相若。本是云中君，逍遥在碧落。弋人复何篡？焦明在寥廓。
  被谪堕尘寰，从此遭束缚。沾泥垂天翼，跬步受牵搁！

信天翁遨游于碧海青天之上，何等恣情快意，无拘无碍，但一旦落难凡闲，即遭嘲笑和亵玩的命运，这暗示了天才诗人在现代社会中遭受的孤立和敌意，诗中的象征寓意与对比手法相当明显。在形式上，原诗十六行，四节，每节四行，韵脚按照 abab，cccc、dede、efef 排列，繁复中有变化。译文追求形神兼备，但改为隔行押韵，一韵到底，既准确传达出原作的真精神又力图以"五古"形式使之中国化，见出译者的良苦用心。但对于新诗作者来说,恐怕缺少积极的影响力。

除了诗歌翻译之外,中国作家也撰写了一些随笔与论文来阐述自家对于波德莱尔的理解。高寒的《艺术家与现实》指出诗人和艺术家有两种绝不相同的类型:一是避开了现实,沉浸在自私和欺骗里,得到世俗的幸运、荣耀和声名;另一种是敢于揭破了现实,敢于说着人生的真话,因此冒着一切的迫害和不祥,感到了人世的寂寞、悲哀和痛苦而仍然辛勤地工作着、希望着。这个世界的残暴使波德莱尔感到恐怖和悲伤而亟欲逃离之,但是高寒认为他缺乏深刻的思想意识和正确的反抗方式:

> 我爱着这个诗人的鸽子一样的,美而温柔的,且翩翩飞扬着的洁白的心情;也恼恨着他的如同孩子一样的无知,——不知道人类和历史的仇人,不知道完全和美满的人间不是不可能的,只被浮在眼前的现实所欺蒙,自己又以这种欺蒙来恐吓了自己。所以绝望和无望,终于要使他离开了这个世界。但究竟离开了这个世界么?并没有。事实还告诉了我们,他后来还乱发憔悴,病苦昏沉,倒毙在路边!想逃避了这个丑恶和残暴的世界,终于做了丑恶而残暴的世界的可悲的俘虏!①

《波特莱尔与孤岛》②一文作者品品身处"孤岛"上海,在恶劣的环境里喜欢上了波德莱尔作品,觉得"他的恶魔主义有着迷力,简直像天使一样美丽可爱",但最终发现他的颓废无补于世,

---

① 昆明《战时知识》第1卷第2期(1938年6月25日),第20—21页。
② 上海《文艺月刊》第3卷第3、4期合刊(1939年6月)。

遂决心摆脱其影响,直面生存的艰难和挑战。和此文性质相若的还有宛青的随笔《波德莱尔的怪僻》①,从侧面介绍了这位大诗人的一些鲜为人知的癖性。

有趣的是,由于美学观念的不大相同,对于波德莱尔的赞弹,在40年代后期的上海文坛居然引发了一场小小的"风波"。1947年,陈敬容陆续发表了波德莱尔诗歌中译,后来又撰写了几篇随笔,阐发她自己对于波氏的阅读感言。她的《波德莱尔与猫》概括欧洲浪漫主义文学的盛衰,接着谈到波德莱尔的诗歌美学、独特风格、文学史上的不朽地位以及自家的感受和体会:

> 波德莱尔的诗,令人有一种不自禁的生命的沉湎。虽然他所写的多一半是人生凄厉的一面,但因为他是带着那么多热爱去写的,反而使读者从中获得了温暖的安慰,他底作品中感伤的气氛也很浓,但不是那种廉价的感伤,不是无病呻吟。而他底欢乐,是真正的火焰似的欢乐,是一些生命的火花,而非无故的吟风弄月——像我们古代的才子佳人,或近日鸳鸯蝴蝶派底作品那样。我们在波德莱尔的作品中找到那积极的一面,我们发现了那无比的"真"。有人认为波德莱尔颓废,那只是他们底臆测之词,那因为他们没有看到他的底里。②

陈氏把握住了波德莱尔诗的特色:丰富的色调、神秘的音乐及真挚深沉的情思、对生活的忠实、广博取材、热烈的生命底蕴。她强调在波德莱尔颓废的外表下,深藏"真实"的取向和积极意

---

① 北平《国民新报·人间世》,1947年11月18日。
② 上海《文汇报·浮世绘》,1946年12月19日。

义。陈敬容对波德莱尔的歌之颂之很快引起了左翼批评家的不快。一周后,林焕平的《艺文管窥备忘》之一《波德莱尔不宜赞美》出炉,他将矛头直指陈敬容,首先揭开论辩的序幕:

> 波氏是法国象征派诗的首创者,他的诗虽然细腻,却很缥缈,神秘,颓废而又贫血。说波德莱尔是"生活的忠实地热爱者","他替人群中的一切不幸者诉苦",我不敢苟同……他的创作方面,不是法国文学的正统;他的创作方面,和我国五四以来的新文学的方向,也是背道而驰的。他的创作倾向和"新月派"及"现代派"是相近或者相同。闻一多,臧克家,卞之琳,何其芳,艾青等有才能的诗人,都从这个倾向中跳出来了,我们现在却仍有人要跳进去,此时此地,是多么不合时宜! 为什么我们不赞美海涅,普式庚,惠特曼等人呢?①

林焕平对于时下兴起的"波德莱尔热"大惑不解,他一笔抹杀波德莱尔的文学贡献,将其视为新月派和现代派的同路人,为后者背离了新文学的方向而痛心疾首,并且热情呼吁诗人们重回浪漫派的路径上。林焕平的观点当然不乏同调,李白凤的《从波德莱尔的诗谈起》就是其一:

> 我觉得,了解一首诗,必先要了解它所产生的时间性与空间性;具体一点来说,就是要先弄清楚在某一客观环境里,所产生的诗,是否与大众的感情相契合。波特莱尔的时代,是旧的结束而新的尚未产生的时代,他希望却自知毫无

---

① 上海《文汇报·笔会》第132期(1946年12月28日)。

目标,想呐喊却又为四周的高气压所窒息……在欧洲,那时还没有升起"希望的星",因此他只能在沉闷,犹疑的无底深谷徘徊,得一线幽思的灵感,寄托在一花一叶的开放的呼吸动作上。廿世纪的时代却不然,被压迫的人群已经走到悬崖之前,他们的面前是百丈深潭,再也不能犹豫,期望和考虑,只有两条——一条是跨下去,落入黑暗的深潭;另外一条是杀回去,在死里求生。所以,廿世纪将近五十年代的中国,正是上述的情形而绝非波特莱尔的时代,写波特莱尔式的诗的诗人,是神经末梢过分敏锐的失误,而译波特莱尔的诗的人,只有一条路,就是埋头成本的翻译,作为整个研究的资料的介绍,而不是再度移植。①

性格耿直坦率的李白凤断言波德莱尔在彼时的中国文坛没有市场,他要求经历了战争洗礼的诗人们以民众感情为依归。也许是由于李氏的措辞有些刻薄的缘故罢,三十七年之后,陈敬容忆及这段小插曲时,依然怨毒难消②。上海的《文汇报》"笔会"副刊的编辑唐弢,在读了林焕平《波德莱尔不宜赞美》之后,虽然喜爱他的立场,"却觉得稍稍狭隘了一点",遂撰写短文一则,其看法比林、李二人圆润周到:

> 说波特莱尔的诗神秘,晦黯,迷离,谁也不能为他辩护,然而波特莱尔的精神更还有基本的一点,他不安于当时的现状。用李白凤先生的话,他"想呐喊却又为四周的高气压所窒息",但他毕竟在喊,虽然流为独白,几于颓废,又终究

---

① 上海《文汇报·笔会》第153期(1947年1月30日)。
② 参看陈敬容《图象与花朵》的《题记》,第5—6页。

是沉沉死水里的小波澜,对于今天虽受巨浪冲折,却仍逆来顺受的小布尔乔亚知识分子,特别是活在半封建半殖民地中国社会的,我想,波特莱尔是不算十分过时的。……林焕平兄担心现在"仍有人跳进去",我觉得跳进去并不可怕,问题只在于他必须跳出来。譬如向古典作家学习,不必一定要写古典作品一样。读了波特莱尔而竟不能自拔于颓废,这是因为他还不能了解波特莱尔及其所处的时代,他一定读得不够,正应该多介绍些给他读读的。倘使依旧钻在牛角尖里,这准是个低能儿,即使不读波特莱尔,也未必成为革命文学家的。我说这话,是在说明波特莱尔还不至于完全腐烂,而文艺写作者的接受影响,实际上终是有限度,有条件的。……由此出发,我还想为陈敬容先生说几句话。陈先生爱好波特莱尔,受有部分的影响,仿佛有线索可寻。然而以鞭挞波特莱尔者鞭挞陈先生,未免错了目标。我赞成铁马先生的意见,却不敢苟同李白凤先生的所谓"百分之百"走着波特莱尔的路,我们的诗人说得过火了。[①]

不久后,陈敬容又写随笔《谈我的诗和译诗》作为回应。她以敦诚敬谨的口吻指出:波德莱尔诗不与时俱逝,后之来者可为借镜:

> 在今日介绍波德莱尔的作品,也许于实际无甚裨益,但却不能因此便抹煞和否定他的一切。至少他的不满现状,反封建反传统的精神,还值得重视。至于他作品形式之严格,技巧之熟练,字汇丰富等,对于我国有些新诗完全蔑视

---

① 唐弢:《编者告白》,上海《文汇报·笔会》第153期(1947年1月30日)。

形式和技巧,太过流于散文化,公式化,标语口号化的情形来说,也还不无好处。当然波德莱尔的作品中也有缺点,应该辨别尔加以抛弃,我绝不主张学习甚至"模仿"波特莱尔(我也不主张模仿任何中外作家),但至少尚可借鉴一二。波德莱尔的时代是过去了。但文艺作品并不像新闻纸一样,时候一过就不值一读。①

冬苹的《谈波德莱尔倾向》重弹林、李的老调,酷评波德莱尔的"遗毒"②。覃子豪的《消除歇斯特里的情绪》谈到象征派诗歌的来龙去脉和波德莱尔诗学,比较波德莱尔的《盲人》和陈敬容的短诗《新世纪的旋舞》,明显地扬前抑后,又批判波氏的"歇斯底里"情绪,断言新诗如欲开创一个新局面,必先剔除之:

> 波特莱尔是法国蔚为象征主义的大师,一本薄薄的《恶之花》就奠定了波特莱尔在象征派的地位。法国在十九世纪末,虽然出了许多象征派的诗人,如:魏尔伦,蓝波,马拉尔美,但都没有超过波特莱尔这一座顶峰。这固然是由于波特莱尔在艺术上有种新奇的成就,主要的原因是波特莱尔在作品里有着极浓厚的歇斯特里 Hysteria 的情绪,十九世纪末病态的情绪。歇斯特里的情绪是法国象征主义的特征,没有这种情绪,象征主义的作品就失去了特色。因为,这种歇斯特里的情绪,不仅是象征主义诗人们固有的产物,是十九世纪末没落的小布尔乔亚一个共通的产物。波特莱尔不过是一群没落的小布尔乔亚的代表。③

---

① 上海《文汇报·笔会》第 161 期(1947 年 2 月 7 日)。
② 上海《文汇报·笔会》第 168 期(1947 年 2 月 14 日)。
③ 上海《文汇报·笔会》第 163 期(1947 年 2 月 9 日)。

除却文艺随笔之外,我们亦可发现少量论文。细察诸作,可窥知人们对波德莱尔的不同理解。蔡元培女婿的林文铮,在抗战期间任教于南迁昆明的中法大学,他的《漫谈法国诗风》词采华美,文气浩荡,纵论中古以还的法兰西诗歌之渊源流变,颂扬波德莱尔之葬送浪漫派的伟业:

> 法国诗绝对称霸,当始于波德莱的《恶之花》。波氏兼有浪漫的心灵,古典的头脑,是智悲双融的鬼才,是近代西方长吉。他的诗境不在缥缈的天国,不在灿烂的自然,凡此都属于浪漫派的禁脔,他绝不染指。他毅然真投阿鼻,并非但丁的地狱,是人间的艳都,举世神往的巴黎。他把近代最繁华的城市生活的丑象,写成毛骨悚然的阴森魔窟。在他的慧眼中,善恶无别,美丑不分,同时色声香味触五蕴皆通。这位神出鬼没的文字魔术家,把人间七情五欲全归纳在撒旦一声狞笑中。这种意境,象征着西方人失了乐园啼笑皆非的穷途。这不仅是有刺的蔷薇,这是诗园里一朵五彩的罂粟花,恶之花!比之余同时高蹈派的"恋诗"、"古赋",在文坛上的潜势里,真不可同日而语,虽然高蹈派的铁画银钩,也有独到之处。无怪乎现代大诗人华列利,公然说波德莱尔与嚣俄(即"雨果"。——引者注)平分了诗国的秋色:一个集过去大成,一个开未来的天地。后来象征派澎湃一时,实在就是承袭波氏的遗风。①

林文铮对于波德莱尔诗风的概括相当精辟:都会风情画、声色渲染之美、感官的耽溺与迷醉、丑怪与恐怖事物入诗、爱与死

---

① 昆明《中法文化》第1卷第1期(1945年8月)。

的迷思、语言的魔术师、奇幻狞厉之美,等等,他的颓废美学终结了浪漫主义的一统天下,法国抒情诗史上乃开一新纪元。

英语文学专家王佐良的论文《波特莱的诗》不是关于波氏人与诗的泛泛而谈而是提出别具慧眼的问题。他认为波德莱尔的"摩登"和"颓废"并非其真正的长处,重要的是那些"并不特别地现代、特别地受时间限制的品质":人性当中的幽暗、暧昧、错综,挣扎于天堂、地狱的边缘,肉身受难,神魔交锋的独特品质:

> 在这样深远的背景之前,波特莱给了文学里的性欲描写以一种尊严。他的地狱是实在而可怕的,不像庞德(Ezra Pound)的地狱是一种近乎卖弄,从书本上搜集来的地方。没有人比波特莱更诚恳地——我们几乎要说是捧着良心——去过荒淫的生活,因此他所作的恶("作恶"是他自己常用的二字)也远比现代颓废人物为大。现代的性生活也和别的娱乐一样地标准化了,机械化了,就是那样一种生理需要,毫无作恶的震惊和战栗,而几个女子的受骗如何能比从夏娃起始的整个女性的败坏。波特莱以他的荒淫污了整个宇宙。然而他并无任何自满。在整部《恶之花》(Les Fleurs de Mal)之中,我们寻不着一点欢欣。一个贯穿的情调是受苦……他的放纵不是要使身体快乐,而是要尽量折腾人的皮肉,使皮肉尝尽了所有的耻辱,下贱,和苦楚。在将个人的身体看作罪恶这一点上,波特莱是同沙漠苦行的修士们一致的:不同的,是修士们将自己用一个大荒野锁起来,而他却活在罪恶的中心,将世界弄成完全可憎……这是一种二元的态度,也就是看出了艺术里永久与暂时之间的共同,看出了在上帝和"堕落了的天使"之间

的相似。波特莱的邪说因此只是信仰的反面。他是"一个里外颠倒的上帝之子","一个走后门进入基督教的人"。在波特莱的皈依撒旦之中,他是看出了个人的肉体之不可依据;可以依据的是一个外在的权威,或神或魔。在神变成了庙堂的庸俗,给社会栋梁们作为广告的时候,在科学使世界变得更令他烦腻的时候,他选择了魔。他的诗句写出了他选择的痛苦,这痛苦是真实的,属于人的肉身和真实的,一种火焰的烤炙,而不是依据若干字面或口头式"宗教"的人所能经验的。①

李青崖译出艾司荣的《恰如曩昔面目的波德莱尔》,但译笔生涩,难以卒读。本文首先指出:学者的传记研究有助于廓清波氏头上的神秘光环,使之恢复人间的本来面目;然后阐明利维斯(F. R. Leavis,1895—1978)的"艺术与人生的对应":

> 这就是我想达到的地方,这就是波德莱耳的情感的和艺术的种种关系仿佛超过各种学派的混乱,而在那个和象牙之塔以及实用约束两点相距均等之处,向我们提出的教训:无论诗和人生,彼此相互间都不应当抛弃对方的利益。所以人生在诗的形式里的衰落,诗对于人生效能的顺从,都是同样不可以驳倒的。《恶之花》阐明了他所提炼的那种介乎艺术和恒可悲悯的现实世界之间的神助性的协和。波德莱耳的种种疑惧之在诗歌里的哲学的,教义的,广义道德的自负之点而得说明,他从前之坚种种界线,认为诗歌一经超越就失去力量和情绪的一致,正是他自愿负着责任,去证明

---

① 昆明《中法文化》第1卷第6期(1946年1月)。

艺术作品的随意酝酿适所以维护他的灵感性的托词和对他赋予一种意义大上的增益。①

张若茗的论文《法国象征派三大诗人鲍德莱尔魏尔莱诺与蓝苞》②纵论三位象征派巨子的生平著作，史实丰富，识见精辟，文字之穷形尽相亦是一大特点。"绪论"囊括象征主义的时代背影、颓废精神的出现、象征主义艺术，阐述波氏的颓废艺术如何包含了彼时的"世纪末"苦汁：

> 鲍德莱尔曾说：我得到了美的定义，我的美应有的定义：这好像一种热烈而悲哀的东西，好像一个女人的头，富于诱惑性而美丽的头，使我们在朦胧的梦境中，幻想淫乐与悲哀。这样的美带着忧郁、厌倦、憎恶的心情，或者是正因为热情与希望受着了挫折，因而混合着绝望，烦恼与苦闷。这样的美，是包含着热烈而悲哀的情欲，与无处发泄的心情，并带有复仇与伤害的私意。总而言之，我敢承认这样的美所包含的是"不幸"(le malheur)。我并不否认，快乐可以夹杂在美感中，然而那不过是粗俗的附带成分。至于抑郁与悲哀，那才是美中的本质。鲍德莱尔的诗之所以能动人者，亦正是在此。他能发泄近代人心中的隐痛，剧烈的情欲，与死一般的悲哀。唯有沉醉于享乐与诗意中，那时的灵魂好像一只神鸟，冲破烦闷而振翅飞入青天。

---

① 重庆《法国文学》第 1 卷第 4 期(1946 年 4 月)，后易名《恰如本身所示的波德莱尔》。
② 北平《中法大学月刊》第 11 卷第 4、5 期合刊(1937 年 8 月)，重刊重庆《文艺先锋》第 9 卷第 1 期(1946 年 7 月)、第 9 卷第 2 期(1946 年 8 月)。

第二部分描写波氏之痛彻肺腑的生命荒凉感、病态激情及奇僻的两性观念，传神写照，尽在字里行间。董每戡的《近代法国诗歌——西洋文学史之一章》简介波氏小史及诗歌艺术，惜乎浮光掠影，浅尝辄止：

> 波特莱尔(Charles Baudelaire,1821—1867)生于巴黎。父系画家，他幼年即丧父，二十岁时乘航船游历各方，归国后继承遗产，以后专心从事文学，为浪漫主义的最后一人，颓废派(Decadent)先锋，以其好咏怪异，阴奇，凄怆，黑暗，求强烈刺激之故，又被称为"恶魔派"(Diabolists)诗人。有可惊的敏锐的神经感觉，以为人生根本是矛盾的。求善而得恶，求神而得恶魔，求生之欢乐而得死神之恐怖。普通诗人都咏叹"善"和"美"，他偏讴歌"丑"和"恶"，一八五七年发表诗集《恶之华》(Les Fleurs du mal)，等于恶魔派的宣言，累得吃了一场妨害风化的官司，后来官厅把集中"僵尸的变形"等六首诗抽去了，有人以为"但丁向地狱去，他从地狱来"，遂以他为但丁。嚣俄也称他为"新战栗的制造者"。法郎士称他为"神圣的诗人"。求神不得而终陷于自暴自弃，常沉湎于酒，又嗜鸦片，海洛因，后在比利时得病，归巴黎，在贫困中死去，虽说是恶魔派，实则是象征派的先驱者。①

以上段落较为粗略地考察了波德莱尔在40年代中国诗坛的传播情况。从众多的发言不难看出，中国学者把握住了波德莱尔诗学的基本精神：第一，都会风情画。自波德莱尔始，法国现代诗乃以"都市"作为题材领域，与吟咏山水田园的浪漫主义判然殊途，

---

① 重庆《文艺先锋》第12卷第6期(1948年)。

法国抒情诗自此疆域开拓,气象万千。① 波德莱尔在都市的日常生活中发现诗意的、奇异的美丽:《恶之花·巴黎即景》以及《巴黎的忧郁》渲染巴黎的声色光影与颓废情调,现代人的忧郁情绪亦于焉呈现。第二,丑怪事物入诗。波德莱尔不再追摹浪漫主义的风花雪月而于粗鄙、病态、丑陋、怪诞、神秘、邪恶、恐怖之事物中发现诗意的真实,善于将崇高与卑下的事物并置,陌生化甚至黑色幽默效果,令读者错愕颤栗。第三,通感。声音、色彩与气味打通,诸多感官之间进行呼应,取得惊采绝艳的效果:"在外部自然与他自己的内在世界间使用契合。通过在外部现实中发现象征,契合而暗示了他的内在的思想与情感,他经常成功地创造他所谓的暗示的魔力。"②第四,象征与暗示。波德莱尔使用象征、暗示、反讽的手段,重视回忆、想象与梦幻,追求惝恍迷离的效果,结束浪漫主义的直抒胸臆,达致有深度的含蓄蕴藉。波德莱尔研究专家指出:"《恶之花》也被认为是超现实主义的先驱,因其使用梦幻、神话与奇思异想。但更重要的是这一事实:通过使用暗示,它预示象征主义而且为现代诗打开了大门。"③第五,善恶二元论。波德莱尔道出现代人心中的灵与肉的紧张、骇人的自虐倾向与露骨的情色点染,正如论者所说:"贯穿于《恶之花》六个部分的统一主题是善与恶的冲突,忧郁与理想的冲突,梦境与现实的冲突。迷恋于原罪及人的双重性的信仰,使用他自己的个人经验为素材,波德莱尔以一种犀利的甚至是残酷的自我分析来考量他那个时代的精神问题。"④第六,

---

① Reinhard Thum, *The City*: *Baudelaire*, *Rimbaud*, *Verhaeren*, New York: Peter Lang, 1994, p. 2.
② Lois Boe Hyslop, *Charles Baudelaire Revisited*, Boston: Twayne Publishes, 1982, p. 55.
③ *Ibid.*, p. 55.
④ *Ibid.*, pp. 55—56.

形式的经营。《恶之花》承袭法国古典诗学之余泽,在音韵与格律上惨淡经营,谨严而有法度,一部分是十四行诗,格式完美,富丽精工。① 而且,《巴黎的忧郁》之散文诗体式杂取其他文类优长而匠心独运,为欧美文学史引领一代诗风,它在"五四"新文学兴起之际传入中国,催生一系列散文诗,广被博及,硕果累累。②

现在我们要问:在二十世纪 30 年代末至 40 年代的新诗创作界,有无中国诗人承传波德莱尔遗泽？如是,他们在波氏那里究竟发现了什么？又如何以自家眼光去选取其遗泽？在他们接受波德莱尔影响的过程中,是否出于社会文化语境的压力和个人美学趣味的差异而产生堪称独创的作品？既然承传不只是有样学样而已,尤须侧重创造的转化及影响的焦虑等因素,下面的个案研究旨在彰显中国诗人在此方面的努力,希望以下数点观察或可权充未来研究的起点。

汪铭竹:颓加荡③的耽溺者

汪铭竹,南京人,原名鸿(宏)勋。毕业于中央大学哲学系,受教于刘伯明、胡小石、宗白华、方东美诸大师。1934 年秋,与滕刚、章铁昭、程千帆、孙望、常任侠等成立土星笔会,参加者有

---

① 参看王力:《汉语诗律学》,上海:上海世纪出版集团,2002 年,第 957—978 页。
② John Ivan Simon, *The Prose Poem As A Genre in Nineteenth-century European Literature*, New York: Garland, 1987.
③ 颓加荡是英文颓废(decadent)一词的音义兼顾的庸俗化译法,苏雪林的《颓加荡派的邵洵美》探讨 30 年代海派作家的颓废习气,参看氏著《中国二三十年代作家》(台北:纯文学出版社,1983 年)。关于颓废观念的起源及其文学表现,参看 Matei Calinescu, *Five Faces of Modernity: Modernism, Avant-Garde, Decadence, Postmodernism*, Durham, N. C.: Duke University Press, 1987; David Weir, *Decadence and the Making of Modernism*, Amherst, Mass.: University of Massachusetts Press, 1995.

中央大学、金陵大学的学生几十人,如霍焕明、沈祖棻、李白凤、吕亮耕辈均是会员。从9月1日起,出版同仁刊物《诗帆》半月刊,至1937年5月为止,共出版17期。另有同仁诗集《土星笔会丛书》。抗战军兴,携家逃离南京,流落大西南地区。生计窘迫,经营百鸟书屋,与商承祚、庄严、罗寄梅交游。① 曾经向《诗文学》《枫林文艺》等刊物投稿。② 抗战胜利后,回到南京,与孙望等人创办《诗星火》杂志。1949年,汪铭竹离散台湾,四十年内不再言诗。平生仅出版《自画像》《纪德与蝶》两部诗集③,四十余年后在台湾重版。部分诗作入选闻一多编选的《现代中国诗选》。汪氏高才硕学,涉猎博雅,但生性淡泊,素不喜与文艺界人物交游,再加上其他种种原因,他俨然已沦为文学史上的失踪者了。数十年来评介汪铭竹其人其诗者,仅有莫渝、覃子豪、周伯乃、杨昌年等人的短文以及魏荒弩、常任侠、于还素、王士仪等人的回忆文章。

汪铭竹对波德莱尔颇为倾心,《诗星火》第1辑封三诗星火丛书预告中有汪的《致波特莱尔》一诗:

---

① 王士仪:《纪德与蝶》跋。
② 魏荒弩:《隔海的思忆》,原载上海《文汇报》1991年1月11日,收入《自画像》重印版,第42—45页。
③ 汪铭竹:《自画像》,重庆:独立出版社,1940年;台北:中国文化大学出版社,1993年重印;《纪德与蝶》,昆明:诗文学社,1944年;1990年在台北重印,非卖品。下引汪诗,均出自两部诗集的重印版,故不注版本,仅举页码。另,张曼仪等编的《现代中国诗选,1917—1949》下册(香港:香港大学出版社,1974)的附录称汪铭竹有诗集《人形之哀》,属于土星笔会丛书,但魏荒弩说:经过多方查考,看来恐属讹传。《自画像》与《纪德与蝶》似已囊括了诗人的全部诗作。见《自画像》小引。但是,姜德明还发现了几首佚诗:《心之壁画》(载成都《诗星》第24期,1942年4月1日),《致波多莱尔》(载昆明《枫林文艺》第6辑,1944年5月17日),《停电夜》(载南京《诗星火》第1辑魔术师的自白,1948年10月1日)。

人生是一杯浓烈的酒
而你太贪杯了,直喝得酩酊
大醉。人笑你以头倒置行走。
犬儒者流自满于其智慧
像孩子以麦管吹起肥皂
泡沫,五彩但经不起一阵风。
你是走向赌局的浪子吗
不,你,一个出色的拳师。胜利
你大笑;失败,你铿然倒地,作金石响。
你,人中之一朵恶之华
外方人,我多着了迷,当看见
你这一朵神异的云的时候。

汪氏刻画的波德莱尔肖像没有滑向令人难堪的道德批评:这位久已作古的异国诗人,既非徒以炫耀才智为能事的浅薄的犬儒者,亦非精神缩减、一味挥霍钱物的赌局浪子,而是一个畅饮生命之华宴的快意的酒客,一个反抗世俗的、磊落欽奇的拳师。大抵而言,30年代的汪铭竹的文字述作,有别于陈敬容的纯正高蹈的都会风情画,而是吸收并且夸大了波德莱尔的颓废与浮纨(dandyism)因素,尤擅于浓墨重彩地摹写女性的身体地图,色情窥视(erotic gaze)与性幻想的踪迹暴露无遗。像这位恶魔诗人一样,汪频频以魔鬼、撒旦、蝙蝠、毒蛇、蜘蛛等丑怪意象入诗,且对声音、色彩与气味极为敏感[①],官能享乐之铺陈中时有宗教迷思与异国情调的浮现,在30和40年代的诗坛上兀自醒目,堪称颓加荡的耽迷者。

[①] 波德莱尔的《异国的熏香》《头发》《芳香》渲染声色爱欲,声音、色彩与气味交错混合,亢奋、痛苦的心情,交织流转,堪称感官的盛宴,参看 Lois Boe Hyslop, *Charles Baudelaire Revisited* (Boston: Twayne Publishes, 1982), p. 59.

在《足趾敷蔻丹的人》这首诗中，诗人以淫猥狎昵的笔触刻画一名女子的敷染了蔻丹的脚趾，想象妖娆，性感十足。十个脚趾宛如十粒茜色的鲜花，此视觉形象让人联想到朱丽叶的火红恋情，具体的物质性的感官描写升华为抽象强烈的爱欲体验。蔻丹的妖冶，接着被转化为两个比喻：（一）火练蛇的探出齿缝的舌尖，诗中的温馨甜蜜的氛围陡转为诡异恐怖，但由于蛇在西方文学传统中一贯具有性暗示的意味，所以两个意象之间仍有内在关联；（二）静夜中闪烁的紫微星，它的福乐祥瑞之涵义抵消了赤练蛇的凶险恶兆色彩。而夜色的柔娇如猫——这个新奇的譬喻是波德莱尔的最爱——也配合了紫微星的象征涵义，又使气氛有一新的转折。诗的最后两节："我将高擎双手如承露台，在掌心将给／平张其鸽足，有南京缎般的滑腻。／是窃饮骚西之酒者，曾幻变成猪匹吧；／而一瞥见此艳足，将凝冻为一木立之石像"①，夸张地起用了中国古代的神圣庄严的承露台典故以凸显其顶礼膜拜的心情。鸽足的视觉形象是红润、纤巧，绸缎给人以柔滑的手感。希腊与中国的两个神话故事的并置，也道尽了艳足的魔力，把诗人的颓废心态推向极致。

在《乳·一》中，身体地图的刻画更为露骨而且有宗教般的虔诚。女性的双乳，静止如日本的富士山，颤动如颓然的江南春雪，在小夜曲飘起的氛围中，性事被神圣化为基督教中的燔祭，个人享用丰腻的食宴，双手交朵颐之福。至于第三节的"禁地门扉上之比目兽环颤了；／白鸟习习其羽，将兔脱而去"，则是性爱体验的含蓄暗示。在篇末，隐身的抒情主体呼吁男性"善珍袭此圣处女挺生的 Halo 吧，／况是撒旦酒后手谱的两只旋律"②，色情魅惑与宗教庄严混合为一。如此肆意渲染情欲的姿采，足令

---

① 汪铭竹：《足趾敷蔻丹的人》，见《自画像》，第7页。
② 汪铭竹：《乳·一》，见《自画像》，第12页。

林焕平、李白凤等批评家瞠目结舌。

《春之风格》以色彩的烦腻见胜。蔷薇色的手提袋,青色的风船,红色的炼瓦,乳白色的盘石,墨玉色的瞳子,斑驳陆离,活色生香,最后写出贵妇人的慵懒的笑如小猫之足趾,诗人对着她的美目,想入非非地赞扬起一个奢华的梦。①《手提包》的主题是色诱与破戒。此乃颓废文学的母题之一,先前的苏雪林、施蛰存、滕固、田汉诸子,都有精彩的呈现。汪铭竹打通视觉、嗅觉、触觉的樊篱,描摹色彩与香气的魔力,笔法细腻,想象丰富:眉刷驯柔如小羊的眼,橘色的胭脂如云彩,唇膏如小蛇探出的舌尖,敷指油轻泛清香,玉色面粉如翔舞的蝴蝶,生色光影,扑朔迷离,甚至使得道高僧也失去定力,从而见证情色的威力无敌:"善哉,妙香界;果也我/一日欲向众生/说法,则愿趺坐其中。"②

纵览汪的诗歌,那是一个充斥着肉感意象(sensual image)的世界:艳足、玉乳、红唇、颈项、瞳子、面颊、穿草裙的热带女子、红睡衣,纷至沓来,春色无边。这些女性身体的残片以及附带的性感对象,无不映照出男性欲望的物质化、外在化、客体化,蠢动着热烘烘的肉欲气息,慵懒低俗。诗人的不着边际的奇思异想、品赏把玩的男性主义心态、淡薄的宗教意识以及一系列帝国都市与异域古城的风物:日本的富士山、伦敦的重雾、巴黎的红睡衣③、柏林的铁甲车、希腊与希伯来的神话、非洲的热带草原,百无禁忌,点缀其间。这些诗歌美学与文化想象,一望而知来自波德莱尔。但是,汪铭竹的颓废却是临时性的、缺乏内在深度的:他展示的往往是一个孤立、狭窄、静止的世界,缺乏社会历史的

---

① 汪铭竹:《春之风格》,见《自画像》,第34—35页。
② 汪铭竹:《手提包》,见《自画像》,第31—32页。
③ 汪铭竹:《法兰西与红睡衣》,见《纪德与蝶》,第48—50页。

纵深脉络,性感尤物脱离了开放流动的时间与空间,兀自凸现于画面中央,任由(男性)读者与作者一道,赞叹、摩挲、陶醉。不难看出,汪铭竹少有波德莱尔的深创巨痛、刻骨铭心的忧郁以及残酷的灵魂拷问(尽管有时伪谑仿、反讽、犬儒的姿态出现),正如周作人的犀利观察:波德莱尔尽管有醇酒妇人的颓放,但与东方式的泥醉不同,而是有着严肃而沉痛的意旨在内①。

《自画像》一诗则反映出诗人对生死、人性、个体生存意义等形而上的问题的思考:

在我虬蟠的发上,我将缢死七个灵魂;
而我之心底,是湍洄着万古愁的。
居室之案头,将蹲踞一头黑猫——爱仑坡
所心醉的;它眯起曼泽之眸子,为我挑拣韵脚。
将以一只黑蝙蝠为诗叶之纸镇;墨水盂中,
储有屠龙的血,是为签押于撒旦底圣书上用的。
闭紧了嘴,我能沉默五百年;
像无人居废院之山们,不溜进一点风。
但有时一千句话语并作一句说,冲脱出
齿舌,如火如飙风如活火山喷射之熔石。
站在生死之门限上,我紧握自己生命
于掌心,誓以之为织我唯一梦之经纬。
于蠢昧的肉食者群中,能曳尾泥涂吗;
我终将如南菲之长颈鹿,扬首天边外。
世人呀,如午夜穿松原十里即飞逝之列车矫影,
位在你们灵殿上,我将永远是一座司芬克司,永远地。②

---

① 仲密(周作人):《三个文学家的纪念》,见北平《晨报副刊》(1921 年 11 月 14 日)。
② 汪铭竹:《自画像》,见《自画像》,第 5—6 页。

诗人的自画像通过几个日常生活的细节被揭示出来。蓬乱的发型说明他的落魄不羁；居室的装饰品暗示他是一个爱伦·坡（波德莱尔最为敬服的一个潦倒而死的美国诗人）式的诗人，醉心于恐怖、怪诞事物的描绘；而经常嗫不发声、偶尔激情似火的举止反映了他性格的乖僻。同时，诗人也是一个艺术的忠诚卫士，发愿以生命为丝线来编织梦想，作为生存的意义根据。第七节隐喻诗人的人生态度。在他看来，人分两种：一种类似肉食动物，为生存而苦苦搏杀；另一种类似草食动物，知足常乐。诗人起初对于自己能否像庄子一样曳尾泥涂心存疑问，但终于峻拒了与肉食者为伍的可鄙念头（他轻蔑地斥之为蠢昧的），决心采取草食动物的立场：像长颈鹿那样昂首天外，与恶浊的俗世保持距离。以上的自白似乎证明诗人对自家的性格已了然于心，但诗篇的结尾则粉碎了这种微弱的自信。人性的自画像是何面目？它像希腊神话中的怪兽斯芬克斯一样，永远是一个谜团，这也解决了开篇的悬疑：我之心底，是湍洄着万古愁的。天才在现代社会中遭遇的孤立和敌意，以及诗人对于艺术的孤傲的坚持，乃是波德莱尔诗歌的一贯主题。汪铭竹的《自画像》以内心独白的形式传达诗人的神经质的自我分析，步武波德莱尔的痕迹不难看出。

波德莱尔曾经浪游过遥远的热带国家，炫示神秘诡异的异国情调因此成为其诗章的特色之一。① 在汪铭竹的《纪德与蝶》中，奇异的热带风物迤逦而来，波德莱尔式的幻美色彩和异国情调冲击着人的视觉神经：绿色大蛇，羚羊，庞大的纸草田，灰色蜥

---

① 邦吉把异国情调（exoticism）定义为一种话语实践，意欲在别处发现一些随着欧洲社会的现代化所失落的价值；这种十九世纪的文学与生存实践在文明的畛域之外假设一个他者的空间，而文明则被许多作家认为与某些基本价值观念不相容。参见 Chris Bongie, *Exotic Memories: Literature, Colonialism, and the Fin de Siecle*, Stanford, Calif.: Stanford University Press, 1991, pp. 4—5.

蝎,大白鹭,白蚁,棕榈树,鳄鱼,狮子,文面的土人,但最为知名的,还是那些璀璨光华的非洲蝴蝶:

> 凌压在这一切奇异之上的,非洲更是蝶之王国;
> 大的燕尾蝶,蓝蔚色,珍珠色,硫磺色嵌着
> 黑的斑点,有的翼背上更闪灼金光……

纪德的热心照射了非洲的空间。然而在炫目的布景背后,纪德目击了疾病、死亡、赤贫、徭役、剥削、逃亡等丑陋与可耻的现象接踵而至。① 殖民地非洲的蝴蝶由此具备了双重含义。从字面上看,它是美的象征,它的斑斓色调与翩跹风姿激发诗人的灵感。从深层语义来看,它又是非洲的文化地理意义上的一个象征符号,引诱宗主国(即帝国民族国家)的异域想象。诗歌的讽喻意旨奠基于几个潜在的二元对立结构,反殖民意识也在文本的层次上运作起来:纪德/蝴蝶的关系隐喻宗主国/殖民地的关系,而殖民土地上的蝴蝶/疾病的对照,最终凸现的是宗主国诗人的理想/现实的悖反。汪铭竹有意在此展示自家的波德莱尔式的异国想象,却不经意揭示了纪德的想象非洲的经验,如何见证现代主义与殖民主义之共谋谎言的黑屋。晚近的美国理论家詹明信洞察到:帝国主义的结构也在人们泛称为现代主义的文学和艺术语言的新转型中的内在形式和结构上留下了痕迹②,此诗可为佐证。

---

① 汪铭竹:《纪德与蝶》,见《纪德与蝶》,第 25—28 页。
② 弗雷德雷克·詹姆逊:《现代主义与帝国主义》,张京媛主编:《后殖民理论与文化批评》,北京:北京大学出版社,1999,第 2 页。关于艾略特、叶芝、帕斯、康纳德等现代作家与殖民话语的关系,参考 Terry Eagleton, Fredric Jameson, and Edward W. Said, *Nationalism, Colonialism, and Literature*, Minneapolis: University of Minnesota Press, 1990; Edward W. Said, *Culture and Imperialism*, London: Chatto & Windus, 1993; Shu-mei Shih, *The Lure of the Modern: Writing Modernism in Semicolonial China*, 1917—1937, Berkeley, Calif.: University of California, 2001.

陈敬容:都市漫游者及其他

陈敬容流寓重庆期间,即已着手翻译波德莱尔诗文。她的短诗《律动》罗列一连串日常化的视觉与听觉意象:水波、雨声、远钟,接着从山水风物过渡到人间事物。诗人惊讶于宇宙的神奇,忍不住发出抒情性的叩问:

> 谁的意旨,谁的手呵,
> 将律动安排在
> 每一个动作,
> 每一声音响?

无论细草、蚂蚁等琐屑卑微之物、作为万物灵长的人类,还是恢宏壮丽的宇宙,都在星光颤抖的夜晚,停匀地呼吸、幽咽、歌唱,交感呼应,混融一片[1]。不难看出,此诗有明显的波德莱尔契合论的影子。波氏的名诗《契合》表现一种独特的诗美学:契合(correspondence)。契合分为水平的(horizontal)与垂直(vertical)的契合两类。前者表现声音、色彩与气味的交感,即通感,又名联觉(synesthesia);后者表现可见的世界(visible)与不可见(invisible)的世界的对应关系[2],此观念早已成为象征派的艺术纲领。晓然可见,陈敬容的《律动》表现的是正是宇宙万物之间的契合关系。不仅此也。陈敬容追慕波氏之《巴黎的忧郁》而写出散文诗集《星雨集》,初试啼声即收到热烈反应[3]。先

---

[1] 见《九叶集》,南京:江苏人民出版社,1981年,第40—41页。
[2] 可见 Lois Boe Hyslop, *Charles Baudelaire Revisitd*, p.56.
[3] 唐湜的评论,见上海《文艺复兴》第4卷第1期(1947年9月),第95—96页;李影心的评论,见天津《益世报·文学周刊》第89期(1948年5月1日)。

看《昏眩交响乐》开篇的一段：

> 凡亚铃在苍白地叹息,吉他在作着夏夜的情话,钢琴倾诉着一些神圣的、庄严的悲哀同欢乐,曼陀铃呢,它琐碎地说着一些记忆中早已褪淡的事物……在这一切之上,凡亚铃苍白地叹息着,带着对于宇宙的极大的悲悯。对于发热的心,这一切的总和是一个昏眩,一个长久的、沉湎的昏眩。它也昏眩于那些鸟语和人声,昏眩于至高的寂静,与台阶上那仿佛来去的热切的足音……一些影象压住我底记忆有如沉重的香料。一些影象,一些已流过了的欢歌和哀歌,一些故旧的和陌生的面影……我底心发着热,我有一个昏眩,——它交溶了声音和颜色,微笑与轻叹,痛苦和欢乐。①

诗人以象征、暗示、通感和拟人等手段,铺叙各有特色的听觉性意象:或感伤叹息,或幽情绵邈,或神圣庄严,或琐碎无聊。这些烦扰音响与抒情主人公之孤独躁郁的情绪,交响应和。色彩与气味的融入,烘托出惝恍迷离的梦幻氛围,我们的女诗人呈现的,俨然是一场感官的盛宴。此种眩惑之美正符合波德莱尔的美学理念:

> 美是某种热情而凄惨的东西,它有点朦胧,让人猜测。如果人们不反对的话,我想把我的观点应用于一个敏感的对象,比如说,社会中最有趣的对象,女人的脸,一个迷人而美丽的脑袋,我要说,这是一既使人梦想快乐,也使人梦想哀愁的脑袋,二者互相混杂;它忧郁,厌倦,甚至厌烦,——

---

① 陈敬容:《昏眩交响乐》,见上海《文汇报·笔会》第 27 期(1946 年 8 月 13 日)。

即一种相反的意念,也就是说,一种热情,对生活的一种渴望,并与一种从内心喷涌而出,仿佛来自贫困或失望的痛苦联系在一起。神秘和悔恨也是美的特征。①

陈受益于波德莱尔较多的,还是都市抒情诗。众所周知,现代主义文学兴起于城市,它的吸引和排斥为文学提供了背景、主题和美学。在文学中,城市与其说是一个客观的实在,不如说是一个隐喻。② 波德莱尔被誉为都市诗的鼻祖③,他笔下的都市,光怪陆离,人的感官神经饱受冲击,梦想与现实混为一体。④ 波德莱尔的巴黎,麇集着一群失败者、不幸者和孤独者。诗人自我放逐于都会人潮中,自命为一个日夜游荡于都市迷宫里的游手好闲者(flâneur)⑤,他乐意观察众生百相,尤其那些孤独者、伤心人和不幸者的目光、神情与姿态,悬想与体验其幽微错综的内在。⑥ 抗战胜利后,陈敬容从山城重庆流落到摩登上海,耽迷于波德莱尔诗文,而其诗作也开始涌现都市之声色光影,这并非纯粹的巧合。像这位法国诗人一样,陈诗的主要目的是描绘现代都市中局外人的特别的敏感而不是都市或其居民的外在形象⑦,所以,她甚少对城市进行写实主义的细节描绘,而是把它当作一个必要

---

① 胡小跃编译:《波德莱尔诗全集》,杭州:浙江文艺出版社,1996年,第380页。
② Monroe Spears,*Dionysus and the City*:*Modernism in Twentieth-century Poetry*,New York:Oxford University Press,1970.
③ Reinhard H. Thum,*The City*:*Baudelaire*,*Rimbaud*,*Verhaeren*,New York:Peter Lang Publishing Inc. ,1994,p. 9.
④ Cleanth Brooks,*Modern Poetry and the Tradition*,Chapel Hill,N. C. :The University of North Carolina Press,1979,p. 143.
⑤ Walter Benjamin,*Charles Baudelaire*:*a Lyric Poet in the Era of High Capitalism*,trans. Harry Zohn ,London:Verso,1985.
⑥ Richard Daniel Lehan,*The City in Literature*:*an Intellectual and Cultural History*,Berkeley,Calif. :University of California Press,1998,pp. 72—74.
⑦ 见 Reinhard H. Thum,*The City*:*Baudelaire*,*Rimbaud*,*Verhaeren*,p. 46.

的背景/舞台或者内心世界的外在化(externalize),赋予抽象的情思以具体对应物,含蓄发抒都市给予个人的心理体验,而此类体验每每发生在暮春或黄昏。

在《逻辑病者的春天》里,自然是一座大病院,天空伤风咳嗽,人沦落为现代都市里渺小的沙丁鱼,机械枯燥地工作、吃喝、睡眠,被强行拖入纷扰的都市生活里,结局无一例外是灭亡①。在这首诗里,都市里的一切都怪诞荒谬、不合逻辑。在此环境中生活的(诗)人,患上了奇怪的逻辑病。这名逻辑病者迷失于都市迷宫,病情愈益严重,暗示现代文明的沉疴难愈。

《无泪篇》将布景置于楼窗林立、暮春时节的都市,蒙蒙细雨带来的寒意恍若晚秋,诗人不禁触景生情,思绪翻飞。古人对于自然景物的敏感多情早已被现代人的争夺杀伐所取代。一出《林冲夜奔》的戏文让台下人收不住凄楚。到暮色苍茫的街上,惊见惨绝人寰的一幕。究竟是艺术摹仿人生,还是人生摹仿艺术?熟悉的现实世界变得如此陌生乖违,诗人忍不住发出沉痛的质询:怪这是哪一代的春天/哪一国人的异邦②。此诗的文字一路写来,朴拙诚挚,而横亘其下的主题,乃是时序错置感(anachronism)和空间位移感(displacement)的发抒。此感觉植根于现代都市环境,并非对于现代文明作笼统的指责,而隐然有一种政治意识形态在支撑。

陈敬容抒发感时忧国精神的都市诗堪称大宗,譬如《冬日黄昏桥上》:

桥下是乌黑的河水

---

① 见上海《文艺复兴》第3卷第4期(1947年6月),第444页。
② 参看陈敬容:《交响集》,第73页。

> 桥两头是栉比的房屋
> 桥上是人
> 摩肩接踵的人
> 和车辆、喇叭与铃声
> 冬日黄昏的天空暗沉沉
> 将落的太阳
> 只增加入夜的寒冷
> 人们多么疲倦而焦急
> 低着头或是扬着脸
> 生命的琴键上
> 正奏起一片风雨之声。①

　　工业化造成的环境污染,狭窄的居住空间,熙来攘往的车辆与人群所带来的难忍的噪音,以及行将沉落的暗淡无光的夕阳,这些平凡的都市日常生活场景,纳入作为观察者的诗人眼中,折射出一种颓败凌乱的主观色彩。《冬日黄昏桥上》开篇的写实主义描绘过渡到第二节的想象世界:成功人士的豪奢生活和逢场作戏,不幸者的饥寒流离和死填沟壑,二者恰成残酷对照。现代都市的信念乃植基于进步、繁荣、团结等启蒙神话之上②,但是,前人的心血的结晶不但没有转化为人间的福利,反倒暴露出都

---

① 陈敬容:《冬日黄昏桥上》,见于《交响集》。
② 关于西方城市文学与启蒙遗泽的关系,参看 Richard Lehan, *The City in Literature*, pp. 13—25;关于中国语境中的城市之思想文化史意义,正如张英进的观察:当中国在十九世纪被迫进入国际舞台之后,城市在现代中国文化中获得日益显要的角色。在二十世纪转折点上,城市被人们想象为新光的来源:启蒙、知识、自由、民主、科学、技术、民族国家,以及其他新近引进的西方范畴,参看 Yingjin Zhang, *The City in Modern Chinese Literature & Film*: *Configuration of Space*, *Time*, *and Gender*, Stanford: Stanford University Press, 1996, p. 9.

市自身的荒谬。敏感的诗人漫游在都市迷宫里,发现用理性范畴无法解释眼前的现实,只觉得科技文明所招致的宿命气息如影随形①。

在陈敬容铭刻的一系列都会风情画中,以层次之复杂、技法之圆熟而论,当推《黄昏,我在你的边上》:

> 黄昏,我在你的边上
> 因为我是在窗子边上
> 这样我就像一个剪影
> 贴上你无限远的昏黄
>
> 白日待要走去又不走去
> 黑夜待要来临又没来临
> 吊在你的朦朦胧胧
> 你的半明半暗之间
> 我,和一排排发呆的屋脊
>
> 街上灯光已开始闪熠
> 都市在准备一个五彩的清醒
> 别尽在电杆下伫立
> 喂,流浪人,你听

---

① 梁秉钧注意到陈敬容曾与自然和谐相处,如今看到春天被繁忙的都市生活、媒体中的商业主义以及内战的消息所撕裂,《无线电绞死了春天》《逻辑病者的春天》《致雾城友人》《我在这城市中行走》都反映出诗人越是感到城市的敌意和威胁,越是隐退到内心世界中,怀疑外部世界的不可知性。参见 Ping-kwan Leung, *Aesthetics of Opposition: A Study of the Modernist Generation of Chinese Poets*, 1936—1949, Ph. D dissertation, University of California at San Diego, 1984, p. 109.

> 音乐、音乐，假若那也算音乐
> 那尖嗓子带着一百度颤抖　拥抱着窒息的都市
> 在邪恶地笑
> 躲到一条又长又僻静的街上
> 黄昏，我这才找到你温柔的手
> 紧握住我的，像个老朋友
> 我在迷惘中猛然一回头于是你给我讲一些
> 顶古老顶古老的故事
> 这些故事早已在我的记忆中发黄
> 黄得就像你的脸——
> 那还有一抹夕照的遥远的天边。①

　　派克认为，波德莱尔擅把大众与孤独、众多与单一进行反语义对比，伴随诗行的进展，二者汇流合一。作为一个诗人，波德莱尔认为个人为了创作，必然孤立于集体，但是透过他的想象力和他的诗，他可以加入这个集体②。这一美学理念应对陈敬容有一定启悟。在这首诗中，第一人称叙述者把黄昏视为知心朋友，向它喃喃低诉个人的都市感兴。整首诗由大段内心独白构成，一种亲切随意的语调缭绕其间。修辞手段琳琅满目：奇喻（人如被贴在黄昏身上的剪影）、对仗（白天与黑夜的轮替）、拟人化（发呆的屋脊）、通感（五彩的清醒）、复沓（音乐一词重复三次）、思想知觉化（故事如发黄的脸）。霓虹灯与噪音冲击着诗人脆弱的神经，都市恍若一个面目狰狞的恶魔，个人唯有逃到僻巷里才得解脱。现

---

① 见上海《联合晚报·诗歌与音乐》（1946 年 10 月 20 日），收入《九叶集》，第 48—50 页。
② 详细分析请见 Burton Pike, *The Image of the City in Modern Literature*, Princeton, N. J.: Princeton University Press, 1981, p. 26.

代性(modernity)与魔怪性(monstrosity)的辩证,都市(urban)与再现都市(representation)的两难,在此昭然若揭,呼之欲出。接下去,诗人以乡土故园的追忆反衬都市予人的挫败感,进而从狭隘的个人经验抽身,上升为对于全人类的大悲大悯和感同身受。当然,陈敬容的都市镜像仅是一个特定时空背景下的国族隐喻,而非普遍主义的历史情境中的人类意识,这就与波德莱尔、艾略特等西方典范拉开了不小的距离。不仅此也。她擅从乡土/都市的二元论出发,以政治讽喻与道德谴责的激进姿态铭刻都市图像,无力发展出复杂深邃的视角以探勘现代都市与生命即景间的错综关系。耐人寻思的是,此类诗篇止步于陈敬容、杭约赫、唐祈、欧外鸥诸子[①],并为后世诗人的再思都市现代性提供洞见与不见。四十年后,台湾诗人林耀德、罗门、陈克华、朱文明继之而起,把都市诗推进到后现代主义的高度,不遑多让,尤为可观。

把陈氏有关都市的沉重的独语完全归因于波德莱尔的浸染,不免有抽刀断水之虞。陈敬容自身的人生挫败与横逆,或可提供一些有用的讯息。陈氏命途多舛,辗转流徙,在艰难凶险的环境里坚持诗创作。年仅十六,个性叛逆的她即背井离乡,闯荡北平。抗战军兴,她自京返蜀,随后流寓甘肃,生活愈加艰辛。反复遇人不淑的经历,使她倍感生命的荒凉残酷[②]。抗战胜利

[①] 参看张松建:《一九四零年代中国的都市诗:历史、美学与文化政治》,香港岭南大学东亚文化与中文文学国际学术研讨会(2005年11月24—26日)论文,收入《东亚现代中文文学国际学报》之香港号(岭南大学与明报出版社联合出版,2006年2月)。

[②] 30年代中期,陈敬容与同乡中学教师、毕业于清华大学的诗人曹葆华有一段师生恋;抗战初期,她在故乡四川结识回族诗人沙蕾,二人远赴甘肃生活数年并且育有两女;40年代后期,陈敬容与上海地下党文委委员蒋天佐结婚。参看沙灵娜:《怀念妈妈》,载《诗探索》2000年第1—2辑(天津:天津社会科学院出版社,2000年7月),第161—166页。

后,我们的女诗人流落上海,文学志业遭遇左派批评家的无情打压。准此,不难看出陈敬容的症结何在:知识女性陷身于男性中心社会的郁愤与无奈;国家灾难与个人创伤的纠合一处;来自乡土社会的移民作家面对都市怪兽时的时空错置之感;诗人在斡旋异域诗学与本土经验时的两难。凡此种种,交互错综,使得漫游于都市中的诗人发出的沉重感喟,几有不能已于言者。因此,吾人不难想象,陈敬容投射于都市图像上的焦虑与凄惶,自然与波德莱尔形成颉颃对话的关系。我们尤记得,波德莱尔睥睨都市的目光充满暧昧与吊诡:城市吸引他,他自己也明白对其诗歌而言,城市是重要的甚至是本质意义上的,至少部分上为他的诗提供了非凡的敏感的源泉。但是,城市也排斥他。他经常感到而且厌恶城里人的日复一日的空虚。偶尔,他甚或把它当作一种惩罚,一种社会生活的形式,由残酷的、可鄙的神灵毫无理由地强加于受苦的人类身上。① 但陈敬容缺乏此种暧昧吊诡的态度。在她那里,被祛魅的都市无意成为灵感的源泉,而永远以负面的、消极的形象出现。不仅如此,陈诗在苦闷抑郁的声音之外,每每有激越昂扬的调子浮现。譬如,《寄雾城友人》慨叹闹市的寂寞和荒塞的凄凉同样沉重②,结尾出现了雨后的天空高朗而辽阔。《从灰尘中望出去》写出污浊的都市环境给人的心理压抑感:一切在厚重的尘灰下蜷伏,最后意外地产生了一角蓝天。③《黄昏,我在你的边上》在展演都市的残酷本相之后,终以黎明和红艳艳的太阳收尾。《冬日黄昏桥上》同样带有乐观主义的尾巴:黑夜将要揭露这世界的真面目。

---

① 亦可见 Reinhard H. Thum, *The City*: *Baudelaire*, *Rimbaud*, *Verhaeren*, pp. 20—21.
② 参看陈敬容《交响集》,第 58 页。
③ 发表于上海《文汇报·笔会》第 114 期(1946 年 12 月 7 日)。

众所周知,滥觞于波德莱尔的美学现代性观念,嘲笑对历史理性和人类进步的乐观信仰,而以天启、无政府主义和自我流放为归宿。饶富意味的是,1940年代的中国诗人陈敬容,却对流行的政治乌托邦充满不倦的热情,她以一己之才情斡旋波德莱尔诗学,结果是一种中国式的现代主义的浮现。

王道乾:死亡诗学与憎女症

在二十世纪30—40年代的中国诗坛,私淑波德莱尔者,除却陈敬容和汪铭竹,另有王道乾。王是浙江绍兴人,1945年毕业于昆明中法大学法文系,1947年赴法国留学,在索邦大学攻读法国文学,1949年10月回国。王氏就读于大学时,醉心于波德莱尔诗文。时为西南联大学生的汪曾祺回忆说:"我和王道乾同住一屋。他当时正在读兰波的诗,写波特莱尔式的小散文,用粉笔到处画普希金的侧面头像,把宝珠梨切成小块用线穿成一串喂养果蝇。"①王道乾吸取波德莱尔诗学的注册商标:丑怪事物入诗、鲜明色泽感、异国情调、魔幻联想。尤有甚者,王氏营造阴森颓靡的诗境,把波德莱尔的语言暴力、死亡想象及前此未见的憎女情结,发挥到让人瞠乎其后的极致。笔锋尽处,不仅拓展了现代汉诗的想象空间,亦唤出文化史家的绝大兴趣。盘点一部现代汉诗史,如此拳拳服膺于死亡旨趣者,大概唯有李金发、于赓虞、曹葆华、洛夫、芒克、杨炼等寥寥数子。王道乾呼应前贤,启悟后世,无意中构成死亡诗学谱系上的过渡环节。② 王氏

---

① 汪曾祺:《觅我游踪五十年》,见《汪曾祺散文随笔选集》,沈阳:沈阳出版社,1993年,第108页。
② 笔者的长篇论文《诗魔崛起:论现代汉诗中的幻魅想象,1917—2000》对此有翔实的论述。

被新诗研究者一致忽略,以下篇幅将不避繁琐,冀能窥其巧思与才情的所在。

雕塑家熊秉明与王氏同在1947年赴法留学。谈及两人的交谊,熊秉明有生动的描述:

> 在赴法的四十名同学中,有一位特别引起我的注意。他的面貌像一幅油画肖像,画中色调低暗;氛围浓郁,两眼很黑,眼光和平而诚挚,静静地停滞在难测的遐思中,很接近草食动物的神情。头发眉睫也很黑、很浓、很密。动作缓慢,说话的声调有些低哑。笑的时候,无论从面肌的表情说,从声带的振荡说,都不是一种轻松爽朗的笑;似乎有些吃力,笑意来得很遥远。在扰扰攘攘中,他好像比别人慢半拍,低半音,居住在另一个坐标系统,他在画中,从画的那边看过来,似一个局外人。而外边的一切,摄入画内;好像受到细细反刍,滋味都被嚼出来,甜的更甜,苦涩的更苦涩。小提琴拉出来;带有大提琴的音色。①

在写给熊秉明的一封信中,王道乾以敦诚敬谨的言辞,夫子自道,发皇心曲:

> 唉,我,天生用感觉多于理智,我为一种新的要求,我只把我做成一个精敏的兽,静静地卧在世界最后的夕暮,像一架具有真空管及锐敏线圈的兽,感觉宇宙的存在,咀嚼那个时升脱时低沉,以及社会生活各种感应的 ego,呵,我的好

---

① 熊秉明:《我所认识的王道乾》,见《散文与人》,天津:百花文艺出版社,1994年。

心肠的朋友,这就是我的全部。我的畏却的生活,我的无时不在加意隐蔽的内在,这就是我,我今日泄露于你,作为你的最好友情的顶礼!(1948年2月26日)①

难测的遐思、感觉多于理智、畏却生活、无时不在加意隐蔽的内在,这些有关王道乾个性的描述,于《圣奥古斯丁在花园里》中得到印证。此诗述说古罗马神学家圣奥古斯丁(Aurelius Augstinus,354—430)的灵肉挣扎的故事。奥氏出生在北非小城塔迦斯特,少时家境不坏,天资聪颖,但他经常四下游荡,荒废学业。后来游学迦太基,钻研雄辩术(修辞学),颖然秀出,沾沾自喜。因为当时社会上纵欲之风甚炽,肉欲的力量开始主宰奥古斯丁的心灵,又与他寻求真理的心志成为两股相争不已的力量。公元386年,在意大利米兰的一座花园里,他为自己的耽溺情色、难以振拔而痛苦不已,终受神明感召而诵读《圣经》,遂皈依天主,一偿所愿。大可玩味的是,此诗并非复述这一著名的历史掌故,而是刻画奥氏归宗后的内心挣扎,迹近吴兴华、沈宝基、杨牧、钟玲、《风灯》诸诗人的古事新诠。② 修辞学、玫瑰花、蝴蝶,三个可以互换的意象,隐喻尘世浮华与欲望征逐。与此对照的是,身着教士黑袍的奥古斯丁面对感性事物的诱惑,空虚茫然。抒情主体呼吁他翻阅《圣经》以求安慰,但他终显疲弱的本相,落荒而逃:

  (太阳倾注所有节日的快乐在这偶然的花园,
   时时都在演变时时归原有,这必然的花园。)

---

① 熊秉明:《我所认识的王道乾》,前揭。
② 参看张松建:《新传统的奠基石:吴兴华、新诗、另类现代性》,载台北《中外文学》第33卷第7期(2004年12月),第167—190页。

啊,奥古斯丁,他跑了!啊!软弱的奥古斯丁!
他的黑袍落在花上,修辞学至高的一笔!①

黑袍落在玫瑰花上,暗示宗教的戒律敌不过美的诱惑。前文已指出,神魔交锋、肉身受难,构成波德莱尔之人生与艺术的互动。王道乾在此重拾奥古斯丁的旧事,不为发思古之幽情,而借古人之酒杯,浇自家胸中的块垒。纵使如此,波德莱尔的影响依然有迹可循。

王诗的死亡想象占据更大篇幅。譬如,《人体展览》正仿波德莱尔的颓废杰作《腐尸》②,以冷静残酷而又犬儒玩世的姿态,像外科医生一样,细查一具僵尸的各个器官之颜色、形状,以及作者由此产生的奇特而病态的联想:

人提取一切可笑之点挺尸忘形。
各种肌肉如一束束麻线变褐黄;
头骨到耻骨坚硬如这死人的固持;
眼轮面肌笑肌吝啬的拉紧;
颧骨凸出构成愤懑的面型。
体内呈现瑰奇色彩,
大肠小肠千回百转悱恻缠绵,
腹腔中胃肝胆脏脾膀胱,浮物之
惆怅,爱欲的厨房,享乐的致命伤,
痛苦欢乐,样样配给。③

---

① 北平《新路周刊》第 1 卷第 12 期(1948 年 7 月),第 17 页。
② David Weir, Preface, in his *Decadence and the Making of Modernisms*, pp. xi–xx.
③ 北平《平明日报·星期艺文》第 73 期(1948 年 9 月 12 日)。

丑怪阴森的视觉意象弥漫字里行间,而那种生命无常的颓废幻灭感,仍可清楚感受得到。

表现死亡迷思的诗篇不在少数。《睡倒在水边》描写一具横卧水池里的男尸,以细致繁复的句子刻画死者的神情姿势,悬揣其生前的种种故事。作者把死亡当作一件精致的艺术品进行玩味,既没有萦注人道主义的关怀,也缺乏生死问题的形而上思考,他对这些外在的东西毫无兴趣,而是注意死亡本身的直接呈现①。《裘》从女人肩头的一件皮裘生发重重联想,宿命的记忆像鬼魅般四下流窜,死亡竟成为华丽的魅惑盘桓字里行间,其构思与命意与前诗并无二致②。死亡阴影、丑怪意象与狞厉之美,复现于《送葬》《火山》《日常生活》等诗篇中③。《危险的花卉》写战争状态下的暴力想象与生命即景:

> 人的皮肤下隐伏危机与动乱……
> 危险的口吹起气球要爆炸。
> 美妇人脸上隐藏着刀,
> 嘴里是恶毒,臂与腿裸欲裂的血肉。
> 人的皮肿胀:人与人在街上
> 比肩走,挺直,面孔不安又危险;
> 眼观自己的事,头计算自己的命运;
> 不讲话,口含过多或过大的舌。
> 祇有一件事祇有相同的命运。
> 人这样的体腔包在一张薄皮里
> 终于爆炸:那一天,人人血肉模糊,

---

① 北平《平明日报·星期艺文》第81期(1948年11月8日)。
② 北平《平明日报·风雨》第335期(1948年11月2日)。
③ 北平《平明日报·星期艺文》第80期(1948年10月31日)。

> 走在街上如行走的满开红花的植物。
> 摩肩擦踵,肉体绷紧,走在街上;
> 美丽的女人姣好的幼童像发起的面团,
> 危险的沉默。饥寒死亡抢掠诈骗和
> 战争充实无常的人体,经验爱与恨。①

全诗充斥着丑怪恐怖的意象:欲裂的血肉,肿胀的皮肤,血肉模糊的死尸,像发酵的面团的身体。一具具无常的人体,机械地在空间里移动,转眼走向死亡,似乎已是命定的劫数。生命犹如一株危险的花卉,随时有毁灭之虞,暴力想象与幽暗意识因此成为本诗的最大特色。虽然战争阴影在诗尾一闪而过,但没有我们习见的感时忧国之音,仅仅作为模糊的背景点缀而已。五四以来,大写的人被升华为雄浑的历史符号(the sublime figure of history)②,与启蒙、进步、理性、人道主义等宏大观念相联系,成为召唤国魂、凝聚国体的有效手段。王道乾笔下的人却被褫夺了浪漫崇高的油彩而加以重新定义,不仅被剥离了人本主义哲学上的含义,也不复有七情六欲和思想情感,堕落为生物医学上的被解剖的对象。此种人类学视野在文革后的小说家那里(譬如余华、残雪、莫言),有异军突起之势,而且如今已觉不新鲜,但它居然于40年代的中国诗坛猝然出现,不免给人以时空错置之感。无论如何,王道乾企图从一个场景勾勒出过去一个世纪以来,历史暴力如何以不同的方式肆虐中国,是类题材,应予从长计议。

---

① 天津《益世报·文学周刊》第60期(1947年10月4日)。
② 借用旅美学者王斑的概念,参看 Ban Wang, *The Sublime Figure of History: Aesthetics and Politics in Twentieth-Century China*, Stanford, Calif.: Stanford University Press,1997.

《贫穷与美》和《寡妇之家》[60]赓续波德莱尔的那些观察都市畸零人的传统。金雨的典故出自古希腊神话,但作者消解原故事的浪漫色彩而谑仿地使用。贫穷女人的伧俗打扮掩饰不住美丽与尊严,虽则这风姿被神灵与世人所嘲笑。这里说的是从残酷的真实中发掘诗意。贫穷与美的结合显出奇异,诗人不以细致描摹外貌为重点,而着力表现观察者的悬疑、猜测、同情的内心活动,让人想起波德莱尔的《街头老艺人》《穷人的眼睛》《寡妇们》。

王氏笔下的女性,绝少与美丽、善良、温柔等品性结缘而是相貌丑怪,人性缺乏,常与死亡大限不期而遇。甚至可说,王的文学世界充满畸形人,憎女症(misogyny)与恋尸癖(necrophilia)交互缠绕,蔚成奇观。例如《一尊坐着的女神》:

> 女人突然穿起绿袍,海底阴郁的植物。
> 海腐烂。她体腔是一只白瓷瓶,
> 用作巴斯德医师一件生命的污秽的实验。
> 如此具体安坐可算的玄虚与残灭的证据!
> 这是我们的女人,千面的女人,我们的典范。
> 老祖母颓败直座,用手骨敲人脑浆迸裂!
> 定而不移的枯坐,一具木乃伊,
> 一尊腐烂恶臭生虫的女神,形而上的女神![①]

衣服的绿色让人联想到海底的不见天日的惨绿植物,随即又臆测海之颜色是由于植物腐烂所致。人体被物质化为一只没有生命力的实验器材,证明巴斯德医生关于生命污秽的实验。接下去的语言更充满暴力色彩与恐怖想象。形而上的女神枯坐如

---

① 北平《平明日报·星期艺文》第 67 期(1948 年 8 月 1 日)。

木乃伊,坐姿的庄严与肉体的污秽奇特汇合。此美学理念来自波德莱尔。《造型的犹豫》的女人是巨目青皮,长着一双淫乱的大红手①。《荒谬的岛》有惊人的幻魅想象和志异论述,荒谬的岛被比作谷中的钢琴,由一长臂巨目的女人所弹奏,这个女人是一个男人的化身,"她的额湾像一片无人的海滩"②。王道乾是一个道地的恋尸癖者。《棺中美人》呼应前此的《人体展览》《睡倒在水边》《裘》《危险的花卉》,径自把女性之死亡当作一件艺术品的完成,在恐怖之美的描绘中有爱与美的智性抒情。他写道:

> 必须置放棺材在棺材的领域内,
> 始无碎损完美之虞。美人睡在棺中,
> 才完成灵魂的漩涡,形式与死的奥秘。
> 这具美艳的死尸做成他紧卧的企望。
> 站立伤害多少形体。悬棺于石穴,
> 魔术最繁复的一种哀伤,最后的笼子③。

此种死亡诗学足令感时忧国的批评家跌破眼镜。

尤为可观者,王道乾对女性角色及角度的运用,已然形成性别错位的奇观,不但探触两性关系史上的图腾与禁忌,也令女性主义文评家倒尽胃口。《危险的花卉》的美妇人脸上隐藏着刀,/嘴里是恶毒,美丽的女人像发起的面团,流露出波德莱尔式的憎女症④。

---

① 天津《益世报·文学周刊》第60期(1947年10月4日)。
② 北平《平明日报·星期艺文》第67期(1948年8月1日)。
③ 同上。
④ David Weir, Preface, in his *Decadence and the Making of Modernisms*, pp. xiv—xv; for a thorough treatment, see Lu Tonglin, *Misogyny, Cultural Nihilism & Oppositional Politics: Contemporary Chinese Experimental Fiction*, Stanford, Calif.: Stanford University Press, 1995.

《夏日海滨》[①]描写夏日海滨上的一群进行日光浴的女人。在第二节,诗人以雌兽来暗喻女性,不禁让人联想到河边喘气的蜥蜴。第三节,径直以庞大多变的东西称呼女性,这活现出波德莱尔的憎女情结。众所周知,波德莱尔对女性经常抱着敌视、轻蔑、挖苦的态度:《腐尸》从腐败的狗尸想到美女也有同样龌龊的下场;《野女人还是小娇娘》挖苦女性的多愁善感和喋喋不休;《汤和云》嘲笑女性缺乏艺术品位;《纯种马》和《献媚的射手》甚至模拟对于女性的施暴和杀戮。

毫无疑问,憎女症作为一种病态心理不仅可能是个人的创伤记忆和性取向所导致,而且与文化思潮、宗教禁忌、政治潜意识等社会议题相攸关,露骨显示了以男性为中心的心理意念之傲慢与偏见、怯懦与霸权。王道乾是否在当时有一段不足为外人道的情场痛史,由于缺乏文献资料的支持,我们不得而知。但是,憎女症在王氏作品中既然如此大宗,势必引领我们再思新诗中的另类主题。

结　语

面对波德莱尔诗学,中国诗人各取所需,各显所能。陈敬容铭刻的都会风情画缺乏波德莱尔的暧昧与矛盾,而显出平面化、单向度的特点。感时忧国精神的渗透,致使其美学现代性显出奇特面目。汪铭竹以淫猥狎昵的笔触,渲染感官声色之娱,个中透露出沉哀与苦闷的消息,但他的颓废分明缺乏波德莱尔的哲学深度。王道乾的诗,展演暴力奇观与死亡想象,他从生物学的角度定义人类,其中夹杂着浓郁的异国情调以及难以索解的憎

---

① 　北平《新路周刊》第1卷第12期(1948年7月),第17页。

女症的阴影,这与五四以来的人文主义思想传统背道而驰,尤足耐人寻味。与20年代的波德莱尔热相比,40年代的中国诗人出于影响的焦虑,力行创造的转化,师承有自,各擅胜场,为中西诗学间的对话再掀新页,而历史流变的痕迹亦于其中得以彰显。

书写波特莱尔与戴望舒的一种思考

欧嘉丽[①]

诗人恰似天云之间的王君，	无数的眼睛渐渐模糊，昏黑，
它出入风波间又笑傲弓弩手；	什么东西压到轻绡的翅上，
一旦坠落在尘世，笑骂尽由人，	身子象木叶一般地轻，
它巨人般的翼翅妨碍它行走。	载在巨鸟的翎翮上吗？
（波特莱尔《信天翁》）[②]	（戴望舒《秋蝇》）[③]

[①] 欧嘉丽，毕业于台湾师范大学、巴黎索邦大学（Paris IV），巴黎第八大学法国现代文学系硕士，法国国立东方语言文化学院文学硕士及博士（INALCO, Paris）。博士论文 *Hong Kong 1927—1937：Enquête sur la naissance d'une littérature moderne* 获法国国立东方语言文化学院 2011 年度最优秀论文奖。曾为法国现代中国研究中心（CEFC）副研究员、香港法国文化协会法语教师，亦曾于香港岭南大学及香港理工大学任教。现于香港浸会大学电影学院教授文学及电影等课程。出版 Marguerite Duras 小说 *La Maladie de la mort*（《死亡之病》）译作、林徽因及梁秉钧等诗歌翻译作品。合译作品《嫁妆一牛车》（王祯和）与《牛车》（吕赫若）收录于台湾短篇小说翻译集 *Le Petit Bourg aux papayers* 与 *Le Cheval à trois jambes*（Angel Pino、Isabelle Rabut 编纂，巴黎，2016）。2010、2017 及 2020 年获香港话剧团邀请翻译法国当代著名剧作家作品：Yasmina Reza 的 *Le Dieu du carnage*（话剧团演出时译为《豆泥战争》）、Florian Zeller 的 *Le Père*（《父亲》）及 Pascal Rambert 的 *Sœurs*（《姐妹》）。

[②] 戴望舒译，见王文彬、金石（主编）：《戴望舒全集·诗歌卷》，北京：中国青年出版社，1999，第 611 页。该段原诗为：«Le Poète est semblable au prince des nuées, Qui hante la tempête et se rit de l'archer; Exilé sur le sol au milieu des huées, Ses ailes de géant l'empêchent de marcher.»

[③] 同上，第 105 页。

波特莱尔（Charles Baudelaire，1821—1867）的《信天翁》（*L'Albatros*①）与戴望舒（1905—1950）的《秋蝇》，来自两个不同世纪、中法两种截然不同的文化，然而两诗的意象与涵义却巧妙地相似。波特莱尔"巨人般的翼翅"（« ses ailes de géant »）与戴望舒的"巨鸟的翎翮"，前者"坠落在尘世"（« Exilés sur le sol au milieu des huées »），后者却有"什么东西压到轻绡的翅上"；"信天翁"的"巨大"妨碍行走、笑骂由人，而"秋蝇"的"轻绡"，虽然微小，"翼翅"也同样是沉重的，同样无法"出入风波间"，只能如木叶一般地轻轻飘落。两首诗歌不期然地彼此应和着的，是两位现代诗人在尘世间被压抑着无法振翮高飞的郁结诗情，而穿透文字遨游在东西方山水之间的意向，是法、中诗人翱翔在创作梦乡的欲望。

戴望舒与波特莱尔

戴望舒与波特莱尔的"相遇"与"相知"，最早可追溯到1925年夏天他到上海震旦大学②法语特别班读法文的时候。诗人偷偷阅读特别班法国神父禁止的法国象征派诗歌，不但在"神父的课堂里读拉马丁、缪塞"，也在"枕头底下却埋藏着魏尔伦和波特莱尔"③。作为戴望舒最亲密的朋友，施蛰存指出戴望舒在震旦大学时期"还译过一些法国象

---

① Charles Baudelaire, *Œuvres complètes de Baudelaire*, Y. G. Le Dantec(éd), Claude Pichois(Introduction), Belgique: Gallimard, coll. La Péiade, 1961, pp. 9—10.
② 施蛰存:《震旦二年》,《新文学史料》,1984年11月22日,第4期（总25期）,第51页。
③ 施蛰存:《戴望舒译诗集序》,《戴望舒译诗集》,长沙:湖南人民出版社,1983,第2页。

征派的诗"①。戴望舒与波特莱尔的年寿相若,他们之间的神交,长达四分之一个世纪之久,甚至占据了"雨巷诗人"②超过一半的早逝生命。戴望舒曾在二战期间于香港报章发表波特莱尔译诗,1947年更在上海出版收录24首波特莱尔诗歌③的译诗集《〈恶之华〉掇英》,成为同期出版波特莱尔译诗最多的作家。波特莱尔的诗歌,是戴望舒生命、翻译和创作晚期的重要精神力量。因此,戴望舒的译作、诗作与波特莱尔诗歌的关系,无疑是研究戴望舒诗歌的重点之一,更是研究波特莱尔诗歌在中国传播的要素。

在1990年5月26日《诗人身后事》一文中,施蛰存(1905—2003)称戴望舒去世40年来自己不曾写过一篇回忆戴望舒的文章,但却为诗人经营编集和出版作品的后事④。施蛰存观察到上世纪80年代是戴望舒及其诗在中国大陆上的复活年,有关文章散见各地报刊,1986年更到达谈论诗人及其诗歌的高潮,但可惜一般都是"平反冤案"性质的文章,"深入的评论和研究并不多"⑤。80年代文章所针对的,主要是戴望舒的爱国情操、其诗的真实情感和中西诗歌元素,尤其着重戴诗与法国象征派诗歌的关系。深入挖掘戴望舒翻译波特莱尔诗歌与其创作关系的分析与研究确实不多,然而也有独特的书写

---

① 施蛰存:《戴望舒译诗集序》,第2页。
② 《雨巷》初刊于上海《小说月报》第19卷第8号(1928年8月),当时的编辑叶圣陶称赞《雨巷》"替新诗的音节开了一个新纪元",戴望舒从此被誉为"雨巷诗人"。
③ 波特莱尔诗歌 Chant d'automne(戴望舒翻译为《秋歌》)分 I 及 II 两节,有学者认为可计为两诗,所以有25首译诗之说。
④ "作为望舒的最亲密的朋友,我没有写过一篇回忆他的文章。"施蛰存:《诗人身后事》,《戴望舒逝世三十五周年纪念特辑》,《香港文学》1985年第2期,第5页。
⑤ 施蛰存:《诗人身后事》,《戴望舒逝世三十五周年纪念特辑》,第10页。

角度和见解。

阙国虬在1982年书写的《试论戴望舒诗歌的外来影响与独创性》中,认为"戴望舒作为一个正直的、有一定革命要求的小资产阶级知识分子,从最初微弱的个性解放的要求开始……,最后在民族民主革命的炼狱中,终于选择了一个爱国诗人的合理归宿",①阙国虬的评论用语及思考,反映出当时普遍地以社会阶级、个人情感及民族性对立等偏向思维去评论戴望舒的诗作。阙国虬提出"戴望舒所受的法国浪漫派影响,这个问题为人们所往往忽视",以及"戴望舒诗歌所受的外来影响并不止法国浪漫派,象征派两家",还有"国际无产阶级文学运动和苏联文学的影响"②等开放见解,显然是针对戴望舒曾翻译法国浪漫派、象征派诗歌,以及苏联文学的事实而言。阙国虬肯定来自不同文化的戴望舒译诗与戴望舒诗歌创作有密切关系的想法,令此文有别于一般研究,对思考戴望舒诗歌创作、译作与波特莱尔诗歌的关系,亦具延伸性的启发作用:除了要关注波特莱尔诗歌的现代性特质对戴望舒译作与诗作的影响外,还必须同时注意波特莱尔诗歌兼备浪漫主义及象征主义诗歌的成分或会同时影响戴望舒的诗歌创作。

研究的复杂性

兼备诗人与翻译家身份的王佐良(1916—1995),对戴望舒译诗与写诗之间的关系分析独到,他认为"只有诗人才能把诗译好",

---

① 阙国虬:《尝论戴望舒诗歌的外来影响与独创性》,《戴望舒:中国现代作家选集》(施蛰存、应国靖编),香港/北京:三联书店/人民文学出版社,1987,第238页。
② 同上,第246页。

"诗人译诗,也有益于他自己的创作(……)因为译诗是一种双向交流,译者既把自己写诗经验用于译诗,又从译诗中得到启发"[1],更指出"戴望舒的译文并不是一味顺溜、平滑的,而是常有一点苦涩味,一点曲折和复杂,而这又是波特莱尔的精神品质的特点(……)戴望舒看出波特莱尔最吸引人的地方在于若干似乎相对抗的品质的结合,例如古典主义与现代主义的结合"[2]。王佐良摘取了戴望舒诗作《忧郁》中间三段,分析出诗歌的气氛、用词、形象,以及那声叫喊"去吧"的口气"很波特莱尔,几乎可以乱真"[3]。

> 心头的春花已不更开,
> 幽黑的烦忧已到我欢乐之梦中来。
>
> 我的唇已枯,我的眼已枯,
> 我呼吸着火焰,我听见幽灵低诉。
>
> 去吧,欺人的美梦,欺人的幻像,
> 天上的花枝,世人安能痴想!

戴望舒诗作《忧郁》的原题为 *Spleen*。戴望舒的 *Spleen* 与《雨巷》一同刊登在1928年8月《小说月报》第十九卷第八号,前者于1937年收入《望舒诗稿》时才译为《忧郁》。"Spleen"是十九世纪英、德浪漫派诗歌喜用的英语词汇和诗情,1857年出版的 *Les Fleurs du mal*[4](恶之华)内"Spleen et Idéal"(忧郁与理

---

[1] 王佐良:《译诗与写诗之间》,《戴望舒逝世三十五周年纪念特辑》,第23页。
[2] 同上,第20页。
[3] 同上,第22页。
[4] 见 Charles Baudelaire, *Œuvres complètes de Baudelaire*, pp. 68—71。

想)一节中,波特莱尔直接使用"Spleen"为四首法语诗歌的四个题目名称,戴望舒曾翻译了其中两首并称为《烦闷(一)》及《烦闷(二)》。波特莱尔诗歌的特质,使"Spleen"成为他签名式的"专属"用语。王佐良虽然没有提及 Spleen 为戴望舒诗歌《忧郁》的原有题目,但我们透过戴诗的"忧郁"用语与波特莱尔式用字"Spleen"的联系,加上对诗中"幽黑的烦忧"、"幽灵低诉"、"欢乐之梦"与"火焰"等用词的联想,波特莱尔式的"幽暗"与"欲望"跃然戴望舒的诗作上;至于"已厌看"、"已不更开",以及已到欢乐梦中的"幽黑"意象,也渲染了反向的气质,那一句"去吧",有一种对抗的洒脱,确实绘上了"被诅咒诗人"(« le poète maudit »)"云中君"(« le prince des nuées »)般高傲个性的色彩。

> 我颓唐地在挨度这迟迟的朝夕,
> 我是个疲倦的人儿,我等待着安息。

戴诗《忧郁》最后一段所选用的"颓唐"、"疲倦"与"等待安息"等用语,虽然没有波特莱尔式黑暗(les ténèbres)的亮度,但这种戴望舒的"灰",是烦忧暗淡的,是在"呼吸着火焰"的高昂喊叫"去吧"之后,一种燃烧过后沉降的低鸣,这种调子着实有几分波特莱尔的情韵,尤其令人想起被诅咒诗人四首 Spleen 里第二首诗歌结尾中,戴望舒译笔下"阴郁的心怀只向着落日的光辉清歌一快"的韵味:

Un vieux sphinx ignoré du monde insoucieux,	是老斯芬克斯,浮世不加关注,
Oublié sur la carte, et dont l'hu-	被遗忘在地图上——阴郁的

meur farouche	心怀
Ne chante qu'aux rayons du soleil qui se couche.	只向着落日的光辉清歌一快！

(《烦闷（一）》①戴望舒译)

  波特莱尔用«farouche»来形容长了翅膀的神兽斯芬克斯的凶残与高傲。融入最后一刻光线里燃烧至尽的，是斯芬克斯向死而生的浴火意志。斯芬克斯发出的，是一种被遗忘的悲鸣，被黑夜吞噬前的长啸，并不是"清歌一快"，而是被诅咒诗人与黑暗痛苦一同腐烂、与痛与"恶"(«mal»)同眠而反向地追求超越俗世的诗情。戴望舒把«l'humeur farouche»翻译为"阴郁的心怀"，他笔下的"阴郁"，失却了波特莱尔式撕裂暗黑与世俗的"兽性"，反而更偏向魏尔伦式阴晦沉郁的个人感伤，是雨巷诗人透过译诗来感怀身世的情感。继波特莱尔后，保尔·魏尔伦(Paul Verlaine, 1844—1896)其实也选用过"Spleen"这个英语字为法语诗题目，诗歌收入 1874 出版的诗集 *Romance sans paroles*②(《无词浪漫曲》)里。

Les roses étaient toutes rouges,	Around were all the rose red	我如今已厌看蔷薇色，
Et les lierres étaient tout noirs.	The ivy all around was black,	一任她娇红披满枝

---

① 《烦闷（一）》及《烦闷（二）》与原著四诗的编排次序不同，在未能查证戴望舒所用翻译版本(Éditions de Cluny, 1933)的篇目排序之前，只能猜想译名编号（一）及（二）只是方便编辑之用。

② Paul Verlaine, *Fêtes galantes Romance sans paroles* (précédé de *Poèmes saturniens*), Jacques Borel (éd), Paris: Poésie/Gallimard, 1973, p. 149.

Chère, pour peu que tu te bouges, Renaissent tous mes désespoirs.	Dear, so thou only move thine head, Shall all mine old despairs awake!	心头的春花已不更开, 幽黑的烦忧已到我欢乐之梦中来。
Paul Verlaine *Spleen*	Ernest Dowson *After Paul Verlaine* *III*:*Spleen*	戴望舒《忧郁》

  魏尔伦的 *Spleen* 共十二行分六段,戴望舒的《忧郁》则有五段共十行,对比两诗的首两段,可见戴望舒诗作中"娇红"的"蔷薇色"受魏尔伦诗首句《Les roses étaient toutes rouges》(昔日玫瑰艳红)启发,而"幽黑的烦忧",则可以令人联想到魏尔伦 *Spleen* 诗句中昔日不断生长的全黑色常春藤,以及欲动重生的忧郁与失落感。卞之琳曾说"《雨巷》读起来好像旧诗名句'丁香能结雨中愁'的现代白话版的扩充或者'稀释'"①,与《雨巷》同时出版的 *Spleen*,则让人同时读到中国化的魏尔伦式"烦忧"与"淡化"了的波特莱尔式"幽黑"与孤高。戴望舒曾在枕头底下"埋藏着魏尔伦和波特莱尔",深刻学习,令他在深厚的中国古典文化以外兼备魏尔伦的幽怨气质与波特莱尔的忧郁气度,因而形成了雨巷诗人融合东西方文化的独特气质。综观戴望舒的《忧郁》全诗,会发现戴望舒"很波特莱尔",同时也"很魏尔伦"。值得一提的,是戴望舒和杜衡(1907—

---

① 卞之琳:《望舒的诗——〈戴望舒诗集〉序》,《戴望舒诗集》,成都:四川人民出版社,1981,第5页。

1964)在 1927 至 1928 年间曾合译《道生诗集》①。被誉为十九世纪最具才华的英国作家之一的"颓废"诗人道生(Ernest Dowson,1867—1900)也曾用英语"再创造"②魏尔伦的 Spleen 为 After Paul Verlaine III, Spleen③。施蛰存曾指出"望舒译诗的过程,正是他创作诗的过程,译道生、魏尔伦的时候,正是写《雨巷》的时候"④,因此,戴望舒诗歌极有可能同时吸取法、英作品的精髓而创作。由此可见,戴望舒把从翻译不同风格诗歌而来的养分混合到自己的诗歌创作上,造成研究其诗作复杂性的同时,也创造了研究戴望舒不同时期的不同译作与诗作对比的趣味。波特莱尔诗歌对戴望舒诗作的影响,因而难以用单轨的纯粹角度思考。

早期西方观点

早期研究戴望舒作品的西方评论中,同样没有特别看重戴望舒与波特莱尔的"关系",以及翻译与创作之间的复杂性,研究内容除译介戴诗以外,大部分注重确定戴望舒诗作自徐志摩和闻一多诗歌以来开创中国诗歌新纪元的这一地位;西方研究同时偏向戴氏诗歌里中西方文学影响的对比,尤其偏重研究诗人作品里象征主义和现代主义诗歌的成分。曾在香港大学任教的

---

① 见王文彬、金石(主编):《道生诗集》,《戴望舒全集·诗歌卷》,第 188—219 页。
② 利大英用"reproduced"来形容道生翻译魏尔伦的诗作。见 Gregory Lee, «The Earliest Momories: The Poems of *Wo de jiyi* », *Dai Wangshu: The life and poetry of a Chinese modernist*, Hong Kong, The Chinese Universiy Press, 1989, p. 157.
③ 见 Mark Longaker (ed.), *Poems of Ernest Dowson*, Philadelphia: University of Pennsylvania Press, 1962, p. 115.
④ 施蛰存:《戴望舒译诗集序》,第 3 页。

英国学者利大英(Gregory Lee,1955—),1989年在香港出版第一本用英语书写的戴望舒评传及诗歌研究 *Dai Wangshu: The life and poetry of a Chinese modernist*①,被施蛰存认为是"外国学者研究中国现代派文学的第一本著作",并预言此书将会成为"中西比较文学的第一本奠基著作"②。利大英花了十年时间与戴望舒生前亲友通信的研究成果,除了翻译、分析与推介戴诗到西方的贡献,尤其丰富了戴望舒在欧洲生活时期的材料,成为研究戴望舒重要的英语著作。法国学者米修莱(Michelle Loi,1926—2002)其实比利大英更早研究中国现代诗人的作品,米修莱的博士论文 *Roseaux sur le mur: les poètes occidentalisés chinois*(1919—1949)③(《墙上芦苇》)主要研究1919—1949年受西方文学影响的中国诗人,1971年在巴黎出版。米修莱以《墙上芦苇》为雏形书写的 *Poètes chinois d'école française*(《法国派的中国诗人》)④则于1980年出版。《墙上芦苇》虽然不是研究戴望舒的专书,但米修莱却提出了一些诗人作品受法国诗歌影响的论证,虽然提及波特莱尔对戴望舒诗歌的某些影响,但更着重戴诗的中国古典学养,是研究戴望舒诗歌创作的法语重要材料,出版后更成为法国少量研究中国现代诗歌的重要著作。米修莱以法语翻译鲁迅作品闻名,她的戴望舒法语译诗着重翻译语言

---

① 对于诗人在香港时期政治及文学上的活动,利大英多引用香港学者卢玮銮的研究。见 Gregory Lee, *Dai Wangshu: The life and poetry of a Chinese modernist*, Hong Kong, The Chinese Universiy Press,1989.
② 施蛰存:《诗人身后事》,《戴望舒逝世三十五周年纪念特辑》,第10页。
③ 由戴望舒的法国学者朋友艾田蒲(Étiemble,1909—2002)提议论文题目,米修莱研究及书写。Michelle Loi, *Poètes chinois d'école française*, Paris: Librairie d'Amérique et d'Orient,1980.
④ Michelle Loi, *Poètes chinois d'école française*, Paris: Librairie d'Amérique et d'Orient,1980.

的文学性和诗意,可惜她的研究论点含政治观点,经常偏重左翼意见。①

沦陷小岛上的诗歌

书写戴望舒翻译波特莱尔诗歌与其诗歌创作关系的研究,千禧以后在学院(尤其是在硕士论文中)比较常见,然而能精通中法双语的分析却罕见。随着全球化发展的趋势,使用中法双语研究戴望舒翻译波特莱尔诗歌及其诗歌创作关系的文章,虽然不多,却是一种突破,令波特莱尔诗歌与戴望舒译作及其诗作关系的研究更深入、更丰富。大陆学者彭建华曾学习法语,在2013年出版的《现代中国作家与法国文学》②中洋洋洒洒地花了三百多页研究戴望舒的创作与法语文学翻译(第155—459页),更以二十三页篇幅书写《戴望舒对波特莱尔的诗歌翻译与批评》(第181—204页)。彭建华用比较诗学视角研究波特莱尔诗歌与戴望舒译诗,魄力宏大,除了找出一部分波特莱尔诗歌原文与戴望舒译文做对比,并同排列出自己的中译诗句来挖掘戴望舒的翻译用心,此外,更一反前人疏忽,提及1947年戴望舒在上海

---

① 梁秉钧(1949—2013)认为"可能来自政治的框框,也可能来自文化差异造成的误解",米修莱在《墙头草》中"仅强调中国新诗人受法国诗的影响,而忽略了他们本身中国文学的修养,以及对社会文化的反应"。见梁秉钧,《比较文学与中国现当代文学研究》,《梁秉钧卷》,香港:三联书店(香港)有限公司,1989年,第260页。其后,钱林森也认为米修莱有母语精湛的优势,比《墙头草》更着重史料挖掘的《法国派的中国诗人》中"因而有很多论据别人之未发,有相当的启发意义。相形之下,对于法国派诗人的'中国特点'则注意不够,即如何化法国滋养为中国血脉不足,但这并不影响《法国派的中国诗人》的总体价值。"见钱林森,《来自西方的盗火者——米歇尔·鲁阿(Michelle Loi)与中国》,《法国作家与中国》,福州:福建教育出版社,1995年,第657—658页。

② 彭建华:《现代中国作家与法国文学》,上海:上海三联书店,2013。

怀正文化社出版译作《〈恶之华〉掇英》之前,1943 年 5 月 20 日曾在香港《华侨日报·文艺周刊》首次刊载《波特莱尔诗抄》①。然而,1944 年 5 月 21 日在香港《华侨日报·文艺周刊》第 17 期出版的《鲍德莱尔诗抄》中 4 首译诗,是目前在香港能够寻获及阅读到的戴望舒所发表波特莱尔译诗的最早期资料,与彭建华在其著作中所提及资料略有不同。研究戴望舒与波特莱尔诗歌关系的目光,向来集中在译诗集《〈恶之华〉掇英》出版及其内容上。译诗集是戴望舒在 1947 年从香港回到上海居住时期,3 月期间由上海怀正文化社印行出版。在《〈恶之华〉掇英》之前,二次大战时期戴望舒居住香港期间,雨巷诗人在其主编的报刊文艺副刊上早已发表波特莱尔诗歌译作一事,是探讨戴望舒翻译波特莱尔诗作的态度及初心的重要事件,然而,却普遍地被研究者忽略。因此,挖掘并分析戴望舒在香港对波特莱尔诗歌的翻译与其诗歌创作的关系,除了可以丰富研究内容,若能以此联系戴望舒对波特莱尔诗歌翻译的整体意念,更会扩大研究范围与深度。

　　戴望舒在 1938 年 5 月中从上海到香港,1949 年 3 月带着重病返回北方,认为回去北京"就是死,也死得光荣一点"②。戴望舒留港超过十年期间,1938 年 8 月 1 日创办香港《星岛日报》副刊《星座》,负责主编工作;香港沦陷期间,诗人也曾负责《华侨日报》副刊《文艺周刊》、《香港日报》副刊《香港艺文》以及《香岛日报》副刊《日曜文艺》等编辑及书写工作,戴望舒因此曾在香港不同文艺副刊刊载过不少文章、译作和诗作,正如施蛰存所说:

---

① 彭建华:《〈恶之花〉的新阐析和戴望舒的选择》,《现代中国作家与法国文学》,第 183 页。
② 灵凤:《忆望舒》,《悼念诗人戴望舒特刊》,《华侨日报·文艺周刊》第 127 期,1950 年 4 月 10 日。

"望舒在香港时的译作,大多数是报刊上发表的杂文,其中多数是介绍外国文学动态的。这些译文,都署笔名,因而无法知道哪些是出于望舒之手"①,研究戴望舒在香港时期翻译与创作的工作委实不易,对于香港以外的研究者更是难事,因此,香港学者卢玮銮在搜集香港沦陷时期戴望舒所出版的著作及译作事上②,贡献尤其大。此外,幸好诗人十分珍惜诗作和译作,喜爱使用戴望舒做笔名③来书写关于诗歌的作品,稍微帮助降低了研究诗人译作和诗作的难度。

诗歌翻译与创作之间

戴望舒曾在香港不同报章的文艺版担任主编,主要的工作是译介西方文学作品,尤其是西方诗作,其间也会书写关于俗文学的文章,以及刊登自己的诗作。施蛰存曾说"戴望舒译诗的过程,正是他创作诗的过程"④,而戴望舒认为"翻译可以说是诗的试金石,诗的泸箩"⑤,他译波特莱尔诗歌的主要目的,是要"试验"波特莱尔诗歌的"质地和精巧纯粹的形式"在转变成中文的时候"可以保存到怎样的程度"⑥,因此戴望舒选译作品的题材和翻译手法,毫无疑问在反映他的文学品味和文学思想以外,更

---

① 施蛰存:《诗人身后事》,《戴望舒逝世三十五周年纪念特辑》,第9页。
② 见卢玮銮:《戴望舒沦陷时期著作目录》及《戴望舒沦陷时期翻译目录》,《沦陷时期香港文学作品选——叶灵凤、戴望舒合集》(卢玮銮、郑树森主编,熊志琴编校),香港:天地图书有限公司,2013,第333—661页。
③ 戴望舒原名戴丞,字朝寀。
④ 施蛰存:《戴望舒译诗集序》,《戴望舒译诗集》,第3页。
⑤ 戴望舒:《诗论零扎》,香港《华侨日报·文艺周刊》,1944年2月6日,第2期。
⑥ 见戴望舒:《〈恶之华〉掇英译后记》,《戴望舒全集——诗歌卷》(王文彬、金石主编),北京:中国青年出版社,1999,第644—646页。

可以让我们窥视他翻译与创作诗歌的独特手法和思维。戴望舒精通法语，除了在日本侵华时期与二战期间着重翻译具抗争意味的西班牙语及俄文诗歌以外，他在创作晚年居港期间多集中翻译比较情感化及内化的法语诗歌。针对戴望舒在香港期间的文艺生活而编制的《戴望舒于 1944 至 1949 在香港生活期间所发表的诗作与诗歌翻译年表》①（附表），记录了自 1944 年 1 月起戴望舒与叶灵凤负责主编《华侨日报》副刊《文艺周刊》时开始刊载波特莱尔诗歌译作初期到戴望舒生命结束为止的日常文艺生活，当中更挖掘出大部分戴望舒所翻译法语诗作的原有题目，初探诗人写诗、译诗与翻译波特莱尔诗作的关系，以及方便日后使用中、法双语做对比研究。

诗人在《〈恶之华〉掇英》的《译者后记》中表示翻译波特莱尔诗歌的第二目的是"顺便让我国的读者"看到一点他们"听说了长久而见得很少的"②近代诗人的独特作品。作为副刊文化版编辑，戴望舒在香港翻译波特莱尔诗歌的初心不但在考量绘上中国文化色彩译作的"保真"与"保值"素质，同时还要面对如何开启读者文学视野的问题，因此，研究戴望舒在香港期间如何"选择"作品和如何"选择"措辞来做翻译、在报刊上展示什么作品等问题，相信比只看重戴望舒在翻译过程中如何过泸波特莱尔的"颓废"和"恶"更能全面地挖掘戴望舒翻译波特莱尔诗歌的意图和精神。戴望舒在香港《华侨日报》工作时期，曾于 1944 年

---

① 此表摘录自我在 Isabelle Rabut 教授指导下通过的法国国立东方语言文化学院 D. E. A. 学位论文中戴望舒晚年诗作及译作年表部分，经翻译成中文后再修改及补充资料而编制，见 AU Ka-lai, *En écrivant, en traduisant : La vie, la poésie et la traduction poétique de Dai Wangshu*, Paris: Institut National des Langues et Civilisations Orientales, déc. 2003.

② 见戴望舒：《〈恶之华〉掇英》（刘以鬯主编）"译者后记"，上海：怀正文化社，1947，第 97 页。

5月21日、1945年2月18日,以及1945年5月6日在其副刊《文艺周刊》上,分别以三个不同的总题名称,三次刊载共12首波特莱尔诗歌译作:

香港中央图书馆所收藏香港《华侨日报·文艺周刊》的菲林底片资料			原作名称
出版日期	出版报刊名称	诗歌译名及译者署名	
1944年5月21日	《华侨日报·文艺周刊》第17期	鲍德莱尔诗抄(戴望舒) 1.《应和》 2.《那赤心的女仆》 3.《秋歌》 4.《入定》	1. Correspondances 2. La Servante au grand cœur dont vous étiez jalouse 3. Chant d'automne 4. Recueillement
1945年2月18日	《华侨日报·文艺周刊》第55期	波特莱尔诗抄(戴望舒) 1.《信天翁》 2.《邀旅》 3.《枭鸟》 4.《赠你这几行诗》	1. L'Albatros 2. L'Invitation au voyage 3. Les Hiboux 4. Je te donne ces vers a fin que si mon nom
1945年5月6日	《华侨日报·文艺周刊》第66期	波特莱尔诗续抄(戴望舒) 1.《高举》 2.《人和海》 3.《黄昏的和谐》 4.《裂钟》	1. Élévation 2. L'Homme et la mer 3. Harmonie du soir 4. La Cloche fêlée

1945年5月21日戴望舒以"鲍德莱尔"为Baudelaire中文译名初次发表四首译诗,1945年2月18日把"鲍德"改为"波特"后,以《波特莱尔诗抄》为篇名再发表四首,同年5月6日则以《波特莱尔诗续抄》再展示另外四首。"波特"的广东话发音为"Bō-dahk",显然比"鲍德"(Baauh第6声-dāk)听起来更接近法语Baudelaire的发音,戴望舒改译名的原因,未尝不是要面对香港读者和广东话文化的问题。三次出版相隔的时间不一,但《波

特莱尔诗抄》和《波特莱尔诗续抄》之间刊登的时间比较接近,看来比出版《鲍德莱尔诗抄》更有关连和更有计划。

此外,香港《香岛日报》在1945年7月1日创办副刊《日曜文艺》,由戴望舒和叶灵凤负责主要编辑工作及供稿。1945年8月5日,戴望舒在《香岛日报·日曜文艺》第6期单独刊登了另一首《恶之华》诗集内的诗歌译作《音乐》(La Musique)。

透过附表《戴望舒于1944至1949年在香港生活期间所发表的诗作与诗歌翻译年表》,我们能看到戴望舒出版诗作和译作并没有一套固定的策略,能够让人观察到的是戴望舒的生活、创作与翻译息息相关,诗人通过诗作和译作来面对个人生活、面对社会与时代的情感。1944年1月30日《文艺周刊》第1期刊载了编辑序言《给读者》、叶灵凤的《少年维特之重读》及戴望舒的《致萤火》。《致萤火》是戴望舒旧作。1940年冬天,戴望舒第一任妻子穆丽娟与女儿返回上海并提出与诗人离婚要求,据王文彬说,戴望舒为挽回婚姻,曾往返上海劝说,失败后回港"服毒自殒……一度往返于生死之间"而在1941年6月底写诗,以"抒写他经历这场巨大痛苦后的人生感悟"[①]。

萤火,萤火,
你来照我。

照我,照这沾露的草,
照这泥土,照到你老。

---

① 见王文彬:《巨大死亡痛苦孕育的诗篇——戴望舒〈致萤火〉诠释兼与波特莱尔等比较》,《中西诗学交汇中的戴望舒》,合肥:安徽教育出版社,2003,第170页。

> 我躺在这里,让一颗芽
> 穿过我的躯体,我的心,
> 长成树,开花;
>
> 让一片青色的薛苔,
> 那么轻,那么轻,
> 把我全身遮盖,
>
> 像一双小手纤纤,
> 当往日我在昼眠,
> 把一条薄被
> 在我身上轻披。

王文彬认为"望舒没有为中外诗人赋予青苔这一意象的内涵所牢笼,既不同于中国传统诗歌的孤寂冷漠的色调,也不同于洛尔加的清新热烈的情致,而是在借鉴中另投手眼",又认为"让一片青色的薛苔"的意象描写,是在"表达诗人亲近、回归大自然,与大自然同体,对永恒的宁静和温馨的渴望"。戴望舒那"一片青色的薛苔"的意象,其实不像中国传统诗人用作暗示"自己的生存环境和心绪"[①]一般孤冷,《致萤火》的感悟,"入死"而"向生",戴望舒笔下所隐隐透出的,是"痛"入肺腑,因"痛"寄情、忘情却更生情的苍凉,也是"化作春泥更护花"的壮烈。这"花"这"树",由"腐烂"的"躯体"、由穿心的"痛"获得养分而不断地成长,是由我的"死亡"、我的哀伤萌发出的"生机"。不断生长的,是往日"我"被

---

① 见王文彬:《巨大死亡痛苦孕育的诗篇——戴望舒〈致萤火〉诠释兼与波特莱尔等比较》,前揭,第 175 页。

关怀、被轻盖薄被的温暖记忆，但如今此情不再，往日的薄被却成了"青色的藓苔"，成了把我全身遮盖的苦痛记忆。受法国诗人保尔·福尔（Paul Fort，1872—1960）诗歌 *J'ai des petites fleurs bleues*（《我有些小小的青花》）影响，"青色"是戴望舒年轻时期喜爱书写的色彩，是一种恋爱的温度："那朵簪在你发上的小小的青色的花，它是会使我想起你的温柔来的"（《路上的小语》）①。诗人无法挽回婚姻、经历"死亡"以后，从前"天青色的爱情"，现在却变成了一片无花朵也不制造种子而封闭地不断萌生的青色藓苔，一片轻轻覆盖腐朽身体的"殓布"。昔日纤细小手披薄被的温馨，往日被爱的幸福温度，成了今天开不了花但却不断增长的、对美好的怀念，一片阴冷的记忆。从前轻美的爱意与如今沉哀的缺爱忆念对比、往日幸福的昼眠与今天长躺黑夜对比、死亡的幽冷与昔日生活的温度对比，反差强烈，深刻地抒发诗人失爱的哀伤，以及等待光明来照耀生命的欲求。

> 我躺在这里
> 嘴嚼着太阳的香味；
> 在什么别的天地，
> 云雀在青空中高飞。
>
> 萤火，萤火，
> 给一缕细细的光线
> 够担得起记忆，
> 够把沉哀来吞咽！

---

① 1928年9月10日，戴望舒在上海《无轨列车》第1期刊载诗作《路上的小语》；1928年11月10日刊登译诗《我有些小小的青花》。

重复及重叠用词如"萤火"和"照",像呼唤,像哀求,更像"驱魔"咏唱词,是戴望舒借助创作诗歌的"火"来驱走哀痛,用文字生起"萤火",来"吞咽""沉哀"的悲凉记忆,来照亮悲痛的灵魂。诗人肉身"躺在"俗世的伤痛里,透过创作,在精神上"嘴嚼"重生的温度、享受灵魂被诗歌"照耀"的香气。这种"在什么别的天地,云雀在青空中高飞"的意象,从黑暗中找寻光明的意志,更像"借鉴"波特莱尔的《高举》来"另投手眼",用创作诗歌来逆向对抗灵魂的哀痛,就像波特莱尔一样,为了在"沉甸甸压住笼着雾霭"的人世上寻找幸福的思维,唯有举起健翅如云雀般背向黑暗,朝太阳的方向"高飞",唯有书写那如"花"的语言、那懂得"无言的万物"的诗歌,背弃那无边的"沉哀"、那沉重的"烦郁",才能自由自在地活在"别的天地"、翱翔在想象的长空上:

Derrière les ennuis et les vastes chagrins	那烦郁和无边的忧伤的沉重,
Qui chargent de leur poids l'existence brumeuse,	沉甸甸压住笼着雾霭的人世,
Heureux celui qui peut d'une aile vigoureuse	幸福的唯有能够高举起健翅,
S'élancer vers les champs lumineux et sereins;	从它们后面飞向明朗的天空。
Celui dont les pensers, comme des alouettes,	幸福的唯有思想如云雀悠闲,
Vers les ciels le matin prennent un libre essor,	在早晨冲到飞长空,没有挂碍,
-Qui plane sur la vie, et com-	——翱翔在人世之上,轻易地

> prend sans effort　　　　　　了解
> Le langage des fleurs et des　那花枝和无言的万物语言！
> choses muettes!
> 　（Baudelaire：*Élévation*①）　　　　（戴望舒译《高举》）

"高举"是波特莱尔诗歌对抗俗世、入"死"而向"生"的重要姿态,也是戴望舒翻译波特莱尔诗歌所看重的重要创作精神。正如周良沛(1933—)所认为的,戴望舒在不同时期出版及删改诗歌是有一种诗人自己"对它的心情"②,若说1941年戴望舒以波特莱尔"驱痛"式的诗意来书写《致萤火》,以"云雀在青空中高飞"的意象来抒解并"背向"失婚的情痛,以"萤火"点燃写作的曙光和生存的希望,那么,1944年才在与叶灵凤一起创办的《文艺周刊》第1期出版《致萤火》,对于当时已二度结婚两年多、又在1942年春天香港沦陷期间被日本人拉入监狱三个月里受尽折磨而写下《狱中题壁》,写下"如果我死在这里,朋友啊,不要悲伤……//在那暗黑潮湿的土牢,这曾是他唯一的美梦"的诗人来说,"死亡"与"重生"会是另一层意义。尤其在刊载《致萤火》前一月内书写的《等待(一)》及《等待(二)》中,所表达经历战乱、离别、受生活困苦与入狱折磨的不屈服诗情而言,戴望舒从前所书写的个人情感,经历时光磨练,与创刊号内《给读者》的文意并列,面对"两年以来,南国文艺园地实在太荒芜了"的创作渴望与"燕

---

① 波特莱尔的《高举》共5段20行,每段以abba形式押韵,戴望舒翻译时明显地尽量跟随原作的音乐性,也尽量以abba韵脚书写,并以每句12字来配合原作每行12个音节的均匀句型翻译,当中更着重保持原有意象的传真度。
② 周良沛:《〈戴望舒诗集〉编后》,《新文学史料》,1980年11月20日第4期,第169—170页。

子来了的时候,他自会将我们的消息带给海外友人,带给远方的故国"①的期盼,戴望舒展示在大众读者面前的《致萤火》,由书写个人的情痛扩大到折射社会、民族与战争的伤痛上,"够把沉哀来吞咽"的"萤火"所照耀的,是诗人,也是读者,"照我"的文字便成为"照我们"苦难灵魂的"一缕细细的光线",让"我们"在战争与困苦生活以外的"青空中高飞",去寻找想象的自由。

与《致萤火》《给读者》同时在《华侨日报·文艺周刊》第1期上出版的《少年维特之重读》,也有重新面对过去文学思考的意味,叶灵凤与戴望舒在香港沦陷后一度被停顿的重刊报章里创办文艺副刊,怀着重新思考文字与生活的默契。除了对《致萤火》重新审视的心情,戴望舒在《华侨日报·文艺周刊》第二期(1944年2月6日)发表的《诗论零札》,相对他在1932年11月于上海《现代》杂志刊载的《望舒诗论》而言,是对诗歌内涵的一种重新思考。30年代的雨巷诗人,注重诗歌的"全官感/超官感"与"情绪"的质感;40年代经历离别与战争伤痛的诗人,情感更内敛,对诗歌的看法更凝练,认为诗的佳劣"不在形式而在内容",并强调"把不是'诗'的成份放逐出去",此外也谈及译诗的问题。

嘴嚼死亡与翱翔青天的诗情

戴望舒在《华侨日报·文艺周刊》工作时期选载译诗的策略不明显,像是"没有策略"的前提下,诗人却有一种"回归"从前的"统一"口味。1944年2月27日,戴望舒在办刊早期刊登西班牙新诗人狄戈(Diego)诗抄4首诗歌的目的,是由于"对于我国

---

① 《给读者》,《华侨日报·文艺周刊》第1期,1944年1月30日,版2。

的读者,西班牙的新诗还是一片未知的,但却那么丰饶的土地"。其实在 30 年代中期,戴望舒在《文饭小品》《新诗》《诗志》等上海文艺杂志上已介绍过当时一批西班牙新诗人的作品,在香港期间当编辑的诗人的"宏愿",也"还是凭着这赓续不断的初衷"去"导引读者们到这片丰饶的土地上作一次巡礼"而刊载狄戈译作①。此外,戴望舒为《文艺周刊》"搬来"不少 30 年代在上海生活时期所爱好的文学口味,当中大部分是法语译诗(见附表),如曾在 1929 年《新文艺》发表过牙麦(Francis Jammes)的《我爱那驴子……》和《膳厅》译作,魏尔伦的《泪珠滴滴心头着》与《瓦上长天》,则分别于 1926 年在《璎珞旬刊》及 1930 年在《现代文学》中刊登过。戴望舒早期诗作比较受魏尔伦式哀愁影响,而晚期则更多受牙麦式口语化散文诗熏陶。至于波特莱尔的译诗,虽然在香港《华侨日报·文艺周刊》之前还没有找到出版过的痕迹,可是从戴望舒诗作的用语和诗情看,我们可以发现波特莱尔诗歌对戴望舒诗作的影响,早在诗人到香港居住前已形成,在香港出版波特莱尔译诗,也可说是戴望舒透过翻译重新思考波特莱尔的诗歌。

刊载在《华侨日报·文艺周刊》第 17 期的《鲍德莱尔诗抄》4 首诗歌,戴望舒依照原文以十二言诗(L'alexandrin)形式押韵脚翻译。当中《应和》较《那赤心的女仆》《秋歌》及《入定》更广为一般读者认识,是波特莱尔最著名的作品之一。

La nature est un temple où de vivants piliers 　自然是一庙堂,那里活的柱石
Laissent parfois sortir de con-　不时地传出模糊隐约的语音;

---

① 《戈狄诗抄译后记附文》,《华侨日报·文艺周刊》第 1 期,1944 年 2 月 27 日。

fuses paroles;
L'homme y passe à travers des forêts de symboles   人穿过象征的林从那里经行，
Qui l'observent avec des regards familiers.   树林望着他，投以熟稔的凝视。

(Charles Baudelaire　　　　　　（戴望舒译《应和》）
Correspondances）

　　自然是庙堂的隐喻，好比"面对"读者、向读者"投以熟稔的凝视"的诗歌就是"庙堂"，就是"象征的林"，通过阅读，读者"熟悉"的文字如"活的柱石"，"传出模糊隐约的语音"，透过文字里通感的想象，读者会尝味波特莱尔诗歌"新鲜如儿童的肌肤"的诗意，也会"嗅到"被诅咒诗人的"腐烂，轩昂而丰富"（« corrompus, riches et triomphants »）的诗情。在还没有系统也没有周详计划向读者译介波特莱尔诗歌之前①，戴望舒放置《应和》在译介诗歌之首，让闻名波特莱尔大名已久但读不到中文译本的香港读者能体会波特莱尔式"性灵与官感的狂欢"（« les transports de l'esprit et des sens »）独特诗意的构想，切合雨巷诗人在《望舒诗论》中思考"诗应该有新的情绪"和"全官感"的要求，有一种"邀请"读者进入波特莱尔世界"大门"的意味。至于与《应和》同时发表的《那赤心的女仆》《秋歌》及《入定》译作，均充满死亡与幽冷的味道，但也同时透出性灵挣扎的姿态：

---

① 1947年3月在上海怀正文化社出版的《〈恶之华〉掇英》，由刘以鬯主编，以戴望舒译瓦雷里（Paul Valéry）的《波特莱尔的位置》（*Situation de Baudelaire*）作代序，书末更附有戴望舒写于1947年2月18日的《译者后记》，周详地向中国读者译介波特莱尔的诗歌特质和地位。

他们却被黑暗的梦想所煎熬,/既没有共枕人,也没有闲说笑,/老骨头冰冻,给虫豸蛆到骨髓,(……)
我发现她绻缩在房间的一角,/神情严肃,从她永恒的床出来,/用慈眼贪看著她长大的小孩;

《那赤心的女仆》

短工作!坟墓在等;它贪心无厌!啊!容我把我的头靠在你膝上,/怅惜着那酷热的白色的夏天,/去尝味那残秋的温柔的黄光。

《秋歌(二)》

看睡在涵洞下的垂死的太阳,/我的爱,再听温柔的夜在走路,/就好像一条长殓布曳向东方。

《入定》

如果说戴望舒在首次发表波特莱尔诗歌的时候,是要读者品尝被诅咒诗人在黑暗腐烂的"恶"中挣扎的反向滋味,那么刊登在《华侨日报·文艺周刊》第55期的《波特莱尔诗抄》的四首诗歌《信天翁》《邀旅》《枭鸟》及《赠你这几行诗》,是要人读到波特莱尔的高傲、远离世俗和向往理想世界的志向:

诗人恰似天云之间的王君,
它出入风波间又笑傲弓弩手;

《信天翁》

湿太阳高悬
在云翳的天
在我的心灵里横生
神秘的娇媚,
却如隔眼泪
耀著你精灵的眼睛。

《邀旅》

受咒诅的人,从深渊直到天顶,除我以外,什么也对你不回应!

《赠你这几行诗》

《枭鸟》(Les Hiboux):

它们站著一动不动
一直到忧郁的时光；
到时候，推开了斜阳，
黑暗将把江山一统。

戴望舒把"态度教智者在世上应畏如蛇蝎"的"猫头鹰"，用比较古典的"枭鸟"来翻译，有"世之枭雄"的兴味，以能胆敢质问"深渊直到天顶"的受咒诅的人、可以看透你眼睛里那"云翳的天"的"我的心灵"，以及"恰似天云之间的王君"的诗人对照，趣味快然，凸出了诗人译笔所期望读者聚焦的重点。同年在《华侨日报·文艺周刊》第66期刊载的《波特莱尔诗续抄》中，戴望舒选译的《高举》与《人和海》，一首歌颂逆向烦忧而"飞向明朗的天空"，另一首以海洋"照鉴著灵魂"，做个"无羁束的人"，把"人"融入大自然的意象，都是诗魂挣扎的声音；至于同时刊登的《黄昏的和谐》和《裂钟》，同以景致烘托内心情蕴的诗歌，表现消亡与死亡前的璀璨意象，气象沉郁磅礴：

一颗柔心（它恨虚无的黑漫漫）　　我呢，灵魂开了裂，而当它烦闷
收拾起光辉昔日的全部余残！　　想把夜的寒气布满它的歌声，
太阳在它自己的凝血中沉湮……　　它的嗓子就往往会低沉衰软，
我心头你的记忆"发光"般明灿！　　　　　　　　　　《裂钟》
　　　　《黄昏的和谐》

戴望舒对诗歌佳劣的思考，强调"不在形式而在内容"，他在《华侨日报·文艺周刊》时期所翻译的波特莱尔诗歌，在音乐性及视觉外形上尽量保真，在内容上，偏向选译有关死亡意象以及与黑暗/俗世反向对抗的诗情。诗人在《〈恶之华〉掇英》译者后

记里提到"波特莱尔可能给予的是多方面的,要看我们怎样接受。只要不是皮毛的模仿,能够从深度上接受他的影响,也许反而是可喜的吧。"①在香港时期,戴望舒对波特莱尔的译作中,从内容意象的偏好而论,中国诗人从深度上接受被咒诅诗人影响的,是背向世俗而展翅飞向理想世界的气度。戴望舒的《古神祠前》,让人"看"到他与波特莱尔的神交,两个诗歌世界的"应和":

> 古神祠前逝去的/暗暗的水上,/印着我多少的/思量底轻轻的脚迹,/比长脚的水蜘蛛,/更轻更快的脚迹。(……)然后,踌躇着,/生出了翼翅……/它飞上去了,/这小小的蜉蝣,/不,是蝴蝶,它翩翩飞舞,/在芦苇间,在红蓼花上;/它高升上去了,/化作一只云雀,/把清音撒到地上……/现在它是鹏鸟了。/在浮动的白云间,/在苍茫的青天上,/它展开翼翅慢慢地,/作九万里的翱翔,/前生和来世的逍遥游。

---

① 波特莱尔:《〈恶之华〉掇英》(刘以鬯主编),戴望舒译,第99页。

附表 戴望舒于 1944 至 1949 年在香港生活期间所发表的诗作与诗歌翻译年表①

日期	生活与文化活动	诗歌作品			诗歌翻译			
		创作/出版日期	题目	出版刊物	出版日期	作者（译名＋原名）	题目（译名＋原名）	国家	出版刊物
1944	1月，戴望舒与叶灵凤一起主编《华侨日报·文艺周刊》。两人自1月30起出版，共编72期以后，戴望舒辞职。	1月18日	创作《等待（二）》②		2月	叶赛宁 Sergei Yesenin	《母牛》《启程》《我离开了家园》《安息祈祷》《最后的弥撒》《如果你饥饿》	俄罗斯	上海《文艺阵地》
		1月30日	《致萤火》③	香港《华侨日报·文艺周刊》第1期					

① 本表主要参考自以下书籍及文章：卢玮銮：《戴望舒沦陷时期著作目录》及《戴望舒沦陷时期翻译目录》，《沦陷时期香港文学作品选—叶灵凤、戴望舒合集》（卢玮銮、郑树森主编，熊志琴编校），香港：天地图书有限公司，2013，第334—347页；何杏枫、张咏梅、黄念欣、杨钟基（主编）：《〈华侨日报〉副刊研究（1925.6.5—1995.1.12）资料册》，香港：香港中文大学中国语言及文学系"《华侨日报》副刊研究"计划，2006，第186—231页；《华侨日报·应国靖编》（1925.6.5—1995.1.12）资料特辑》，《香港文学》1985年2月第2期，第4—29页；应国靖：《戴望舒诗研究》，《戴望舒》（施蛰存、应国靖编），香港：三联书店香港分店，1987，第302—315页；阙国虬：《戴望舒著译年表》，《新文学史料》1980年第4期，第172—173页；王文彬、金石（主编）：《戴望舒全集》，北京：中国青年出版社，1999；叶孝慎、姚明强：《戴望舒译著书目》，长沙：湖南人民出版社，1983；戴望舒：《灾难的岁月》，上海：星群出版社，1948；陈智德（主编）：《香港新文学大系·新诗卷》，《文艺春秋》第3卷第5期。

② 《等待（二）》在1944年1月18日创作，发表于1946年12月上海《文艺春秋》第3卷第5期。

③ 于1941年6月26日创作。

(续表)

日期	生活与文化活动	诗歌作品			诗歌翻译			
		创作/出版日期	题目	出版刊物	出版日期	作者（译名+原名）	题目（译名+原名）	国家	出版刊物
1944	2月6日，在《华侨日报·文艺周刊》第2期发表《诗论零札》。	3月2日	创作《过旧居》（初稿）		2月27日	狄戈 Diego	西班牙新诗人狄戈诗抄：《西罗斯的柏树》《不在此地的女人》《胡加河谣》《反映》	西班牙	香港《华侨日报·文艺周刊》第5期
		3月10日	完成《过旧居》						
		3月12日	《过旧居》	香港《华侨日报·文艺周刊》第7期	3月19日	牙麦 Francis Jammes	《我爱那驴子……》J'aime l'âne…	法国	香港《华侨日报·文艺周刊》第8期
					4月2日	魏尔兰 Paul Verlaine	魏尔兰诗抄：《秋歌》Chant d'automne	法国	香港《华侨日报·文艺周刊》第10期

(续 表)

日期	生活与文化活动	诗歌作品			诗歌翻译			
		创作/出版日期	题目	出版刊物	出版日期	作者（译名＋原名）	题目（译名＋原名）	国家	出版刊物
1944					4月23日	《皎皎好明月》 La Lune blanche 《泪珠滴滴心头著》 Il pleut dans mon cœur 《瓦上长天》 Le Ciel est par-dessus le toit 《一个黑暗的睡眠》 Un grand sommeil noir			
						牙麦 Francis Jammes	《要下雪了》 Il va neiger	法国	香港《华侨日报·文艺周刊》第13期

(续表)

日期	生活与文化活动	诗歌作品			诗歌翻译			
		创作/出版日期	题目	出版刊物	出版日期	作者（译名＋原名）	题目（译名＋原名）	国家	出版刊物
1944					5月21日	鲍德莱尔 Charles Baudelaire	鲍德莱尔诗抄：《应和》Correspondances《那赤心的女仆》La Servante a un grand cœur dont vous étiez jalouse《秋歌》Chant d'automne《入定》Recueillement	法国	香港《华侨日报・文艺周刊》第17期
		6月2日	创作《示长女》及《在天晴了的时候》①						
		6月4日	诗二章：《示长女》《在天晴了的时候》	香港《华侨日报・文艺周刊》第19期					
		6月9日	创作《赠内》						

① 《示长女》及《在天晴了的时候》在1944年6月4日才刊登于香港《华侨日报・文艺周刊》第19期。

(续 表)

日期	生活与文化活动	诗歌作品			诗歌翻译			
		创作/出版日期	题目	出版刊物	出版日期	作者（译名＋原名）	题目（译名＋原名）	国家	出版刊物
1944		9月10日	诗二章：《赠内》①《塞边口占》②	香港《华侨日报·文艺周刊》第33期	7月16日	韩波 Arthur Rimbaud	散文六章④：《神秘》Mystique《车辙》Ornières《花》Fleur《致一理性》À une raison《黎明》Aube《战争》Guerre	法国	香港《华侨日报·文艺周刊》第25期
		10月22日	秋二章：《夜思》《烦忧》③	香港《华侨日报·文艺周刊》第38期					

① 《赠内》写于1944年6月9日，载1944年9月10日香港《华侨日报·文艺周刊》第33期。
② 《塞边口占》原名为《萧红墓边口占》，1944年9月10日在香港《华侨日报·文艺周刊》第33期发表时，"萧红"二字已被检去。在1948年出版的诗集《灾难的岁月》里，这首诗歌被修改为《萧红墓畔口占》，而其创作时间被误写为1944年11月20日。1946年1月5日在香港《新生日报·新兴》再刊。
③ 《烦忧》曾载于1929年12月上海《新文艺》第一卷四号。
④ 《散文六章》为戴望舒任1944年7月6日香港《华侨日报·文艺周刊》第25期所发表的6首由韩波（Arthur Rimbaud）创作的翻译诗歌所起的总题，可是韩波所创作的是法活文学中的"散文诗"《poème en prose》，并非"散文"写作形式。

（续　表）

日期	生活与文化活动	诗歌作品			诗歌翻译			
		创作/出版日期	题目	出版刊物	出版日期	作者（译名＋原名）	题目（译名＋原名）	国家	出版刊物
1945	1945年5月8日德国投降，第二次世界大战欧洲战区结束。	1月16日	创作《口号》①		11月25日	阿保里奈尔 Guillaume Apollinaire	《密拉波桥》 Le Pont Mirabeau	法国	香港《大众周报》4卷8号第86期
					12月24日	梵乐希 Paul Valéry	《失去的酒》 Le Vin perdu 《蜜蜂》 L'Abeille	法国	香港《华侨日报·文艺周刊》第47期
					1月28日	阿保里奈尔 Guillaume Apollinaire	阿保里奈尔诗抄 《诀别》 L'Adieu	法国	香港《华侨日报·文艺周刊》第52期

① 写在1945年1月16日香港大轰炸中，载1946年1月5日香港《新生日报·新语》，署名林泉居士。

（续　表）

日期	生活与文化活动	诗歌作品			诗歌翻译			
		创作/出版日期	题目	出版刊物	出版日期	作者（译名+原名）	题目（译名+原名）	国家	出版刊物
1945	7月1日《香岛日报》副刊《日曜文艺》创刊，主要由叶灵凤及戴望舒负责编辑及供稿。该刊任同年8月26日结束，共出版了9期。戴望舒为8月3日成立之"香港文化联谊社"发起人之一。8月底香港光复，该会继而解散。				2月4日	魏尔哈仑 Emile Verhaeren	《病的秋天》L'Automne malade 《启程》Le Départ	比利时	香港《华侨日报·文艺周刊》第53期
					2月18日	波特莱尔 Charles Baudelaire	波特莱尔诗抄：《信天翁》L'Albatros 《邀旅》L'Invitation au voyage 《枭鸟》Les Hiboux 《赠你这几行诗》Je te donne ces vers	法国	香港《华侨日报·文艺周刊》第55期

(续 表)

日期	生活与文化活动	诗歌作品			诗歌翻译			
		创作/出版日期	题目	出版刊物	出版日期	作者（译名＋原名）	题目（译名＋原名）	国家	出版刊物
1945	老舍及茅盾希望戴望舒尽快复办文协香港分会。 8月15日日本无条件投降。				2月25日	洛尔加	《小夜曲》	西班牙	香港《华侨日报·文艺周刊》第56期
					3月4日	瓦尔①	《致饥饿谣断章》	法国	同上第57期
					3月25日	魏尔哈仑 Emile Verhaeren	《穷人们》 Les Pauvres	比利时	同上第60期

① 瓦尔的《致饥饿谣断章》及魏尔哈仑的《穷人们》缺译者名字。

(续 表)

日期	生活与文化活动	诗歌作品			诗歌翻译			
		创作/出版日期	题目	出版刊物	出版日期	作者 （译名＋原名）	题目 （译名＋原名）	国家	出版刊物
1945		5月24日	旧作三章 《答客问》 《对灯》 《秋思》	《香港日报·香港艺文》第26期	5月6日	波特莱尔 Charles Baudelaire	波特莱尔诗续抄： 《高举》 Élévation 《人和海》 L'Homme et la mer 《黄昏的和谐》 Harmonie du soir 《裂钟》 La Cloche fêlée	法国	香港《华侨日报·文艺周刊》第66期
		5月31日	创作《偶成》		5月20日	阿保里奈尔 Guillaume Apollinaire	《莱茵河秋日谣》 Rhénane D'automne : À Toussaint-Luca	法国	香港《华侨日报·文艺周刊》第68期

（续表）

日期	生活与文化活动	诗歌作品			诗歌翻译				
		创作/出版日期	题目	出版刊物	出版日期	作者（译名＋原名）	题目（译名＋原名）	国家	出版刊物
		7月1日	《赠友》	香港《香岛日报·日曜文艺》					
					6月14日	若望·瓦尔	若望·瓦尔诗选①：《人》《梦》《欢乐一鸟》	法国	《香港日报·香港艺文》第29期
		8月31日	《偶成》	《香港文艺》					
					6月17日	耶麦 Francis Jammes	《膳厅》 La Salle à manger	法国	《华侨日报·文艺周刊》第72期
1945	11月15日"文协"香港会员通讯处"第一次会议召开，宣告成立该通讯处，并恢复出版《文协周刊》。				6月21日	阿保里奈尔 Guillaume Apollinaire	《旅人——赠费囊·弗勒莱》 Le Voyageur - À Fernand Fleuret	法国	《香港日报·香港艺文》第30期
					8月5日	波特莱尔 Charles Baudelaire	《音乐》 La Musique		《香港日耀文艺》第6期

---

① 戴望舒只注明原著者为法国人，缺原文名字，若望·瓦尔与其诗歌作品的法语名字有待查证。

(续　表)

日期	生活与文化活动	诗歌作品			诗歌翻译			
		创作/出版日期	题目	出版刊物	出版日期	作者（译名＋原名）	题目（译名＋原名）	国家	出版刊物
1945	12月15日，香港《新生日报》创刊，由陈君葆介绍，出任该报副刊《新语》编辑一职。								
1946	1月1日，何家槐、周钢鸣等21名新港粤文艺作家联名发表了《留港粤文艺作家为检举戴望舒为敌附敌向中华全国	1月5日	旧诗帖抄①：《题壁》《愿望》《等待》《塞畔》《口号》	香港《新生日报·新语》	1月4日	阿保里奈尔 Guillaume Apollinaire	《钟》 L'Horloge	法国	香港《新生日报·新趣》
					1月5日	若望·瓦尔	《梦》	法国	香港《新生日报》（第4页）

① 以笔名"林泉居士"刊登这5首旧诗。《题壁》原名为《狱中题壁》，于1942年4月27日创作。《愿望》原名为《心愿》，于1943年1月28日创作。《等待》原名为《等待（一）》，于1943年12月31日创作。《塞畔》原名为《萧红墓畔口占》，参看第412页脚注②。《口号》，于1945年1月16日香港大轰炸中创作。

(续 表)

日期	生活与文化活动	诗歌作品			诗歌翻译			
		创作/出版日期	题目	出版刊物	出版日期	作者（译名＋原名）	题目（译名＋原名）	国家	出版刊物
1946	文艺协会重庆总会建议书》，反对戴望舒主持"文协驻港通讯处"，要求撤销该通讯处。 1月21日戴望舒以"中华全国文艺协会香港会员通讯处"名义主编的《文协周刊》停刊。 2月，陈君葆辞去《新生日报》社长之职，戴望舒亦失掉编辑工作。	1月8日	《偶成》①	香港《新生日报·生趣》					
		1月10日	诗二首：《过旧居（初稿）》《断章》	香港《新生日报》（第4页）					

① 以笔名"林泉居士"刊登这首诗。

（续　表）

日期	生活与文化活动	诗歌作品			诗歌翻译			
		创作/出版日期	题目	出版刊物	出版日期	作者（译名＋原名）	题目（译名＋原名）	国家	出版刊物
1946	春，四、五月同戴望舒星为了生活以及向"中华全国文艺协会"交待自己在香港沦陷时期的情况而返回上海的。参看卢玮銮：《次舒带同妻子杨静与女儿回上难的里程碑——戴望舒在香港的日子》，《沦陷时期香港文学作品选——叶灵凤、戴望舒合集》，郑树森主编，第588页。上。①				2月8日	Jean de la Fontaine	《狼和羔羊》（寓言诗）② Le Loup et l'Agreau	法国	香港《新生日报·生趣》
					2月14日		《小山羊和狼》（寓言诗）③		香港《新生日报》（第4页）
					3月11日	Jean de la Fontaine	《生产的山》④ La Montagne qui accouche		香港《新生日报》（第4页）
	8月，在上海新陆师范学院教授								

① 根据施蛰存说，当时戴望舒是为了生活以及向"中华全国文艺协会"交待自己在香港沦陷时期的情况而返回上海的。参看卢玮銮：《次难的里程碑——戴望舒在香港的日子》，《沦陷时期香港文学作品选——叶灵凤、戴望舒合集》，郑树森主编，第588页。
② 以笔名"艺圃"在《新生日报》刊登。在1941年4月16日香港《星岛日报·星座》第905期出版时，则用笔名"陈艺圃"。
③ 以笔名"史方城"在《新生日报》刊登。在1941年4月20日香港《星岛日报·星座》第909期出版时，则用笔名"艺圃"。
④ 以笔名"艺圃"刊登。

（续 表）

日期	生活与文化活动	诗歌作品			诗歌翻译			
		创作/出版日期	题目	出版刊物	出版日期	作者（译名＋原名）	题目（译名＋原名）	国家	出版刊物
1946	中文，并兼任暨南大学教授，教西班牙语。	12月15日	《等待（二）》① 《我用残损的手掌》②	上海《文艺春秋》③ 第3卷第5期					
1947	3月，由上海怀正文化社印行出版波特莱尔（Charles Baudelaire）诗歌选集《〈恶之华〉掇英》全书收录24		《无题》④						

① 《等待（二）》在1944年1月18日创作。
② 《我用残损的手掌》在1942年7月3日创作。
③ 上海文学刊物，创于1944年10月。
④ 1947年春，戴望舒在上海"香雪园"茶室随口所吟诗歌，由《戴望舒全集》编者所题，参看王文彬、金石（主编）：《诗歌卷》，《戴望舒全集》，第175页。

(续 表)

日期	生活与文化活动	诗歌作品				诗歌翻译			
		创作/出版日期	题目	出版刊物		出版日期	作者（译名＋原名）	题目（译名＋原名）	国家	出版刊物
1947	首翻译诗歌。①									
	7月，因支持学生运动而被迫辞去暨南大学职位。									
	8月出任上海市立师范专科学校中文系主任一职，同时兼任上海音专教授。									
1948	2月，由上海星群出版社出版戴望舒的第四本诗集《灾难的岁月》。					11月14日	爱吕雅 Paul Éluard	诗四首：《公告》 Avis	法国	香港《华侨日报·文艺周刊》第83期

① 24首诗歌译名为：《信天翁》《高举》《应和》《人和海》《美》《异国的芬芳》《赠你几行诗》《黄昏的和谐》《邀游》《秋歌》《枭鸟》《音乐》《快乐的死者》《裂钟》《烦闷（一）》《烦闷（二）》《风景》《赤心和忘记》《盲人们》《我没有忘记》《埃布尔和该隐》《务人们的死亡》《人定》《声音》。

(续 表)

日期	生活与文化活动	诗歌作品			诗歌翻译			
		创作/出版日期	题目	出版刊物	出版日期	作者（译名＋原名）	题目（译名＋原名）	国家	出版刊物
1948	收录25首诗歌。参加"教授联谊会"组织及罢课活动，被国民党政府通缉。夏季，被迫再度离沪及重返香港，寄居叶灵凤家里。6月，与杨静离婚。						《戒严》Couvre-feu《一只狼》Un loup《蠢而恶》Bêtes et méchants		
1949	解放军进驻北京后，戴望舒对回归祖国抱有极大期望，他不想在香港住下去，他认为回北方"就				2月6日	费囊德思	《农民最初的胜利》	西班牙	香港《华侨日报·文艺周刊》第93期

(续 表)

日期	生活与文化活动	诗歌作品			诗歌翻译			
		创作/出版日期	题目	出版刊物	出版日期	作者（译名＋原名）	题目（译名＋原名）	国家	出版刊物
	是死，也死得光荣一点。①				3月6日	洛尔加	《圣女欧拉丽亚之殉道》：一美里达一殉道一地狱和荣光	西班牙	香港《华侨日报·文艺周刊》第97期
1949	3月11日，他与卞之琳及三个女儿离开香港，3月19日抵达北京。								
	6月30日出席中国全国文学艺术工作者代表大会。								
	10月1日中华人民共和国成立。戴望舒在国家新闻出版总处国际								

① 灵凤：《忆望舒》《悼念诗人戴望舒特刊》香港《华侨日报·文艺周刊》第127期，1950年4月10日。

(续 表)

日期	生活与文化活动	诗歌作品			诗歌翻译			
		创作/出版日期	题目	出版刊物	出版日期	作者（译名＋原名）	题目（译名＋原名）	国家	出版刊物
1949	新闻局从事法语翻译工作。 11月，哮喘病严重发作，入住北京协和医院。								
1950	年初，病情恶化。 2月28日病逝。 3月5日，新闻出版总处与全国文联举行追悼会。								

别样绽放的"恶之花"
——"双百"时期《译文》的现代派文学译介(1956—1957)[①]

崔 峰[②]

1953年,由中国"作协"主办、时任文化部部长的茅盾担任首

[①] 本文作者于2014年10月18日参加由台南大学英语学系主办的"2014英语文教学"研讨会,并发表论文《1950年代中国大陆文坛与欧美现代主义文学译介——以〈译文〉为例》(以下简称《1950年代》),全文后发表在许绥南编《南天文荟2014英语文教学新样貌——台南大学2014英语文教学研讨会论文集》(台南大学,2014:81—98)。作者现择取该论文中相对独立的问题——《恶之花》译介个案研究,在初步研究成果(引用原文之处皆文内注明)的框架基础上,一方面补充、更新了大量史料以增加论证说服力,同时亦推翻了原文中的相关论点,重新分析并进行理论反思。本文也首次提供相关原始图片于《东方翻译》上发表,见《别样绽放的"恶之花":"双百"时期〈译文〉的现代派文学译介》,《东方翻译》,2015年第2期,第46—54页。

[②] 崔峰,新加坡南洋理工大学哲学博士(翻译学方向)。现为南洋理工大学 Main Ph. D. Supervisor,高级讲师(Senior Lecturer,副高职称),翻译硕士学位课程(MTI)副主任。曾任英国伦敦大学学院翻译研究中心访问学者、美国蒙特雷国际研究院翻译、口译和语言教育学院访问学者。在《中国翻译》、《中国比较文学》、《上海翻译》、《中外文学》(台湾大学,THCI)、《中国现代文学》(台湾中国现代文学学会,THCI)、《中国文哲研究通讯》(台湾"中央"研究院)、《翻译学研究辑刊》(台湾翻译学学会)、《翻译史研究》(香港中文大学)、《翻译季刊》(香港翻译协会)、Babel(SSCI)、Journal of Postcolonial Writing(A&HCI)、Re-Situating Translation Studies(Brill Publisher)等中外学术期刊、著作上发表论文四十余篇。已出版专著《翻译、文学与政治——以〈世界文学〉为例(1953—1966)》(南京大学出版社,2019),另有译著、编著多部。曾主持新加坡教育部资助的翻译史研究项目一项。

任主编(1953—1959)的《译文》创刊。1959 年,《译文》更名为《世界文学》,由曹靖华担任主编,至 1966 年"文革"前夕停刊。14 年间,《译文》《世界文学》共发行 134 期,其中共计 850 位译者发表了多达 131 个国家和民族的 1432 位作家的作品;译作数量共计 3177 篇,其中诗歌(含史诗)1363 篇、小说 673 篇、论文 314 篇、民歌 218 篇、书简(含信)126 篇、散文(含人物素描、随笔、笔记、速写)72 篇、谚语 71 篇、故事(含革命故事)45 篇、日记 52 篇、特写 34 篇、剧本(含儿童广播剧、广播剧、悲剧、朗诵剧、独幕剧、电视剧、话剧)34 篇、格言 28 篇、回忆录(含革命回忆录)27 篇、发言(含开幕词)17 篇、童话 22 篇、小品(含讽刺小品)16 篇、寓言 15 篇、杂文(含杂感、杂记)9 篇、散文诗 8 篇、传记(含自传)7 篇、轶事 7 篇、通讯(含国外通讯)4 篇、游记 3 篇、讲演(包括讲话)3 篇、访问记 3 篇、报告文学 2 篇、祝词 1 篇、谈话录 1 篇、传说 1 篇、歌谣 1 篇。作为二十世纪 50—60 年代中国唯一公开发行的专门译介外国文学作品的刊物,通过对《译文》这份期刊的研究,我们可以深入探讨在特定的文化空间中译者翻译行为的文化目的及其为此而作的翻译上的处理,并探讨译入语文化多元系统内诗学(poetics)与意识形态(ideology)的关系、专业人士(the professionals)(主要包括批评家、评论家、教师、译者等)与系统外的主流观念及赞助人(patronage)之间的关系。① 本文将以 50 年代"双百"期间,《译文》对"现代派"文学代表作《恶之花》的译介为例,考察其在译入语语境中如何"别样绽放",进而探讨翻译、文学与政治间的关系。

---

① 目前对《译文》《世界文学》这一重要期刊的研究成果可以参见:Cui Feng (2009:302—316)、崔峰(2009:80—88)、崔峰(2011:250—290)、崔峰(2014:81—98)。这几篇论文探讨的均是二十世纪 50—60 年代《译文》《世界文学》的发展情况。有关"新时期"《世界文学》复刊后的研究成果可参见李卫华(2012)。

二十世纪 50 年代上半期,受"冷战"格局、中苏关系及文学话语中意识形态对立的影响,中国翻译界对外国文学的译介择取标准与苏联斯大林时代所倡导的"日丹诺夫主义"相契合[①];欧美现代主义文学被视作"'堕落'、'落后'、'颓废'的文学形式而被排斥在译介范围之外"(崔峰,2014:84)。[②]

50 年代中期,中共基于国内外政治经济发展的新态势,开始试图摆脱"老大哥—小兄弟"的关系模式,寻求自我发展之路。1956 年 5 月,毛泽东正式提出了"百花齐放,百家争鸣"的方针。受"双百"方针的巨大影响,伴随着社会主义意识形态的"相对弱化",《译文》开始增加对资本主义文学的译介力度,甚至在 1957 年 4 月号至 7 月号上首次从文学审美的角度对始终受到批判的现代主义文学文化进行了介绍。主要体现在:1957 年 4 月号的《译文》刊载了几幅印象派画家的绘画,并配有一篇从美学角度进行评论的"印象派的绘画"插页说明[③],以及在 1957 年 5 月号对西班牙著名现代主义诗人阿尔贝蒂(Rafael Alberti)的"译后记"中抛开了意识形态的叙述话语,首次直接、正面地介绍作家的现代主义文学经历。除此之外,最引人注目的表现即是在 1957 年 7 月号上,陈敬容选译了波特莱尔(Charles Pierre Baudelaire)《恶之花》中的 9 首诗(《朦胧的黎明》《薄暮》《天鹅》《穷人的死》《秋》《仇敌》《不灭的火炬》《忧郁病》《黄昏的歌》)。虽然陈敬容早在 40 年代即开始翻译波特莱尔的诗作,但这 9 首

---

① 相关论述参见崔峰(2011:250—290)。
② 有关《译文》(1953 年 7 月号—1956 年 3 月号)对法共现代主义作家的"选择性介绍"与"目的性择取"、对欧美现代主义文学译介的"缺席"等情况,详见崔峰(2014:84—89)。
③ 虽然从严格意义上讲,印象派绘画并不属于现代派美术的范畴,但它是十九世纪中叶欧洲艺术从现实主义向现代主义过渡的重要阶段。就此意义而言,印象派绘画在《译文》上的出现无疑是一大突破。

诗系她专门为《译文》而译(陈敬容,2012:3)。这组诗成为二十世纪 50—60 年代《译文》译介的唯一一部在译出语语境中被视作现代主义文学的作品。

译出语主流文学的评论中,将波特莱尔定位为"法国象征主义诗歌的鼻祖、先驱或奠基者"(Margaret Mein,1973:154),将《恶之花》定位为"象征派诗歌",这些早有定论。[①] 但是我们却观察到《恶之花》在译入语的语境呈现出"别样绽放"的姿态:其一,《恶之花》的诗学形式"别样"于译入语语境中的社会主义现实主义诗学;其二,"编者"在刊载《恶之花》作品前所写的介绍性文字,对处理《恶之花》在译出语与译入语两种语境中的不同诠释颇为隐晦,其中隐藏着译者/编者的主体性对主流意识形态的反抗;其三,其后刊载的苏联评论家列维克的论文《波特莱尔和他的"恶之花"》,"别样"于原作在译出语语境中的象征主义美学意义,而将其"改写"(rewriting)成一部现实主义作品。

一、《恶之花》的"诗学"考察

若我们暂搁下《恶之花》在进入译入语语境后译者、编者对其如何进行了意识形态化的"改写"不谈,作为读者依然可以从译者所译诗作的"诗学"层面中体会到,其与社会主义现实主义诗学手法在表现手法、思想内容上有着本质区别,因为后者属于

[①] 早在 1929 年,哥伦比亚大学法国研究所即从理论层面对波特莱尔诗作中的象征主义手法进行了研究,可参见 Solomon Alhadef Rhodes(1929:444)。此外,NicolaeBabuts(1997:116)通过梳理二十世纪西方学界对波特莱尔的研究后,指出"绝大多数的研究都认为波特莱尔的象征主义主要体现在其作品美学与哲学的层面"。

"节日文学"(陈建华,2002:170)的范围,即通过简单划一的情节铺陈、对英雄和领袖进行口号式的称颂。

在《天鹅·一》中,译者翻译道:

> 这时我看见一只天鹅从笼中逃出,
> 用有蹼的双脚去揩拭干燥的道路;
> 雪白的羽毛拖在不平的地上,
> 这笨伯把嘴向一条干涸的小溪伸去。
>
> 神经质地把翅膀没入尘埃,
> 心里怀念着故乡美丽的湖泊,它说:
> "水呵,你何时才流?雷呵,你何时才响?"
> 我看见这可怜虫,这奇异的不幸的怪物,
>
> 几次伸着抽搐的脖子抬起渴望的头,
> 望着那蓝得可怕的无情的天空,
> 就像奥维德的诗篇里的人物,
> 向上帝吐出它的诅咒!

(波特莱尔,1957:137—138)

这3段诗中,波特莱尔通过象征着人的"天鹅"、象征着人所受到的束缚的"笼",以及象征着人在天堂中无比纯洁的"雪白的羽毛",充分展现了人的处境和命运。离开了上帝、走出了"天堂"的人们成了饱受尘埃玷污的白天鹅,他们怀念"故乡美丽的湖泊",怀着渴望复归天堂的心情向上帝"吐出它的诅咒"。"这正是奥维德在《变形记》中描绘的、在混沌中初生的人的形象:造

物主抬起了人的头,命他仰望天空,注视星辰。""而波德莱尔正是一只逃出樊笼、在污泥中挣扎而且诅咒上帝、怀念故乡的白天鹅。"(郭宏安,2002:9)

但是,逃出樊笼的天鹅更使诗人想起背井离乡之人,他以同情的笔调描摹着漂泊的灵魂:

> 我想起那瘦弱憔悴的黑女人,
> 在泥泞中行走,她的眼睛
> 偶尔从浓浓的大雾后面
> 找寻非洲的美好的可可树;
>
> 我想起那些流放的人永不再回来,
> 永远不再! 想起那些人终日浸在眼泪里
> 啜饮痛苦像啜饮牝狼的奶汁,
> 想起那些孤儿像花朵般萎去!
> 于是在我心灵所漫游的森林里,
> 一桩古老的回忆又把猎角狂吹!
> 我想起那些被遗忘在荒岛上的水手,
> 那些囚犯,俘虏,还有很多其他的人!

——《天鹅·二》(波特莱尔,1957:138—139)

诗人之所以想象天鹅向天空扭曲着脖子是"向上帝吐出它的诅咒",是因为在他的眼中他看到的不仅是一个充满苦难的世界,还是一个夜幕降临时恶魔鼓动起的"娼妓"、"赌徒"、"荡妇"、"骗子"、"小偷""在污秽的城中蠕动"的世界:

> 这时,那些狠毒的恶魔,在四周
> 昏昏沉沉地醒来,像忙碌的商人,
> 飞跑去敲叩人家的屋檐和门窗。
> 透过被风摇动的灯光,
> 娼妓们又活跃在街上,
> 像个蚂蚁窝,她们把所有的门户打开;
> 到处给自己辟一条隐秘的道路,
> 就像是敌人偷偷地袭来。
> 她们在污秽的城中蠕动,
> 像尸虫在人体上偷取食物把自己供奉。
> 这里那里,厨房在咝咝地响,
> 剧场在喧嚣,乐队在呼噜,
> 赌兴方酣的客厅里
> 挤满了荡妇,还有骗子——她们的同谋,
> 那些小偷,既不肯罢手也没有慈悲,
> 他们也就要开始他们的勾当,
> 就要去轻轻扭开门窗和箱橱,
> 为了吃喝几天,为了打扮他们的情妇。
>
> ——《薄暮》(波特莱尔,1957:135—136)

当巴黎从噩梦中醒来的时候,"卖笑的女人"、"穷妇人"、"劳动妇女"、"苦人"、"浪子"等形形色色的人物都以不同的方式开始了新的一天,一个劳动的巴黎出现了:

> 晨曦抖索地披上红绿的衣裳,
> 沿着寂寞的塞纳河徐徐漫步;

> 暗淡的巴黎,睡眼蒙胧,
> 一手抓起工具,像个辛勤劳动的老人。

——《朦胧的黎明》(波特莱尔,1957:135)

然而在波特莱尔的笔下,劳动的巴黎却是一座人间地狱,一天的劳动之后,诗人在这个世界中看到的仍是那些"被剧痛吞噬的心灵"(波特莱尔,1957:135),诗人在何处才能寻求到心灵的安宁呢?诗人的笔下不乏对现实世界中穷人的关怀,当资本主义经济的发展带来劳动人民生活的普遍恶化时,诗人试图改变这个世界的想法如此力不从心。穷人的命运在哪里?诗人通过象征的手法回答道:

> 死亡给人安慰唉!又使人生活:
> 它就是生命的目的,唯一的希望;
> ……
> 它是一位天使,在磁性的手指间
> 握着睡眠和迷离梦境的赠予,
> 它替赤身露体的穷人重新把床铺整理;
> 它是神灵的光荣,美妙的谷仓,
> 是穷人的钱袋和他的老家乡,
> 是通向陌生天庭的一道门廊。

——《穷人的死》(波特莱尔,1957:139—140)

诗人的悲观情绪在此显露无遗:对穷人来说,死亡并不可怕,而是休憩与解脱。

在这几部诗作中,诗人向读者展示了两种世界,一种是诗人在痛苦中挣扎的内心精神世界,一种是诗人亲眼所见的充满苦难与罪恶的外在物质世界。两种世界的冲击、碰撞与无法调和,使得诗人"通过自我麻醉、放浪形骸、诅咒上帝、追求死亡等方式"(波特莱尔,2011:428 翻译后记)来与外在世界相抗衡。

虽然波特莱尔的世界是一个"阴暗的"、充满挣扎与搏斗的世界,但诗人依旧是那只身在地狱、心向天堂的"白天鹅":

> 我的青春只是一场阴暗的暴风雨,
> 星星点点,透过来明朗朗的太阳,
> 雷雨给过它这样的摧毁,如今
> 只有很少的红色果子留在我枝头上。

——《仇敌》(波特莱尔,1957:140—141)

在这里,诗人再次通过象征手法,以"红色的果子"象征收获、成就与希望,向读者展示了一个"接近精神生活的秋天"、充满"梦想的新的花朵"(波特莱尔,1957:141)的内心世界。

通过文本分析,我们可以观察到这组诗形成了一个具有内在逻辑关联、有头有尾的"合集",诗人在诗作中通过选取"卖笑的女人""青紫"的眼皮、"穷妇人""消瘦冰冷的乳房",以及"翻涌的血流"(波特莱尔,1957:134)等"阴暗的、令读者反胃的意象,大胆展现人性丑陋的一面,痛斥巴黎社会的阴暗和腐朽"(崔峰,2014:91)。作品中大量采用了社会主义现实主义诗歌中所鲜有的象征、通感等修辞手法,通过一系列感官刺激与意象画面的形成进行美学层面的探讨。同时,"作品所透露出的'天堂'、'地狱'、'天使'、'撒旦'等西方宗教神灵方面的意象,更是在强调领袖崇拜、提倡'无神论'的社会主义意识形态下的现实主义诗作中所不曾出现的。"(崔峰,2014:91)这也无怪乎列维克在《波特莱尔和他的"恶之花"》中如此表达社会主义译入语语境中的读者对这部诗作"完全新颖"的读后感:

> 如果把一些违背古典规律的十四行诗除去不算,波特莱尔诗歌的形式是古典的。他的古典表现在句法的谨严和用字的精确,也表现在整个结构的明晰稳健。但在主题上,在形象的体系上,在诗句的组织上,以及主要是在艺术内容上,波特莱尔的诗歌比起前人的诗歌来,有一些完全新颖的东西。除了抽象美的、理想的事物的幻影以外,在我们面前还揭露了在诗歌中从未打开过的人的内心深处,展开了充满矛盾的城市和它的生活的画面,这种城市生活,表面上绚丽灿烂,但它的内部却丑陋不堪,甚至令人厌恶。(列维克,1957:162)

需要肯定的是,在突显意识形态对立的50年代中国文坛,这样一部不同于现实主义创作手法的诗作被翻译进来的最主要原因,还是受当时国内国际政治环境影响,在"双百"方针的带动之下而出现的"社会主义意识形态的'相对弱化'及文学作品审美、艺术功能的提升"(崔峰,2014:92)。一方面,虽然50年代中期,中国在自身国力提升、"波匈事件"、苏共"二十大"秘密报告的影响下开始"以苏为鉴",但两国受相同意识形态影响,仍互有支持,维系着实质性的"蜜月"关系,"双百"期间正是中苏同盟的高峰期①;受此影响,苏联的文学视域仍然可视作中国文坛译介外国文学文化作品的参照②。另一方面,毛泽东在1957年2月27日的最高国务会议第十一次扩大会议上虽然强调了意识形态的斗争问题,但同时也指出"'百花齐放'就是有香花和毒草,'百家争鸣'就是也可以讲唯心论,但是这没有什么要紧的,对毒草和错误言论批评就是了"(沈志华,2013:321),因而当时的中国文坛在总体走势上依然呈现出继续实行"放"的态势。所以,1957年5月号,《译文》以读者来信的方式提出:"大力破除清规戒律,从狭小的圈子中跳出来,深入到世界优秀文学的海洋中去","让上下古今、世界各国、各种流派、各种风格、各种题材的优美的文学花朵在'译文'的园地里开放出来",并要求"多登些现代资本主义国家内各种流派和风格的著名作品,不必非社会主义现实主义作品即不能入选"(编者,1957b:196—197)。文学作品的译介范围、作品体裁已经开始突破意识形态的规训和

---

① 笔者在《1950年代》一文中认为"在维持着表象友好的中苏关系的影响下,苏联的文学视域仍可视作大陆文坛译介外国文学文化作品的参照"(崔峰,2014:92)这一结论需要更正。首先,根据最新掌握到的资料,中苏两国在1956—1957年间的关系并非诸多学者所认为的那样:苏共"二十大"以后,双方分歧"浮出水面",中苏友谊的话语建构显得"空泛";中苏友好话语建构的频率明显降低(李巧宁,2007:64—65,68)。在苏联档案解密之后,沈志华利用一手资料已有最新研究成果问世,认为事实上当时中苏之间的政策性分歧是不存在的(沈志华,2013:82)。1956—1957年间,中苏两国的关系究竟是表象还是实质性的盟友,对研究"翻译与政治"这一课题颇为关键。可以想见,对于在中国译入语语境中处理西方资本主义文学,尤其是现代派文学这一敏感话题,若中苏两国无实质性的"蜜月"关系,中国的翻译界是很难将苏联的文学视域作为中国译介现代派文学的参照系的。而事实也证明,1957年之后,中国开始在共产主义世界与苏联平起平坐(沈志华,2013),中苏关系方逐渐出现裂痕,而此时中苏关系则呈现表象上的友好,反映到《译文》上则是在1957年11月、12月号上刊载"苏联文学专号"之后再也没有对苏联文学进行大规模、集中性译介。
② 例如"关于印象派绘画的估价问题",就在"最近半年多以来曾经在苏联美术界引起热烈的讨论"(王琦,1957:185)。

束缚。

二、译者主体对主流意识形态的隐性抵抗与《恶之花》现实主义身份的塑造

虽然从诗学层面考察，《恶之花》在译入语语境中的"绽放"体现了迥异于社会主义现实主义的诗学模式，但正如勒菲弗尔（André Lefevere）所指出的，翻译文学作品树立什么形象首先取决于译者的意识形态，这种意识形态有时是译者本身认同的，有时却是"赞助人"（patronage）强加于他的（André Lefevere，1992：61）。那么，译入语语境中包括译者、编者、评论者在内的专业人士，是从何种视角（诗学的、审美的，还是意识形态的？）评析《恶之花》的？他们是如何参与翻译的"改写"过程？译者的意识形态究竟是其自身认同的，还是"赞助人"强加于他的？若是后者，译者又是如何采取"抵抗"的方式的？

首先，我们来考察译者陈敬容的身份背景。作为二十世纪40年代"九叶诗派"的代表人物之一，陈敬容被袁可嘉誉为"深受古典诗词和西方诗歌影响的诗人和翻译家"（辛迪等，2000：9）。且陈敬容受益于波特莱尔的都市抒情诗"遗泽较多"，其诗作中所体现的"眩惑之美正符合波德莱尔的美学理念"（张松建，2006a：204），"准确地把握住了"波德莱尔"诗歌美学、独特风格、文学史上的不朽地位"（张松建，2006b：84，85）。她认为在《恶之花》问世之前，"法国（甚至整个欧洲）从未有过那么丰富的色调，那么神秘的音乐。他给一切微细的事物都涂抹上一层神异的光辉，无论他的沉思、歌颂、嘲骂，或者咒诅，都同样显得真挚而深沉，毫无浮泛或夸大的感觉。"（陈敬容，1946）陈敬容自己也回忆："一九四六年夏到上海后，曾在报刊上发表过

这些译诗①中的十几首,波德莱尔的诗约占那十几首中的一半。"(波特莱尔,2012:3)可以说,译者对波特莱尔作品有长期研究,对其作品在译出语主流文学界所具有的诗学特征和美学意义有深刻体悟。那么陈敬容及《译文》编委在"双百"政策的影响下,有没有从译出语主流文学评析的立场出发对《恶之花》进行评析呢?其解读方式颇为策略,耐人寻味。

《译文》一个非常普遍的行刊模式即是以译者或编者的名义为译文撰写前言或后记。②《恶之花》的译文之前即出现了署名"编者"的介绍性文字,其第一段如是写道:

> "恶之花"(«Fleurs du mal»),按照波特莱尔(Charles Baudelaire)的本意,是指"病态的花"。原书的里封面上印有一句题辞:"……,将这些病态的花献给……。"我国过去一向译成"恶之花",这"恶"字本应当包含丑恶与罪恶两个方面,然而却往往被理解为罪恶或恶毒,引申下去,恶之花就被当成了毒花、毒草甚至毒药了(编者,1957a:133)。③

从这段文字中我们注意到:"编者"在解读波特莱尔的"本意"时颇为隐晦。在"编者"看来,"恶"的本意有两种:一种为"丑恶",一种为"罪恶"。从"编者"的转折语调来看,其明显倾向于

---

① 指法国现代诗歌。
② 据笔者统计,从 1953 年 7 月号至 1957 年 7 月号,以译者的名义为译文撰写的前言或后记达 179 篇,以编者为名义的达 199 篇,其他人代言所撰写的后记有 3 篇,署名不详的有 4 篇。
③ 笔者在《1950 年代》一文中对该原始材料的引用不充分,故笔者完全推翻了文中三个论点中的第二和第三点(崔峰,2014:93),重新进行论述。详见下文。

将"恶之花"中的"恶"理解成"丑恶"而非"罪恶"。那么,这两层含义的本质区别究竟在哪里?我们可以进一步观察到,"编者"对把"罪恶"引申理解至"毒花、毒草、毒药"颇有微辞。而众所周知,"毒花、毒草、毒药"恰是当时社会主义语境中用以进行意识形态对抗、批判资本主义的高频主流话语:比如1957年2月27日毛泽东在最高国务会议上阐述"双百"方针时所言:

> 资产阶级、小资产阶级,他们的思想意识是一定要反映出来的。一定要在政治问题和思想问题上,用各种办法顽强地表现他们自己……有错误就得批判,有毒草就得进行斗争……我们是反对一切毒草的,但是我们必须谨慎地辨别什么是真的毒草,什么是真的香花。我们要同群众一起来学会谨慎地辨别香花和毒草,并且一起来用正确的方法同毒草作斗争。(毛泽东,2002:162—163)

事实上此次会议中,毛泽东在涉及阐述"双百"问题时,通篇即是以"香花和毒草"作比喻来阐述社会主义和资本主义意识形态的斗争性。而刊载《恶之花》的1957年7月号《译文》离毛泽东的报告时间仅相隔5个月。由此我们可以体会到"编者"所包含的弦外之音:从意识形态的角度解读"恶之花"的"恶"是不合适的。同时,如若我们再结合《译文》其后刊载的苏联评论家列维克《波特莱尔和他的"恶之花"》一文,即可发现:列维克认为波特莱尔通过笔下所描绘的"丑陋不堪"、"令人厌恶"的"城市生活的内部",来表现"对他当时资产阶级社会所产生的一切东西的厌恶"(列维克,1957:162,163)——实质上正诠释了在社会主义语境中"罪恶或恶毒"的具体含义。尤其值得注意的是:列维克笔下的"丑"与"恶",与"编者"所认为的"恶"之"本意"中的"丑恶"显然是不一样的:前者是译入语语境中意识形态的解读方式,后者则是译入语主流话语中对"恶之花"之"恶"在美学层面的诠释。由此可见,"编者"并不认同从现实主义角度解读"恶之花"中"恶"的含义。①

虽然,此处的"编者"并未直接指明即译者陈敬容本人,但我们从文中可以判定,"编者"显然非常熟悉波特莱尔作品在译出语境中的"本意",及其在译入语语境中被"改写"后的解读。"编者"言及"我国过去一向译成'恶之花'",说明其对1949年以前《恶之花》在中国的译介史也了如指掌。② 同时,我们结合上述对"编者"所撰内容的分析,再考虑到陈敬容在1956年即正式调入《译文》编辑部担任编辑组组长这一史实,"能够既对波特莱尔有深入了解,又可以以'编者'的名义撰写《恶之花》介绍文字的极有可能就是译者陈敬容"(崔峰,2014:93—94)。而最为关键的证明即是陈敬容在后来出版的《图像与花朵》一书的题记中如是写道:"《恶之花》的'恶'(Mal),在法文中可以解作病态或丑恶。"(陈敬容,2012:6)——与1957年7月号上编者的解读实质上完全一致,均提到了"恶"在译出语语境中"病态"、"丑恶"之意。

作此论断后接下来需要分析的是:作为"译者"的陈敬容和作

---

① 笔者在《1950年代》一文中认为"编者所指的'丑恶与罪恶',正是列维克认为波特莱尔笔下所描绘的'丑陋不堪'、'令人厌恶'的'城市生活的内部',以此来表现'波特莱尔对他当时资产阶级社会所产生的一切东西的丑恶'。"(崔峰,2014:93)这一观点需要更正。诚如本文所述,"丑恶"与"罪恶"作为理解"恶"的两个层面需要分别看待,"丑恶"是译出语境中美学层面的意义,"罪恶"则可从列维克的社会主义现实主义层面进行解读。这一结论即推翻了笔者在《1950年代》一文中所得出的另一论点"'编者'有意引导读者从现实主义的角度解析这部作品"(崔峰,2014:93)。如本文所析,"编者"以含蓄的方式对从现实主义角度解析这部作品持反对立场,因而并未引导读者从现实主义的角度解析这部作品。

② 据相关学者研究:"'五四'新文学运动伊始,波特莱尔就被介绍进中国文坛。""1920年代《恶之花》中的许多篇章即被翻译成中文。1940年代译介波德莱尔较多者是戴望舒、陈敬容、王了一。"(张松建,2006b:76,80)

为"编者"的陈敬容是如何处理《恶之花》与主流意识形态的关系的？首先回到上述问题，文学作品在译入语语境树立形象的过程中，译者的意识形态究竟是其自身认同的还是"赞助人"强加于他的？陈敬容的身份背景显然排除了前一种可能。从上文对两种"罪恶"的解读与态度来看，从现实主义的角度解读、塑造《恶之花》在译入语中文学形象，并非作为"译者"的陈敬容所认可的方式。一明显的例证即是陈敬容与列维克对波特莱尔在译出语主流话语中的身份产生了分歧：在列维克看来，"俄罗斯进步批评家总是正确地估计了波特莱尔创作中的矛盾和复杂性。相反地，只有颓废主义者把他的进步一面避而不谈⋯⋯在这里也就产生了认为波特莱尔是颓废主义和象征主义的创始人的传统观念"（列维克，1957：164）。显然列维克承袭了俄国文学传统中对波特莱尔的现实主义解读[1]，把波特莱尔排除在了象征主义作家之外。而陈敬容则在40年代就指出："波德莱尔不同于其它象征派诗人们，虽然他事实上是象征派的创始人。"（陈敬容，1946）

但在介绍性文字中陈敬容表明自己立场颇为含蓄，并没有直接出现"现代主义"和"现实主义"的论述字眼，[2]实是因为作为"编者"的陈敬容必然要受到"赞助人"的制约；而在50年代，

---

[1] 从十九世纪开始，俄国文学即视波特莱尔为"法国激进的、极具革命精神的现实主义诗人"，且其译文在很大程度上是被"操控"（manipulated）的，俄国译者为使其译作实现"为民主革命服务"、"对丑恶现象的揭露和对下层人民的同情"等目的，改写、重写了原文。有关原文与译文的对比，以及俄国对波特莱尔现实主义成因的解读，详见金初一（2011：131—144）。当然，《译文》所刊载的陈敬容这几篇译作不存在这种情况的"改写"。

[2] 因此笔者在《1950年代》一文中的论点："无论是'编者'在刊载《恶之花》作品前所写的介绍性文字，还是《译文》在其后刊载的苏联评论家论文《波特莱尔和他的〈恶之花〉》，均回避了原作在译出语语境中的象征主义美学意义，而将其视作一部现实主义作品进行评析"（崔峰，2014：91），需要更正。"译者"陈敬容并没有回避原作在译出语语境中的美学意义，只是没有直接使用"象征主义"字眼。更为重要的是，她并没有"将其视作一部现实主义作品进行评析"。

在整个翻译文学的系统中,"国家"扮演着最大的"赞助人"的角色,《译文》在译作择取的过程中需保持与官方主流意识形态的一致性与统一性。

首先,"双百期间"意识形态对中国文坛的"相对松动"并不意味着"绝对松动"。《译文》并没有对过往从意识形态角度批判现代派文学的做法做出反思甚至否定,社会主义现实主义文学依然是译入语语境中最为主流,也是最为"安全"的文学风格。一个明显的例证即是1956年11月21日到12月1日中国作家协会专门召开的一次"文学期刊编辑工作会议"。虽然与会者一方面强调"大胆放手",但同时也明确地提出:"一个刊物该有自己的主张,有立场、有基调、有主导方向。"会议指出:

> 在"双百"方针提出以后,有的编辑人员产生了这样一种想法:今后编辑好做了,反正"百花齐放,百家争鸣",你来什么文章,我发什么文章就是,用不着我来伤脑筋。这种冷冰冰的客观主义的态度,阻碍了党所提出的"百花齐放,百家争鸣"的方针的实现,它将大大地削弱了刊物的战斗性。(本刊记者,1956:20)

会上,大家一致认为:

> "百花齐放,百家争鸣",绝对不是要我们把思想斗争的旗帜收起来,而是要把它举得更高。我们的刊物必须站在先进的立场、党的立场上成为宣传先进思想、先进事物、先进艺术的阵地。(本刊记者,1956:20)

由此足见,在这样一个由中国"作协"主办的会议上,这位

"赞助人"实质上早已规定好了包括《译文》在内的各家期刊在"百花齐放,百家争鸣"中所要遵循的基本原则,以及它们"变革"时的基本底线。因此,在译入语语境中体现译作的社会主义现实意义,实为题中应有之义。所以如上文所析,在意识形态的操控下,"编者"陈敬容只能在介绍性文字中十分含蓄地表明作为"译者"的立场。但她没有像俄国译者般为了迎合现实主义的需求进行诗学层面的改写[①],而是能够依循原作的艺术风格,使得中国的译入语读者看到一部不同于社会主义现实主义诗学的译作,并含蓄地表达对用现实主义话语解读《恶之花》的不同意见,这在一定程度上体现了面对主流意识形态操控时的译者主体性,即她为坚持译出语语境中的美学观念,而对译入语主流意识形态的某种抵抗意识。同时,"编者"极有可能即是陈敬容的论断,更能印证这种抵抗意识的隐性特色:"译者"突显的是个性意识,而"编者"则行使的是集体话语权;因此,以"编者"身份含蓄地表达对《恶之花》进行现实主义解读的反对立场,要比直接以"译者"身份进行解读在政治上更为安全与策略。以集体负责的方式处理意识形态上的敏感话题,有利于分散、缓解一旦出现政治上的"不正确"而对个体带来的巨大影响和冲击。

其次,在"双百"期间,《译文》编辑部仅选择了一部在译出语语境中属于现代派文学的《恶之花》,同样也表现了编辑部对处理现代派文学上的谨小慎微。毕竟现代派文学与社会主义现实主义文学间的关系在译入语语境中已脱离了"纯文学"范畴,长期具有意识形态上的对立性。在译者和编者清晰了解《恶之花》的"别样性"以及读者阅读之后的"别样"感受的同时,编辑部刊载了一篇从现实主义角度解读的《波特莱尔和他

---

① 参见第441页脚注①。

的"恶之花"》实是可以借由苏联的文学视域将其纳入现实主义译介范畴①,体现译介的"合法性"(崔峰,2014:96)。颇为有趣的是,在编者的介绍性文字与《波特莱尔和他的"恶之花"》中都提到了《恶之花》初版时由于被控诉"有伤风化"而被删节一事(波特莱尔,1957:133;列维克,1957:162—163)。列维克将这一事件从意识形态斗争的角度解读为资产阶级官方的"仇视"行为所致;而编者介绍性文字中对这一事件的重新提及,似乎在宣称:我们对《恶之花》的译介是符合当下主流意识形态的需要的。虽然"译者"陈敬容显然不会同意这种以现实主义话语解读《恶之花》的方式,但既然以"编者"名义代言,则要体现编辑部背后所代表的官方意识形态的立场:显然,编辑部选译《恶之花》是经过深思熟虑的——因为其他主流意识形态中的现代派作品未必可像《恶之花》那般纳入现实主义的"改写"范畴。译者与编者(及背后所代表的编辑部)的"共谋"(conspiracy)在陈敬容身上显露无遗。

综上所述,区别陈敬容"译者"与"编者"的双重身份对观察《恶之花》与译入语主流意识形态的关系至关重要。从"编者"介绍性文字的第一段来看,"译者"陈敬容在选译了"别样绽放"的《恶之花》之后,为了政治上的安全,策略地以"编者"名义表达自身的诗学立场,并没有将《恶之花》与现实主义联系起来以作现实主义解读,所以译者的这种抵抗意识并不是为了符合译入语意识形态的需要,而是为了突显自身的主体性。② 而"编者"陈

---

① 有关《波特莱尔和他的"恶之花"》的具体分析可参见崔峰(2014:96—97)。
② 该结论亦推翻了笔者在《1950年代》一文中的相关结论:"(陈敬容)回避了直接以'译者'的身份对作品进行现实主义式的解读,而以一种较为隐含的方式将其与现实主义联系起来,以符合译入语意识形态的需要。"(崔峰,2014:94)若不对陈敬容的双重身份分开分析,就无法厘清《恶之花》与现实主义的关系,也无法交代陈敬容的翻译与介绍究竟是抵抗还是符合译入语意识形态。

敬容则需要配合编辑部,试图将《恶之花》纳入现实主义话语范畴,所以,"编者"介绍性文字的第二段即提及了《恶之花》初版时被控诉"有伤风化"一事,并有意识地在最后一段提到:"我们为了使读者认识这位法国大诗人,除选择了《恶之花》中的九首诗之外,还选译了法国作家阿拉贡的一篇文章和苏联《外国文学》月刊上列维克的文章。"(编者,1957a:133)——这种行刊安排显然要以编者及其代表的编辑部的名义进行。

三、理论反思与结论

自翻译研究的"文化转向"之后,译者的文化身份及其主体性问题成为重要的研究课题。在佐哈尔(Itmar Even-Zohar)、勒菲弗尔、赫曼斯(Theo Hermans)等学者的推动下,译者文化身份和主体性得以彰显。正如赫曼斯所说:"翻译告诉我们更多的是译者的情况而不是所译作品的情况。"(西奥·赫尔曼,2000:219)勒菲弗尔也指出:"译者不仅能赋予原作以生命,他们还能决定赋予他们何种生命,并决定如何使他们融入到译语文学中。"(André Lefevere,1995:7)①有学者结合前人学者在翻译过程、哲学层面对主体性的理解,对译者"主体性"做出更为细致的定义:

> 译者主体性是指作为翻译主体的译者在尊重翻译对象的前提下,为实现翻译目的而在翻译活动中表现出的主观能动性,其基本特征是翻译主体自觉的文化意识、人文品格和文化、审美创造性。(查明建、田雨,2003:22)

---

① 中译文参见查明建(2003:220)。

这些研究成果为我们在运用系统理论中考察译者在翻译过程中的主体性作用提供了借鉴。在多元系统的理论框架内，研究者在关注社会文化规范（包括主流意识形态、赞助人等因素）对译者制约的同时，亦不可忽视译者在选材、翻译与阐释的过程中主体性的彰显。即便如勒菲费尔所言影响译者的意识形态"有时是译者本身认同的，有时却是'赞助人'强加于他的"，但译者同样也存在着对主流意识形态的抵触与不认同、对"赞助人"强加给其意识形态的不接受现象。本文在论及陈敬容译介《恶之花》的过程中，即可看出，作为译者的陈敬容即便在符合主流意识形态的翻译规范的影响下，仍然因为其"自觉的文化意识、人文品格和文化、审美创造性"等主体性因素，而在翻译与介绍的过程中，通过一定的翻译策略，形成了译者与主流意识形态的互动关系，从而避免了在翻译文学史的研究与写作过程中经常出现的政治干预文学这样单向解析的模式。

赫曼斯（Theo Hermans, 1985: 11）指出，所有的翻译都是出于某种目的而对原文某种程度上的操控。勒菲弗尔（1992: vii）又提出翻译是一种"改写"，改写即操控（manipulation）。文化操控是文学翻译中的普遍现象，但操控的具体方式各有不同。陈敬容译介《恶之花》的个案研究，使我们看到了译入语文化多元系统内的"专业人士"如何通过"译后记"、"编后记"、评论、行刊安排等"改写"和"操纵"方式，使之符合主流意识形态的需要，切合"译语文学当下流行的风格和主题"（Theo Hermans, 1985: 11）。因此，在当代翻译文学史的研究过程中，考察文学译作之外的文本（即"译后记"、"编后记"、"后记"、评论），对我们分析翻译规范的形成、译作择取的标准显得尤为重要。因此，我们看到《译文》对《恶之花》的选择采取了形式与内容相分离，即形式以异化为主，内容以归化为主的策略。一方面忠于原文在译出语语境中"以丑写美"的艺术形式;另一方面通过编者介绍性文字中的相关段落,并安排列维克的评论文章,以"改写"的方式将内容归化成译入语主流意识形态认可的现实主义文学话语,从而为我们突破语言层面,从文化、诗学、政治的视角探讨归化与异化的策略提供了借鉴意义。

参考文献

[1] 本刊记者:办好文学期刊,促进"百花齐放,百家争鸣",文艺报,1956(23):20—21。

[2] 编者:编者的话,译文,1957a(7):133。

[3] 编者:读者意见综述,译文,1957b(5):196—200。

[4] 波德莱尔:恶之花,郭宏安译,桂林:广西师范大学出版社,2002。

[5] 波德莱尔:恶之花,郭宏安译,上海:上海译文出版社,2011。

[6] 波特莱尔:图像与花朵,陈敬容译,长沙:湖南文艺出版社,2012。

[7] 波特莱尔:《恶之花》选译,陈敬容译,译文,1957c(7):133—143。

[8] 查明建,田雨:论译者的主体性——从译者文化地位的边缘化谈起,中国翻译,2003(1):19—24。

[9] 查明建:意识形态、诗学与文学翻译选择规范——二十世纪50—80年代中国的(后)现代主义文学翻译研究,香港:岭南大学博士论文,2003。

[10] 陈建华:二十世纪中俄文学关系,北京:高等教育出版社,2002。

[11] 陈敬容:波德莱尔与猫,文汇报·浮世绘,1946—12—19。

[12] 初金一:俄国现实主义文学视野中的波德莱尔,中国比较文学,2011(2):131—144。

[13] 崔峰:"日丹诺夫主义"与1950年代上半期的中国文坛——以《译文》为例(1953年7月号—1956年3月号),翻译史研究,2011:250—290。

[14] 崔峰:1950年代中国大陆文坛与欧美现代主义文学译介——以《译文》为例//许绶南:南天文荟2014英语文教学新样貌——台南大学2014英语文教学研讨会论文集,台南:台南大学,2014:81—98。

[15] 崔峰:为《译文》溯源——从茅盾的《译文·发刊词》说起,中国比较文学,2009(4):80—88。

[16] 李巧宁:新中国的中苏友好话语构建,北京:中国社会科学出版社,2007。

[17] 李卫华:中国新时期翻译文学期刊研究:1978—2008,北京:中国社会科学出版社,2012。

[18] 列维克:波特莱尔和他的"恶之花",何如译,译文,1957(7):162—166。

[19] 毛泽东:毛泽东文艺论集,北京:中央文献出版社,2002。

[20] 沈志华:处在十字路口的选择:1956—1957年的中国,广州:广东人民出版社,2013。

[21] 西奥·赫尔曼:翻译的再现//田德蓓译,谢天振:翻译的理论建构与文化再现,上海:上海外语教育出版社,2000:1—20。

[22] 辛笛等:九叶集,北京:作家出版社,2000。

［23］张松建:"恶之华"的转生与变异——汪铭竹、陈敬容、王道乾对波德莱尔诗的接受与转化,中国现代文学研究丛刊,2006a(3):197—215。

［24］张松建:"花一般的罪恶"——四十年代中国诗坛对波德莱尔的译介,中国现代文学研究丛刊,2006b(2):76—100。

［25］CUI Feng,"Translation and ideology: An analysis of Western literary translation in China(1949—1966), using World Literature as an example", *La Ricerca Nella Comunicazione Interlinguistica Modelliteorici e metodologici*. Milan: Franco Angeli,2009:302—316.

［26］HERMANS T., *The Manipulation of Literary Translation*, London & Sydney: Croom Helm,1985.

［27］LEFEVERE A.,"Introduction: Comparative Literature and Translation", *Comparative Literature*, 1995, 47(1):1—10.

［28］LEFEVERE A., *Translation, Rewriting, and the Manipulation of Literary Fame*, London & New York: Routledge,1992.

［29］MARGARET M., "Baudelaire and Symbolism", *L'Esprit Créateur*,1973(13):154—165.

［30］BABUTS N., *Baudelaire: at the Limits and Beyond*, London: Associated University Presses,1997.

［31］SOLOMON AR., *The Cult of Beauty in Charles Baudelaire*, Vol. 2. New York: Institute of French Studies, Columbia University,1929.

波德莱尔与"前朦胧诗"写作[①]

杨玉平[②]

波德莱尔对西方现代文学艺术的影响不言而喻,他与中国现代诗歌也有深刻的渊源。波德莱尔在中国的译介史可以追溯到 1919 年。他虽然不是第一个被译成中文的法国诗人,但他的作品因其精美的形式、独特的技巧和大胆的美学理论,得到了中国诗人、译者和批评家的赞赏,被视为现代主义的鼻祖、象征主义的宗师,是建国前在中国影响最大的法国诗人。中国象征派诗人或现代派诗人的成长历程大都或深或浅地显示出《恶之花》的痕迹。目前,国内外关于波德莱尔与中国现代诗歌的关系已出现不少研究成果,但波德莱尔与中国当代诗歌的关系,还是一个有待深入研究的课题。本文关注的即是波德莱尔对二十世纪

[①] 本文原发表于 2015 年《世界文学》第 6 期,此次发表有删节。
[②] 杨玉平,文学博士,南开大学外国语学院副教授,主要研究领域为比较文学。近年来出版专著 2 部,译著若干部,发表学术论文数篇。专著 *Baudelaire et la Révolution culturelle chinoise*(Presses Sorbonne Nouvelle,2013 年 4 月,巴黎)2015 年 11 月获得第七届高等学校科学研究优秀成果奖三等奖。主持并完成天津市社科项目"法国象征主义与文革地下写作",参与并完成国家重点社科项目"经典法国文学史翻译工程"2 个子项目。目前主持南开大学与法国外交部档案馆合作项目"法国外交部档案馆藏中法关系史档案汇编工程",第一卷 2019 年 3 月由南开大学出版社出版。

60—70年代的"前朦胧诗"写作的影响。

一、"前朦胧诗"写作与西方文学

上世纪70年代末80年代初横空出世的"朦胧诗"已被当代文学史经典化。然而,围绕"朦胧诗"研究尚有不少疑问。从时间的角度来看,"朦胧诗"的很多干将早在60和70年代就着手写作,不少"朦胧诗"作品实际诞生于这一时期。从写作内容来看,"朦胧诗"当年之所以引起激烈争论,不外乎它包含的现代主义因素,使"朦胧诗"与当时主流诗坛的作品显得大相径庭,扰乱了某些读者和批评家的阅读习惯。然而,现代主义因素早在"朦胧诗"之前的诗歌写作中就出现了。因此,"朦胧诗"这股奔涌而出的诗潮是由许多文学潜流汇聚而成的。已经有学者从事这方面的研究,将始于"朦胧诗"之前,并且与"朦胧诗"具有历史和艺术关联的诗歌写作称为"前朦胧诗"。

"前朦胧诗"主要发生于二十世纪60—70年代,在全国各地都曾经存在,而且各具特色。"前朦胧诗"作为一种特殊的文学现象,对于认识整个当代文学史具有不可忽视的价值。"前朦胧诗"受到很多文学资源的影响,例如中国古典文学、中国现代文学、当时的红色主流文学、民间文学和外国文学。但"前朦胧诗"最引人注目的一点就是它展现的现代主义因素,而现代主义是源于西方的一种文化思潮。那么,"前朦胧诗"与西方现代文学之间存在着怎样的联系?

"前朦胧诗"写作的主力是知青。规模浩大的"上山下乡"运动使他们离开熟悉的城市,来到贫困的乡村。面对残酷的现实,不少人褪去理想的狂热,陷入深深的迷失。为了消除心中的迷失感,很多人转向阅读,并通过写作来记录心灵的困惑和思考的历程。一批幸存下来的西方文学作品通过各种渠道流入他们手中。尽管数量有限,却为他们敞开了一个新的文学世界。在很短的时间内,他们就基本了解了西方现代文艺思潮,并运用于自己的创作实践。诗歌成了他们写作的主要形式。北京、白洋淀、贵阳、上海、重庆,乃至全国各地,出现了各种各样的文艺沙龙,聚集了西方现代诗歌狂热的爱好者,其中包括后来享誉当代诗坛的诗人,如食指、芒克、根子、多多、北岛、哑默。他们全都承认西方现代诗歌对自己的影响。引人瞩目的是,在他们喜爱的外国诗人名单中,几乎每个人都提到波德莱尔。不止一位诗人宣称,他们是读了《恶之花》才走上诗歌创作道路的,而他们的写作也的确带着波德莱尔的痕迹。波德莱尔为什么能起到这样的作用?诗人们在《恶之花》中找到了什么?在一个如此特殊的时代,波德莱尔在哪些方面满足了他们的精神需求,刺激了他们的诗歌想象?《恶之花》对他们的影响是如何发生的?影响的程度究竟有多深?他们与波德莱尔的精神契合与艺术契合是如何实现的?要回答这些问题,我们首先必须关注波德莱尔在建国后的译介情况。

二、1957年的"波德莱尔专刊"

波德莱尔在现代中国曾风光无限,建国后却备受冷遇。不过,这种天壤之别并不令人感到惊讶。文学接受离不开特定的文化背景:波德莱尔与新中国是格格不入的。波德莱尔"为艺术而艺术"的主张与新中国"文艺为政治服务"的政策必然产生冲突;他的颓废、对人类命运不可救药的绝望则与共产主义弘扬的革命乐观主义和英雄主义的人生态度背道而驰;象征主义的写作方式与社会主义现实主义的创作原则更是毫不沾边。然而,历史之手以出人意料的方式为波德莱尔在中国的命运带来了转机。1956年随着"双百方针"的提出，文学界经过对建国以来外国文学译介工作的反思，呼吁加强与西方文学的联系，译介更多的西方文学作品。读者也通过各种渠道表达了拓宽阅读范围，了解西方文学的强烈愿望。1957年7月，为纪念《恶之花》初版百年，《译文》推出了波德莱尔专刊，对波德莱尔及其作品做了较全面的介绍。《译文》是当时译介外国文学的唯一官方杂志。专刊包括一帧波德莱尔版画像、波德莱尔为《恶之花》初版亲手制作的题记、《译文》编者按，还有时任《译文》编辑的诗人陈敬容从《恶之花》中选译的九首诗、法共作家阿拉贡1957年3月发表在《法兰西文学报》上题为《比冰和铁更刺人心肠的快乐》的文章（译者是沈宝基）和苏联批评家列维克关于波德莱尔的评论（译者是何如）。

专刊的编者按显示了《译文》编辑部对待波德莱尔的态度。编者按直言国内对《恶之花》存在误读，否认《恶之花》是"毒草"。编者按随后简要介绍了《恶之花》和诗集几次出版的情况，并通过1857年《恶之花》初版遭遇诉讼和波德莱尔曾与朋友合办过一份革命性日报来证明波德莱尔是一个政治上正确的诗人。同时，编者按还极力说明波德莱尔不是人们想象中的颓废诗人，而是一个严肃的艺术家，出色的批评家和翻译家。总之，编者按认为，波德莱尔的艺术价值在中国远未真正揭示出来，至少，对波德莱尔的诠释是不正确的。

阿拉贡的名字和作品在50年代的中国已为读者熟知。作为共产主义作家，阿拉贡的政治立场值得信赖。而且，阿拉贡是一位法国诗人，谙熟法国诗歌艺术。他的评论代表着权威意见，足以证明波德莱尔的价值。在题为《比冰和铁更刺人心肠的快乐》的文章里，阿拉贡对波德莱尔的诗歌艺术进行了详细解读。

阿拉贡认为,波德莱尔继承了法国诗歌的传统。在波德莱尔的诗歌里,可以听到法国历史上最伟大的诗人们的声音。同时,阿拉贡明确意识到波德莱尔对现代诗歌的价值。《恶之花》摒弃传统诗歌高贵的题材,从最微贱的事物出发,为诗歌开辟了新的领地。《恶之花》包含着许多伟大的诗句,反映了波德莱尔对现代诗歌本质的思考,蕴藏着诗歌的未来。值得注意的是,这篇文章有一个意味深长的结尾:"马克思主义呢?我没有回答他说,马克思主义并不是像一般浮夸的人所设想的那样。"[①]

列维克是苏联诗人和翻译家,翻译过包括波德莱尔在内的一些欧洲重要诗人的作品。和阿拉贡撇开马克思主义,热烈赞美同胞的诗艺不同,列维克的文章浸透在时代特有的意识形态氛围里。但列维克并未追随苏联极左思潮对波德莱尔的激烈批判,而是从现实主义的角度出发,对波德莱尔做出了全新的解说和积极的评价。列维克和阿拉贡一样欣赏波德莱尔的天才。他认为,《恶之花》保持了古典诗歌的形式,但在题材、意象、内容和诗句组织方面革新了法国诗歌。在他看来,波德莱尔这位精益求精的诗人、卓越的翻译家和才华横溢的批评家还是一位民主人士。《恶之花》中不乏现实主义的杰作,充满了诗人对腐朽资本主义社会的控诉和对劳苦大众的深切同情。波德莱尔不是颓废主义者,《恶之花》表现出的颓废是作者厌恶丑恶社会的证据。列维克的结论是,"波特莱尔诗歌是一种分界线"[②],是人类文化遗产不可或缺的一部分。

陈敬容从《恶之花》选译的九首诗分别是(按照发表顺序):《朦胧的黎明》《薄暮》《天鹅》《穷人之死》《秋》《仇敌》《不灭的火炬》《忧

---

① 阿拉贡:《比冰和铁更刺人心肠的快乐》,沈宝基译,《译文》,1957年第7期。
② 列维克:《波德莱尔和他的"恶之花"》,何如译,《译文》,1957年第7期。

郁病》和《黄昏的和歌》。1940年代上海发生了一场围绕波德莱尔的论争。陈敬容由于翻译波德莱尔和创作带着波德莱尔的痕迹而备受苛责。为了给波德莱尔的诗歌和自己的文学创作辩护,1947年,陈敬容发表了《谈我的诗和我的译诗》。在这篇文章里,陈敬容强调了波德莱尔的作品对于中国新诗的意义:"至于他作品形式之严格,技巧之熟练,字汇丰富等,对于我国有些新诗完全蔑视形式和技巧,太过流于散文化,公式化,标语口号化的情形来说,也还不无好处。"①当时,对于正在寻求形式变革的中国新诗来说,波德莱尔的价值是显而易见的。十年后,已经简化为"政治抒情诗"的中国当代诗歌面临着类似的问题,而且更为严重。《译文》虽然没有出现陈敬容对再译《恶之花》的个人说明,想必她是怀着与40年代同样的忧虑。再译《恶之花》的举动不仅反映了陈敬容对波德莱尔诗歌执着的喜爱,而且透露出她内心深处埋藏已久的愿望(这也是当时很多诗人的愿望):恢复与西方现代文学的交流,让西方现代文学为政治化的中国当代诗歌提供一个文学参照。

  诗歌翻译历来是翻译的难点。但青年时代颠沛流离的生活和诗人特有的敏感让陈敬容对波德莱尔的艺术有一种独到的理解和源自心灵深处的同情。诗歌最难译的是节奏。陈敬容有如天助,在与波德莱尔心神交会之际,捕捉到了回荡在波德莱尔诗句中的神奇节奏。她敢于突破形式的限制,把《恶之花》译成了自由诗。她忽略原作随韵、交韵和抱韵的押韵模式,代之以宽泛的平仄和有意无意的韵脚,使她的译诗始终具有一种似有若无的音乐感,展现了原作内在的节奏和情绪。作为一位在40年代就已成名的现代派诗人,陈敬容谙熟现代派艺术的精要。《黄昏的和歌》反映了波德莱尔的应和理论。陈敬容用"花吐出芬芳"

---

① 陈敬容:《谈我的诗和我的译诗》,《文汇报》,1947年第161期。

"声音和香气在黄昏的天空回荡""小提琴幽咽"这样的语句,传达出波德莱尔笔下那个充满感应的神秘世界。九首诗包含的丰富而奇特的意象形象地展示出波德莱尔这位象征主义鼻祖独有的风采。在《仇敌》中,"我的青春只是一场阴暗的暴风雨"[1],在《黄昏的和歌》中,"太阳沉没在自己浓厚的血液里"[2],尖锐而强烈的意象风暴一般袭来,给读者带去了当时诗坛程式化象征无法创造的"比冰和铁更刺人心肠的快乐"[3]。

《译文》编辑部表现出极大的勇气。编者按、阿拉贡和列维克的文章共同构成了对波德莱尔诗歌的权威解说。他们力图向读者证明,波德莱尔不是一个颓废的恶魔,而是一个具有严肃创作态度的伟大艺术家,一个西方现代诗坛一流的诗人。他们也许没有想到,就是这期波德莱尔专刊,将对中国当代诗歌,尤其是"前朦胧诗"写作,产生惊人的影响。在上个世纪60—70年代,一代诗人如饥似渴地阅读陈敬容的翻译,每个人都将从波德莱尔那里发现令他们着迷的东西,并以此为营养,创建属于他们自己的诗歌世界。

除去1957年的翻译,当时还可以找到一些建国前译介波德莱尔的著作,其中包括怀正文化社1947年出版的戴望舒翻译的《恶之花》。这本题名《恶之花掇英》的译诗集收集了二十四首波德莱尔的诗作。此外,商务印书馆1971年在北京出版了《从文艺复兴到十九世纪资产阶级文学家艺术家有关人道主义人性论言论专辑》一书。这本三十二开共六百多页的"内部发行图书"有七页是关于波德莱尔的。《恶之花》的作者被定义为颓废诗人。和《译文》相比,这本书对波德莱尔的介绍不够详细和深入,

---

[1] 波德莱尔:《仇敌》,陈敬容译,《译文》,1957年第7期。
[2] 波德莱尔:《黄昏的和歌》,陈敬容译,《译文》,1957年第7期。
[3] 阿拉贡:《比冰和铁更刺人心肠的快乐》,沈宝基译,《译文》,1957年第7期。

但它在一定程度上丰富了读者对波德莱尔的认识。

三、北方诗人与波德莱尔

从1968年起,白洋淀陆续接待了来自北京和天津的知青,其中以北京知青为主。很多人在下乡之初就开始写诗。农闲时节,他们返回城里,与留在城里的友人形成各种各样的文艺沙龙。西方现代作品使他们的写作走上了现代之路。在他们阅读的诗人中,波德莱尔是关键的一位。林莽这样描述自己的写作与波德莱尔的关系:"到1973年接触到黄皮书以后,才突然发生转变。……尤其读到现代主义,例如波德莱尔的作品之后,写作方向开始发生变化。"①宋海泉认为,他们"受到最大影响的是波德莱尔以后的象征主义诗歌"。② 北岛则说:"陈敬容是我所敬佩的九叶派诗人之一。她译的波德莱尔的九首诗散见于50、60年代的《世界文学》,被我们大海捞针般搜罗在一起,工工整整抄在本子上。那几首诗的翻译,对发端于60年代末的北京地下文坛的精神指导作用,怎么说都不过分。"③波德莱尔成了一个分界线。

1. 食指

食指喜欢西方诗歌,是波德莱尔的崇拜者。何晶颉回忆说,"他(食指)把他所喜爱的诗人普希金、莱蒙托夫、拜伦、缪塞、波德莱尔、洛尔迦等的诗歌介绍给我们"。④ 她的说法得到李恒久的证实:"他尤其喜欢的诗人是法国的波德莱尔和西班牙的洛尔伽,对于波德莱尔的《恶之花》他更是有着自己独到的

---

① 刘禾:《持灯的使者》,桂林:广西师范大学出版社,2009,第291页。
② 同上,第125页。
③ 北岛:《时间的玫瑰》,北京:中国文史出版社,2005,第86页。
④ 刘禾:《持灯的使者》,前揭,第143页。

见解。"①

食指是中国新诗格律派的继承人。波德莱尔注重形式,曾说,"形式的束缚使思想更强烈"②。格律派主将闻一多是波德莱尔的信徒,他表达了同样的看法,认为写诗如同"带着脚镣跳舞"③。1967年,食指结识了自己崇拜的诗人何其芳。何其芳青年时代的创作深受波德莱尔的影响。1950年代,何其芳发展了闻一多的理论,认为诗歌形式的美就如同"窗含西岭千秋雪"。食指的诗歌创作一直遵循着这一原则。

2003年,在《青年时代对我影响最大的外国诗人——记马雅柯夫斯基、洛尔迦、波德莱尔》一文中,食指回忆说,"提及对我影响最大的是中国女诗人陈敬容译的波德莱尔'恶之花'中的诗句:我的青春只是一场阴暗的暴风雨/星星点点透过来明朗朗的太阳。其意象让人怎么也挥之不去,这可能就是真正的诗了。"④由此可见,波德莱尔使食指领悟到意象对于诗歌的重要性。在《这是4点零8分的北京》(1968)中,食指通过生活中常见的母亲为儿女缀扣子并把线咬断的意象来表达知青们即将告别亲人、远离故土,奔赴未知命运的迷茫与痛苦:

> 我的心骤然一阵疼痛,一定是,
> 妈妈缀扣子的针线穿透了心胸。
> 这时,我的心变成了一只风筝,
> 风筝的线绳就在妈妈手中。⑤

---

① 李恒久:《郭路生和他的早期诗》,《黄河》,1997年第1期。
② Charles Baudelaire:*Œuvres complètes* tome I, p. 627, Paris, Gallimard, 1975.
③ 闻一多:《闻一多精选集》,北京:燕山出版社,2009,第210页。
④ 余中先:《寻找另一种声音》,北京:外国文学出版社,2003,第243—244页。
⑤ 食指:《食指诗选》,北京:人民文学出版社,2009,第44页。

食指的诗浸透着难以排遣的忧郁,这是一代青年面对个人命运和民族未来的苦闷的反映。尽管这是一个群体的感情,食指却用一种个人化的手段把它表现出来。《灵魂》这首诗(1968)笼罩在由"重负、沉重、十字架、阴影、生命的终结"等词汇构成的黑色氛围之中。在波德莱尔的《朦胧的黎明》中,我们可以看到同样的情绪,同样的氛围,甚至同样的词汇。《相信未来》(1968)是食指最著名的一首诗。尽管这首诗表现出些许天真的乐观,诗的开头却充满了苦涩和忧伤。李恒久回忆说,食指创作这首诗时,枕头下放着波德莱尔和洛尔迦的诗。波德莱尔的《忧郁病》形式上颇具特色:全诗共五节,前三节均是以"当"字引导的时间状语从句:"当低重的天空像一个大盖……当大地变成一间潮湿的牢房……当雨水洒泼下无数的线条……"①悠长低缓的节奏传达出诗人绵绵不绝的忧郁。食指运用了同样的句式来表达同样的情感:"当蜘蛛网无情地查封了我的炉台/当灰烬的余烟叹息着贫困的悲哀……当我的紫葡萄化为深秋的露水/当我的鲜花依偎在别人的情怀……"②而"蛛网"和"灰烬"的意象,以及"灰烬"与"贫困"的关联在波德莱尔笔下早就存在:"一群哑默的肮脏的蜘蛛/走来在我们的头脑里结网"③,"那些穷妇人,垂着消瘦冰冷的乳房,/吹着剩火残灰……"④

2. 芒克、根子

芒克、根子与多多被称做白洋淀"三剑客"。芒克宣称不知

---

① 波德莱尔:《忧郁病》,陈敬容译,《译文》,1957年第7期。
② 食指:《食指诗选》,前揭,第29页。
③ 波德莱尔:《忧郁病》,陈敬容译,《译文》,1957年第7期。
④ 波德莱尔:《朦胧的黎明》,陈敬容译,《译文》,1957年第7期。

道为什么写作。朋友们把他描绘成"自然诗人",跟随自己的心歌唱。他的诗显示出俄罗斯抒情诗人的影响,但属于波德莱尔的元素也时隐时现。芒克的绘画知识丰富了他对造型、色彩和空间的认识,新鲜别致的意象使他的诗往往如画一般优美。《冻土地》(1973)是一首极具象征意味的诗。诗的开头和结尾都由与死亡相关的意象构成:"像白云一样飘过送葬的人群/河流缓慢地拖着太阳……/那大片凋残的花朵"①,呈现在读者眼前的是一块没有活力的寒冷的土地。芒克选择的意象表现出他对波德莱尔式的阴郁与残缺之美的偏爱。这种偏爱与芒克对现代艺术的熟悉和欣赏有关,而社会现实更加深了他对这种艺术思潮的理解和认同。

芒克的另一首诗《天空》(1973)创造的强大意象令人震惊:"太阳升起来,/天空血淋淋的/犹如一块盾牌。"②"太阳"是当时主流文学中一个具有固定象征内涵的圣词。但芒克的"太阳"与"血"和"盾牌"形成对峙,显然具有别样的象征意义。从血泊中升起的太阳与波德莱尔那句"太阳沉没在自己浓厚的血液里"③有异曲同工之妙。芒克应当非常熟悉这句诗。波德莱尔的意象表现了落日之美,芒克的意象却涂抹着恐怖的色彩。

1973年,芒克只有二十三岁。青春的失望经常折磨着他,这一年他创作的几首诗都反映了这种心情。在《仇敌》中,波德莱尔用荒芜的果园来寓意失落的青春:"只有很少的红色果子留在我枝头上。"④芒克的《秋天》也出现了"果园"和"红色""果

---

① 芒克:《芒克的诗》,北京:人民文学出版社,2009,第11页。
② 同上,第19页。
③ 波德莱尔:《黄昏的和歌》,陈敬容译,《译文》,1957年第7期。
④ 波德莱尔:《仇敌》,陈敬容译,《译文》,1957年第7期。

子"的意象:"果子熟了,/这红色的血!/我的果园/染红了同一块天空的夜晚。"①在"精神生活的秋天",焦灼不安的波德莱尔期待"在一片被水冲过的土地上"开出"梦想的新的花朵"②。芒克的"果园"看似丰饶,诗人却没有因此等到一个收获的秋天:"秋天呵/太阳为什么把你弄的那样瘦小?"③波德莱尔在《仇敌》的最后一节抒发了年华虚度的痛苦。芒克将《秋天》的结尾也笼罩在深深的失望中,"秋天来了!/秋天什么也没有告诉我。"④

和同代诗人相比,根子的作品不为大众所知。但一些评论家认为,根子的第一首诗《三月与末日》(1971)代表了前朦胧诗写作的高峰。当时的读者都从这首诗中看到了波德莱尔的影子。波德莱尔堪称悖论的大师。《穷人的死》集中体现了悖论的修辞手法。这首诗通过穷人之口赞颂死亡的美德,例如,"死亡给人安慰","是生命的目的,唯一的希望",是"漆黑的天涯颤动着一道亮光"⑤。死亡的价值被完全颠覆。在《三月与末日》中,根子将"三月"与"末日"联系起来,把"春天"比作"灾难"、"娼妓"、"荡妇"、"贩子"和"叛徒",并赋予"大地"颓废的形象,指责"大地"失去了它的"朴素"、"壮丽"、"智慧"、"骄傲"和"庄严",强烈的批评意识使这首诗从语言到思想,完成了彻底的反叛。

《白洋淀》是根子的另一首杰作,同样表现了先觉者的反叛意识。这首诗的中心意象是一个奄奄一息的海难者。为了表

---

① 陈思和:《被放逐的诗神》,武汉:武汉出版社,2006,第164页。
② 波德莱尔:《仇敌》,陈敬容译,《译文》,1957年第7期。
③ 陈思和:《被放逐的诗神》,前揭,第165页。
④ 同上,第167页。
⑤ 波德莱尔:《穷人的死》,陈敬容译,《译文》,1957年第7期。

现这个濒临死亡却异常清醒的伤者,根子如列维克所说"以极端坦率态度来描写"恶,重现了波德莱尔式的可怖画面:"我全部的水分——/脑浆,胆汁,胃液/一律充当了血,留在海口/流得一点也不剩了,"①而接下来的几句将血比作象征邪恶之美的红罂粟,简直就是活生生的"恶之花":"我估计/每一道海浪的顶上,都应当/漂着两三朵红罂粟吧?"②阿拉贡的文章引用了不少波德莱尔的诗句,他赞美"沉重的肠子流在大腿上"③这一句"大胆",根子也写出了类似的句子:"心脏/从胸上的伤口里被摔出,/湿漉漉地/流在我的头旁,现在/也皱巴巴,裹满了沙粒。"④

和根子的其他诗作相比,《雪不是白色的》的现代色彩更浓。诗人描绘了一个怪异的世界,那里充斥着重重叠叠具有超现实主义风格的意象和令人费解的词汇。诗人的全部兴趣似乎集中在一种新的美学实验上,很多意象丑陋甚至令人作呕,如"漂有蚁群的稀薄羊水"、"全身霉点斑驳"、"早夭的水生藻类"、"死鼠"、"腐臭番茄"、"长有晶亮复眼的毒蘑"、"昏黄的臭氧层"、"极光的褴褛的鬈梢"等。即使是一些中性的意象也显得冷漠、毫无生气。根子把波德莱尔推崇的"丑恶之美"推向极致。

3. 北岛

北岛中学毕业后留在城里做了建筑工人。《恶之花》影响了北岛对诗歌的认识。在小说《波动》(1974)中,北岛借主人公之

---

① 陈思和:《被放逐的诗神》,前揭,第150页。
② 同上。
③ 阿拉贡:《比冰和铁更刺人心肠的快乐》,沈宝基译,《译文》,1957年第7期。
④ 陈思和:《被放逐的诗神》,前揭,第151页。

口说,"我喜欢诗,过去喜欢它美丽的一面,现在却喜欢它鞭挞生活和刺人心肠的一面。"①"比冰和铁更刺人心肠的快乐"正是波德莱尔的崇拜者们阅读《恶之花》的感受。

在北岛的诗歌中,意象具有最重要的意义。时代暴露出来的人性之恶为北岛提供了写作材料,在诗人笔下,出现了许多与死亡、悲痛、暴力、伤残、废墟等有关的意象,如"尸体"、"刽子手"、"血"、"墓碑"、"乌鸦"、"灰烬"、"蛛网"、"废墟"等等,与波德莱尔意象化的语言构成回声。

波德莱尔是典型的"被诅咒的诗人"。但与前辈浪漫派诗人相比,波德莱尔的现代性在于他接受不幸的命运,并把苦难作为创作的源泉。波德莱尔认为,艺术家是现代生活的英雄。毫无疑问,北岛在自己建造的诗歌世界中扮演着英雄的角色。在《回答》(1976)、《结局或开始》(1975)和《雨夜》中,都出现了为了自由和正义准备献身的英雄形象。北岛的英雄主义使他像波德莱尔一样,"将反抗与逃避的浪漫主义主题发展到悲剧的高度"②。

北岛曾经谈到孤独与诗人的关系:"他往往越向前走越孤独,因为他深入的是黑暗的中心。"③北岛的感受描述了诗歌创作的状态,即创作与探索未知世界的密不可分的关系。在诗人向无限广阔的未知世界求索的漫长精神历程中,孤独始终存在。如果一个诗人具有承担不尽孤独的非凡勇气,那是因为他的灵魂始终被求新的渴望占据和折磨,正如《恶之花》结尾的那首诗《远行》所描述的:"投身入深渊底:天堂? 地狱? 管它!/投身入

---

① 北岛:《波动》,《今天》,第4期。
② Marcel Raymond: *De Baudelaire au surréalisme*, Paris, Librairie José Corti, 1952, p. 19.
③ 查建英:《八十年代访谈录》,北京:三联书店,2006,第80页。

"未知"啊,为了觅得新奇!"①

四、南方诗人与波德莱尔

近几年来,陈建华陆续发表了几篇回忆性的文章,回顾了自己与友人上个世纪60—70年代在上海的文学活动。几个热爱文学,经常光顾旧书店的年轻人组成了一个文艺沙龙。他们对文学的挚爱令人动容,而他们经历的遭遇则令人感叹。他们的沙龙和波德莱尔有不解之缘。

朱育琳是沙龙中公认的领袖。他谙熟西方文学,尤其喜爱波德莱尔和爱伦·坡。天性的敏感和人生的磨难使朱育琳对《恶之花》情有独钟,他把波德莱尔视为精神上的兄弟,称恶魔诗人为"波兄"。朱育琳不但为朋友们讲解波德莱尔的诗歌艺术,还把自己翻译的《恶之花》拿给朋友们看。陈建华说,朱育琳明知自己的翻译不可能有任何发表的机会,却仍然把它当作一个神圣的事业,对每首译作都精益求精,不断修改,直到满意为止。朱育琳的翻译得到朋友们的一致赞赏。1968年小组被告发后,朱育琳跳楼自杀,留下八首《恶之花》译作。陈建华一直保留着这几首译诗,把它们看作是一笔小小的文化遗产。

由于自身的好奇心,加上朱育琳的影响,沙龙的其他成员都成了波德莱尔的读者。陈建华不仅读到朱育琳翻译的几首《恶之花》,还读过戴望舒和陈敬容的翻译,后来还找到几首英文的《恶之花》。陈建华的诗歌创作越来越受到波德莱尔的影响。朱育琳去世后,陈建华开始学法语,甚至尝试着翻译《恶之花》。陈建华认为,自己从波德莱尔那里学到了新的诗歌主题、创作方法

---

① 程抱一:《法国七人诗选》,长沙:湖南人民出版社,1984年,第34页。

和追求美的勇气。《梦后的痛苦》(1967)描绘了一个在情欲的诱惑与罪恶感之间挣扎的青年,充满颓废的气息,无论主题还是风格都与作者之前的诗大相径庭。在作者看来,这首诗标志着"恶"进入他的创作,是他的第一首《恶之花》。散文诗《雨夜的悲歌》(1968)意在书写雨夜中城市的悲惨景象,诗中的不少词汇、意象和令人窒息的忧郁明显来自朱育琳翻译的《烦闷》(多雨的五月对全城恼怒:)而陈敬容翻译的《忧郁病》中牢狱的意象则出现在《荒庭》(1968)与《致命的创口》(1968)两首诗中。《无题》(1968)模仿波德莱尔《天鹅》的语调,预言了朱育琳的不幸结局。与同时期北方诗人的作品相比,陈建华写作的政治色彩较弱。按照陈建华的说法,波德莱尔让他找到了一种全新的诗歌语言。我们可以看到,在那个无法逃避政治的时代,诗人使用了一种个体化的象征性语言来影射政治。

1976年,贵州诗人哑默写下一首小诗《他和我》:

> 他的诗园里
> 开过
> 《恶之花》;
>
> 我的生命之树上
> 结着
> 恨的果——《苦果》
>
> 因为,时代
> 在人们的意识里
> 插满
> 荆棘。①

---

① 陈思和:《暗夜的举火者》,武汉:武汉出版社,2006年,第129页。

作为抒情诗人,哑默作品中的现代因素并不多。但哑默与波德莱尔精神相通之处在于对痛苦的理解,即诗歌是痛苦的产物。哑默自比波德莱尔,波德莱尔的痛苦结出了《恶之花》,他的痛苦结出了《苦果》。"园-树/枝-果"的隐喻与波德莱尔的《仇敌》形成对应。波德莱尔抱怨自己的"青春只是一场阴暗的暴风雨",感叹"只有很少的红色果子留在我枝头上",哑默则直接批判时代的意识,只能让诗人收获"荆棘"。这首诗仿佛是一部宣言,揭示了一代青年写作的本质。

五、结　　论

语言承载着一个民族的文化,一定时期的语言特质能够在一定程度上反映一个民族在这一时期的思想特征、心理状态和精神高度。在"前朦胧诗"写作的时代背景下,语言更承担了特殊的使命:语言的革新成为推动历史前进的动力。波德莱尔之所以成为一代诗人崇拜的偶像,就是因为他们在寻找新的诗歌语言的过程中,在《恶之花》里发现了可供借鉴的价值。从阅读到模仿再到创新,他们逐渐探索出一条独特的写作之路。

在波德莱尔影响下,"前朦胧诗"的作者们个个是善于使用意象的象征主义诗人。在中国传统诗歌中,意象一直占据着重要地位,但意象往往承载着约定俗成的内涵。当代政治抒情诗将这一特点推向极端:具有象征功能的意象数量极其有限,而且被赋予固定内涵,没有给个人创造留下任何空间。象征主义诗歌则将意象与个人情感对应起来。"前朦胧诗"的作者们通过一系列具有个性化内涵的意象创造了自己的象征体系。对他们来说,象征不但是一种修辞手段,更是一种需要。象征可以使他们隐晦地表达内心真正的诉求,既为作品涂上了一层现代的色彩,又避免了可能的政治麻烦。

当主流文学局限于记录集体经验，将对人性的描绘排除在文学之外时，波德莱尔让他们懂得，个人生活也可以成为诗歌的主题。"前朦胧诗"中的"我"已不再是一个社会团体或阶层的代言人，而是有血有肉的个体生命。

波德莱尔对"前朦胧诗"写作的影响不是一个偶然现象。《恶之花》记录了一个以恶抗恶的反抗历程。尽管波德莱尔的反抗以失败告终，恶还是成为诗歌合法的主题，而且开创了新的审美空间。"前朦胧诗"中大量阴暗病态的意象表明，诗人们对人性之恶和社会现实有着清醒的认识，从他们的角度理解并接受了以恶为美的艺术价值。自进入中国的第一天起，波德莱尔就顶着"恶魔诗人"的光环。一些作者继承了波德莱尔的恶魔主义，将颓废、忧郁、亵渎变成诗歌的主题，升华为灵感的源泉。另一些则以英雄主义代表着反抗社会的另一种形式。

波德莱尔在当代中国的一个巨大贡献，就是他催生了几位重要的诗人。北岛、多多、芒克、食指如果没有在决定性的年龄读了《恶之花》，也许不会有今天的成就。

尽管波德莱尔对"前朦胧诗"产生了重要影响，我们绝不能将"前朦胧诗"视为对《恶之花》简单的模仿。首先，诗人们生活在中国。他们的写作材料来自上个世纪60—70年代中国特殊的社会历史条件。他们承受的苦难是中国社会特有的苦难。其次，作为中国文化的继承人，尽管他们有意接近西方文化，也无法摆脱传统的影响。在中国文化中，"诗言志"，民族和国家的命运始终是诗人们关注的焦点。波德莱尔"为艺术而艺术"的主张没有多大的市场。前朦胧诗写作是受到西方文学影响的中国文化产品。

文学是历史的见证。长期以来人们一直以为，出于意识形态等原因,二十世纪60—70年代的中国基本中断了与西方文化的交流。前朦胧诗的存在却证明了相反的情况。即使在人类历史最疯狂最荒谬的时代,只要思想尚未泯灭,只要探寻真理的努力还在继续,文化交流就始终存在。

波特莱尔在台湾

罗仕龙[①]

  2014 年起,台湾麦田出版社推出"时代感"书系,以经典新译或重译方式,带领新世纪读者重新思考经典与此时此刻的连结。马克思《共产党宣言》、罗兰·巴尔特《符号帝国》、波特莱尔《现代生活的画家》、鲍德里亚《物体系》等重量级著作都在出版之列。陈太乙女士翻译的《现代生活的画家》(2016 年出版),取自波特莱尔 1863 年发表于《费加罗报》的同名系列文章,加上其他五篇波特莱尔论画、论美国诗人爱伦·坡的文章集结而成。书前附有台湾学者杨凯麟撰《思考今日,今日思考——波特莱尔与现代性》导读,全文以"我们这些波特莱尔的后裔们"起首,以

[①] 罗仕龙,台湾大学外文系毕业,法国巴黎新索邦大学戏剧学博士,现为台湾清华大学中文系副教授、博士生导师,兼任该校文论研究中心委员、语文中心写作组长。2012—2017 年任教于法国巴黎第七大学中文系、法国蒙彼利埃第三大学中文系。著有《十九世纪法国戏剧舞台上的中国》(*La Chine sur la scène française au XIXe siècle*, éd. PUR, 2015),并有中、外文论文多篇发表于《清华中文学报》《台大中文学报》《政大中文学报》《戏剧研究》《戏剧艺术》《南大戏剧论丛》《汉学研究》(*Études chinoises*)等刊物。主要研究领域包括晚清民国时期中法文化交流、翻译文学与文学翻译、现当代戏剧等。另译有加缪、维纳韦尔(Michel Vinaver)、拉高斯(Jean-Luc Lagarce)等法国当代作家的剧本。

诗人兰波"必须绝对现代!"豪语作结,显然在二十一世纪的当下,仍以波特莱尔与现代性为师。有意思的是,在"时代感"书系问世前两年,台湾中研院学者彭小妍出版《浪荡子美学与跨文化现代性:1930年代上海、东京及巴黎的浪荡子、漫游者与译者》,视野横跨东亚与西欧,特别关注奉"新感觉派"为圭臬的中国与日本作家。书名虽未言及波特莱尔,但纵贯全书的"浪荡子"与"漫游者"概念,则明显源自波特莱尔。

从彭小妍、杨凯麟两位学者的著作中,可以观察到两个重点:一是波特莱尔对台湾文学与出版界的影响,迄今方兴未艾。二是台湾地区对波特莱尔的认识与接受,可以上溯到二十世纪30年代的日本殖民时期,并见证中、法、日文化之间的流动性。

1933年3月,出身台南的台湾诗人杨炽昌(1908—1994)以笔名"水荫萍"用日文在《台南新报》发表《日曜日式的散步者——把这些梦送给朋友S君》。① 诗里写道,"我为了看静物闭上眼睛……/梦中诞生的奇迹"(……)"不是日曜日却不断地玩着……/一棵椰子让城镇隐约在树木的叶子间/不会画画的我走着聆听空间的声音……/我把我的耳朵贴上去/我在我身体内听着像什么恶魔似的东西……"字里行间不能说没有几分波特莱尔在城市漫游的通感体验。杨炽昌曾于1929至1931年间赴日学习,故而接触到风行一时的现代主义文学浪潮。1936年5月,杨炽昌发表《新精神和诗精神》一文,指出日本自大正时期以降(1913年),引进波特莱尔、兰波、考克

---

① 原诗由叶笛从日文译为中文,收入陈允元、黄亚历编:《日曜日式散步者——风车诗社及其时代(暝想的火灾:作品/导读)》,台北:行人文化实验室,2016年,第36—37页。

多、阿波里奈尔等诗人,"给予近代诗的形式和表现以深刻的感化"①。回顾杨炽昌等台湾日据时期诗人的作品,固然以超现实主义为重要学习对象,但波特莱尔也早已在诗人心中留下些许足迹。

横的移植:纪弦与台湾现代诗对波特莱尔的继承

二战结束后,台湾地区开始出现较广泛的波特莱尔诗作中译及讨论,其中不能不提的就是诗人纪弦(1913—2013)。纪弦曾于二十世纪 30 年代在上海与施蛰存、戴望舒等人往来,发表诗作于《现代》诗刊,并自诩为现代派一员。抵台后的纪弦于 1953 年初创立"现代诗社",发行《现代诗》季刊,成为台湾地区 50 年代影响最大的现代诗团体。1956 年 2 月,《现代诗》第 13 期刊出著名的"六大信条",认为现代诗乃从西方"横的移植",开宗明义指出他们对波特莱尔的继承与反叛:

> 我们是有所扬弃并发扬光大地包容了自波特莱尔以降一切新兴诗派之精神与要素的现代派之一群。(……)世界新诗之出发点乃是法国的波特莱尔。象征派导源于波氏。其后一切新兴诗派无不直接间接蒙受象征派的影响。这些新兴诗派,(……)总称为"现代主义"。我们有所扬弃的是它那病的、世纪末的倾向;而其健康的、进步的、向上的部分则为我们所企图发扬光大的。

---

① 原文以"水荫萍"为笔名发表,原收录于日文撰写之散文集《纸鱼》,1985 年由叶笛译为中文出版,后收入陈允元、黄亚历编:《日曜日式散步者——风车诗社及其时代(发自世界的电波:思潮/时代/回响)》,台北:行人文化实验室,2016 年,第 40—44 页。

这段文字言必称波特莱尔,视其为现代诗的始祖,这与前引杨炽昌《新精神和诗精神》一文颇有相符之处。不过《现代诗》"横的移植"一说,一提出随即引发不少争论与反思。1956年3月,《创世纪》诗刊刊出一首以"本刊集体创作"名义发表的诗作《创世纪交响曲》,明显提出反对波特莱尔的意见:

> 我们绝不赞同象征主义,/如波特莱尔,如梅特林,/如梵乐希,如魏尔仑,/他们的诗过于雕凿,过于暗示,/愚弄读者的感情,读诗等于猜谜;/故弄玄虚,不可思议,/但是我们却佩服他们,/追求新的诗想,创造新的意象,/晶莹剔透,/自我,纯粹和精练!

《创世纪》诗刊于1954年底创办,以洛夫、痖弦等人为核心成员。《创世纪》明明白白表示不赞同波特莱尔的象征主义,其标靶自然是《现代诗》。除此之外,其他现代诗团体,如"蓝星诗社"的覃子豪(1912—1963)也于1957年8月《蓝星诗选丛刊·狮子星座》发表《新诗向何处去?》一文,明白指出"六大信条"的偏误。值得注意的是,50年代这一场台湾现代诗的争论,虽然都打着波特莱尔的名号,实际上并没有真的深入论及波特莱尔诗作,以致"波特莱尔"常是一个想象出来的符号。这个背负着现代性的符号,成为一代青年自我投射的文艺典范。痖弦(1932—)即明白指出:

> 我们这一辈人如此喜欢且珍视波特莱尔的《恶之华》,是由于纪弦先生的缘故。(……)纪弦——这位在戴望舒口中"高大、苍白而略显害羞的青年",略带病态的优雅、烟和手杖和疏狂的神经质气息,如同《恶之华》般深深拨动了我

们青年人的心弦①。

纪弦、痖弦等战后台湾诗人之所以认识波特莱尔诗作,一部分原因是得益于戴望舒的译介。1947年3月,上海怀正文化社出版戴望舒《〈恶之华〉掇英》,书中收录24首《恶之华》诗作,书前附有梵乐希《波特莱尔的位置》一文,书后则有《译者后记》。该书收入刘以鬯主编之"怀正文艺丛书之三",封面标注为"波特莱尔著"。迄今台湾地区多将Baudelaire译为"波特莱尔"而非"波德莱尔"、Valéry译为"梵乐希",一定程度上是受到戴译本影响。然而,由于外部政治环境影响,戴望舒的作品(含译作)在很长一段时间里被台湾当局列为禁书。尽管如此,当时有志创作的诗人还是想方设法找到戴望舒译本,作为了解波特莱尔的一扇窗口。1966年7月,《星座》诗刊第10期重登《〈恶之华〉掇英》其中九首以及《波特莱尔的位置》一文。1972年,《笠》诗刊第48期首次登载杜国清《恶之华》译文时,也顺势重刊戴望舒的《〈恶之华〉掇英》。据诗人学者莫渝指出,其中《波特莱尔的位置》一文是诗人陈坤仑(1952—)手抄提供,译诗则为赵天仪(1935—2020)手抄提供②,在当时戴望舒译本不易流通的情况下,实属可贵。

戴望舒译《〈恶之华〉掇英》于1998年重新刊行(含《译后记》与《波特莱尔的位置》),③收录在台北洪范书店出版的40本"世

---

① 痖弦:《我,与我们,与波特莱尔的位置》,收入郭宏安译,《恶之华》(修订版),台北:新雨出版社,2014年,第477页。

② 莫渝:《恶之华》,第569页。按陈坤仑出身台湾高雄,曾任出版社编辑,1991年与叶石涛、彭瑞金等人创办《文学台湾》杂志。赵天仪是出身自台湾台中的诗人,笔名柳文哲,曾长年任教于台大哲学系,为《笠》诗刊发起人之一,并参与实际编辑工作。

③ 本书篇目标题与1947年版略有不同,如《那赤心的女仆》改为《赤心的女仆》,但整体来说几乎没有变动。

界文学大师随身读"系列,主编为香港学者郑树森。这套丛书只有口袋大小,售价低廉,让上世纪末许多台湾学生因此接触到戴望舒的《恶之华》译本。

另一位大陆译者梁宗岱的译作,则是由于沉樱而广为台湾读者所知。1971年,沉樱(1907—1988)出版译诗集《一切的峰顶》,书中收录有波德莱尔等人诗作共30余首。本书直到2000年仍有再版,仍署名沉樱翻译。然而,据台湾翻译学者赖慈芸教授考证,《一切的峰顶》所收诗作皆为梁宗岱于1934年所译。当时梁、沉两人热恋,但因梁宗岱移情他人,沉樱携三名子女赴台,自此未与梁宗岱再见,仅偶有书信经香港往来。1972年沉樱给梁宗岱信中提到,"在这老友无多的晚年,我们总可称为故人的。(……)这几年内前后共出版了十本书,你的《一切的峰顶》也印了"。沉樱或许无意掠美,但梁译波德莱尔,却长期寄于沉樱名下。[①]

综观二战结束至上世纪90年代的台湾,在很长一段时间里,戴望舒的波特莱尔译本得之不易,梁宗岱则非全然投入翻译波特莱尔。纪弦等诗人通过诗刊与现代诗社团的活动,陆续将波特莱尔诗作译介给台湾读者。初期虽然数量零星,但终能汇聚成流,奠定日后杜国清、莫渝、胡品清等人译作的基础。前述《现代诗》《创世纪》两本诗刊曾在50年代刊载纪弦、叶笛(1931—2006)选译的波特莱尔诗歌。金溟若之子金恒杰(1934—2014)于1960年赴法留学前,也曾翻译波特莱尔诗作五首,刊于香港《大学生活》期刊,并附有解说。[②] 他

[①] 赖慈芸:《两岸分飞的译坛怨偶——沉樱与梁宗岱》,《翻译侦探事务所》,台北:蔚蓝文化,2017年,第228—237页。
[②] 以上有关台湾地区1950—1985年间波特莱尔作品的译介,主要参考莫渝:《波特莱尔在中国》,原刊于1985年6月20—21日《自立晚报》,增订后收入莫渝译《恶之华》之附录六,仍题为《波特莱尔在中国》,台北:志文出版社,1998年11月再版(1985年9月初版),第563—583页。

们翻译波特莱尔的诗歌,更多是出于个人喜爱,而非系统性的译介。真正较有系统译介波特莱尔,首推黎烈文选译《巴黎的忧郁》散文诗9首,刊于夏济安主编的《文学》第3卷第3期(1957年11月)。其后,1960年台湾《笔汇》月刊革新号第一卷第12期推出的"波特莱尔特辑",当中收录秀陶(1934—2020)翻译的《〈巴黎的忧郁〉选辑十一首》,以及尉天骢(1935—2019)撰《波特莱尔简论》、叶泥(1924—)译自日人佐藤朔原作文章《波特莱尔的小说》。①《笔汇》原为国民党刊物,1959年由尉天骢接手编务,标明"革新号",希望淡化政治色彩,强调以青年为主体,介绍新的文化思潮。另外,前文述及的"蓝星诗社"成员覃子豪,于《今日新诗》(1957年6月第6期)译有波特莱尔《交感》等七首,并撰有《波特莱尔的颓废主义及其作品》等文章介绍法国诗歌。覃子豪亦曾在朱啸秋主编的《诗·散文·木刻》期刊发表《〈恶之花〉译诗》两篇,包括《美的礼赞》《蛇舞》,译诗搭配长发少女身体为题的木刻画,②展现颓唐、唯美的视觉效果。诗人之外,海外华裔学者也丰富了波特莱尔的翻译。例如程抱一(François Cheng,1929—)教授翻译的七首《恶之华》,收入台北纯文学出版社1970年出版的《和亚丁谈法国诗》。

70年代至二十世纪末的重要译者:杜国清、胡品清、莫渝

  70年代以降,台湾出现三位重要的波特莱尔诗作译者:杜

---

① 据莫渝的研究指出,叶泥此前另译有两篇佐藤朔的文章,题为《波特莱尔的一生》《波特莱尔的作品》,分别刊于《现代诗》(1957年1月第17期)、《大学生活》(1957年6月第26期)。
② 《诗·散文·木刻》季刊第2期,1961年,第40页。本资料转引自李志铭:《从绝版书到电子书:波特莱尔〈恶之华〉版本拾掇》,《全国新书资讯月刊》,2009年10月,第13页。

国清、胡品清、莫渝。他们翻译的《恶之华》与《巴黎的忧郁》,迄今仍是台湾地区读者了解波特莱尔诗作最重要的参考。

杜国清(1941—)毕业于台湾大学外文系,先后赴日本、美国攻读硕士、博士,专研中西诗论,曾任《现代文学》编辑、《笠》诗刊创办人之一,长年任教于美国加州大学圣塔芭芭拉分校东亚系。早在1972年4月至1976年10月,杜国清已连续在《笠》诗刊第48期到75期连载《恶之华》翻译,共计发表110首。1977年,台北纯文学出版社将杜国清发表于《笠》诗刊的波特莱尔诗作连同未刊数首集结出版,书中并附杜国清撰《波特莱尔与〈恶之华〉》一文。此译本根据的是1861年《恶之华》第二版,同时参考多个英、日译本,是台湾地区首次出版完整版的《恶之华》,以韵脚忠实对应原文最为人称道。① 此后,《恶》书又于1981、1985年刊行再版、三版。2011年底,台湾大学出版中心出版杜国清新版《恶之华》译本,内容包括《恶之华》第二版全译、波特莱尔死前一年出版的《漂流诗篇》(Les Épaves)23首(包括初版被禁的6首),以及逝后补遗14首。总计杜译《恶之华》共收录163首波特莱尔诗作,名为《恶之华》新版,实则为波特莱尔一生诗作集结。新译本诗作除了搭配插画与波特莱尔年表之外,更收录杜国清的四篇文章,包括《波特莱尔与〈恶之华〉》《致波特莱尔》《波特莱尔与我》《万物照应·东西交辉》,其中《致》文乃杜国清诗作,以此致意,其他三篇则为论述与散文,兼有理性分析波特莱尔诗作,又娓娓道来译者与波特莱尔的心灵交会。2016年适逢台大出版中心成立20周年,杜译《恶之华》顺势推出纪念版,除收录2011年版所有内容之外,又增录台大外文系郑恒雄撰《杜

---

① 柯铉理:《评杜国清译〈恶之华〉》,《中外文学》第8卷第11期(1980年4月),第102—105页。

国清译〈恶之华〉导读》,详加说明杜译本的关注点及其不同于其他译本之处。

胡品清(1920—2006)早年长期在法国学习与研究,夫婿纪业马将军(Jacques Guillermaz,1911—1998)曾为驻华武官。在结束与纪业马将军的婚姻后,胡品清于1962年10月迁台定居,任教于台北中国文化大学法文系,教学之余勤于写作,著、译等身。其对波特莱尔的引介,初可见于1962年底出版的《胡品清译诗及新诗选》,[①]收录原发表于《中国一周》的法国作家,兼有评述与诗作选译。此书后于1976年、2000年由台北桂冠图书公司两度再版,易名为《法兰西诗选》,内容多有增删,编排次序也有所差异。[②] 其中,1976年版是以波特莱尔为首,显见胡品清对其崇高评价。2014年上海三联书店出版的《法兰西诗选》即以桂冠2000年版《法兰西诗选》为底本,同时参考胡品清《迷你法国文学史》(台北桂冠,2000年),予以重新编排,并附多篇胡品清、莫渝评介法国诗歌的文章。

1973年春,胡品清翻译的《巴黎的忧郁》由台北志文出版社出版,收入当时该社以译介世界名著闻名的"新潮文库"书系。本书多次再版,后于2007年再版,内容与1973年版相同,但封面的波特莱尔照片不同。综观胡译《巴黎的忧郁》共收录诗51首,另附波特莱尔照片、年谱;正文前附有胡品清撰《波特莱尔的生涯——代译序》以及波特莱尔《给阿色纳·吴

---

① 胡品清:《胡品清译诗及新诗选》,台北中国文化研究所,1962年12月。该书收有12首《恶之华》诗作以及约三千字的介绍。
② 洪淑苓编选:《胡品清》,收入封德屏总策划"台湾现当代作家研究资料汇编"第82册,台南台湾文学馆,2016年,第59页。本文关于胡品清教授的著作出版书目与其内容,主要参考台湾文学馆出版的这本资料汇编,同时感谢中国文化大学图书馆提供胡品清教授著作参阅。

色叶》一文,正文后则附有《诗艺》《隐密的日记》《我赤裸的心》三篇作品选段。这三篇作品一般都收录在波特莱尔《私密日记集》(Journaux intimes),胡品清挑选后重新排序连缀,成为三篇珠矶短文。

胡品清《巴黎的忧郁》一书介绍详尽,译笔清丽。台湾知名作家、台大外文系教授王文兴先生曾为文盛赞:

> 我读过的台湾出版书籍中,印象最深的一本书,应该是胡品清翻译的波德莱尔散文诗《巴黎的忧郁》。(……)她的译文既信实,又优美,《巴黎的忧郁》译笔重视诗的节奏,凡愿意慢慢阅读的读者,都能体味这是诗的文体,[……]胡品清教授在词汇的选择上,亦刻求完美,关于她节奏的动听,和铸字的精美,可从《美丽的朵荷德》找到佐证①。

王文兴教授接着以多个词汇为例说明,例如«délicate»一词,在英译本里是"delicate",不如胡品清教授译为"精巧的"那样传神②。王文兴教授力倡文本细读,其创作字斟句酌。从王文兴对胡品清的评语,不难看出胡译迄今仍有极高地位的重要原因。

胡品清除了翻译波特莱尔之外,其诗文创作也常以波特莱

---

① 王文兴:《波德莱尔礼赞》,《中国时报·人间副刊》,1996年8月12日,第19版。
② 胡品清教授译文全句为"她茂密的,几乎是蓝色的发丝的重量把她精巧的头向后拉,给她一种胜利且慵懒的样子。沉重的耳坠隐约地在她娇小的耳边鸣响。"(« Le poids de son énorme chevelure presque bleue tire en arrière sa tête délicate et lui donne un air triomphant et paresseux. De lourdes pendeloques gazouillent secrètement à ses mignonnes oreilles. »)

尔为师，尤其是收录在《巴黎的忧郁》附录《诗艺》里的名句："永远做一个诗人，即使在散文中。"①此言在胡品清的散文著作里多次出现，以此作为她自己的创作方针，在行文间追求新颖的意象与诗般的节奏。例如散文集《芭琪的雕像·自序》里说："十年来，我真诚地写，不间断地写。在形式方面，我一直听从法国名诗人波德莱尔的一句话：'请永远做个诗人，即使在写散文的时候。'"②多年后，她仍然坚信此言。在散文集《不碎的雕像》(1980)、《砍不倒的月桂》(2006)中，她说："波德莱尔说过：'请永远做个诗人，即使是写散文的时候。'我相信，我所有的散文，不论是庄敬的或美丽的，不论是主情的或主智的，都是按照那位法国名诗人的那句话写成的。"③由此不难看出胡品清对波特莱尔的推崇，尤其神往诗与散文的完美结合。

胡品清在台湾另有多本以法语撰述的法国文学研究出版，例如 *La Littérature française*（中文题名《法国文学简史》，1965年12月初版，中国文化学院法国研究所出版；1982年8月中国文化大学以精装出版，内容并无二致）、*Les Fleurs du mal : une autobiographie en vers*（中文题名《恶之花评析》，1981年12月中国文化大学出版）。《法国文化简史》一书有专门章节论及波

---

① 《巴黎的忧郁》，胡品清译，台北：志文出版社，1985年10月再版，第164页。原文是«Sois toujours poète, même en prose. Grand style (rien de plus beau que le lieu commun).» 法文见 Baudelaire, «Journaux intimes», in *Œuvres complètes*, vol. I, Paris, Gallimard, 1975, p. 670. 胡品清只撷取该段前半部分，后半部分未译出。胡品清引用的波特莱尔句子原文为«Sois toujours poète, même en prose.»语出波特莱尔死后出版之《我赤裸的心》(*Mon cœur mis à nu*)一书。
② 胡品清：《芭琪的雕像》，台北：三民书局，1974年3月初版，1978年12月再版，第1页。
③ 胡品清：《自序》，收入《不碎的雕像》，台北：九歌出版社，1980年7月初版，同年9月再版，第3页。本文经删减后，并入《我的散文观·之二》，收入胡品清：《砍不倒的月桂》，台北：九歌出版社，2006年，第16页。

特莱尔。《恶之花评析》则是部分内容取自其学位论文,全书除前言、简介、书目与附录之外,共分《人》(*L'Homme*)、《如诗的自传》(*Une autobiographie en vers*)、《艺术与波特莱尔式主题的链结》(*L'Enchaînement de l'art et des thèmes baudelairiens*) 三个章节。书中可见胡品清对波特莱尔的热爱,然以法语撰写,回响有限。

前述出版胡品清《巴黎的忧郁》的志文出版社,于 1985 年出版莫渝(1948—)翻译的《恶之华》,收入"新潮世界名著"书系,封面注记其为"附插图全译本"。莫渝本名林良雅,淡江文理学院(今淡江大学)法语系毕业。1973 年起以"法国的缪思"为主题,有系统地介绍法国诗人与译诗。迄今出版过兰波、马拉美、魏尔仑等人诗选专书,并出版《法国诗选》三册等书。莫译《恶之华》根据 1861 年版译出,内容丰富,正文前附有《波特莱尔其人与其作品〈恶之华〉》、《波特莱尔的生平和著作》,正文后则有 1868 年的《恶之华》增订诗稿共 14 篇,另有《〈恶之华〉初版(1857)目次》、《〈恶之华〉三版(1868)目次》、《戴望舒译〈恶之华〉目次》、《李思纯译〈恶之华〉十首》[①]、《波特莱尔五首诗篇解说》(莫渝撰)[②]、《波特莱尔在中国》(莫渝撰)、《追怀诗篇(二首)》[③]、《译后记》、《波特莱尔年谱》。全书资料详尽,虽绝版已久但迄今仍为许多台湾地区读者喜爱与参考。除了上述附录资料之外,莫渝

---

① 李思纯(1893—1960)于 1919—1923 年间留法,返华后在东南大学讲授法国文学课程,所译波特莱尔诗作采五、七言体而非白话。1925 年 11 月出版的《学衡》第 47 期收有李思纯《法兰西诗选译小集》,当中收录 10 首波特莱尔诗作。该小集曾被莫渝认为是第一部中译法国诗选。
② 包括《冥合》(*Correspondances*)、《腐尸》(*Une charogne*)、《美的颂歌》(*Hymne à la beauté*)、《毒》(*Le Poison*)、《凝思》(*Recueillement*)。
③ 收录叙利亚诗人阿卜夏哈毕(Kamal Al-Charbâi)的《忧郁——给波特莱尔》(莫渝译),以及莫渝本人写的《波特莱尔》。

译诗多有注解，说明格律、主题、创作渊源、首次刊登刊物、简评、相关的法国文学背景知识等。

莫渝编有多本法语诗集，多收录有波特莱尔作品。例如1997年由台北书林出版的《香水与香颂——法国诗歌欣赏》，以波特莱尔作品数量最多。2001年台北桂冠图书公司出版莫渝编译与导读的《白睡莲——法国散文诗精选》，不但收录10篇波特莱尔散文诗，书前更附有《散文诗的萌芽》专文。从戴望舒到杜国清、莫渝，《恶之华》在台湾广为读者熟知，而译者风格各有巧妙不同。以下列举其中一首以为参考：

Charles Baudelaire	戴望舒	杜国清（1977）	杜国清（2011）	莫渝
Harmonie du soir	黄昏的和谐	夕暮的谐调	黄昏的谐调	向晚的和谐
Voici venir les temps où vibrant sur sa tige Chaque fleur s'évapore ainsi qu'un encensoir; Les sons et les parfums tournent dans l'air du soir; Valse mélancolique et langoureux vertige!	现在时候到了，在茎上震颤颤，每朵花氤氲浮动，像一炉香篆。音和香味在黄昏的空中回转；忧郁的圆舞曲和懒散的昏眩。	颤动在花茎上时间现在来临，每个花朵薰散着芳香；声音和香气在黄昏空中回荡；忧郁的华尔兹哟慵懒的眩晕！	时候到了，微微颤动在花茎上，每个花朵，像香炉薰散着芳香；声音和香气，在黄昏空中回荡；忧郁的华尔兹哟，慵倦的眩晕！	茎枝摇曳的时刻到了，每朵花宛如香炉散放芬芳；声音与馨香在暮霭中回荡着忧郁的圆舞曲和慵懒的昏眩！

新世纪以来的世代对话

进入新世纪以来，波特莱尔仍吸引诸多诗人、学者重新翻译，为自己也为波特莱尔在台湾诗坛留下印记。台北桂冠图书公司在2001—2005年间出版25册"欧洲经典诗选"，其中第21册为波德莱尔与马拉美诗作选，译者为诗人李遂贤（1937—）。

李逵贤在这套诗选的总序中开宗明义指出,"现代诗万流归宗,要追溯到法国的波德莱尔。《恶之华》出版已经一个半世纪,被指称为恶魔的诗人,其真正的开创性意义在于揭破伪善、唯美的古典立场,而追求真实的感受"[①]。可见,李逵贤相当重视波德莱尔在这套欧洲诗选中的地位,他在每一册书后所附的"欧洲经典诗人 50 位名单"便把波德莱尔列为第一。在《波德莱尔/马拉美》一册里,李逵贤首先以《阅读波德莱尔》一文介绍,随后附上 20 篇选自《巴黎的忧郁》的散文诗,最后则附上波特莱尔年表。"总序"里盛赞的《恶之华》,反而未见收录。

李逵贤为理工背景出身,右手从事实业,左手进行创作,出版过多本诗集与散文。译作成果亦多,以德国诗人《里尔克诗选》最为中国台湾读者熟知。他在接受访问时曾表示,翻译时要多比较外国诗人的作品,不仅要注意表现方法和处理手段的创新,也不能忽略诗人创作动机及其所处的社会语境[②]。《波德莱尔/马拉美》或许在翻译中参考过英、德语译本,但译者并未特别说明。总的来说,李逵贤《巴黎的忧郁》译文注重语言节奏与美感,有时带有个人诠释。以译自 Les foules 的《群众》为例,李逵贤第二段译文为:"大众,孤独:辞句相通,勤奋而多产的诗人可以互用。无法以孤独聚众的人,同样无法在喧嚣群众中独处[③]。"对照原文阅读,可以明显看出李逵贤的风格。

---

① 李逵贤:《诗的繁华,心灵的灿烂——〈欧洲经典诗选〉序》,《波德莱尔/马拉美》,台北:桂冠图书公司,2005 年,第 i 页。
② 水笔仔:《理性与感性相拥共舞——浪漫科技人李逵贤》,《源杂志》第 74 期,2009 年 3 月,第 42 页。
③ 李逵贤:《群众》,《波德莱尔/马拉美》,台北:桂冠图书公司,2005 年,第 44 页。法语原文为:« Multitude, solitude; termes égaux et convertibles pour le poète actif et fécond. Qui ne sait pas peupler sa solitude, ne sait pas non plus être seul dans une foule affairée. »

  2013年,曾任教于东吴大学的辜振丰出版《恶之华》。此译本主要根据英、日文版而来,其间受台北"旧香居"书店主人吴卡密(曾留学法国)的协助与建议,同时参考法语版本与资料。辜译强调二十一世纪的时代精神,故而特意在译文里使用不少当代流行语汇,例如以"电眼"取代"美丽的眼睛"。辜振丰现为花神文坊出版社负责人,《恶之华》的封面、内页与装帧都相当考究,"以黑蓝色衬底,搭上两团红色熊熊火焰,象征无穷尽的欲望"①。除了平装版本之外,还推出限量150套的"豪华精装版",售价1200元台币(约285元人民币),每套均有编号,附有书盒、书卡,以及译者亲笔签名,一般书店并无贩售,仅限私人收藏、馈赠与流通。继《恶之华》后,辜振丰于2014年推出《巴黎的忧郁》新译本,由其经营的花神文坊出版。辜译《恶之华》则于2019年在大陆发行简体"全新插图中译本",上海三联书店出版,书名易为《恶之花》。

  大陆地区的译本也逐渐可在台湾寻得,并且由本地出版社改版上市。2014年,台北新雨出版社同时出版《恶之华》《巴黎的忧郁》两书,其中《巴》书于2018年再版,台湾诗人崔舜华(1985—)审订。封面称波特莱尔是"法国最伟大的诗人,最瑰丽的都城诗篇"。两书译文都出自大陆翻译名家郭宏安手笔,书中收录郭宏安《译者序》,并获上海译文出版社授权使用。这个版本有多项特别之处:(1)并列原文与译文,是华语世界首次同时以中、法文双语出版《巴黎的忧郁》。(2)邀集数十位当代诗人、小说家、学者、导演、艺术家②,各自根据《巴》书其中一篇撰写相

---

① 江家华:《辜振丰译〈恶之华〉,找新时代语言》,《中国时报》,2013年6月19日。
② 台湾地区为多,间有少数海外华人,涵括资深与后进作家,包括向阳、朱天文、洛夫、成英姝、陈芳明、唐捐、陈克华、陈黎、黄崇凯、孙梓评、骆以军、鲸向海、杨富闵等。

近主题的短文或诗行,附于波特莱尔原文之后,产生古今对话的趣味。就阅读体验来说,篇目与篇目之间的排版并无明显区隔,以致书中所附中文短文或诗行,像是镶嵌在波特莱尔的中、法文篇目之间,有如穿梭在文字构成的城市迷宫之间。(3)《巴》书后另以"当代都城的忧郁"为题,集结马华作家张贵兴、台湾学者尉天骢、旅居加拿大的诗人洛夫等六位名家散文,各自藉由自身生命体验、成长地图切入,可说从二十一世纪回望波特莱尔,并以书写实践回应波特莱尔的"忧郁"遗产。新雨出版的《巴黎的忧郁》事实上不仅是波特莱尔的散文诗译本,更像是台湾当代作家向波特莱尔致敬的文集。至于新雨版的《恶之华》则无法语对照。除了在波特莱尔诗作之后附有郭宏安的《翻译后记》之外,还另辟"花根本艳"单元,收录痖弦、陈克华、杨佳娴等六位老中青三代台湾诗人的短文。

2019年10月,台北方舟文化出版大陆译者胡小跃的《巴黎的忧郁——波特莱尔》,副标"孤独的说明书,寂寞的指南针(全新译本)",书中除收录50首散文诗、波特莱尔生平与著作年表以及译者后记之外,书前附有文化大学哲学系林斯谚助理教授《导读:波特莱尔与浪漫主义》、台湾畅销作家张力中《推荐序:波特莱尔的弱反击,现代人们的私共鸣》两篇文章,可说有意把波特莱尔推向年轻的大众读者。

结　　语

台湾诗人洛夫(1928—2018)的知名长诗《漂木》(2001年初版,长3200行)有言:"波特莱尔的梦有时高过埃菲尔铁塔/有时又低过/巴黎的阴沟。"这一场又一场波特莱尔的梦,从日据时期杨炽昌诗作《日曜日式的散步者》,历经纪弦、痖弦等诗刊论战,进而从杜国清、胡品清、莫渝等人的翻译与创作延续至二十一世纪,与一代代台湾诗人的心灵相互照应与对话。即便是戏剧舞台,也在跨文化实验中闪动着波特莱尔的灵光①。"波特莱尔"在台湾,不仅是法国现代主义诗歌的开端,也不仅是中法翻译的课题,更早已是台湾文学整体不可或缺的一部分。

---

① 例如 2010 年 6 月,台湾"河床剧团"在台北"两厅院"演出波特莱尔原著改编的《恶之华》,由美国旅台艺术家郭文泰(Craig Quintero,1970—)与法国艺术家吉马江(Guy Magen,1944—)共同编导。

访　谈

郭宏安教授访谈

采访人:杨振

采访人按语:

作为当代中国最重要的法国文学研究学者之一,郭宏安教授的翻译和研究在很大程度上形塑了当代中国知识界对法国文学,特别是对波德莱尔接受的视野和方式。郭宏安的学术历程,是研究当代中国学界对法国文学,特别是对波德莱尔接受的宝贵资料。

我们希望本访谈能够让读者更好地理解怎样的知识脉络、心路历程和社会历史背景成就了郭宏安对波德莱尔的翻译和研究,也希望借此机会为读者塑造一幅当代中国外国文学知识制造和传播的图景,引起外国文学接受研究者的关注和思考。

杨振:郭老师您好,很高兴有机会采访您。听说您从小便喜欢法国文学,特别是司汤达、巴尔扎克、雨果、莫泊桑等人的作品。请问您早期的法国文学阅读,是否始于上世纪50年代?当时您对法国文学译作(包括装帧设计、文字风格等)有着怎样的感受?是否有令您印象特别深刻的译者以及文学作品片段?

郭宏安：50年代的下半期是我的中学时代，但是要说我的法国文学阅读始于这个时期，那未免有些张大其词。其实哪有什么"法国文学阅读"！试想一位贫苦的中学生，除了语文课本，家中没有任何藏书；除了语文老师，周围没有任何读书人；除了纸笔墨水，没有任何零花钱买书；不过我深信"买书不如借书，借书不如抄书"的古训，的确读了一些书，我倒是没有抄过书，除了短小的诗词古文。我曾经写过一篇文章，说我的读书生活（这也是一种令人哑然失笑的夸张的说法）有如下三个特点：一是杂乱，二是快活，三是丰盈但到处是漏洞。先说杂乱，没有人告诉你该读什么书，也没有人可供咨询，于是我是什么落在手上就读什么。我读过一本讲中药的《中将汤》，一本从皇帝开始，例如唐太宗，到大臣，到普通书法家的书法墨迹的书，还有趣味数学一类的书，当然，那个年代一般中学生读的东西，例如《钢铁是怎样炼成的》《卓娅和舒拉的故事》《古里亚的道路》等，我也是读过的。我还读过谢立丹的剧本《情敌》，苏联的《形形色色的案件》等侦探小说，译自俄文的有关希腊、罗马及中世纪的普及性读物和属于苏联的立陶宛、阿塞拜疆等的民间故事。社会科学方面，我读过范文澜的《中国历史简编》和一本江西党校编的哲学问答，还有邹韬奋的《萍踪寄语》、萧乾的《人生采访》、曲波的《林海雪原》等等，总之，我读的书很杂，很乱。

再说"快活"。我作为一个中学生，读书生活是杂乱的，然而又是快活的，就是说精神上是愉快的，想象力是活跃的，穷人的孩子也有乐趣，生活中的乐趣是平凡的，书中的乐趣却是无穷的。1957年，我因言获罪，上不了重点高中，算是一种惩罚吧，是读书给了我精神上的满足，驱赶了日常生活的平淡，小小的我终于明白了：政治并非唯一的，甚至不是第一的价值。鲁迅的《狂人日记》《呐喊》《野草》，郭沫若的《女神》，茅盾的《子夜》，柯林斯的《月亮宝石》,斯瓦布的《希腊的神话与传说》,金斯莱的《水孩子》,还有郭小川、闻捷等人的诗歌,等等,它们或是舒我心中的闷气,或是扩展我的眼光,或是打开我的胸襟,都给我带来了精神上的愉悦。特别是柯南·道尔讲述的福尔摩斯的故事给了我无穷的乐趣,《四签名》《血字的研究》《巴斯克维尔的猎犬》和《恐怖谷》(这本书我只闻其名,并没有找到),这些书极大地刺激了我的想象力,特别是《巴斯克维尔的猎犬》给我的印象最为深刻:漂浮着迷雾的沼泽地,坚硬的岩石,茂密的植物,令人毛骨悚然的半夜尖叫,高大凶猛的浑身放光的猎犬,一切都笼罩在一片神秘恐怖的气氛中。猎犬身上涂了磷,这种科学的事实打破了迷信的禁锢,使精神获得了净化与升华。长春地处平原,本无山、海,不知为什么我的脑子里总是堆满了山和海的形象,看到天上的白云,我一会儿想到巍峨的高山,一会儿想到汹涌的大海,原来这是阅读的结果啊:李白的"蜀道之难,难于上青天",杜甫的"会当临绝顶,一览众山小",苏轼的"山高月小,水落石出",袁枚的"台下峰如笔,如矢,如笋,如竹林,如刀戟,如船上桅,又如天帝戏将武库兵仗布散地上",等等,诗句文句,纷至沓来。然而我国自古以来颇少描写大海的诗与文章,想想我读过的只有曹操的《观沧海》:"东临碣石,以观沧海。水何澹澹,山岛竦峙。树木丛生,百草丰茂。秋风萧瑟,洪波涌起。日月之行,若出其中;星汉灿烂,若出其里。"曹操大概是我国最早以大海为审美对象的人之一吧。我对于大海的印象从何而来?大概是梅尔维尔的《白鲸》、凡尔纳的《格兰特船长的儿女》《神秘岛》吧。我虽然身居一隅,但我想象的空间和时间却从严寒的极地到酷热的赤道、从亘古的洪荒时代到飞机汽车的今天,真可谓"观古今于须臾,抚四海于一瞬",我做到了"笼天地于形内",就差"挫万物于笔端"了。一个中学生的读书生活,可以说是快活的。

第三，说说我的读书生活之"丰盈但到处是漏洞"。我买的第一本书是周而复的《山谷里的春天》，那时我还是一个小学生，我买的第二本书是《马蒂诗选》，这时我已是高中二年级的学生了。当然，我还是遵照"买书不如借书"的古训，唐诗、宋词、元曲、明清小说，都有所涉猎，不过是蜻蜓点水而已。只是《唐诗三百首》《唐五代词》《古文观止》，读得稍微仔细。外国的，如莎士比亚的《哈姆雷特》和《李尔王》，拜伦的《唐璜》，惠特曼的《草叶集》，雪莱、海涅、涅克拉索夫、普希金的诗，斯丹达尔、巴尔扎克、托尔斯泰、屠格涅夫、狄更斯的小说等等，都给了我精神上的抚慰和滋养，极大地开拓了我的视野。我一个小小的中学生，居然能借助书本，无分古今地神游于世界各地。这里我要特别地说说《红与黑》《高老头》和《欧也妮·葛朗台》。《红与黑》是我在高中一年级时读的，可能是由于年龄的关系，于连的爱情不怎么打动我，倒是他的性格和才智给我留下了非常深刻的印象。他孱弱、腼腆，但是他的才智给了他胆量，居然以此为武器反抗社会的不公，直到为此献出了自己的性命。我不知道如何以阶级和阶级斗争的观点来分析他的遭遇，我只是认为社会应该承认他的才智，"王侯将相宁有种乎！"出身的贫寒不应成为雄心实现的障碍。于连被绞死了，我确实叹息了好几回。转过年来，我读了《欧也妮·葛朗台》和《高老头》。欧也妮的老实安静和对爱情的执着、葛朗台的灭绝人性的吝啬、高老头的溺爱、拉斯蒂涅的野心——"他气概非凡地说了句：'现在让我们俩来拼一拼吧！'然后拉斯蒂涅为了向社会挑战，到纽沁根家吃饭去了。"对"向上爬"的讽刺真是一针见血，入木三分，使我对法国社会的无情和人性的深渊产生了探索的兴趣。这三本书，如果说它们没有对我的人生观产生决定性的影响，却直接导致了我对职业的选择：我义无反顾地走上了法国文学的研究、评论和翻译的道路。作家无论大小,作品无论优劣,国际无论中外,时代无论古今,什么落在手上,就读什么,没有选择,也不知道选择,丰盈倒是丰盈了,漏洞就难免了,所以我一上大学,第一次借书,就搬来了《鲁迅全集》,多少有填补漏洞的意思。

杨振:您60年代前期在北大读书,可否请您谈一谈当时北大西语系法文专业如何展开法国文学教学工作,比如使用哪些文学史教材,是否有对您影响较深的老师与课程?如我们所知,民国大学外文系教授们较为注重外国文学译介、教学与研究。1949至1979年,受政治环境影响,外国文学教育呈现出边缘化、外语教育工具化的趋势。我在阅读一些从民国走来的外国文学教授私人档案时,能够感受到他们在特殊的政治氛围中,为保留大学外文系文学教育空间与体制展开斡旋的努力。您当时在北大西语系法文专业感受到怎样的文学与学术氛围(包括上课时的感受、图书馆馆藏对您的影响,等等)?

郭宏安:我是1961至1966年北京大学西语系法语专业的学生,当时的教学活动还算正常,只不过政治活动多了些,五年级的时候参加了农村的"四清"运动,紧接着就是文化大革命了。真正学习法语的时间,满打满算,也就四年,五年级是做论文的时间,参加农村的四清运动,等于做论文了,时间上差不多,不过文化大革命就不同了,整整十年远离法文,像是改行了。北京大学西方语言文学系法语专业,从名称上看,似乎是语言文学并重,其实当然不是,语言学习还是重点,不过还没有忘记文学罢了。当时的文学课有法国文学选读、法国文学史、文学概论(中文系老师上课)、语言学概论(中文系老师上课)、汉语写作(中文系老师上课)等,都是必修课,考试或考察,记不清了,大概考察居多。当时课本多是讲义,包括法文,都没有书,靠讲义和笔记。北大的图书馆有两种,一种是大图书馆,出借专业书,例如丹纳的《艺术哲学》,就是在大图书馆借的;另一种是小图书馆,出借一般课外读物,小说、诗之类,例如《鲁迅全集》就是从那里借的,还有《基督山恩仇记》《包法利夫人》《约翰·克利斯朵夫》《复活》等等,以及当时流行的小说,如《三家巷》《欧阳海之歌》《红岩》之类。此外,还有系里的图书馆,很小,供教师使用,不知什么原因,我也从那里借过书,例如《伊利亚特》和《奥德赛》的法文简写本,就是从那里借的。

当时系里有许多老教师颇有名气,法文的就有曾觉之、吴达元、闻家驷、郭麟阁、陈占元、盛澄华、陈定民等。给我们上过课的有:吴达元,讲授法国古典主义,如拉辛、莫里哀;闻家驷,讲授雨果;盛澄华,报刊文章选读;还有一位青年教师蔡鸿滨,讲授文学选读,等等。西语系主要还是语言课,我们的老师是俞芷倩、杨维仪、徐继曾、齐香等。我记得吴达元先生给我们讲过《费加罗的婚礼》之后,我们还到城里看了一场北京人艺演出的话剧《费加罗的婚礼》。由于政治活动频仍,文学课进行得不太正常,也不很完整。我们一班十五个人,喜欢文学的不过三五人而已,所以个人的爱好主要表现在个人的阅读上,老师和学生之间的交流不是太多。当时学校的社团活动倒不少,我参加了话剧队,还参加了学生创作学习班,活动不多,好像没有创作出什么东西。办黑板报是每个系或者年级都做的事,我们也不例外,但是我们却办了一件例外的事,即办了一个手写的报纸,叫做《小红花》,发表我们自己写的文章或者翻译。报纸办了3期,就下乡参加"四清"去了,接着就是文化大革命了。后来听说系里认为我们的报纸倾向有问题,打算整顿一下,因为文化大革命,就作罢了。

我记得我写了一篇有关《高老头》的文章，还请一位叫王泰来的老师看了，写了些什么，如今已忘了。这是我在大学里从事的文学活动，想想不算什么。有一件事情似乎还值得一说：大学二年级的时候，全校好像讨论红与专的问题，系里让我参加一个座谈会，谈谈对《红与黑》的看法和感想。我不知道为什么让我去，也许是因为他们认为我读书比较多吧，也可能是因为我对红与专的看法有些模糊，反正我去了。进了大学我才知道，50年代对中国青年知识分子影响最大的两本外国文学作品是《红与黑》和《约翰·克利斯朵夫》，有人因为这两本书被打成了右派，因此到了60年代初这两本书还受到猛烈的批判。也许有人认为它们的流毒还没有肃清，因此需要继续批判。果然，座谈会上，大家集中火力猛批于连的个人奋斗思想，我却反其道而行之，说"于连是值得同情的"，座谈会的主持人——大概是《中国青年报》的主编——一下子来了精神，说："这个同学的观点很有意思，请继续说说。"猛然间，我想到了1957年的遭遇，话到嘴边，又咽了回去，没有"继续"。我暗自庆幸，没有落入主编大人的圈套。我说"圈套"，可能过分了，他主观上不一定在设陷阱，也许是看到对立面出现而有的一种自然的反应吧。这件事不了了之，我也没有在意，可是10年之后，在北京图书馆遇见了一位英语专业的同学，他说："你不就是说于连是值得同情的郭某某吗？"我才意识到，当年的事情还是有些影响的。我是学得圆滑了还是机智了？我不知道，总之是有惊无险。

杨振：您1975至1977年在瑞士读书，首次接触到波德莱尔的作品。您能否谈一谈瑞士求学的经过，以及这段经历对您日后选择法国文学翻译研究道路的影响？这一时期您修读了哪些课程，接触到哪些西方法国文学研究学者与作品，特别是波德莱尔研究学者与作品？您是否是在这一时期立志从事法国文学研究,特别是波德莱尔研究？

郭宏安:我是1975至1977年作为新华社的进修生在瑞士日内瓦大学法国语言文明学校读书的,主要目的是为新华社担任翻译和记者做准备。进修的时间为两年,课程主要是法语,法国历史、地理和文化,法国文学。我1966年毕业于北京大学西语系法语专业,1968年参军,1975年进入新华社,中间有8年没有从事法语的工作,所以新华社送我去日内瓦进修,是寄予了很大的希望的,我也是一心准备从事记者的工作,因为记者是我非常喜欢的工作。做翻译或记者需要广博的知识储备,因此我读了很多的书,主要是文学方面的,其中有夏多布里昂、波德莱尔和加缪,还有瑞士作家罗道尔夫·托卜费尔、欧仁·朗贝尔、爱德华·洛德、夏尔·斐迪南·拉缪以及一批当代作家。当然,在日内瓦读书,不能不读伏尔泰和卢梭。当时并没有想到我将来要从事法国文学的研究和翻译,谁知道我回国后不久,国家就恢复了研究生的招生工作,一下子唤醒了我多年的梦想:我要考研究生,要从事法国文学的研究和翻译。就这样,我做了中国社会科学院外国文学系的研究生,毕业后被分配到了外国文学研究所。

在日内瓦大学读书,虽然不是读文学,但是文学批评界如雷贯耳的人物,例如日内瓦学派的代表人物马塞尔·莱蒙、让·鲁塞和让·斯塔罗宾斯基都还健在,多少应该有所耳闻,可是我竟然不知道,没有一点儿印象,可见我当时的知识领域是多么狭窄,只是一门心思准备当翻译或记者。法国文学课只是一门辅助性的课程,并不考试,任课的老师叫让-路易·白拉尔-罗泽洛夫,他讲夏尔·波德莱尔的诗《恶之花》。他是如何诠释《恶之花》的，我几乎都忘了，只记得一个个方块，里面写着"主题"一类的词语。不过他让我认识了波德莱尔和他的《恶之花》，虽然只是入门，而我以前是连波德莱尔的名字都不知道的。不过要说我这时形成了研究波德莱尔的志愿，恐怕就言过其实了。当时能不能从事文学研究还在未定之天，怎么可能想到研究波德莱尔呢？当然，我的脑海中有了波德莱尔和《恶之花》，这也许是把波德莱尔和《恶之花》选为硕士论文主题的一种契机吧。两年以后，我完成了进修的任务，就回国了，还是在新华社对外部担任翻译。法国文学的研究，想都没有想，谁知不到一年，也就是1978年，国家就恢复了研究生的招生工作了。

杨振：您回国后进入中国社科院读研究生，选择波德莱尔作为学位论文研究对象。如我们所知，在"文革"中，波德莱尔还是一个不受欢迎的作家。可以说您、您当时的指导老师、您所身处的学术体制合力为波德莱尔正名。可否请您谈一谈这一过程是如何发生的？比如，您在选择波德莱尔作为研究对象时，是否有过顾虑？您是否得到老师们的建议，或者您是如何说服老师们接受这一题目的？他们当时如何回应？

郭宏安：读研究生的第三年，我才开始考虑选什么人或作品作为论文的对象。作一篇学位论文应该有几个条件，例如题目不要太大，在有限的篇幅内可以做到深和细，尽可能地穷尽；资料要足够，太少不行，太多也不行，因为难以掌握；题目不可过于小众，过于小众评价起来有困难；论文不可有太高的目的性，例如提倡或避免或打击某种倾向之类；总之要根据个人的能力和客观的条件，选择适当的对象，力争在有限的时间和有限的篇幅内达成有限的目的。我选择《恶之花》作为论文的题目原因有三：一是论述的范围界限比较清晰，只是一本书；二是资料数量虽然庞大，但是可以选择；三是《恶之花》虽然在中国很有名，但是国人对它的了解并不多，容易做入门的诠释。当然，我觉得《恶之花》这样一本在法国乃至世界上非常重要的，也是非常优美的作品在中国承担了过多的，也是传说的恶名，理应让它重现于中国人的面前，恢复其原有的面貌。中国人有权利欣赏美的作品，我有义务介绍美的作品。我把我的想法告诉了我的导师李健吾先生，他非常赞同，但是他没有说他曾经就《恶之花》写过文章，我也是在2016年《李健吾文集》出版后才知道，他在1939年就林祝敔译的《恶之花》（未正式出版）写过序。李健吾先生当时身体很不好，我没有过多地打搅他，不过他后来在我的论文通过答辩时说：这篇论文"论述深刻，文采斐然，振聋发聩，为在中国恢复波德莱尔的本来面目开了先河"。这显然是过誉之词，不过可以看出他对这篇论文是满意的。我的目的很简单，学位论文虽然不对外公布，也就是它不以公众为论述对象，但是不妨碍作者存有某种面对公众的想法，我的想法是使中国公众对《恶之花》有一个基本的、公正的看法，如果能够欣赏，那再好不过。我觉得说波德莱尔是一个颓废的甚至色情的作家是不公正的，他的作品中颓废、色情的东西很少，顶多可以说他是颓废时代的作家。我认为最重要的是给读者一个欣赏和分析的基本的平台或出发点，分析得是否深刻，论述得是否周全，并非最重要的目的。重要的是阅读，不带任何成见地阅读每一首诗，将其归纳为浪漫主义、象征主义和现实主义等等，其实不那么重要。我的论文题为《论〈恶之花〉》，1981年完成，1992年由漓江出版社出版，迄今多次再版。《论〈恶之花〉》的出版并非一帆风顺，当年漓江出版社的负责人刘硕良虽然是一位有眼光、有魄力的出版家，也害怕一本学术著作销路不畅,所以《论〈恶之花〉》在他手里放了许多年,直到我建议附上一百首译诗,他才惊呼"是个好主意",《论〈恶之花〉》作为《恶之花》(插图本)的序方才问世。书出版后,迭获好评,主要还是口头的,见于文字的不多,有陈占元、陈乐民、沈大力等人的文章,它还获得当年的广西出版奖,因此我至今感谢刘硕良先生。说到这里,应该对《恶之花》的汉译说上几句。从形式上说,《恶之花》的所有诗都是格律体,没有例外。波德莱尔认为,诗歌的格律不是凭空捏造杜撰出来的,而是精神活动本身所要求的基本规则的集合体,格律从不限制独创性的表现,相反,它还有"助于独创性的发扬"。"因为形式的束缚,思想才更有力地迸射出来……"他举例对此作了精彩的说明:"您见过从天窗,或两个烟筒之间,或是通过一个老虎窗望过去的一角蓝天吗?这比从山顶望去,使人对天空的广袤有一个更深刻的印象。"因此,《恶之花》的诗对形式都是严格遵循的,翻译是否能够加以模仿呢?法国诗的格律体非常严格,音节、韵律、韵式、阴韵、阳韵,等等,而音节与汉语的字颇可对照,即一个汉字可对应一个音节,所以翻译法国格律体诗,完全可以以字应对音节,例如八言诗对应八音节诗,十言诗对应十音节诗,十二个汉字对应法文诗的亚历山大体,有时如有神助,竟可以做到惟妙惟肖,包括节奏、停顿、重读等。我翻译《恶之花》就是依据这样的原则,基本上可以做到亦步亦趋,当然有时有生硬之感,这可能是我的汉语修养不够所致。这种翻译的原则不为大家所接受,但是我在梁宗岱先生那里找到了知音,他主张,"对于原文句法、段式、回行,行中的停与顿、韵脚等等,莫不殷勤追随"。又说:"最近译的有时连节奏和押韵也竭力模仿原作……如果译者能找到适当的字眼和成语,除了少数语法上地道的构造,几乎可以原封不动地移植过来。"他主张"字数也应该整齐划一",我完全赞同梁宗岱先生的看法,有一种找到知音的喜悦。一本80年代初的著作和译作,尽管有许多的不足,放在今天看,还可以说是差强人意。

杨振:您于1987年在人民文学出版社出版了《波德莱尔美学论文选》。能否请您回顾一下该书的翻译出版过程?特别是:出版社为何会有相关出版计划,怎样说服您接受翻译工作?您翻译作品过程中是否与其他中外学者有过讨论和交流?作品出版后,您是否收到来自读者的回应?您如何看该书的出版与当时中国知识界(包括文艺界)的思想氛围之间的关系?

郭宏安:《波德莱尔美学论文选》是人民文学出版社夏玟老师约我翻译的。夏玟老师是我大学时的辅导员,后来调到出版社当编辑,《波德莱尔美学论文选》是著名的三套丛书之《外国文艺理论丛书》的一种,她出面约我,我自然应允,何况我当时还是个初出茅庐的新手,用不着说服我。翻译工作进行得相当顺利,夏老师的编辑工作也十分严谨。我与学界的接触不多,并未曾与外面的学者进行过交流,作品出版后未见有评论出现,但是我见到的许多人往往提到这本书。一个译本在我国很少得到公开的、见于文字的评价,我并不以为忤,但是波德莱尔的美学观念得不到评价确是我不曾想到的。至于这本书与当时中国学术界之间有什么关系,我不太清楚,我也不大关心,我自己认为他的思想很重要,这就够了。

杨振:由您翻译的1987年版波德莱尔文论在进入二十一世纪后被不断重版。能否请您给我们讲一讲重版过程中牵涉的人与事(包括出版起源、读者反应等)?单纯从重版年份看,我的感觉是 80 年代末中国知识界对波德莱尔产生浓厚兴趣,这一兴趣在 90 年代似乎有所减弱,二十一世纪再次兴起。请问您是否这么认为?作为波德莱尔的译者与研究者,以及时代的见证人,您如何看二十世纪 90 年代、二十一世纪以来中国知识界(包括文艺界)的思想氛围与波德莱尔在中国接受的关系?

郭宏安:这个问题与上一个问题类似,我已经回答。我对于波德莱尔的研究是出于个人的兴趣,如果这种兴趣与国人的兴趣相合,那再好不过,如果不合,也不必在意。我觉得国人对波德莱尔的兴趣有,但说不上浓厚。30 年代的波德莱尔也差不多,名气很大,但实际影响很小。什么原因,我不清楚,也可能是他的作品翻译太少的缘故。据我所知,邢鹏举于 1930 年出版《波多莱尔散文诗》,王了一 1940 年出版以古体诗翻译的《恶之花》,其余多数为零星的散文诗和《恶之花》的翻译。我没有去搜罗,他的作品究竟翻译过多少,我实际上是不太清楚的,这也是我的研究不在比较文学方面,而专注于文学批评方面的原因,而且也是我较为重视具体作品的翻译的原因。具体情况,可以看看刘波的《波德莱尔作品汉译回顾》,其中有详细的论述。

杨振:能否请您谈一谈上个世纪 80 年代至今,您对波德莱尔的研究在选题及研究方法上的特点及演进过程?您对波德莱尔的研究与翻译之间有着怎样的互动?作为研究生导师和学术期刊评阅人,您如何看 80 年代至今中国的波德莱尔研究呈现的特点与变化?

郭宏安:我自进入研究生院的时候,就开始注意法国新批评的发展态势。法国新批评发轫于二十世纪 50 年代,到 80

年代，其高峰已过，并且有回归传统的趋势，当然所谓回归传统并不是简单地重拾传统的一套，而是新的和旧的批评不再是对立的双方，而是相互取暖的一方。就我国读者现今对《恶之花》的接受来说，我觉得结构主义、精神分析、社会学、存在主义、主题学、现象学等方法，都不完全适合《恶之花》的介绍与研究。一般认为，日内瓦学派的批评属于新批评，例如现象学批评，但是日内瓦学派诸代表人物各有各的特点，其唯一的共同点就是专注于作品或者一切从作品出发，其中让·斯塔罗宾斯基更是兼蓄各种方法于一炉，形成一种既古典又现代的所谓"斯塔罗宾斯基方法"。他在《批评的关系》一文中提出批评的三个阶段：不带成见的阅读、客观的研究和自由的思考。"不带成见的阅读"是整个批评的开始，也是其基础，其实这三个阶段彼此是互相渗透的，也是彼此互相包容的，阅读中包含了研究，研究中包含了思考，三个阶段互相纠缠，反复进行。阅读没有止境，研究没有止境，思考没有止境，总之批评没有止境，如此则可以逐步接近对作品的完全的理解和阐释。他所谓"不带成见的阅读"，和刘勰说的"陶钧文思，贵在虚静，疏瀹五脏，澡雪精神"不是出于同一机杼吗？还有我的导师李健吾先生，他说批评家面对不同的作家首先要"自行缴械，把辞句、文法、艺术、文学等武装解除，然后赤手空拳，照准他们的态度迎了上去"，不也是毫无二致吗？我对于波德莱尔的介绍和研究基本上采取了斯塔罗宾斯基的方法，辅以中国古代诗文评和李健吾先生的《咀华集》的方法，一切从阅读开始，这也是我重视翻译的原因。我的结论是："在创作方法上，《恶之花》继承、发展、深化了浪漫主义，为象征主义开辟了道路，奠定了基础，同时，由于波德莱尔对浪漫主义的深刻而透彻的理解在其中贯彻了古典主义的批评精神，又使得《恶之花》闪烁着现实主义的光芒。《恶之花》在创作方法上的三种成分：浪漫主义、象征主义和现实主义，并不是彼此游离的，也不是彼此平行的，而经常是彼此渗透甚至是相互融合。它们仿佛红绿蓝三原色，其配合因比例的不同而生出千差万别无比绚丽的色彩世界。因此，《恶之花》能够发出一种十分奇异的光彩显示出它的作者是古典诗歌的最后一位诗人，现代诗歌的最初一位诗人。由于他的这种丰富性和复杂性，他成了后来许多流派相互争夺的一位精神领袖。总之，《恶之花》是在一个'伟大的传统业已消失，新的传统尚未形成'的过渡时代里开放出来的一丛奇异的花，它承上启下，瞻前顾后，由继承而根深叶茂，显得丰腴；因创新而色浓香远，显得深沉。"如果读者读了我的研究后，能够基本理解我上面之所述，那我的目的就达到了。我认为，批评可以是美的，如果批评家怀着严肃而谦逊的态度从事研究工作，如果批评家能估计到问题的重要性以及论据的丰富、新颖与可靠，如果批评家能注意到探索精神与想象力，如果批评家能够记住他要有某种个人的口吻，如果批评家不拒绝"手法的轻灵"、"猜测的大胆"、"阅读的空间的宽广"、"所引证的材料的内在之美"，那么，他的批评就是美的。我的批评当然做不到，但这是我的追求。要说我的研究有什么方法，那就太夸张了，不过我有我的原则，我的原则是我国的读者能够欣赏外国美的东西，例如《恶之花》。

我与外界的交流不多，主要是因为国内从事波德莱尔研究的人不多。我觉得刘波先生的波德莱尔研究搞得很深入，他的《波德莱尔十论》《波德莱尔：从城市经验到诗歌经验》等，都是我非常佩服的著作，读后感到很有收获。

杨振：您翻译法国文学的译稿，特别是有修改痕迹的手稿，以及您与学术界的通信,都是日后研究中国对法国文学接受的珍贵材料。请问日后如果相关学者希望查阅,在哪里可以读到?

郭宏安:读不到,因为我的手稿大多印成文字后就不见了,一是出版社或杂志社不会保留,二是我个人也没有保留手稿的习惯。偶尔有个把漏网之鱼,也都悉数交给许钧先生的中华译书馆了。后来使用电脑了,手稿也就更难见天日了。

杨振:在您为《波德莱尔美学论文选》撰写的一系列译后随想和《诗人中的画家和画家中的诗人——波德莱尔论雨果和德拉克洛瓦》等文章中,我注意到您大量征引中国古代诗歌、文论和画论。您提到的相关作者有战国的庄子,东汉的王充,南朝的钟嵘、刘勰,唐朝的释皎然、韩愈、贾岛、温庭筠、韦庄、司空图、符载、日本高僧遍照金刚,宋朝的郭熙、郭思、董逌、欧阳修、沈括、苏轼、黄庭坚、叶梦得、汪藻、大慧普觉禅师(宗杲)、王楙、葛立方、释惠洪、田承君、李元膺、吴可、元好问、王若虚、俞文豹,明朝的高棅、谢榛、胡应麟、袁宏道、张溥,明末清初的张岱、李玉,清朝的叶燮、恽寿平、薛雪、沈宗骞、盛大士、方东树、陈廷焯、仇兆鳖、杨毓辉,晚近的王国维,以及现当代的俞平伯、钱锺书、叶嘉莹等先生。请问波德莱尔诗学与中国古典诗学的对话在您这里如何发生的?换言之,是您的中国古典文学视野影响了您对波德莱尔文论的理解,还是您在阅读了波德莱尔文论之后有意识地去重新发现中国古典美学的世界?抑或二者兼有之?您如何构建自己的中国传统美学视野(是否遵循某种知识脉络,或听取一些建议)?

郭宏安:看到你提到的一大批中国古人和少数现当代人的

名字，我不禁大吃一惊：我居然与这么多的人有过精神上的交往！不明就里的人还以为我是一个中国文学的专家呢，不，不是这样的。我不过是浅尝辄止罢了，对这些人，有的我只是看过一点东西，纯属皮毛，有的我只是临时抱佛脚，到时查查类书而已。一般的情况是，我在阅读了波德莱尔的文论之后才想到中国古典文论与之有些相同或相似的东西，才费神去找一找，这一找，果然有所斩获。我始终有一种观念，认为中外的思想家、艺术家都是可以互相沟通的，他们之间的相同处或相似处大于不同处或相异处，异中有同，同中有异，同大于异。同时，波德莱尔号称法国十九世纪第一艺术批评家，我想他关于绘画的许多观点肯定和中国古代绘画观念有相通之处，可是我很少看到这方面的研究，也许我是孤陋寡闻，太不了解我国艺术批评方面的事情。总之，我是在读了波德莱尔的文论之后，很自然地想到了中国古人也有类似的观点，当然，相反的情况也有，不过比较少一些就是了。例如我写过一篇名为《白璧微瑕，固是恨事？》的文章，说的是如果作品有些瑕疵，但不影响大局，则不必大惊小怪，相反，有些作品穷极工巧，则未必是一件好事。艺术品不是工艺品，此之谓也。我先是读了波德莱尔在《1846年的沙龙》说过的一句话："在一篇说是批评却更像预言的文章中，指出细节的错误和微小的疵点有什么用呢？整体是这样的美，我简直没有这个勇气了。再说，这又是那么容易，谁都干的来！"我想到了中国也有类似的议论，首先我想到了刘勰的《文心雕龙》中有一篇叫做《指瑕》的，说的就是这件事。然后我又读到清陈廷焯说"白璧微瑕，固是恨事"，由此依次拈出柳耆卿等近十人的言论，最后还拉出王国维、钱锺书等人的名字，其实我只是想说："白璧微瑕，固不必恨。"上述诸人，说恨说不恨的，都有，最后落在波德莱尔的"不可滥用局部"的结论上。《白璧微瑕,固是恨事?》这篇文章基本上说明了我对波德莱尔文论与中国古代文论之间的关系的看法。实际上,我对两者之间的关系有明确的想法,即可以做许多有意义的文章,例如波德莱尔与李贺、李商隐的比较研究,等等。只是我本人既无精力亦无能力深入下去,只好等待后来人,我只是做了一些常识性的工作,说浅薄也可以。当然,先中国古典文论,后波德莱尔文论,然后两相比较,求同存异,或者求异存同,这样的情况也是有的,不过比较少而已。一般来说,我对比较文学有兴趣,但是我学有不逮,又无力拓展深入,所以做的工作很少,不过是开了个头而已,希望有后来者继续前行。

杨振:您对中国古典文论的引述证明了波德莱尔美学理论的普世性。阅读您的文字,我时常感受到您对于中西文学、美学思想普世性,即您所说的"最深刻最隐秘的精神上的相契相应"的强调。我非常赞同您的观点。我自己的中国古诗阅读经验也确实让我更好地理解您所说的"运用精心选择的语言,在丰富而奇特的想象力的指引下,充分调动暗示联想等手段,创造出一种象征性的意境,来弥合有限和无限、可见之物和不可见之物之间的距离","寓无限于有限,创造一种'缩小的无限'"。

按照我的理解,浪漫主义诗歌诉诸人的基本情感,而象征主义诗歌则更多地诉诸人的感受性。不同文化背景的人的基本情感,大抵不离喜怒哀乐,具有相当程度的普世性。而不同文化背景的人感受世界的方式,越往细微处看,越能感受得到差异。法国文化和中国传统文化符号,如建筑、书籍、绘画、音乐、饮食等方方面面散发出的氤氲就很不一样。我感觉这与种族性、气候等都息息相关。

感受世界方式的差异，导致对于不同文化背景的读者而言，能够唤起诗学联想的文化意象有时相差甚远。而面对类似文化意象，不同民族读者的感知方式也各有不同。在此意义上，象征主义诗歌的不可译性是否更甚于古典主义或浪漫主义诗歌？作为译者，您在翻译时是否以及如何面对这一问题？

郭宏安：浪漫主义诗歌与象征主义诗歌翻译起来都很困难，无分轩轾，但是各自的难点不同。浪漫主义诗歌主要诉诸感情，其格律诗体有严格的要求，例如音节、节奏、韵脚等等，翻译的时候不难模仿，或者模仿个大概，让读者知道，法国也有格律诗，唯音节有较大的困难，但是法语诗歌与汉语诗歌仿佛有天然的姻缘，例如以汉字对应音节，应该可以做到，例如十二个汉字对应亚历山大体的十二个音节，梁宗岱先生就是这样认为的。象征主义诗歌主要诉诸人的理念和情绪，或者说感受性，采用象征和暗示的手法，多为自由体，造成一种隐约、朦胧和晦涩的效果，因此翻译起来就有了两种不同的处理方法。一种是译文对原文的清晰化，这就难免加上译者个人的理解，可是"诗无达诂"，谁也不能保证对诗的理解是正确或者不正确的，这就造成了译诗明白晓畅，失去了原诗的朦胧晦涩。另一种是保留原始的晦涩朦胧的地方，而不作故意的诠释，就像杨绛先生说的："原文的弦外之音只从弦上传出；含蓄未吐的意思，也只附着在字句上。译者只能在译文的字句上用功夫表达，不能插入自己的解释或擅用自己的说法。"这样，译诗和原诗还有多少相近的地方，是颇值得怀疑的。自由体的诗译成汉语少了形式的束缚，却也造成了表达的散漫，它的难度不在词句的组织，而在氛围的营造。至于说自由体诗的节奏或称内在的节奏如何如何，说实在的，我在译诗中大部分体会不到，就原诗而言，我也不是每首诗都能体会到的。

我的回答简单粗略,不过大体意思有了,还请你担待吧。

杨振:感谢您接受采访!

2020 年 8 月 北京

刘波教授访谈

采访人：杨振

采访人按语：

作为中国最重要的波德莱尔研究学者之一，刘波教授对波德莱尔的研究是波德莱尔在中国接受的重要组成部分。中国的成长经历和知识背景如何塑造刘老师对波德莱尔的感受性？法国的受教和生活经验如何影响刘老师对波德莱尔的理解？国内的学术建制如何影响刘老师对波德莱尔的研究？刘老师又如何通过自己的影响力，形塑国内波德莱尔接受的土壤？我们围绕以上主题向刘老师提问，以期为日后的文学接受研究者们保存一份历史档案。

杨振：刘老师您好，很高兴有机会采访您。您在一次访谈中提到，您与波德莱尔最初结缘于大学图书馆里一本装帧精美的波德莱尔诗作。回顾当初，您如何定位当时您在国内大学法文系所受教育对您日后波德莱尔研究的影响？能否请您为我们描述一下您当时所处的80年代大学法文系的文学教育情况（包括所用教材、让您感到印象深刻的课程、教授等）？除法文系教育外，还有哪些老师、哪些作品对您日后产生了一定影响？80年代也是波德莱尔在中国复兴的重要阶段,当时中国的总体知识文化氛围对您日后的波德莱尔研究是否有影响?

刘波:您说得对,我与波德莱尔最初的相遇完全出于一个偶然的机缘。在知道波德莱尔这个名字前,我先读到了他的诗歌。那还是上个世纪 80 年代初的事情,我刚考入川外不久。有一天在法语系阅览室看到一本原版的精装旧书,烫金的标题虽然有些黯淡了,但它深棕色的牛皮封面显得与众不同,厚重、贵气,在书架上特别显眼。那是一本 20 年代刊行的老书,单是那书的资历和架势就让人心生好奇和崇敬。对那本书的书名 Les Fleurs du mal,我当时并不解是何意,只感觉有些怪异和神秘,有一种莫名其妙的冲击力。后来才知道它的中文译名是《恶之花》。我随意翻览了几首,都不得要领。读到书末,却不期然地被全书最后两句吸引:

Plonger au fond du gouffre; （投身渊底,地狱天堂又有
　Enfer ou Ciel, qu'importe? 　何妨?
Au fond de l'Inconnu pour 到未知世界深处去发现新奇!)
　trouver du *nouveau*!

我当时初学法语,把这两句抄录在笔记本上反复诵记,还时不时地讲给同学分享。正是这两句诗把我引入了波德莱尔的世界,让我开始去了解这位诗人,更深入地去阅读、揣摩和把玩他的作品。

大学几年,波德莱尔成了我脑海中挥之不去的顽念。读杂志,一定先读跟他有关的文章;读文学史,一定先读跟他有关的章节。在柳鸣九先生主编的《法国文学史》中,关于波德莱尔的

那部分是郭宏安先生撰写的，这是当时在国内可以见到的最全面和详细的对波德莱尔的介绍和论述。到图书馆搜索跟波德莱尔有关的图书，几乎没有结果，只找到一本中文版的《恶之花》，王了一先生译的，译文悉从格律，文字艰僻，古意盎然。由于自己古文底子薄，读起译文来似乎比读原作还要困难，感觉跟自己距离特别远。不过，上面所引那两句诗的译文倒还贴切可亲：

深渊无所择，
地狱与天堂。
异域不知名，
所望是"新疆"！

王译是当时唯一可以见到的《恶之花》全译本。我对这个本子还是喜爱有加的，通过各种办法终于"搞"到一册，当时的欣喜之情莫可名状。这本书成了我在波德莱尔方面的第一件收藏。钱春绮、郭宏安等先生的译本更加贴近原著，也更加贴近今人，但那都是后话了。今天的读者真是幸运多了，随便就可以找到七八种《恶之花》的中文译本。

到了大三的时候，有一门"法国文学史"课，是由外教讲授的。当时没有现成的教材，所用的材料都是外教自编和自己打印的，一年下来集成了两百多页一大本。外教叫若埃尔·勒尔（Joël Loehr），只比我们大几岁。他对工作的投入和热情以及治学的严谨态度让我耳濡目染，不只是让人感动，而且是产生了实实在在的影响。勒尔先生后来成了法国第戎大学的文学教授，是研究马尔罗和叙事学的专家。现在经常跟国内法语界有学术交流。他前几年在上海译文出版社出版了一本关于叙事学的法文著作 *Le Regard et la voix dans le roman moderne* : *Initiation* à la narratologie（《现代小说的视角与声音：叙事学入门》），反响很好，我目前已经看到有不下十本法语专业硕士论文以他这本书的内容作为理论支撑。说得有点远了。言归正传。在当年勒尔先生的文学课上，有一次采用的是由学生进行专题讲授的方式。我选了波德莱尔的话题，讲的是他作品中的生命体验问题。今天来看，当时的讲解显得稚嫩，谈不上什么见解的深刻。也许是我对所讲内容的真心热爱打动了外教，获得了«Excellent»（极好）的评语。这次讲授开始了我对波德莱尔的最初的"研究"。

后来的学习以各种不同的方式延续着我与波德莱尔的关联。我入四川大学中文系读研究生时，有幸与诗人柏桦成为同学。他对波德莱尔的文字和诗情有一种天然的心领神会，也从不讳言从波德莱尔那里获得的启示。他同一帮诗人朋友谈起波德莱尔，往往是用了一种断然的甚至有几分咄咄逼人的语气，有时候说到紧要处，还因为过于激动而不能成句，只好辅以手势，用手指敲打桌面。可以想见，他略显文弱单薄的身躯中奔突着怎样强势的精神。至今忆起，仍然让人瑟瑟动容。我本人并不写诗，因而当时也就没有同他深入谈论过波德莱尔。但他对波德莱尔的激赏，却就此成为我心中一个历久不灭的动人图像，每每确立着我对波德莱尔研究的信心，也激励我在研究中往往从创作者的高度去会意波德莱尔的非凡才情，想象如何立意和著文才能做到理趣圆融、文辞练达，不致研究流于庸浅和生涩。关于这点，我还从来没有向柏桦告白，他本人也不会想到这点。在这里讲出来，算是以一种特殊的方式，向这位兄长和挚友带给我的潜移默化的（甚至在某种意义上说是带有决定性的）影响表示谢忱。

对波德莱尔的兴趣引领我关注文学的象征形式和象征主义

运动方面的问题。我在川大的毕业论文就是以《原型与象征》为题的,虽不直接论述波德莱尔,却梳理了我对现代文学的感悟和理解,奠立了我最基本的文学观,不仅把象征看成是勾连"诗"、"思"的途径,更把它看成是合而为一的"诗—思"本身。那时候的一些思考于我后来的学习和研究大有裨益,让我至今仍然受用。

80年代国门初开,学界掀起了研究西方现代主义文学的热潮。在波德莱尔研究方面,程抱一先生的《论波德莱尔》的文章和郭宏安先生的系列文章给我留下的印象最为深刻,一方面让我领会到理解波德莱尔的关键在于他的"新奇"和"深度",另一方面也让我领略到研究者本身行文的力量。

杨振:您曾提起在巴黎索邦大学读书期间"波德莱尔诗歌的接受"这门课程对您的影响。能否请您简单介绍一下这门课,特别是该课程让您感到印象深刻之处?总体而言,您如何评论索邦的文学教育对您学术研究的选题、方法乃至治学态度的影响?

刘波:我一直都有到法国学习法国文学的愿望。90年代中期,我以"象征主义诗歌语言结构研究"的计划获得赴法国巴黎四大(索邦大学)学习的机会。第一年的课程中有一门"波德莱尔诗歌的接受"的必修课。这门课程很特别,由两位教授共同主持,一位是我的导师安德烈·居佑(André Guyaux)先生,另一位是安托万·孔帕尼翁(Antoine Compagnon)先生。我记得有一次他们还把克洛德·皮舒瓦(Claude Pichois)邀请到课堂上。他是法国研究波德莱尔最权威的专家,是"七星丛书"中《波德莱尔全集》和《波德莱尔书信集》的主编。这位让人高山仰止的大家讲起课来却是一位机智风趣、和蔼可亲的老头。由两位教授共同组织课堂的形式我以前还没有见过。开始几堂课是由两位老师对谈,后来进入研讨阶段,由老师建议一些题目,由学生课后准备然后再进行课堂汇报。我选了《波德莱尔〈七个老头〉的接受》这个题目。经过一个多月的阅读和思考,最终在课堂上宣讲的报告受到二位教授赞许,获得该课程全班最高分。一个外国人(中国人)在以法国人为主的班上能够拿到第一,这是很不容易的。这次经历算是我对波德莱尔进行学院派研究的真正起步。后在二位教授的鼓励下,我把这个报告发展成了获得 DEA (深入研究文凭)的学位论文。再后来的博士论文自然是对这条学术路线更系统和更深入的延伸,对《恶之花》,特别是对其中《巴黎图画》一章中包含的诗歌经验和美学经验进行了比较详尽的研究。这篇博士论文在答辩中得到优异(Très honorable avec félicitations)的最佳评语。这本论文很长,还在写作过程期间我的导师就提醒说可否简缩一些篇幅,以便于将来出版。但我当时的愿望的确不仅仅是要完成一篇学位论文,而是想借机把有关波德莱尔诗歌创作的一些重大问题以及我自己对波德莱尔的一些认识和想法进行一次全面的梳理,以便为将来的学术生涯奠定一个坚实的基础。

在索邦大学的学习经历和学术训练对我的学术生涯来说具有决定性的影响。这种决定性是多方面的:决定了我的学术选题面向主要是跟波德莱尔研究相关的问题;决定了我就某一问题进行研究和写作时的流程步骤;决定了我眼界要高、思虑要深、善用材料、踏实厚重的科研态度。

杨振:您在法国求学期间,想必会在巴黎徜徉。能否请您为我们描述一下作为身处巴黎这个城市空间的中国学者,您与现实中的巴黎、波德莱尔时代的巴黎、波德莱尔笔下的巴黎之间的心灵对话?

刘波:在巴黎徜徉的确是一种非常独特的经验。对许多人来说,巴黎是一个无需多说的名字。巴黎给予人类的视觉感受和历史想象是如此丰富,以至于让人感到这个名字本身就极丰富地蕴涵着我们的思想所能触及到和构想出的一切。我至今还清楚记得第一次到巴黎参观卢浮宫时被震撼到脊椎发凉的感觉。就算是漫无目的地在它的大街小巷徜徉,也可以发现许多不足为外人道的妙趣。这也是波德莱尔的时代所谓 le flâneur(闲逛者)所体会到的妙趣。塞纳河畔的旧书摊,左岸的拉丁区,右岸的拱廊街,露天咖啡座,流动的菜市场,以及各种各样大大小小的剧场和博物馆,徜徉其中,让人无时无刻不感觉到这种城市中的人所独有的那种热烈而轻浮的情感,那种漫不经心的率性,以及诸多隐藏在各种奇思妙想背后的那种特别的有如鲜花般盛开的精神。

我们说波德莱尔是城市诗人,而更准确地说他就是巴黎诗人。本雅明有一句话说得很好:"在波德莱尔那里,巴黎第一次成为抒情诗的对象。"的确,波德莱尔的诗歌只有在巴黎这样的大城市环境中才能够绽放。波德莱尔的人生和文学创作的最重要的时期是在他的出身地——巴黎。他主要是通过巴黎来认识现代生活和现代人的。他勘检人性的直接经验与巴黎密不可分:社会,人群,乃至芸芸众生,对他来说,就是巴黎。他与巴黎结下了不解之缘,在它的街巷中播种梦想,又从那里收获记忆和果实,虽然这些记忆和果实往往带着苦涩的滋味。对诗人波德莱尔来说,巴黎就像是一个让他爱恨难抉、喜忧交加的情人。在他的笔下,无论巴黎是辉煌富丽还是卑劣肮脏,它首先是一座富有风情和诱惑的城市,像女儿身一样,有时也像"娼妇"一样,具有不足为外人道的奥妙。

我在研究波德莱尔巴黎诗歌的过程中感受至深的一点就是,波德莱尔在自己的巴黎诗歌中发挥了对于城市以及任何事物固有的多重价值的感悟和思考,而这种充满悖论的情感和思考构成了他巴黎诗歌的独特魅力之一。无论是善还是恶,这个让他爱恨难抉的城市为他提供了一种独一无二的经验,以及诸多充满诗意的暗示,让他在新奇和意味深远的发现中享受到凡夫俗子不能了然的快意,激发他意识上的震荡,并由此成就他的诗才和诗艺。我在《风华绝代的巴黎》《巴黎诗人波德莱尔》等论文,以及著作《从城市经验到诗歌经验》中,对相关问题进行过比较全面和深入的探讨。这在某种意义上可以说是我与波德莱尔的巴黎进行心灵对话的方式。波德莱尔对于城市生活多重价值的感悟和思考具有后现代主义的特点,可以说他是他那个时代超前的后现代主义者。我近年来对于后现代主义思想理论的兴趣就是在研究波德莱尔的过程中自然生发出来的。

杨振:2004年,您在巴黎拉尔马当(L'Harmattan)出版社出版了法文专著《波德莱尔的〈巴黎图景〉I——文本生成与诗学经验》和《波德莱尔的〈巴黎图景〉II——美学经验》。2016年,您在北京大学出版社出版了《波德莱尔:从城市经验到诗歌经验》。两部专著出版前后相隔十二年。这十二年间您的波德莱尔研究在研究对象、研究内容和研究范式上发生了怎样的变化?这一变化是否在一定程度上受到您所身处的中国学术、文化、社会生态影响?换言之,作为社会人的您与作为学人的您之间,是否存在某种形式的对话?

刘波:您说的这两本法文著作是以我的博士论文为蓝本改

写而成的。博士论文的标题是《〈巴黎图画〉与波德莱尔的美学思想》，出版的时候分为两卷，以《〈巴黎图画〉研究》作为总标题，上卷副标题是《作品的生成与诗歌经验》，下卷副标题是《美学经验》。当时的研究重点是波德莱尔诗歌作品中所体现的美学思想、审美经验，以及诗作文字表现过程中体现其美学思想的一些诗艺细节，包括诗人所采用的一些具体手法和技巧。

我2002年回国后，一直从事波德莱尔研究。2016年出版的《波德莱尔：从城市经验到诗歌经验》可算是对我以往研究的延续和总结。研究对象和研究内容的一个主要变化是把视角聚焦在波德莱尔诗歌中的城市经验方面，主要研究波德莱尔的城市诗歌对抒情诗现代转型的文化和诗学贡献。这一研究肯定是跟中国的学术、文化和社会生态相关联的。这体现在好几个方面：首先，是把中国学者的相关研究成果纳入到考察范围中，以中国经验丰富"波德莱尔学"研究。其次，国内蔚然兴起的研究城市文化和城市文学的热潮把我的视线引到了对这方面问题的研究。还有就是，从社会生态方面看，我国正处在迈向城市化和现代化的过程中。以城市文明为代表的现代生活，在改变人们生活环境和生活方式的同时，也对现代人的情感生活和思维活动产生了巨大的冲击，并由此深刻改变了人类精神成果赖以呈现的方式和面貌。我们这个时代所面临的一些情境和问题与波德莱尔的时代所面临的情境和问题是相同的，或者至少是相似的。我想要通过对波德莱尔的研究这种方式而对一些具有现实性的问题进行思考。我一直都是把研究文学问题当作是探讨人生问题的一个途径。还有一点需要提一下，在我开始进行这方面研究的时候，国内真正从"波德莱尔学"角度对城市和诗歌的结缘加以研究的成果不多。而且，当时国内尚未出版任何一部真正意义上的"波德莱尔学"方面的专著，这同波德莱尔在世界文学史上的重要地位极不相称。我也想通过这样一个研究在一定程度上填补这个空白。

杨振：从一些资料中我们看到，您的波德莱尔研究有过几个被中国当代学术建制认可与吸纳的时刻。一次是您在 2004 年一次研讨会上与中国社会科学院陆建德研究员交流后，您的波德莱尔研究成果被收入《现代化进程中的外国文学》；一次是 2007 年您以"从城市经验到诗歌经验——波德莱尔的城市诗歌与抒情诗的现代转型"为题获得国家社科基金项目立项；再就是您 2019 年获得"王佐良外国文学研究奖"一等奖。

能否请您为我们提供更多相关的历史细节，如您与陆老师在怎样的学术框架下会面、您二位的交谈内容、"王佐良外国文学研究奖"评委会的构成、评审过程、对您作品的评语等，帮助我们更好地理解中国学界怎样的学术关怀和学术评价标准，让您的波德莱尔研究受到重视？

刘波：您提到的 2004 年那次研讨会是《外国文学评论》杂志的年会，是当年 7 月份在苏州召开的。会议期间有天晚上，陆建德老师，还有黄梅老师，召集了一些与会者参加了一个小型讨论，是关于如何做《现代化进程中的外国文学》的。这是陆建德老师主持的中国社会科学院的一个重大项目。他想通过这个小型讨论让更多感兴趣的学者参与到项目中。我当时回国不久，正想做一些事情。在跟陆老师交谈过程中，陆老师建议写点关于"波德莱尔与城市"方面的东西。第二年我把写好的三万多字的文章《从城市经验到诗歌经验》交给陆老师，得到陆老师的首肯，收录到了他主编的两卷本一百多万字的书中。我在此要感谢陆老师让我有机会参与到这次合作中。这是我后来走到城市诗歌研究的最初起意和直接动因。

我觉得这里面的确有许多东西值得深入研究，于是在2007年申请并立项了题为"从城市经验到诗歌经验——波德莱尔的城市诗歌与抒情诗的现代转型"的国家社科基金项目。原计划是写一个25—30万字的东西。但在研究过程中，越研究东西越多。我有个习惯，如果没有把某方面的问题搞透彻，就不敢下笔。最终完成的成果有75万字，是原计划的三倍。在写作过程中，我两次申请延期，均获得批准。在此我也要感谢国家社科基金委和我原工作单位川外的理解，给了我一个宽松的工作机会，让我得以比较好地完成这个项目。项目的最后结项鉴定等级是"优秀"。后来我调入广外，单位鼓励我用这个成果申请"国家哲学社会科学成果文库"，结果成功入选。这是广外首次有作品入选"成果文库"。原项目题目太长，在出版最终成果的时候把题目改成了现在的《波德莱尔：从城市经验到诗歌经验》。

这个成果后来获得"王佐良外国文学研究奖"一等奖是我完全没有想到的。这个奖是北外王佐良高等研究院设立的，面向全国近几年出版的外国文学研究成果。2018年是首届评奖，设一等奖一个，二等奖三个。我起初并不知情，后来才了解了评审过程。第一步是海选，就是邀请全国50位外国文学研究领域的知名专家学者，每人推荐几部作品，然后确定50部作品参加评选。接着又从这50部作品中评选出10部参加终评。我有一天收到评委会的邮件，才得知我的作品进入了终评。颁奖是在2018年3月30号，终评是在头一天，也就是3月29号进行的。评委会要求进入终评的人都要到北京参加颁奖仪式。我是29号下午到北京的。临上飞机前，我爱人特地从巴黎打来电话（她在巴黎工作），提醒我是不是要准备一个获奖感言，说万一得奖了呢。我还给她说不要太抱希望，要抱平常心，准备感言就算了。其实我心里还是挺希望获奖的,便悄悄想了一下要说些什么,只是打了腹稿,没有敢写成文字,怕万一没有得奖,岂不把自己搞得尴尬。

到北京后,我朋友带我出去吃晚饭。在路上他问我这次来北京做什么,是出公差还是讲学。我说不知道。他觉得奇怪。我也不知道究竟怎么对他说。末了还是说了参加颁奖仪式的事情。因为结果还没有出来,所以真不知道该怎么说。他听说了颁奖的事情,特别是听说还有不菲的奖金,直摇头说获奖可能性不大,因为中国的评奖内幕太多,你又不擅长人脉关系,不懂得去联络联络,沟通沟通,打点打点,意思意思,看来基本上是没什么希望的。说得我心头凉了大半截。其实评奖过程没有所谓内幕,而是十分严格的。终评的评委有 15 位,都是外国文学研究领域鼎鼎大名的人物,经过讨论后,评委们投票得到最终结果。听评委会介绍,终评过程全程录像,还请了纪检委的人员监督,可见这次评奖是公平、公正、具有权威性的。虽然这是一个民间性质的奖项,但在业内是看得很高的。能够获奖,当然是非常开心的。但荣誉只是一个方面,它更是一种激励和鞭策,让自己在今后的学习和工作中只有更加努力,才真的当得起这份荣誉。

顺便说一句,我当年参与的陆建德老师的《现代化进程中的外国文学》(两卷)也获得这个奖的二等奖。另外两个二等奖是申丹教授和王邦维教授主编的《新中国 60 年外国文学研究》(六卷)、陈明教授的《印度佛教神话:书写与流传》。

杨振:作为法国文学教授,您如何向不同阶段的学生讲授波德莱尔,并引导他们深入研究波德莱尔?他们对于波德莱尔的兴趣是否有明显的侧重点?

刘波：在教学方面，我主要承担法国文学方面的课程。在本科层次开设的是"法国文学选读"，没有专门讲授波德莱尔。跟波德莱尔有关的课程是在研究生阶段开设的。"法国文学批评"这门课多多少少会涉及到波德莱尔的文学评论和文艺批评思想。专门针对波德莱尔的有为硕士生开设的"波德莱尔美学思想研究"和为博士生开设的"象征主义诗学专题研究"。这两门课程主要在于引导学生对波德莱尔的作品（包括诗歌、散文、文艺批评论著、笔记、作品提纲及手稿、书信等）进行全面的阅读、梳理和分析，并结合国内外波德莱尔学界的最新研究成果，描述并构建波德莱尔及其所代表的象征主义诗学中充满矛盾而又不失其内在统一性的美学思想体系，辨析和论述这一美学思想中包含的合理因素，揭示波德莱尔作为现代作家、现代文艺理论家和现代思想家的特质。同时通过这些课程的学习和研究，使学生掌握文学批评的一些基本方法，为将来的深入研究打下一定的学术基础。

我在教学过程中发现，学生们感兴趣的主要是一些他们平时了解不多甚至从来都没有想到过的一些方面，对这些方面的东西感到新鲜。例如学生对波德莱尔"从恶中发掘美"这件事情就很感兴趣，但同时也感到很迷惑。"恶"中怎么可能会有美呢？如果对"恶"只有太简单、太一般化的理解，就很难对波德莱尔的"恶"有真正的会心。那我就要引导学生认识到，波德莱尔的"恶"比通常的理解要复杂得多，有多个层面：在生理和身体层面，指疾病的"病"或"痛"，总之是一种羸弱、萎靡、衰老的"不健康状态"；在道德和伦理层面，指善恶的"恶"，以及体现这种恶的"恶意"、"恶情"、"恶言"、"恶行"，甚至"恶人"；在宗教层面，指原罪或罪愆的"罪"，以及代表这种罪的"恶魔"、"魔鬼"、"撒旦"、"被诅咒者"、"下地狱的人"；在审美层面，指美丑的

"丑",以及一切具有"丑陋"、"怪诞"、"不规则"、"无秩序"特点的东西;在社会生活层面,指穷困、底层或边缘的"糟糕生活状态",以及生活在这种状态中的人群(流浪汉,拾荒者,酒鬼,不得志的文人,卖春女子……)。有时候也指不合于主流和常规的"叛逆的精神、暴动的意志、反抗的举动、斗争的勇气"。如此一来学生的思路就打开了,自己就会针对上述这些方面在波德莱尔的作品中去搜罗大量例证。寻着这个思路,他们自己就认识到,所谓《恶之花》,以"恶"为"花",带有颠覆传统价值评判标准的用意,同时也体现了诗人在不受常人待见,甚至受到常人鄙弃的地方发现"新奇"和"诗意"的努力。波德莱尔的独特性(l'originalité)有很大一部分都来自于此。他们进而也认识到,"恶之花"这种说法本身运用了修辞学上的"矛盾修辞"(« l'oxymore »,也称"逆喻")这种手法,体现出一种"正言若反"、"反常合道"的特殊逻辑,具有微妙而深刻的哲理意味和雄健有力的审美趣味,启发人在生活的反面去观照生活,在人心的反面去省视人心,在生命的反面去吸吮生命。当理解了波德莱尔这种独特的悖逆逻辑之后,其他一些原来难以理解的问题也变得可以理解了,比如"泪水是人类尊严的明证","痛苦是通往神圣的阶梯","通往天堂之路却把人引向地狱","憎恶自己才是完全地爱自己"。

此外还有一些问题也是学生感兴趣的。比如:波德莱尔为何会憎恶天然状态而崇尚人工美;他为何会出于对人和人类文明本身所包含悖论的忧思而反对启蒙时代以来的所谓"进步"的观念;他的"深层修辞"和"深层模仿"如何带来文学观念和文学景观的改变,等等。在此就不一一赘述了。

每个学期结束的时候,同学们纷纷表示有种意犹未尽的感觉。他们高兴自己收获到的是一种全新的眼界,甚至是一种全新的生活态度。的确,读懂了波德莱尔,就一定会对于人生有着别样的见识和观感。

杨振:作为具有法语语言文学教育背景的波德莱尔研究者,您是否也曾关注中国学界因为英美文化研究热而带来的波德莱尔研究热?您如何看从这一知识脉络而来的波德莱尔形象在中文世界中的塑像?

刘波:由于语言背景和教育背景的关系,我自己的波德莱尔研究跟法国或法语世界的相关研究扣合得更紧密一些,侧重于从作品生成、渊源梳理、文字手法、审美经验、意识批评的角度考察和分析问题。就算在对城市经验和诗歌经验的比对研究中,虽然也涉及到大量的文化内容和文化问题,但最终的落脚点还是在"经验"上而不是在"文化"上。我始终认为,文学首先是一种经验,不能把文学研究弄成单纯的文化研究。我自己的研究往往是以"经验"作为论述的重点和组织行文的枢纽。波德莱尔超卓群伦之处,就在于他对现代生活有着独特的经验,并懂得用独特的方式来传达自己的经验。所谓经验,是存在于具体和抽象之间、外部世界和内在世界之间的一个中间地带或第三维度。一谈到经验,就要谈到关系和交锋,谈到对感性资料的观察和对事物认识的丰富。外部生活和内在现实共同作用于经验,也可以说,经验是外部生活和内在现实的结合点。波德莱尔城市诗歌的创作实践就是位于外部和内在两种现实之间的这样一个结合点上。当我们谈论波德莱尔的诗歌审美经验时,就必然会谈论诗歌与客观世界以及与价值世界之间的关系。从波德莱尔的作品中可以看出,诗歌这种语言活动实则包含着三重的经验:对世界的经验,对语言的经验,对人的经验。我的《从城市经验到诗歌经验》这本书的主线和论述过程，就是从与波德莱尔诗歌经验密不可分的"语言"、"世界"和作为主体的"人"这三个词出发来进行组织和展开的。

说到英美方面，文化研究的热潮是随着后现代主义在美国成为登堂入室的学术建制而大规模兴起的。生态批评、女性主义、后结构主义等虽然为文学研究引入了一些新的视角，但总体上看是把文学研究引向了文化研究的道路上。这种路数近年来对国内的外国文学研究产生的影响甚大，这从大量的著作和论文中可以见到。那种理论强而实证弱、术语多而感悟少、格局庞大而心思粗疏的成果不在少数，读起来往往缺少那份出自于经验的亲切感。这在波德莱尔研究方面也有一定体现。有些人按这个路数研究波德莱尔的自然观，他对女性的态度，他提出的"现代性"概念，让人读过后总觉得有种隔靴挠痒之感，所得到的更多是波德莱尔作为一个文化人的形象，而不是作为一个诗人的形象。

您提到了英美，那我就借这个机会说点题外话。目前世界上最大的波德莱尔研究中心竟然不是在法国，而是在位于美国田纳西州首府纳什维尔的范德堡大学。这个中心成立于1969年，收集有波德莱尔研究方面最丰富的资料。而在这之前的1965年，范德堡大学就已经推出了世界上首份专门以波德莱尔为主题的杂志 *Le Bulletin baudelairien*（《波德莱尔丛刊》），每年出两期，除了研究文章外，也刊登本领域的学术动态、简讯、访谈，以及完整的年度书目，让波德莱尔研究者们十分受用，可以及时获取各种最新信息。

杨振：目前我们国家正处于大规模的城市化进程中，这一进程又伴随着社会主义国家特有的话语制造。可以说，双重的目的性标记着我们周遭的世界。您觉得对于当代中国大陆读者而言，阅读波德莱尔作品及其背后的故事对于我们具有怎样的现实意义？

刘波：波德莱尔的城市诗歌是在城市化的大潮中涌现出来的，为文学中的巴黎题材寻求到真正意义上的诗意，让城市诗歌成为一种具有独立个性和身份、独特审美趣味和价值取向的文学类型，这是诗人在感受性和审美趣味上主动适应现代城市经验的结果。

波德莱尔的城市诗歌更新了人们对于抒情诗的观念。在一般人眼里，现代生活的流行伴随着抒情诗的衰落，仿佛现代生活和抒情诗构成一对矛盾命题。这里存在着一个视角和价值转变的问题。所谓"衰落"，实则是传统抒情诗所代表的那种诗歌经验所面临危机的表征，反映出以往田园牧歌式抒情经验（如和谐、理想、温情、伤感等）在面对以疾风厉雨般的城市生活为代表的现代经验（如震惊、欲望、压力、分裂、悖谬等）时所感到的无能为力。然而，真正的诗人却能够发现现代生活为诗歌灵感提供的新的机缘，并借此改造诗歌语言和诗歌意象，创作出一种与现代生活经验相符合的全新的抒情诗类型，让城市经验在诗歌经验中得到再现。

波德莱尔在许多方面都是他那个时代先驱式的人物。其中一个方面就是他最先感受到了现代生活甚至人类文明中诸多深层的悖论性因素。大众对他的接受过程很有意思。在最初的几十年，波德莱尔的声誉主要局限在圈子很小的精英阶层。二十世纪的第一次世界大战让人类文明中固有的悖论暴露无遗。当大众认识到这一点，这才开始了对于波德莱尔的普遍接受。波德莱尔的形象也从"腐尸诗人"、"恶魔诗人"转而成了对于生命存在和文明悖论有着深切忧思的诗人。

在当前我国迈向现代化的进程中,城市化大潮以及全球化对人们日常生活经验的快速渗透已经成为诗人、作家们最重要的叙事语境。如何把握城市生活的质感和美感,如何从现代视角出发对城市与诗歌的关系进行审查,如何揭示城市生活固有的暧昧性和矛盾性,如何思考和表达城市文明对生命存在的潜在影响,如何在现代技术文明的霸权下为人的主体意识谋求牢靠的精神寓所,这一系列问题是处于现代化转型期的当代学人必须进行深入研究的新课题。从这个意义上说,对波德莱尔的阅读、学习和研究是具有深刻现实意义的。在美学层面,这有助于从一个全新的角度为我国文艺美学的建设提供启示,使之更加主动地适应和反映人们感受方式、思维方式和审美趣味的现代转型。在生活经验层面,这有助于达成对于人性的改造,让惯常的情感和思想分崩离析,让聋者重聪、盲者复明,让老朽的人脱胎换骨,重获新生。可以说,不阅读波德莱尔,便会与生活中某些重要的东西无缘,必定会在对于生命的感受上有所缺欠。程抱一先生在《论波德莱尔》一文中指出,波德莱尔的超绝之处在于他代表了一种"凛然不可犯的决心","拒绝把生活空虚地理想化,拒绝浮面的欢愉与自足"。我对他的这种看法特别赞同和欣赏。

好,我们今天就谈到这里吧,希望上面的这些回答没有离题太远。

杨振:感谢您接受采访!

李金佳教授访谈

采访人：杨振

采访人按语：

数年前在为《〈巴黎的忧郁〉翻译与研究书目（1855—2014）》①一书编纂"中国部分"时，我有机会读到李金佳教授《波德莱尔散文诗中的叙事》一文，被作者清晰逻辑的文字、细腻的感受性和独到的目光深深吸引。非常有幸，李金佳教授同意将该文收入《波德莱尔与中国》一书②，并对旧文做了精心修订。同时他还同意接受我们的访谈。希望访谈能够向读者展示李金佳教授对于波德莱尔的洞见，告诉读者怎样的人文关怀和学术、文化、历史脉络，形塑了他对波德莱尔的阅读。

杨振：李老师您好，很高兴有机会采访您。能否先请您介绍一下《波德莱尔散文诗中的叙事》一文的发表背景，以及波德莱尔在您当时的学术关怀中所处的位置？

---

① Andrea Schellino, *Bibliographie du Spleen de Paris*(1855—2014), Paris, Garnier, 2015.
② 同时要感谢该文原载论文集主编孙晓娅教授的大力支持。

李金佳：这篇文章的写作背景相当特殊。它原本是一篇发言稿，发表于 2013 年夏天在承德召开的一次关于中国散文诗回顾与展望的讨论会。当时我刚结束了一年的长假，从日本返回法国复职，中途停留一站，去承德参加了那次会议。讨论会的参与者有两种人：第一种是国内散文诗的写作者，他们宣读的文章，多是总结自己写作经验的"创作谈"，或者代表某一流派，表达带有团体倾向的创作观；第二种是散文诗的研究者，来自国内和国外的大学，就中国散文诗的历史特别是现状，从各自的角度做学术探讨。我的身份比较特殊，我既是散文诗的写作者，当时已经在国内的杂志上发表作品；同时我也是学者，在大学里搞文学研究和教育工作。所以我想，我能做也最应该做的事，就是以一个学者的眼光，对当下汉语散文诗的写作——包括我自己的写作，做出一种批评性的反思。而当时我凭借学者的素养，所观察到的汉语散文诗人的最大问题，便是他们通常以一种盲目而情绪化的态度，进行着他们的写作。对散文诗这种"东西"是什么，它被"发明"出来——散文诗是为数极少的适用这个字眼的文体之一——本来是要干什么，现在能干什么，不太能够干什么，这些诗人没有任何知识，就更谈不上观照甚至反观了。这种思考维度的缺失，使当下汉语中的散文诗，从内容上说，大抵流于情感的宣泄，而情感又不够真诚；从形式上说，一般只是掺水的分行诗，似乎"分行诗"——我们暂且使用这样一个粗率直观的描述词汇——写不出来，就转而求其次，结果写成了散文诗，在文体选择上没有任何必然性。另外，汉语散文诗人虽然喜欢强调自己的作品是"诗"又独具特色，大有要与"分行诗"分庭抗礼、争得一席之地的雄心壮志，但其实他们与分行诗人有着同一个缺陷，那就是几乎完全不具备抽象能力，永远都只是在写"个别"，一时一地一我之观中的一我，无法从经验跨越到超验,从那喀索斯过渡到无目的那喀索斯。或者说,无法好好地"老到"那个更为根本也更为苍然的面壁者。人的抽象力是人性的源泉之一,没有抽象意志的诗,在最好的时刻,也只是能够震撼另一个怪人的一段古怪,无法成为普通的、一般的、"常人"的作品。汉语散文诗写作领域存在的这些问题,就是我在承德讨论会上想要发表的看法。但您一定能理解,我作为一个"半局外人",受到国内散文诗作者与研究者的邀请去参加会议,几天中又不断得到他们热情的款待,这种做客的处境,不容使我在表达自己的看法时,使用过于伤人的语气。所以,自然而然地,我就选择了一种只呈现"本来面目"的策略,希望借助这种呈现,对各种不太成功的"变脸",提出尽量温柔的批评。而在散文诗领域,说到"本来面目",第一张脸,最接近皮肤的面具,当然属于波德莱尔。因此我就从他入手,着重探讨散文诗的叙事性。

杨振:为什么是"叙事性",而不是其他侧面?

李金佳:与一般汉语作者的想法相反,散文诗从根源与发展上看,并不是一种散文化甚至散掉了的抒情诗,而是一种诗性的、原型化的、追求着金刚石的光芒与硬度的叙事。文章研究的对象,既然界定为散文诗的叙事,我所要解决的问题,也就很明显有两个。一、散文诗是如何叙事的?或者说,散文诗叙事相对于别的叙事体裁,比如小说,究竟有什么不同?二、散文诗要叙的事,到底是什么事?甚至可以说,是哪一件事?第一个问题,促使我在文章的上半部分,模仿金圣叹的分析方法,研究散文诗叙事的各种形式。第二个问题,直接把我引向对"现代性"的考究,因此文章的下半部分,将散文诗勾勒为现代语境下的一种

"神话",指出它讲述的事始终只有一件:没人了。

杨振:您在《波德莱尔散文诗中的叙事》一文中,提到现代人的境遇、现代人的意识内核、现代人与人、人与世界的关系时,使用了"虚无"、"支离破碎"等词语来形容。您能否以更为具体的方式,为我们描述这种境遇、意识和关系?

李金佳:更为具体的方式?那您撂下书本吧,掏出手机,看一看微信朋友圈。看朋友圈信息堆积之"多",就知道何为"支离破碎";看朋友圈信息顶替之"快",就知道何为"虚无"。不要忘了,这还只是来自您朋友的——我也忝列其中——加入了情感的"支离破碎"和"虚无";而且在大多数情况下,都不过是他们、我们叫喊出来的别人的叫喊声。波德莱尔在《人造的天堂》中,把鸦片、把与鸦片同样强烈的诗,比作可以随身携带的天堂。我们有什么呢,手机,一个可以随身携带的大呼唤地狱。不仅是人造的,还要每月付款,定时更新,一受到限制就好像损失了自由。您一定注意到了,说到对现代性、对现代生活的一般认识,我比波德莱尔要悲观得多。在他生活的那个现代,"时尚"还是一种"高尚",虽然转瞬即逝;"女人"还是一种"美",虽然很狰狞;巴黎还是巴黎,虽然已经在建设。它们都能够把波德莱尔的视线,从无边的烦闷中暂时引开。而我经历的这个现代,却是如马克·斯特兰德所说,连那种衰变态的"能让人开心解闷的性",都再也没有了。在"现代"这样一场永远都正在开始的终结之中,我是一个后来者,我比波德莱尔多活了一百五十年,因此我想我有这个"更加悲观"的权利,特别是作为中国人。

杨振:您在《波德莱尔散文诗中的叙事》一文中提到汉赋。

就这个问题您是否可以稍做深谈？

李金佳：那篇文章很侧面地说到"赋"，提供一个可能的思考途径，点到为止，完全没有展开。我只是凭借汉语阅读者的直觉，指出在波德莱尔的某些散文诗中，那种倚靠纯粹静态描写，甚至一系列画面式描写的堆砌，所要达成的总体上的"神秘感"，势态性"神秘感"，与"赋"在气质上有相似性。或者说，通过盈满再盈满，忽而堕向空旷与荒凉，连同由这一"忽而"释放出的形式美感，精神上的解脱感，似乎是这两种看似遥远的文章的共同追求。而这种共同的追求，其实是非常奇特的，从文学表现的一般逻辑上说，它甚至不可思议：再没有哪一种表现手段，能比描写、描写的堆砌，更与"神秘"相异质的了，卡内蒂对此曾有过精粹的阐述。散文诗描写之"赋性"的这种印象，是我产生于朴素阅读的一种"见地"，并不是学术研究中所谓的观点或理论。

杨振：在别的场合，您也曾提到《诗经》。您自己的散文诗中，我们经常可以看到古代中国的影子。请问您对中国古典文献的阅读，是否遵循什么计划，抑或随性为之？您是否在其中寻找并发现一些现代性因素？

李金佳：我崇拜我的祖先，对他们遗留给我的文字，我开卷捧读时，总是满怀羞愧，惴惴不安，如一个跛足者，行走于壮丽的悬崖边上，足二分垂在外，如果不是自惭形秽，早就跳下去了。这样您就可以理解，从大学时代起，我在阅读古籍这一块，持续地制订各种宏伟的计划；然而由于意志的薄弱，持续地半途而废。时至今日，我真正读过并自以为得之的古代诗歌作品，只有三部：《诗经》《楚辞》和李贺的诗，它们在我写作乃至生活的各个方面,总是给予我最严格的规范。至于说古代作品的现代性这个问题,我想如果我从"寻找现代性因素"入手,那第一步就是错的,因为它将使我陷入亵渎。我的机心——伪装成功利的深不可测的邪恶——会让我在古书中寻到的"现代性",不可避免坍缩为一张皮影。或者借用《列子》中的那个故事,当我带着寻找海鸥的心,再去沙滩上看海鸥时,我就看不到任何海鸥了,我就只能把怀中的投影仪,放到沙子上支好,以空虚为幕布,投射出满天满地的假海鸥,一个个长着塑料翅膀的我,张着呆滞的嘴等待配音。我们是现代人,现代性是我们的人格本色,当我们忘掉各种伪诈的学术,以一种坦荡的、谦卑的、不肖子的态度,际遇古代的伟大作品时,它们就会像明澈的镜子——父亲的镜子——那样,总体地而非因素地,折射出一种现代性,只存在于我们与它们之间、我与它之间:人脸的现代性,诚然是一种虚像,但相对于我们眼前这个钢筋水泥玻璃板的现代性,它更真实,更坚定,也更富于表情。

杨振:《波德莱尔散文诗中的叙事》一文发表至今,您对波德莱尔的阅读和评论,在怎样的学术、文化脉络中进行?

李金佳:最近五年,我一直准备着一个马拉美诗歌的新译本,因而我对波德莱尔的阅读,也就主要着眼于他与马拉美之间的关系。不透彻地了解波德莱尔,就几乎完全无法读懂马拉美,因为马拉美从开始写诗的那个瞬间起,他所面临的根本问题,就已是波德莱尔的问题,或者说诗歌合法性的问题。在一个诗歌已死的时代,我们为什么还要继续写诗? 这个问题也是我们的问题,当然应该修改为:在诗歌已死一百七十五年的今天,我们为什么还要继续写诗? 一百七十五年这个数字,不是我狂想的产物。诗歌作为一种"人类情感的理性表现",它有一个很准确的死亡日期,那就是 1845 年 1 月 29 日,爱伦·坡发表《鸦》的那一天。在那之后所有的诗歌创作,都是以死亡、以那声一劳永逸的"nevermore"为先决条件,才得以成为可能;都是死而不僵,都是死后还魂,甚至借尸还魂——这其实也可以从侧面说明,为什么在现代语境下,波德莱尔的语境下,翻译对诗人忽然变得重要起来。任何现代诗人,如果不首先承认"诗歌已死"这个事实,并以其作为自己工作的依据,而是权当这件事没有发生过,模仿纯真者,继续他顽皮的抒情,甚至电击死体以获得动作,那么他的写作或隐或显,总会带有诈骗的色彩。而历史上,第一个完整地经历了诗歌已死状态的诗人,第一个必须时刻面对这种死亡并思考之的诗人,就是波德莱尔。而他同时也是第一人,用清明朗净的语言,对诗歌的死亡,生机勃勃地加以表现。

杨振:这些年来,您在阅读和写作的哪些时刻,特别想到波德莱尔?

李金佳:我想终结这一切,离开这里时,特别想到波德莱尔。波德莱尔说过,人最重要的自由有两个:一是自相矛盾的自由,一是走开的自由。但这两种自由,他其实都没有行使。他这两种并未行使的自由,是我生命的支柱。好的诗人有两种:一种使你振奋、感慨、奋笔疾书,一种只是使你存活,波德莱尔是后一种。

杨振:波德莱尔如何影响您的文学创作?能否请您为我们提供一些线索,以便日后读者更好地在您的文学创作中,寻找到

波德莱尔的踪迹？

李金佳：在文学创作领域，波德莱尔是教会我"易"的人。古人读《易》时，用三个词给出"易"的精髓：变易，不易，简易。在这三种"易"上，波德莱尔都是我不可动摇的坐标。波德莱尔讨论"现代性"最重要的文章，是一篇名叫《现代一画家》的艺术论。他在文中将"现代性"这个概念，用一个带有悖论性质的动词语句，定义为"表现现在"（représenter le présent）。并且进而解释说："所谓'现代性'，就是过渡、是流逝、是偶或，是艺术的一半；而另一半是永恒，是不变。"在《现代一画家》的语境里，波德莱尔的要旨，是激励艺术家摒弃那些来自新古典主义的教条化"理想"，转而注目于那些过渡的、流逝的、偶或的"目前之物"；不能因为它的不确定性，就忽视它；因为它的丑陋，就加以弃绝。一个真正的艺术家，应该有足够的勇气和能力，直面最纯粹的恶，从中提取出最崇高的美，而这朵"恶之花"，是他作为艺术家所能希望的唯一救赎。反观波德莱尔对现代性所做的简短定义，从最粗浅的层面，我们可以认为它的前半句，说"现代性"本身的那半句，在说"变易"；后半句，说"永恒"与"不变"的那半句，在说"不易"。而落到具体的艺术行为中，"变易"的一半，怎样连接到"不易"的一半，成为一个整体？或者说，"恶"与"花"，通过何等样一个"之"，变成同一个词？每个称职的艺术家，都以其一生，为这种连接，这个"之"，提供一个独特的方法。而波德莱尔的方法，明显遵循着"简易"的原则：在所有可能的组织形式中，他总是选择最简单、最朴素、最直观的那一种。也正是因为这种"简易"，使波德莱尔的诗，在极具现代性的同时，带有明显的古典特征：普遍，光滑，静穆。波德莱尔的"简易"，其实也就是波德莱尔的"人性"。在"道不远人"这一点上，波德莱尔要远远高于马拉美、兰波和洛特雷阿蒙。这也就是为什么虽然这三家诗,无论从精神气质或表现形式上说,都明显比波德莱尔更符合我们对"现代性"的一般印象,但我们在讨论"现代性"时,大都只把这三家看作"现代性"某一侧面发展的极致,反而将探求核心的目光,集中于比他们保守得多的波德莱尔。

杨振:多年来,您与中国学界、诗歌创作界互动频繁。能否请您从自身经验出发,为我们谈谈您所感受到的2010至2020年波德莱尔在中国接受的特征?比如,当您的中国朋友、读者、听众谈起波德莱尔时,他们最关心的面向是什么?有哪些建制(出版社、研讨会、讲座等)希望引起人们对波德莱尔的兴趣?您对这些现象的看法是什么?

李金佳:我与国内学界和诗歌界的互动并不多,我不是一个喜欢互动的人,我更向往"互为不动",在我们这个把"易"理解为"交易"的时代。但我确实是一个多话的人,和朋友们谈话,比如现在和您一起,总是给我莫大的乐趣。而当他们邀我回国做讲座,或者在微信公众号上发表作品时,我大都欣然接受,热忱地投身于"虚无"的"支离破碎"的怀抱中。讲座和微信公众号,这大概可以看作是我,一个波德莱尔的"虚伪读者"的"现代性"吧。我与国内的朋友谈起波德莱尔时,他们最关心的是译本的问题。特别是搞出版的朋友,无一例外,都和我谈到过这个问题。他们自己也经常从事翻译和写作,他们对现存译本的描述,与我自己所做的各种译本的比较阅读——我在法国大学里的授课,使我经常要进行这种工作——是相合的:确实到了重新翻译波德莱尔的时候了,特别是他作品中散文的那一部分,包括他的散文诗、日记和艺术论,现存的译本都不足取,因为它们即使做到了字面的"忠实"——就是在这一点上其实也很可存疑,自身却没有成为夺人心魄的作品。而一个汉语读者,他读到的波德莱尔,如果没有同时使他坠落和飞扬,沉静而激动,那他就根本没有读到过波德莱尔。

杨振:最后,能否请您推荐一些关于波德莱尔的评论作品给读者?

李金佳:波德莱尔的评论者,在当代法国不外三种人:一是哲学家,连同更普遍意义上的思想者;一是文学研究者,包括诗学专家和十九世纪文学专家;一是文学家,特别是诗人。前两类的评论者,哲学家如萨特、巴塔耶、布朗肖,文学研究者如安托万·孔帕尼翁(Antoine Compagnon),您这次邀请的其他学者,肯定已经多有引述。在这里,我只对最后一类作品,也就是文学家对波德莱尔所做的评论,挑选几种推荐给国内读者,特别是那些懂法语又有志于翻译的读者,希望能够引起他们的注意。二战后发表的这一类评论之中,我觉得应该优先阅读下面五本书。第一本,诗人皮埃尔·让·儒韦(Pierre Jean Jouve)1956年出版的《波德莱尔墓碑》(*Tombeau de Baudelaire*,Paris,Editions du Seuil,1958),正确译法是《悼波德莱尔》,但我更喜欢这个错误的翻译,因为从表现力上说它更为精准。此书初稿二战中发表于瑞士,到五十年代中期才由作者修订,在巴黎重新出版。书中第五章对波德莱尔通过散文诗所实现的"具象",还有这种"具象"与梦境的天然关系,说得尤为精辟。第二本,散文家皮埃尔·巴歇(Pierre Pachet)1979年出版的《迎面过来人:波德莱尔,孤独与阴谋》(*Le Premier venu. Baudelaire: Solitude et complot*,Paris,Denoël,1979),是一本探讨波德莱尔政治思想的书。题目中"迎面过来人"是法语熟语,"随便什么人"的意思,它直接引自波德莱尔日记中所做的对现代社会的一段描述,那就是无特征统治者与无特征人群的契合,还有连接这二者的一条电报线,一个国家印书局。我们这个时代,把电报线和印书局压缩成网络,但基本情况——没有情况——依然如故,所以波德莱尔的描述始终适用,而巴歇的书也就仍旧可读。第三本,诗人安德烈·杜布歇(André du Bouchet)的《波德莱尔,那无可挽救的》(*Baudelaire Irrémédiable*, Paris, Deyrolle Editeur, 1993),本是 1955 年他在巴黎哲学院(Collège philosophique)所做的一次演讲,迟至 1993 年才正式出版。杜布歇的诗和评论经常很晦涩,这本写波德莱尔的小薄册,也十分难读。但它在后半部分,对波德莱尔诗歌与死亡的关系,时有灵光闪耀的描述。第四本,诗人伊夫·博纳富瓦(Yves Bonnefoy)2011 年出版的《在波德莱尔的标记下》(*Sous le signe de Baudelaire*, Paris, Gallimard, 2011),辑合了他半个世纪里所写的十五篇论文。在法国战后对波德莱尔的重新阅读中,博纳富瓦曾经起过至关重要的作用,说到波德莱尔与现代主义诗歌的关系,尤其如此。二十世纪 50 年代中期博纳富瓦发表他头几篇论文之前,法国的诗人和评论者,除去马塞尔·雷蒙(Marcel Raymond)和儒韦这样寥寥几家,都是受《超现实主义宣言》的影响,将现代主义诗歌的源头圈定于兰波,特别是洛特雷阿蒙,而不更向上追溯至波德莱尔。博纳富瓦作为一个"扭转者",正本清源之功不可泯没,而他 2011 年出版的这本带有遗嘱色彩的论文集,即使只作为历史文献,也值得一读。第五本,诗人米歇尔·德吉(Michel Deguy)2012 年出版的《哀悼耶稣:波德莱尔》(*La Pietà Baudelaire*, Paris, Belin, 2012)。对波德莱尔的阅读和思考,在德吉这里是几十年如一日发生着的奠基性经验。从 60 年代至今,德吉出版了数种关于波德莱尔的重要著作,2008年出版的那一本,书名干脆就叫《巴黎的忧郁》。最近的这本《哀悼耶稣:波德莱尔》,将米开朗基罗著名的雕像"哀悼耶稣"并置于波德莱尔的诗歌,让这两个伟大的艺术作品,在"亵渎/启示"——一体反向的创造行为——的视角中,互相辉映;并由此出发,将读者引向现代艺术一个根本的姿势,"无的赠予"。《哀悼耶稣:波德莱尔》是一本典型的诗人读诗人的作品,它的准确,与它的灵逸,同样令人击节称叹。

杨振:感谢您接受采访!

李欧梵教授访谈

采访人:杨振

采访人按语:

在影响深远的《上海摩登——一种新都市文化在中国》一书中,李欧梵教授专门辟出一节谈论波德莱尔在二十世纪20—30年代中国的译介。此外,他还曾在张历君、郭诗咏教授主编的"'波特莱尔与我们'小辑"中发表《波特莱尔三首诗的随感》一文(《字花》,2010年3、4月)。

作为二十世纪中国文化史最重要的书写者之一,李欧梵教授对波德莱尔的持续关注让我们窥见波德莱尔在整个二十世纪中国人文化生活中的特殊地位。我们有幸对李欧梵教授进行采访,帮助读者了解他对波德莱尔兴趣背后的故事,并以波德莱尔为切入点,为二十世纪中国文化史留下一些资料。

杨振:李老师您好,很高兴有机会采访您。您在《波特莱尔三首诗的随感》一文中提到在台大外文系读书时就曾听闻波德莱尔。能否请您回忆一下当时有哪些人、期刊、社团和文化事件,对于构建您对波德莱尔的早期印象产生影响?

李欧梵：上世纪50年代末期，台湾的诗坛就涌起"现代诗"的波涛，当时台湾的现代派诗人团体，最有名的是"创世纪"诗，他们提出"横的移植"（而不是"竖的继承"）的口号，这是当时的领军人物纪弦——也就是30年代的诗人路易士——所提出的"六大信条"中最重要的一条。他认为中国现代诗要从西方直接移植过来，而西方的现代诗，特别是法国的象征诗的传统，都是"自波特莱尔以降……"。我当时刚进台大外文系，和同班的几位喜欢文学的同学结为好友，后来支持他们办的《现代文学》杂志，内中重点介绍的是西方现代小说，现代诗人方面，我只介绍了艾略特。总之那时候我对于现代诗几乎没有什么了解，只听说过波特莱尔的名字。

杨振：您在《波特莱而三首诗的随感》中提到波德莱尔的英译。能否请您列举几本您较为经常阅读的英文版波德莱尔作品？您曾长期在美国生活，不知美国文学文化界对波德莱尔的关注（评论作品、文化活动等）是否对您有影响？

李欧梵：我阅读的英译版本有二：一是理查德·霍华德（Richard Howard）译的《恶之华》的英法双语版（*Les Fleurs du Mal*，Boston：David Godine，1983）；一是路易·瓦莱兹（Louis Varèse）英译的《巴黎的忧郁》（*Paris Spleen*，*Le Spleen de Paris*；New York：New Directions，1970），也就是 *Petits Poèmes en prose*（小散文诗）。后者是一个旧的版本，最早出版于1931年。我反而对后者比较熟悉，因为研究鲁迅时我就把这个版本中的几首诗和《野草》中的部分散文诗比较，例如《陌生人》《老妇人的绝望》《群众》《寡妇》《窗户》等。后来才体会到，《巴黎的忧郁》的散文成分比较多,像是一系列对巴黎街景和人物的素描,而《恶之华》更接近波特莱尔抒情诗的本质(也有持相反的意见)。总之,我只是在波特莱尔诗作的边缘摸索而已,还没有进入殿堂。美国文学界和文化界对于波特莱尔的关注,我所知甚少,然而在80年代我结交了美国名诗人安格尔(Paul Engle)先生,他就是聂华苓女士的丈夫,当时也是我的岳父。我从他那儿看到一两本由他主编的纪念波特莱尔诞生一百周年的研究版本,也在他指引之下读了一点艾略特的《荒原》。这一段交往,使我第一次感觉到:原来安格尔那一代的美国文人,不论如何"乡土"(他是衣阿华的农村之子),在思想上都是世界主义者(cosmopolitans),熟读欧陆文学。海明威何尝不也是如此?

杨振:您曾多次提及本雅明笔下的波德莱尔。除本雅明外,还有哪些学者对于您理解波德莱尔产生影响?他们在怎样的知识脉络中进入您的视野?

李欧梵:我在研读本雅明之前,最早是从捷克汉学家普实克(Jaroslav Průšek)那里听到波特莱尔这个名字的。他于1968年左右到哈佛讲学,客座一年,我选了他开的两门课,记得他在课上就提到波特莱尔的 *Petits Poèmes en prose*,而且是用法文直接写在黑板上,说对鲁迅的散文诗有极大的影响。我至今还想问他:如何影响?为什么?另外一位是 Haun Saussy(中文名字是苏源熙)。他是我学界的朋友,1990年我从芝加哥大学转到加州大学洛杉矶分校任教的时候,他刚好也从耶鲁拿到比较文学博士学位到此任教,我们志同道合,开了一门关于现代性(Modernity and Modernism)的研究生讨论课,我获益最大。Saussy 横贯中西,在课堂上他用法文、英文讲解关于现代性的文学理论，又经我要求，特别在班上讲解波特莱尔的 *Les Fleur du Mal*，所举的例子之一就是《天鹅》，还有一篇就是《腐尸》，我们仔细讨论徐志摩的译文。多年后，苏兄写了一篇关于徐志摩翻译的长文献给我，想你已经收录。这段学术因缘我一直铭记在心，现在回想起来，我可能受徐志摩的影响太深，竟然对"Charogne"理解错了，真以为她是一具荡妇的死尸，而不是动物。不论如何，这个突出的意象和天鹅刚好形成对比。

另一个"知识脉络"就是本雅明，他的《波特莱尔：一个高度发展资本主义时代中的抒情诗人》(*Charles Baudelaire: A Lyric Poet in the Era of High Capitalism*) 由三篇长文集成，内中两篇谈的都是十九世纪巴黎的物质文化背景，只有一篇讲波特莱尔诗中的几个主题 (motifs)。我也是在加大洛杉矶分校任教时，才开始细读的，于是一发不可收拾，就把本雅明的其他著作一本本地都囫囵"啃"了下去。我和美国的一般学者一样，读的都是英文版，而最著名的三本，除了上述那一本之外，就是《启明录》(*Illuminations*) 和《反思录》(*Reflections*)，而且都是哈里·佐恩 (Harry Zohn) 翻译的，我对这个译者一直很好奇，因为他的英文文体很有点德文味道，几乎假以乱真，再加上汉娜·阿伦特的序言，如今已成为经典。然而内中文句有无错误？我不得而知。从本雅明的哲学视角去了解波特莱尔的诗，有无思想上的漏洞和分歧？这个问题我以前从来没有想过，甚至把本雅明和波特莱尔混在一起了，那个让我着迷的"都市漫游者"(flâneur) 是波特莱尔，还是本雅明制造出来的抽象人物？

如果不谈本雅明，我理解波特莱尔的角度是从我看过的少数理论著作出发，我读过的有马歇尔·伯曼 (Marshall Berman) 的 *All That Is Solid Melts into Air*，还有詹明逊 (Fredric Jameson)的 *The Modernist Papers*，都是从一个社会史/文化史的角度切入的。我读后不甚满意，因为波特莱尔的文学性和艺术性被简化了。我也曾在课堂上讲过一次波特莱尔，从他的那篇名文《现代生活的画家》讲起，细读全文，而且把那位画家康斯坦丁·居伊（Constantin Guys）的作品找出来，大开眼界。然后我追问：波氏的那句为现代性所下的定义的意涵到底是什么？"the ephemeral, the fugitive, the contingent, the half of art whose other half is eternal and immutable"，这句话前后两段的辩证关系究竟是如何？"现代性"这个名词，在波氏的论述中似乎只占一半的地位，那么后一半指的是什么？换言之，我认为"现代性"（短暂的）和艺术性（永恒的）构成现代主义艺术本身的一个矛盾。我在网上找到一篇文章，就是持这个观点：《波特莱尔与现代生活的画家》（"Baudelaire and the Painter of Modern Life"，Anna Talley 著，2017），有兴趣的学界朋友可以参阅。

杨振：您是否有意指引学生们从某些特定的角度去理解波德莱尔？不知在受您影响产生的学术或文化作品中，是否有波德莱尔的踪迹可循？如有，可否请您为我们举一些例子？

李欧梵：这个问题我很难回答。我指引学生读波特莱尔的机会不多，也谈不上如何指引，也许和其他文化研究的学者一样，都是从本雅明研究波特莱尔的角度依样画葫芦，至于受我影响的学术和文化作品，我从来没有想过这个问题，也希望学生不要受我影响，必须走他们自己的道路，连张历君也是如此。我和张历君谈的都是本雅明，他懂得比我还多。

杨振：您在《波特莱而三首诗的随感》中指出，波德莱尔的

《天鹅》一诗能够表达您书写老上海时的心绪。在我看来,这段文字体现了波德莱尔在中国接受过程中非常有趣的文化迁移现象。单就《天鹅》一诗而言,波德莱尔怀旧的对象是奥斯曼改造之前的巴黎。那个巴黎显然与构建世人对于"浪漫法国"想象的巴黎相距甚远。而"老上海"作为集体文化想象,其源头之一恰恰是与奥斯曼的巴黎一脉相承的法租界。在那里,我们看不到《天鹅》中写的破房子、牲畜棚、长满青苔的石块。在您的乡愁背后,我读出二十世纪中国历史的巨大变迁带来的沉重感。是否可以说,曾经琳琅满目的老上海虽然不乏肤浅,却继承自文艺复兴以来作为精神标识之一的开放性?是否可以说,尽管您与波德莱尔寄托乡愁的物质空间截然不同,但在对于人文主义的乡愁、对极端功利主义的抵抗上是一脉相承的?

李欧梵:你说得太对了,每一句都深得我心。我研究的"老上海"就是西化的上海租界,然而在极端现代化和功利化以后,连这个"摩登"上海也几乎荡然无存了。好在我到上海旅游时,从以前法租界的街头巷尾有时还感受到一点法国 belle epoch(美好时代)的残余"气氛",疑惑是我自己一厢情愿的想象?连这种感觉,最近也逐渐消失了。中国近年来的巨大变迁,令我感到无法承受的"重"。

杨振:您在《波特莱而三首诗的随感》中提到"乡村社会",并特别标注了德语 Gemeinschaft。能否请您提示一下该词的来源与所处的知识脉络?最后能否请您为我们总结描述一下您所认知的、波德莱尔的现代性所覆盖的面向?

李欧梵:Gemeinschaft 一词,应该是来自社会学家斐迪南·

滕尼斯(Ferdinand Tonnies),与之相对的是 Gessellschaft,前者指的是"乡村型的社会",后者指的是"现代理性"组织的工商业社会。现代性的发展,使得社会结构从前者变成后者。但英文译名"community"和"society",含义更模糊。所以我直接引用德文。

至于总结我对波特莱尔所代表的现代性所覆盖的面向,在前面我已经回答得差不多了。如果要再补充的话,只能说我不停地在反省,是否应该把波特莱尔和现代性或巴黎完全挂钩,为什么不直接进入他文本中的绘画性(pictoriality)和音乐性(musicality)?上面提到居伊的素描画,就是一个例子。我的那篇旧文也特别翻译了《巴黎的忧郁》中的那首诗 L'Invitation au voyage(《邀旅》),我是从亨利·迪帕克(Henri Duparc)所作的一首艺术歌曲得到的灵感,从音乐的旋律(还有女高音的声调)中去"还原"波特莱尔的诗词。因此我想问的是:波特莱尔的诗的"音乐性"的含义到底是什么?他在《恶之华》中的诗大多是押韵的(往往在一/三和二/四行),而《巴黎的忧郁》中的五十首小诗则是散文诗。前者的音乐感比较明显,而后者呢?

于是我不得不回归波特莱尔在《巴黎的忧郁》中的献词:"给阿尔塞娜·乌赛(Arsene Houssaye)",内中他说道:"我们之中,谁不会在雄心万丈之际,梦想一种散文诗的奇迹:有音乐感,但没有节奏和韵律,既灵活又突兀,足以适合表达心灵的抒情冲动,冥想的波澜起伏,和良心的击刺。"波特莱尔在下一句就说:常去各个大都市,穿梭于其中"无数的流动"中(« innombrables rapports »,一个英译者约瑟夫·希普利[Joseph Shipley]引申其意为"the flux of their innumerable streams of intercourse"),这个抒情的理想就油然而生。那么,这种"流动"指的又是什么?人流?物流?或是二者兼有的"市声"?波特莱尔提到乌赛写过一首歌(chanson),灵感得自玻璃工人在(巴黎)屋顶上的叫声。从这条线索一路跟踪下去,我们是否可以找到都市的"音乐感"?从中听到巴黎的"市声"吗?在本雅明笔下,一个都市漫游者可以拉着一只乌龟慢慢走,他只看不听吗?当年张爱玲在上海睡觉前最爱听的就是窗外传来的电车声,它可能比交响乐更有音乐感。那么波特莱尔听到的是什么?又如何融入他的散文诗结构中?他这五十首短短(petit)的散文诗,是否要和《恶之华》分开或合在一起阅读?我想研究法国文学的专业人士肯定早已研究过了,我孤陋寡闻,直到现在才提出一个不三不四的问题。然而至少可以看得出来,我最近已开始厌倦现代性的论述,而想回归经典文本的文学性和艺术性。可惜我的法文程度太低,还无法进入法国文学殿堂,直接欣赏波特莱尔散文诗的艺术精髓。

杨振:感谢您接受采访!

陈建华教授访谈

采访人：杨振

采访人按语：

陈建华教授的学术研究与文学创作彰显了一颗充满创造性与质疑精神的文学灵魂对二十世纪下半叶中国社会与文化史的关怀和反思。值得注意的是，虽然陈建华教授的学术历程更多地与中、英文世界的学术建制相关联，法国文学文化，特别是波德莱尔，却在他的精神世界中占有举足轻重的地位。二十世纪60年代至今，陈建华教授对波德莱尔的关注超过半世纪之久。90年代以来，他发表数篇与波德莱尔有关的文章，同时以历史见证者、诗人和学者的视角，具体而深刻地展示了波德莱尔如何激起中国知识分子的心灵共鸣。

杨振： 陈老师您好，很高兴有机会采访您。上个世纪60年代是波德莱尔，也是整个西方文学文化进入您视野的时候。那个时代的特殊性，让这一过程变得十分艰难。尽管如此，您还是通过各种途径接触到一些西方文学文化，其中法国文学文化似乎格外受您青睐。能否请您为我们讲述一下您在60至70年代接触法国文学文化的经历？

陈建华：中国50年代出过不少西方文学。傅雷译的巴尔扎克，如《贝姨》《欧也妮·葛朗台》《邦斯舅舅》等，都是我的宠爱。50年代也出过莫泊桑的短篇小说选，长篇小说仅出了一部，即李青崖翻译的《一生》，读了印象很深，特别是对女主人公的性心理描写，细腻动人。

60年代中期，像我这样在红旗下成长的青年，却斗志消沉，在福州路的"上海旧书店"里"淘宝"，寻觅"比冰和铁更刺人心肠的快乐"，给创伤的心灵涂抹片刻的抚慰。福州路可谓摩登上海的起源，清末以来属英租界地面，也叫四马路，其间酒楼、茶园、烟馆、妓院林立，却也是戏院、报馆、书店、墨庄的营聚之地，向有文化街之称，盈溢着不中不西颓荡的气息。1949年之后，烟馆堂子之类的当然被一扫而空，但报馆、书店仍在，虽然所剩无几，且公营居多。

当时去福州路旧书店，怀着秘密的梦想，我脑子里记了一大堆名字：波特莱尔、蓝波、魏尔伦、戈蒂叶、马拉美、王尔德、斯温朋、梅特林克、凡尔哈伦、邓南遮等。这些名字都是间接地在一些书里、文章里提到，说他们是象征派"为艺术而艺术"什么的，就心向往之，也不清楚是否有过中译本。自从知道了40年代出版过戴望舒翻译的波特莱尔《恶之华掇英》之后，就魂思梦想起来，盼望它几时会奇迹般地出现。

去旧书店与其说是买书，不如说是抢书，我也属于"抢"手之一。书店是九点钟开门，一班书痴早在门外等候，年龄都比我大不了多少。大家在交谈时还彬彬有礼，店门一开就变得像冲锋队一样，冲到那几个放新货的文学书架那里。根本来不及看书名，先抓一叠到手再说。

从旧书店得到的一些书，至今难以忘怀。比如梁宗岱译梵乐希（Paul Valéry 1871—1945）《水仙辞》（*Narcisse*），宣纸上铅字直排，一册线装刊本，非常雅致。梵乐希为法国象征主义的殿军,《水仙辞》是敷衍希腊神话中那西瑟临水自照的故事,是"纯诗"代表作之一。梁氏的译笔乍一看,觉得别扭,与我平时所读的新诗不一样,却如酿泉清澈,愈读愈觉有味。总体而言,瓦雷里被梁宗岱翻译得古色古香,就像把他的名字译成"梵乐希",先是产生一种近乎恐惧的怪异感,但愈读愈受了蛊惑。

莫泊桑写过五六部长篇小说,但是十七年里只出过李青崖翻译的《一生》,我从图书馆借来读过,而在旧书店得到另几个长篇:《两朋友》《如死一般强》《我们的心》,方知道译者不都是李青崖。特别是后两部,那种人物心理的精妙刻画,更具现代巴黎颓废唯美的色彩,等于得到另一个莫泊桑。

旧书店所得中同样令我印象深的还有《梅里美小说集》,忘了译者。嘉尔曼(即卡门)的火辣性格及悲剧性给我带来震摄,而"伊尔的美神"的哥特式诡异而神秘的故事则令人惊悚,又觉得很美。贡斯当《阿道尔夫》和法朗士的《泰依斯》都讲爱情与死亡的故事,在我心头引起阵阵颤动。魏尔伦《秋之歌》收在朱湘翻译的《番石榴集》里,译本则形神皆至。

"文革"开始后,大破"四旧"销毁了无数书籍。凡是"黑五类"的无一例外地都被"抄家",即使像我家沾点边的,也抄。尽管如此,漏网之鱼仍有不少。工厂里来抄家的,对于书籍不那么敏感、仔细,像我的书大部分没带走,被装在箱子里,贴上封条,就是一种"漏网"的例子。是红卫兵来抄家的话,不大会放过书籍。然而像书籍这类"抄家物资"常常没人管,红卫兵拿来自己看,再给别人看,司空见惯。结果是文革初期尽管运动如火如荼,我们却读到更多的文学。连那些平时旧书店里都难以见到的名著,也通过各种渠道在流通,速度超快。一本书到手,要求三天、两天,甚至明天就要还,原因无它:红卫兵要看! 一本书匆匆读过,余味无穷,心有未甘,于是赶紧摘抄在日记簿里,明知这么做绝非明智。

我有一本日记簿,深蓝封面上"爱祖国"三个字原来是鲜红的,早已褪了色。其中抄录了"文革"前后,应当是从1966年至1968年一段时日里所经眼的小说、文学评论等书刊。真是一些好书!比如《基度山恩仇记》,傅东华翻译的,共四册。书中精巧的复仇计划与奇观般展示的各种场景,令我废寝忘食。一个人在小阁楼里,灯光昏暗不知日夜颠倒,比电影《小裁缝》中的知青在煤油灯下读巴尔扎克,好得多。看完后,再从头翻起,一章章把情节写下来。读小说还没有这么认真过,也是一种"文革"所带来的反应吧。

一向喜欢傅雷翻译的巴尔扎克,现在又看了《搅水女人》《夏倍上校》《奥诺丽纳》《禁治产》等。花都巴黎的人间喜剧、尔虞我诈的男女情场、浮世的狂想、透彻的世故,这一切都令我着迷。有趣的是,后来翻拣旧物,我发现这些作品中好几处与我的诗作有直接联系。如《奥诺丽纳》中:"一个少女有如一朵被人采摘的花,一个失身的女人却是被人践踏的花。"这在我的《为某女感赋》一诗中留下了痕迹:"啊,一朵好花一旦被风吹散,便失去她所骄矜的一切!"

《红与黑》我以前读过,但这回不愿放过它,竟抄了20多页,当然以于连为中心,特别是他与德·瑞那夫人及玛特儿之间轰轰烈烈的恋爱细节以及他的心理自白。对于一个20岁的青年来说,什么也比不上这部小说给心灵带来的惊心动魄。出身平民的于连崇拜拿破仑,虽然没有征服世界,却经历了伟大的激情。使我感动的是他不断对自己的言行进行反思,直到临死时,教士要他忏悔,可免于一死,他冷静地答道:"若是我轻蔑自己,我还有什么呢?我曾经怀抱野心,但我绝不愿意责备自己。……要我向任何怯懦让步,我将一下子变成非常的不幸。"

想想当时,那真是一种奇特的情景。我像所有的红卫兵一样,早请示,夜汇报,在一片红海洋之中,同时却又躲在一个角落里,同小说里的主人公分享爱情——"被禁止的游戏",秘密营造自己的精神领地。这种人格分裂类似临死前的于连,像他说的"当时我是按照时代的精神行动,现在我活一天,算一天",然而在挣扎着保持最后的骄傲。近年来人文学界热烈讨论"现代性",如果说人格分裂是现代人基本特征的话,那么"文革"在反讽的意义上就造就了"现代性"。

所抄录作品中时有闪光的警句。比如从《红与黑》里录得:"政治是套在文学颈项上的一块石头。"更多警句来自雨果的《九三年》。雨果的这部小说反思法国大革命,和我所处的现实生活何其相似!因此一边怀着战栗和惊悚,一边抄录书中的精辟之论。比如:"伟大革命家的天才和能力就在于他们能够分清那种由于贪婪而进行的活动和那种由于正义而掀起的运动,他们能够协助后者去打倒前者。"或如:"在绝对正确的革命之上,还有一个绝对正义的人道主义。"又或如:"人类社会在某些时候是有它的谜的,对于智者这些谜变成光明,对于无知者这些谜变成黑暗、暴力和野蛮。"再或如:"国民公会宣布了这个伟大的真理:一个公民的自由是以另一个公民的自由为界限的。"再比如:"说革命是人类造成的,就等于说潮汐是波浪造成的一样错误","没有人是无辜的,也没有人是有罪的"。这些话映衬在当时的政治幕布上,其现实意义是一望而知的。就这样,对于我,读《九三年》等于上了一堂"革命"的启蒙课。早些时候我便读过《悲惨世界》,书中对孤女柯赛德的描写令人潸然泪下,读了《九三年》之后,对雨果倍增敬仰。

还有《法朗士短篇小说集》,以及许许多多人名作品名以及文坛逸闻,抄自数本关于西方近代文学的介绍性著作,还不能看到那些著作,看看名字也好。如魏尔伦及其文学圈子在巴黎小酒店里,"这些青年服装奇特,他们什么都批评,什么都反对",还有蓝波的"彩色十四行诗",这些段落对于聊慰饥渴也不无小补。

  我在60至70年代的交游也成为我了解法国文学的窗口。首先是与文友的交流。我在多篇文章中提到的文友朱育琳曾给我讲过都德作品《沙福》中的故事,令我久久难以忘怀:一个画家每天早上去附近一家面包店买面包,店主是个寡妇,对他日久生情,开始着意修饰她的外貌,小店也变得亮堂起来。某天画家气呼呼闯进店里,把面包丢在柜台上,责备女店主怎么给了他夹着奶油的面包,把他的画给搞脏了。原来他每天买面包是为了擦画用的,那天她鼓着勇气表示一下爱意,给了他奶油面包。就这样,此后,她故态复萌,店堂重又黯淡了下去。一个有关人生揶揄的比喻,蕴含着人与人之间难以理解的命题。在讲到女店主的心理和店堂的微妙联系时,朱育琳似乎在传递某种温馨而伤感的气氛,在我的记忆里发酵。后来学法语时读到都德的《最后一课》,充分领略了那种营造主人公心理和环境气氛的技巧,把读者引向感动的高潮。曾经想去找《沙福》来读,又觉得不必了,即使记错了情节也无所谓。

  与邻里的交流也与法国文学有关。我与同住一条弄堂的邻居施锡雄常交换看翻译小说,喜欢傅雷译的巴尔扎克。《高老头》《欧也妮·葛朗台》《邦斯舅舅》《贝姨》等,当时不难借到。还有司汤达的《红与黑》、莫泊桑的《两朋友》等。与我同住一条弄堂的莫逆之交郑恒勋则跟我说,他在跑马厅隔壁的中苏友谊图书馆发现了一本好书,叫《拿破仑传》,并且吹得唾沫四溅。于是我也到那里去看。友谊图书馆整洁而幽雅,书不能借出来,只能在里面看。有一阵我一放学,就跑去那里看书。那本《拿破仑传》厚厚的,是从俄文翻译过来的,令我心驰神往地边读边抄,足足花了一两个礼拜。

有趣的是,除所谓严肃文学外,当时的我还有机会接触到法国侦探小说。这与旧上海都市娱乐文化资源的积淀密不可分。有一段时间一放学,我就去黄陂路上叫"马律师"的地方租台子打康乐球。"马律师"在从前大名鼎鼎,是流氓、野鸡的出没之所,在我那个年代,这些都已绝迹,但藏污纳垢,遗风尚存。打康乐球的小老板长得精瘦,尖腮猴样的,满嘴"切口",三句不离"发金",算得上是个"人精"。跟他打球,等于看杂技表演,输多也不烦。搞熟了,见我喜欢看书,就借我几本霍桑、亚森·罗平的侦探小说,那是书店或图书馆里绝对看不到的。

另外值得一提的是,我的集邮爱好也为我打开了一扇法兰西文化之窗。我的集邮不属投资,不从商店里购买成套的,而是凭趣味挑那些赏心悦目的、具有文化意义的,一枚一枚地搜集,也不在乎是否配成套,似乎在踏破铁鞋的上下寻觅中、铢两必较的讨价还价中,获得些许成功,便欢喜无穷。最初是哥哥带我去淮海路上的"伟民集邮社",就在现今上海社会科学院的弄堂里。老板四十岁不到,留小胡子,极精明。他的太太胖胖的,常在一旁看着,拿出一本本邮册给顾客看。我们轮不上看邮册,只能买些成袋的便宜的杂票,也满足了。另一家在斜对面思南路进去,叫"华外"的邮商,老板大腹便便,叼一根雪茄,光景大不如伟民兴旺,倒也做点小朋友的生意。一到周末我就去那两处;邮迷们在店门外聚集着,互相交换看邮簿,中意的就谈斤头,或买或换,自由贸易。到中学时代,地点转移了,那是在南京东路近外滩处,公家开了集邮商店,店内不允许自由交易,我们就聚在马路转弯的一条弄堂里。还有一处是在四川路桥下的上海邮电总局,有时也顺便去那边走走。

当时在公家集邮公司里陈列着成套的社会主义国家的邮票，不消说资本主义国家的邮票是绝对见不到的。有苏联、罗马尼亚、匈牙利、朝鲜等，即使不具宣传色彩，大多也在内容上严肃沉闷，且印得粗糙。而我的集邮已实行向资本主义开放的政策，虽然是通过私下之间的不平等交易。我当时的收集范围，"美人"是主题之一。有一枚叫"黑手套"的法国票，是热销货，画面是一个半身临窗的妇人，向镜头明眸顾盼，支颐的纤腕丽臂，在长长的黑纱手套里。一般要四五毛钱，如果是品相好的，要价更高。对她稍加凝视，使你联想到巴黎的花花世界，令人魂销。这张邮票可以代表当时的我作为一个文学青年的法国想象①。

---

① 我在网上查到一枚法文名为《Ganterie》(直译为"手套业")的邮票，发给陈老师看。陈老师告诉我，这正是他们当时称之为"黑手套"的邮票。陈老师将邮票中的女子想象为一名国民演员，说这枚邮票勾起他许多回忆，并特别说这枚邮票可以代表当时的他作为一个文学青年的法国想象。

法国国家科研中心(CNRS)柯安娜(Anne Kerlan)教授提示我，邮票上有《Gandon》字样(邮票左下方)，应当是法国邮票插画家和雕刻家冈东(Pierre Gandon, 1899—1990)的作品，并给了我相关链接。据互联网资料显示，这枚邮票发行于1955年。冈东在塑造这一人物时，曾专门请自己的小女儿帮忙摆造型。至于人物五官，则为画家想象的产物。

这枚邮票背后的史实有待进一步考证。联想到1945—1955年是法国二战后经历的第一个黄金十年，这枚邮票让我体会到那个时代法国商业文化蓬勃发展的势头，也让我想到老上海。陈老师看到这枚邮票时的上海，早已褪去其五光十色、诱人遐思的"灵氛"(借用陈老师自己对aura一词的翻译)。但这一"灵氛"却借着来自法国的一枚小小的邮票，在陈老师这位文化气质与那个时代显得颇为疏离的文学青年脑海中再生。就这样，在那样一种肃杀的文化氛围中，自晚清以来便培育成形的浪漫法兰西想象得以延续。

跨文化想象承载着各种时代、地域文化自身的丰富性，又超越单一时代、地域文化的局限，赋予它们以新的意义和价值。在此意义上，不论是否与史实完全相符，陈老师这个小故事中每一个与想象有关的细节都值得注意。书写想象、感受等内心世界的历史，彰显出一种历史书写领域的民主化和人文主义精神。不论外部世界如何坚硬、寒冷，人总是希望有机会放飞心灵，哪怕借助来自万里之外、在黑市上偷偷售卖的一枚邮票。——杨振补记(2021年1月7—8日，复旦大学)

另一种法国的名画票,60年代初便陆续到来,成为我的新宠。约摸二寸见方,一般是精细的铜版,印的无非是法国的艺术国宝,包括雕塑、教堂窗饰、挂毯等,当然更多的是近现代绘画,我收的初始的一些,有德拉克洛瓦的《雅可布与天使搏斗》和席里柯的《近卫骑兵队的军官》,是浪漫画派的代表作,而马奈的《蓝沙发上的马奈夫人》、塞尚的《玩

牌者》和夏伽尔的《埃菲尔铁塔的新郎新娘》等,无论具象、抽象,都是开创了现代风的巨匠,千姿百态,争奇斗艳,后来看到一直在出下去,不知其数,就像一部法国艺术史了。当时收集这些邮

票,只是觉得新奇有趣,特别是夏伽尔的那枚,画的是一对情侣斜卧在鹅背上,天空里埃菲尔铁塔,左上角一个蛋黄的太阳,右上角一把羊头提琴,伸着一臂执着琴弓,下面有山村、森林,整个画面洋溢着欢乐的狂想,写意幻想的风格,令人心旷神怡,浮想联翩。虽然下面印着画家的名字,我也不认识,只是到后来接触到欧洲艺术史,方似曾相识,明了这些画的名堂。虽然这谈不上启蒙,但对于这些现代画,比起当时只知苏联现实主义绘画而不知其他的专业美术人士来说,说不定我还先睹为快呢。

杨振:您曾提到 70 年代您与"一些隐蔽角落里的峥嵘之辈一起,学英语、法语",能否请您回顾一下当时的场景以及特别值得记录的人与事?

陈建华:2009 年北岛、李陀主编的《七十年代》一书曾收录了我的一篇回忆我和朋友们一起学习法语的文章。2014 年出版的《灵氛回响》一书里有《学外语》一文。感兴趣的读者可以找这两篇文章来读。

杨振:能否请您谈一谈 70 年代以来,您对波德莱尔的关注及其对您的影响?

陈建华:70 年代中期,我偶然发现福州路外文书店楼上售外文书,说是抄家物资内部参考,你要买也不问你是张三李四,或可说商品经济在"文革"内部起腐蚀作用吧。真是皇天不负有心人,有两个架子的法文书,竟然给我找到法文版《恶之花》(*Les Fleurs du Mal*),1952 年加尼耶(Garnier)的版本。另外还买到波氏翻译的爱伦·坡的小说。狂喜之余,我真的能翻译《恶之花》了,然而也谈不上,我的法语还没到那个水平。结果是一场讽刺喜剧:龙蛇飞舞地从头到尾译了一遍,还挑了几首反复润饰,总是不满意,只得作罢。

后来我到了美国,常去旧书店淘书,得到加尼耶的另一版《恶之花》,1966年出的,换过了一位注释者;另外收集了好几种英译本,后来在写有关老朱翻译波兄的文章时发挥了作用。在伯克莱加州大学旁听马丁·杰依(Martin Jay)讲西方思想史的课,他开列了一串波特莱尔及法国颓废文学的研究经典,使我窝心。这些书大多已经绝版,那时上帝还没有开设网上书店,于是寻找它们成了我的神圣使命。

不消说,本雅明的《发达资本主义时代的抒情诗人》并不难找,其他几本来之不易,真有上下求索之慨。有两本《波特莱尔》(Baudelaire)的传记,一本作者是帕斯卡尔·皮亚(Pascal Pia),另一本马塞尔·汝富(Marcel A. Ruff),都是从法文译成英文的。它们各有千秋,前者是口袋型小书,图文双美;后者资料扎实,旨在还波氏以真面目。另外海明斯(F. W. J. Hemmings)的《波特莱尔——被诅咒的》(*Baudelaire the Damned*),李奥·伯萨尼(Leo Bersani)的《波特莱尔与弗洛伊德》(*Baudelaire and Freud*),则是英美的学院派专著。海明斯发现的新材料一新学界之耳目,勾画了一个精神图谱更为复杂的波特莱尔。伯萨尼在柏克莱加大主持法语系,以擅长心理分析著称。他认为波氏在西方文化中像弗洛伊德一样,从内部颠覆了理想主义的思想传统;诡谲的是他一面运用弗氏理论阅读波特莱尔,一面通过波氏的狂想型自我挑战时下简约化了的心理分析模式,反而刷新了对弗洛伊德的看法。

还有几本有关欧洲颓废文学的,如让·皮埃格(Jean Pierrot)的《颓废的想象》(*The Decadent Imagination*)、爱伦·穆尔斯（Ellen Moers）的《纨绔子弟》（*The Dandy*）等，落到我手里，也是天缘凑巧。这些书放在书架上，非常养眼，至于是否仔细研读倒在其次。老康德说，美感在于距离的欣赏，用在我和波兄身上是一点不错的。

80年代之后，《恶之花》的中文翻译也前浪推后浪，至今数数也有十来种。我因为研究中国现代文学，顺便收集了不少二三十年代有关波特莱尔的资料，在抽屉里立了专卷，一直没机会去打理。到香港后认识了叶辉诗兄，每次聚饮，他总要纵容我重操诗刀。羞赧之余，给了他几首，后来在香港杂志上登了出来，其推毂不遗余力，却也没跟我说。后来他给我《新诗地图私绘本》一书，其中有论述波特莱尔的长文，谈到20年代李金发、戴望舒、徐志摩等人，无不受波氏熏陶，叶辉以真挚的诗笔，旁征博引，令我击节叹赏。真所谓天涯何处无比邻，在我抽屉里的波兄也可高枕无忧了。

关于波德莱尔对我70年代以来诗歌创作的影响，我曾在《再遇"恶魔诗人"》一文中详细谈及。该文曾发表于《书城》2009年第5期，后收录于2014年出版的《灵氛回响》一书。感兴趣的读者可以找来读。

杨振：1993年，您曾发表《天鹅，在一条永恒的溪旁》一文，读来令人动容。能否请您谈一谈这背后的故事？

陈建华：《天鹅》一文，如果没有北岛的推动，那是不可能的。大概在1992年，他来洛杉矶开会，通过顾晓阳（他那时负责《新闻自由导报》副刊，我在上面发过不少诗。令我怀念的是那张报纸有很多读者），我见到了北岛，在一家清真馆子，很有文学青年谒见前辈的意味。听到我们的"文革"经历，看了我的几首诗，他就要我写下来给他。他很大气,说"地下"诗不光北京有,各地都有,是很宝贵的历史数据,应当都写下来。后来我的文章在《今天》上刊出,又收入《今天》的英文选集。

杨振:您与波德莱尔的故事在2006年花城出版社出版的《陈建华诗选》和2014年百花文艺出版社出版的《灵氛回想》中被大量讲述。两部作品分别属于"忍冬花诗丛"和"百花谭文丛"。在您看来,这两个时间节点和两种文丛是否具有某种文学史的意义?

陈建华:我在60年代写的诗,2006年由广州花城出版社出版,题为《陈建华诗选》。花城的总编林贤治先生先是从日本刘燕子主编的一本叫《蓝》的文学杂志上读到60年代我在上海的文学活动的情况,他看了我的诗之后,觉得这些在文革中的作品,具有历史价值,不应该让文学史忘记。他还建议我写关于这些诗的回忆,所以我写了《我的诗传》,和我的诗一起收入《陈建华诗选》里。这本诗选属于花城的"忍冬花诗丛",有《周佑伦诗选》等,属于文学史资料性质。后来我又写了一些回忆六七十年代的文章,发表在上海的《书城》杂志上,包括《学外语》等,收入《灵氛回响》这本书里,是陈子善先生主编的"百花谭文丛"这一套丛书里的一本。陈先生对于中国现代文学文献的研究方面是首屈一指的大家,或许他觉得出版我的这本书也有史料意义。

杨振:感谢您接受采访!

张历君教授访谈

采访人:杨振

采访人按语:

张历君教授从 2000 年起,一直致力于欧陆文学理论与中国现代文学之间的跨文化研究与比较研究,是最早进行鲁迅与本雅明比较研究的学者之一,自 2001 年至今,已就该论题发表五篇长篇论文。他是香港文学杂志《字花》的八名创刊编辑之一。《字花》的法文刊名 Fleurs des Lettres 化用自波德莱尔代表作《恶之花》的法文书名 Fleurs du mal。这本 2006 年正式创刊的香港新生代文学杂志,一直致力于向香港青年读者翻译和介绍波德莱尔以来重要的法国和欧陆现代主义作家和理论家,并为波德莱尔、兰波、卡夫卡、巴塔耶、巴迪欧、洪席耶和阿甘本等文学和理论大师组织策划了专题介绍。张历君教授的知识背景及其在香港任教、与香港文坛互动的经历,会让本书读者看到波德莱尔在中国接受非常独特的风景。

杨振:张老师您好,很高兴有机会采访您。请允许我先从您的《忧郁的都会——阅读本雅明的波德莱尔研究》一文谈起。该文 2002 年发表于《诗潮》第六期。能否先请您简要为我们介绍一下这份期刊？可否回顾一下当时怎样的学术关怀促使您关注这一话题？除本雅明外，您在文中也提到马西莫·卡恰里（Massimo Cacciari）、格奥尔格·西美尔（Georg Simmel）等理论家。他们为何会成为您理解波德莱尔的中介？或者说，当时怎样的学术传统和氛围将您引向波德莱尔？波德莱尔以及围绕波德莱尔构成的知识谱系，是否以及以何种方式影响着您的中国现代文学研究？

张历君：感谢您的邀请，让我有这个难得的机会回顾一下自己阅读和研究波德莱尔的历程。《诗潮》（*Poetry Waves*）于2001年1月1日首度创刊。编辑委员会由崑南、叶辉、陈智德和廖伟棠四人组成，封面设计及插图则由黄仁逵主理。崑南、叶辉和黄仁逵都是香港文坛的前辈，陈智德和廖伟棠当时则属青年诗人。他们当年以"诗潮社"的名义出版发行这本诗刊，并由编辑委员会的四位作家轮流出任主编。这本诗刊最初是自资出版的刊物，后来得到香港艺术发展局的资助，于2002年改版后再创刊。再度出发的《诗潮》扩充了杂志篇幅，每期容纳更多作品和文章。这本诗刊延至2003年1月停刊，两年共出版了21期。《诗潮》虽然只延续了短短两年，但每期的作品质量都相当好。譬如2001年1月出版的创刊号，便刊登了崑南、西西、梁秉钧（也斯）、何福仁、鲸鲸（叶辉）、黄灿然、蔡炎培、饮江、关梦南、樊善标、王良和、胡燕青、洛枫（陈少红）、廖伟棠、陈灭（陈智德）、钟国强、刘伟成、黄茂林等当时香港文坛老中青三代重要作家的诗作。《诗潮》除了刊登诗作以外，每期都会专辟栏位发表诗论、译诗和诗歌活动报导。

2002年，我正于香港中文大学（以下简称中大）跨文化研究学部（Division of Intercultural Studies）攻读博士学位。当时我只是香港的文坛新人,但陈智德知道我从1997年开始便专注进行鲁迅和本雅明的比较研究。因此,当他主编2002年6月出版的第六期《诗潮》时,便与我联络,邀请我撰文探讨本雅明的波德莱尔论。我念高中的时候,开始迷上了现代主义文艺和前卫艺术。那时候碰巧在香港书店买到张旭东和魏文生翻译的《发达资本主义时代的抒情诗人:论波德莱尔》(*Charles Baudelaire: A Lyric Poet in the Era of High Capitalism*)。这是我买到的第一本本雅明著作,也是我最初接触波德莱尔的门径。我其后顺利入读中大中文系,终于在中大的图书馆借到此书的英译本。我在中英文两个译本的来回对读中,开展了对这部"天书"的艰辛研读历程。对我来说,这部"天书"的研读过程,既充满挫败,也收获丰富。我至今仍然记得,自己在初读此书时,如何被书中有关波德莱尔、波希米亚人和职业密谋家之间关系的分析所深深吸引。本雅明从马克思有关"职业密谋家"的讨论入手,将波德莱尔的诗歌创作与十九世纪巴黎的政治经济文化环境巧妙地联系起来。这一神来之笔不但让人叹为观止,更启发我在大学学习的时期,从现代主义文艺的角度入手,认识马克思《路易·波拿巴的雾月18日》等一系列相关著作与文学艺术和波希米亚文化之间的关系。这种另类的文学启蒙,从最初开始便决定了我日后有关鲁迅、瞿秋白、丁玲、朱谦之和田汉等中国左翼知识分子的研究视野和方向。

我于1999年至2000年间撰写讨论鲁迅和本雅明的硕士论文时,便开始注意到阿甘本(Giorgio Agamben)对本雅明的解读。那时候,我从朋友口中得知,他是意大利本雅明文集的编者,对他大感兴趣。阿甘本对本雅明精辟独到的分析,让我开始注意到与他同代的意大利理论家。正当此时,意大利的左翼理论家奈格里(Antonio Negri)与美国学者哈特(Michael

Hardt)合写了《帝国》(*Empire*)一书,并于 2000 年正式出版。这本理论著作在我当时的朋友圈子中引起了一些讨论,我因此从当时已考入台湾大学建筑与城乡研究所博士班的叶荫聪那里得知,意大利建筑理论家卡恰里曾在 60 年代与奈格里等人共同创办了左翼刊物。他向我推荐卡恰里《建筑与虚无主义》(*Architecture and Nihilism*)一书的英译本,表示书中有关本雅明、齐美尔和大都会的讨论,很值得参考。卡恰里对本雅明和齐美尔理论的探讨,最终帮助我打通了二人的理论观点。他在书中提出的不少观点也极具启发性。譬如,他认为,齐美尔 1903 年的《大都会与精神生活》(*The Metropolis and Mental Life*)与本雅明二十世纪 30 年代的波德莱尔研究共同划定了他们这段历史时期的界限,这个时期横亘着整个前卫艺术运动及其危机。事后看来,我在修读博士课程时期对前卫艺术理论的研究兴趣,确实没有超出卡恰里所划定的这个历史时期,尤其是我自己当时有关二十世纪初俄国形式主义与视觉艺术关系的研究。更重要的是,卡恰里透过引入齐美尔的理论架构,让我得以从大都会的"感官神经生活"(Nervenlebens)和"理智"(Verstand)这两方面入手,重新理解本雅明在其波德莱尔论中所提出的两个著名概念——震惊(Shocking)和生命体验(Erlebnis)——之间的对应关系。这对我进一步理解本雅明有关波德莱尔的《太阳》(*Le Soleil*)、《赌博》(*Le Jeu*)和《虚无的滋味》(*Le Goût du néant*)等诗作的解读,无疑提供了很大的帮助。

杨振:本雅明对波德莱尔和巴黎的研究对二十世纪 90 年代以来的中国,特别是 2000 至 2020 年的中国产生深远影响。他的相关作品被不断翻译、重译、出版、再版。能否请您讲述一下您是如何关注和参与这一过程的？

张历君：诚如您所指出的，本雅明的《发达资本主义时代的抒情诗人：论波德莱尔》这本小书从 1989 年初版的张旭东和魏文生的首个译本开始，便一再被重译和再版。我自己便收集到四个不同译本，除了张、魏二人的译本外，还有王才勇（2005）、刘北成（2006）和王涌（2012）等三位学者翻译的三个不同版本。在中文世界对这部小书三十年的翻译和接受史中，我有幸参与其中，颇感荣幸。我在修读博士课程期间，经当时在香港浸会大学任教的叶月瑜教授的介绍，有机会到北京拜访刘北成教授。刘教授后来在重译本雅明的这部小书时，便曾将译本的初稿电邮给我学习。我在这个译本出版前，仔细拜读过"波德莱尔笔下的第二帝国时期的巴黎"（The Paris of the Second Empire in Baudelaire）一章，并对译文提供了一点意见。这无疑是一次宝贵的学习机会，刘教授严谨的治学和翻译态度，亦为我立下了良好的榜样。我后来于 2006 年协助李欧梵教授在中大文化及宗教研究系筹办一个题为"文化研究与学科越界"的小型研讨会（the symposium on "Cultural Studies: Exploring Cross-Disciplinary Perspectives"）。我们亦趁此机会邀请刘北成教授来香港，分享他的翻译心得。刘教授在这次会议上宣读了题为《本雅明著作的风格与翻译》的论文，详细阐述他在翻译《巴黎，十九世纪首都》这个新译本的过程中的种种翻译体会和心得。

碰巧在刘北成教授出版这个新译本的前两年，李欧梵教授在 2004 年秋季于中大开设了一门研究生课，集中讨论和导读本雅明著名的巴黎研究遗作——《拱廊街研究》（Arcades Project）。我在这个课上的其中一位同学，便是香港小说家潘国灵。李教授的教学结合了他有关世界文学和文化史的长期研究心得,为我们打下了有关城市文化、现代性和文化史研究的良好基础。我在潘国灵此后出版的几本城市文化和文艺评论集(《城市学》[2005]、《城市学 2》[2007]、《第三个纽约》[2009]、《七个封印》[2015])中,总会发现城市漫游者(flâneur)的身影穿行于字里行间。众所周知,李教授无论在课堂上还是著作中,都会反复强调本雅明的漫游者视野的重要性。这无疑是潘国灵受李教授教学影响的最显明的痕迹。譬如潘国灵在《七个封印》中便曾引述本雅明的论点,借此探讨电影与城市的关系:

> 关于电影与城市的类似性,班雅明(Walter Benjamin)是时代的先觉者。他着迷于城市游荡者的姿势,同时思索电影于机械复制时代的新艺术意义,两者之间并非没有关连。[……]电影的本质就是"浮光掠影",你总是无法停驻于任何一格影像(即使是凝镜也只是瞬间);但人们却练就了于持续的散心(distraction)中完成工作的本领(电影时间越来越长、剪接越来越快,是否说明这本领越来越高?)电影几乎总是短暂的(transitory)、逃逸的(fugitive)、偶然的(contingent),恰与波特莱尔对现代性的警世定义类同。

潘国灵在以上的讨论里最后引述了波特莱尔在《现代生活的画家》(The Painter of Modern Life)中对"现代性"的著名定义:"现代性是短暂的、飞逝的、偶然的;它构成艺术的一半,艺术的另一半则是永恒的,稳定的。"这句著名定义也是李欧梵教授在课堂上反复阐述的波德莱尔名言。

杨振:2010 年,您与郭诗咏教授曾在香港文学杂志《字花》第 24 期上主持"'波特莱尔与我们'小辑",其中收录了陈建华、李欧梵、黄灿然、李智良等几位先生的文章,以及陈建华教授选译的《恶之花》中的三首作品。能否请您为读者简要介绍一下这一专栏,特别是波德莱尔在何种意义上能够契合《字花》杂志的期待?请问你们如何构筑香港这个波德莱尔关注者的共同体?这一共同体有怎样的特点?是否可以代表香港文坛、学界、文化界的某一类型或流派?读者对于这一专栏有怎样的反响?

张历君:2009年,我和陈建华教授在一次聚餐上,偶然谈及青少年时期阅读波德莱尔《恶之花》的成长经历。陈教授的话匣子一下子打开了,向我们几位年青朋友细数他在60和70年代期间发现、寻觅和阅读波德莱尔作品的曲折经历。陈教授的文学往事叫人神往,他当时谈及自己还保留了从未发表的波德莱尔诗作翻译手稿。那几年间,我已听了好几回李欧梵教授有关波德莱尔的讲课,觉得正好趁这个机会在《字花》上组织一个波德莱尔专辑。于是,在李欧梵教授和陈建华教授两位老师的启发下,我和郭诗咏再邀约文坛前辈黄灿然先生和当时的青年作家李智良赐稿,各人分别谈谈自己有关波德莱尔作品的阅读心得和文学往事。这个四人的作者组合,包括了老中青三代、分别在陆港台两岸三地成长的作家和学者。可以说,这个小辑是一个小缩影,从一个侧面展示了当时华语地区对波特莱尔的接受状况。因此,我和郭诗咏将专辑定名为"波特莱尔与我们",并在专辑的"启首语"中这样写道:

我们每人都拥有属于自己的波特莱尔(Charles Baudelaire)。他仿佛一道突然在我们眼前闪过的雷电,在我们文学生涯的某个阶段,无端闯入。然后,他的诗语占据了我们的生命,叫我们时时反顾,或者可以反过来说,他在我们的内里开启了一个崭新的平面,让我们留连忘返。因为在他的忧郁凝视里,颓败的巴黎都会街景首次进入抒情诗的世界,为我们这些现代城市的居民,提供了一幅借以观照自身存在境况的世界图景。如果说,一部文学作品只有一个原创的形象(figure),它"是艺术在一个组合世界的平面上制造金与石、弦与风、线条与色彩等等感受的一个条件";那么,在《恶之花》(Les Fleurs du mal)和《巴黎的忧郁》(Le Spleen de Paris)里,巴黎这个现代性的都会便恰恰构成了波特莱尔诗语组合世界平面的条件。

我当时正在阅读德勒兹(Gilles Deleuze)和伽塔利(Félix Guattari)合著的《什么是哲学?》(What is Philosophy?),便在启首语中尝试借用他们有关文学艺术的思考,重新理解波德莱尔为我们这些后来的读者留下了什么样的世界文学遗产。而"波特莱尔与我们"这个专辑题目,则化用了德勒兹文章题目的典故——《斯宾诺莎与我们》(Spinoza and Us)。因此,我和郭诗咏顺理成章,也引用德勒兹这篇名作的文句结束小辑的启首语:

换言之,《巴黎的忧郁》里那些"诗的散文",纵然没有节律、韵脚,却依然"富于音乐性",因为它们将大城市生活的声音和节奏引入到作品的组合平面里。这恰恰就是德勒兹(Gilles Deleuze)所谓的"音乐之事"和"生活方式之事":"音乐的形式依存于声音微粒子之快与慢之间的一种复杂关系。这不仅是音乐之事,而且是生活方式之事:人们正是通过快与慢而溜入诸事物之间,与别的东西相结合。人们从来不是从头开始,人们从来不是另起炉灶;人们溜入,进入中间;人们采取或规定节奏进度。"所以,我们尝试邀请几位老师前辈友人，一起谈谈他们是如何溜入、进入波特莱尔中间的，于是，便有了这个"波特莱尔与我们"的小辑，或更准确点说，"在波特莱尔中间的我们"。

《字花》创刊于 2006 年，这本文学杂志延续至今，已经历了将近十五个寒暑。杂志最初由当时的青年诗人邓小桦和小说家谢晓虹发起。在 2004 年至 2005 年间，她们两位陆续联系和邀请韩丽珠、袁兆昌、李智海、江康泉、郭诗咏和我共六名同代文学人和漫画家，加入杂志的编辑及设计团队。于是，我们便成了这本杂志的第一代创刊编辑。我们这群创刊编委都是出生于 70 年代末、当时均未满三十岁的年轻人。杂志最初只有"字花"这个中文名称，后来我们八人在编委会议中商量外文名称时，都不约而同地想到波德莱尔的《恶之花》(*Les Fleurs du mal*)，因此我们便将杂志的外文名称定为 *Fleurs des Lettres*。黄念欣教授当年特别为我们杂志的创刊号撰写了一篇《字花说》(2006)，并敏锐地点出了杂志名称的双重指涉：

> 不可能有更美丽的文学杂志名称了，《字花》，*Fleurs des Lettres*，直叫人想到当年《新青年》的《La Jeuness》的气象与理想；更不用说波特莱尔 *Fleurs du mal* 的唯美与经典，梦笔生花，decadent and dandy……然而"字花"作为一种流行于清代乾嘉年间广东一带的博彩活动，不也可以成为一个绝佳的文学隐喻吗？《辞海》"花会"（字花别称）一条有谓："书三十六古人名于纸，任取一名，纳筒中，悬于梁间，如适中筒中之名，即得三十倍之利。"其中三十六古人大多杜撰，但姓氏籍贯行历简史俱齐，亦有所谓乌龙百出，图文并茂的《字花书》的出版。这样满有古风的游戏，那个悬于

梁间的字花谜底，令我想到文学发表既私密神秘，又为公众仰视的奇异经验。一天未能打开这字筒，作者和读者也不知道前面有怎样的阅读与接受的旅程等待着。

黄教授无疑准确地把握了我们这群创刊编辑的心意。我们八人当时集结起来，一方面是尝试为香港文学打开新局面，突破当时文坛青黄不接的困局，并为香港文学拓展不同层面的读者群；另方面则力求打破香港主流文化所设定的一系列二元对立的樊篱：严肃与通俗、传统与现代、文学与公众、前卫与流行、东方与西方……在《字花》出现之前，香港文学杂志的销量曾一度跌至每期只售出几十本。我们的编辑团队用尽各种不同的方法，稍为扭转了这个困局。在很长一段时间里，《字花》每期的销量都能维持一千本或以上，成功开拓了一个稍具规模的文学青年读者群体。孙康宜和宇文所安（Stephen Owen）主编的《剑桥中国文学史》（The Cambridge History of Chinese Literature）（初版于 2010 年）论及 2000 年以后香港媒体和文学的互动关系时，曾这样评价《字花》编辑群的工作成果："跨界同样是文学杂志《字花》的一个明显特色，这本于 2005 年推出的文学期刊，由一群年轻作家和艺术家编辑：谢晓虹、袁兆昌、张历君、邓小桦、郭诗咏、李智海、陈志华、邓正健、江康泉（美术总监）和陈家永（美术设计）。由于这本期刊中的多文类和多媒体的内容，令它在销售上取得极为罕见的成功。"

我们一直利用杂志有限的资源和篇幅，组织一系列介绍和翻译世界文学大师和理论家的"小辑"，借此向香港公众推广世界文学。诚如邓小桦在《字花》创刊十周年的回顾文章（《故事、想法与路向——〈字花〉十年》，2016）所指出的，"《字花》每期都有八至十万字，所谓轻松消闲只是包装，归根究柢都是很严肃的,评论版尤其立足学院高度,能够组稿推介或翻译波德莱尔、巴塔耶、洪席耶、阿甘本、巴迪乌等,是小众知识分子的趣味,但编辑重视这些小辑在华语界当时是尚未得见,私下更实在享受非常。因为那就是我们希望徜徉安居的世界。"我们这群《字花》的创刊编委,从一开始,便希望这本杂志能打破香港文学杂志的同人杂志格局,力求面向香港一般的公众和年青读者群,因此我们最终没有构成一个封闭的文学群体。但我们却因对欧陆现代派文艺的迷恋,而向香港公众和青少年介绍和翻译了一系列相关的文学和理论大家的作品:卡尔维诺、兰波、卡夫卡、波德莱尔、巴塔耶、什克洛夫斯基、伽塔利、阿甘本、巴迪欧、洪席耶……可以说,《字花》这本杂志并非十全十美,但却至少达到我们的顾问李欧梵教授在创刊之初的期许:

>自从《中国学生周报》停刊后,香港还没有一份像样的文艺和知识性的杂志,作为年轻读者——特别是中学生——的读物。
>
>《字花》诞生了,令我感到十分兴奋,这是一个香港需要的"孩子",生生不息,让香港的文化不致于老化,并为年轻的一代塑造一个新的形象和前途。
>
>我每每在坊间看中学生买八卦杂志,感到十分心痛,以后我知道怎么办了,我会向他们说:不要看八卦,应该看《字花》!
>
>愿《字花》每期字字生花,在香港文化的土壤上开花结果。

杨振:除主持波德莱尔专栏,您是否曾参与在香港举办的其他关于波德莱尔的活动(撰文、课程、公共或学术讲座等)?您觉得香港有哪些与波德莱尔有关的文化事件,值得未来波德莱尔在香港的接受研究者关注?作为城市的香港,是极为独特的存在。她所经历的风云变幻和承受的历史重量,让其成为无尽的知识、文化与想象的源泉。她与巴黎、上海都显得十分不同,却又有千丝万缕的联系。如果说李欧梵教授的作品让我们看到上海可以为我们研究波德莱尔在中国的接受提供独特的视角,丰富我们对波德莱尔与巴黎、抒情与现代性关系的思考,香港又在何种意义上能够在这一方面扮演自己的角色?

张历君:波德莱尔在香港文学界一直都是另类小众的经典。在香港文学史中,波德莱尔的阅读史形成了一脉隐秘的暗流。在这道暗流中,耀眼的事件并不常见,但它却默默地滋养着香港文学往现代主义方面的发展。我们可以简单举几个例子加以说明。譬如,我的《忧郁的都会——阅读本雅明的波德莱尔研究》一文在《诗潮》第六期(2002年7月)发表后不久,杂志编委叶辉先生便以笔名"方川介",在第九期(2002年10月)发表了评论文章——《他们都在谈论著波特莱尔》。叶先生在文章中仔细疏理了中国作家从二十世纪20年代起对波德莱尔的接受历程。但他在文章的结尾却赫然提及本雅明的城市漫游者形象:"波特莱尔在中国,用托雷维利安的话来说,是一个无法回复初探原型的石像,然则探索'历史也许会如此'的想法,也就是托雷维利安所说的'兴味无穷的游戏'、'富于浪漫魅力的游戏'。打开郑振铎主编的《我的文学》,小默、钱歌川、卞之琳、林庚等都谈到波特莱尔,仿佛几位验尸官在检验尸体的不同器官,从肺部的焦油推断奇异格律的成因,从肝脏的硬化推想颓废的理由,从可疑的肾石推测空气、水份和土壤的自由化程度……这是一套木乃伊病理学,探究下去,未尝不可能揣摩出斯时中国新尸的若干基因图谱,其中也许隐含班雅明所论述的城市浪游……"我当年读到最后这一句不禁会心微笑。香港文学界对于波德莱尔的阅读史,往往就在类似的心照不宣的时刻中绵延发展,而我们则围绕着波德莱尔的另类经典,构筑起一个跨越几个香港文学辈代的"无法言明的共同体"(La Communauté inavouable)。

再如,香港诗人洛枫(陈少红教授)在几年前(2016年5月23日)的脸书帖文中便提及她最初在已故的梁秉钧教授(也斯)的课堂上学习本雅明的波德莱尔论的经过。洛枫在这篇题为《镜头的镜像与失衡》的帖文中这样写道:

> 什么时候开始迷幻于城市的空间?应该是大学三年级跟也斯老师读比较文学的课,读到Walter Benjamin书写法国诗人Baudelaire有关城市游荡的书——Flâneur,一个发音和意思都很奇异的字词,以"街道"为家,用"眼睛"和"身躯"观察城市,看灯影、听市声,表情冷漠、隐身如侦探!于是我第一次用这个理念阐释"达明一派"的歌曲,接着我的硕士论文就是"城市诗"(Urban Poetry)的研究,后来辗转去到美国的加州大学,选修了Urbanism & Modernism、Postmodern Architecture的课,读了许多城市学的理论,博士论文的第一个章节就是香港的城市建筑与后殖民空间的论题……少年时期喜欢在外面游荡是因为不想回去破碎凌乱的家,慢慢便习惯以"城市"为家,以浮动的空间书写自己的身影!

洛枫在帖文中的这两句,准确地展示了香港城市居民的生命体验:"慢慢便习惯以'城市'为家,以浮动的空间书写自己的身影!"洛枫的波德莱尔阅读得益自已故的梁秉钧教授(也斯),

而我自己对波德莱尔的学习，则受益于李欧梵教授的课堂教学。李教授过去十多年在课堂反复阐释的波德莱尔对"现代性"的定义，现在成了我每年在中大授课必会论及的课题。我每年都会特意在给文学院本科生修读的基础课程中介绍波德莱尔对"现代性"的定义。此外，本雅明的著名论文《可技术复制时代的艺术品》(*The Work of Art in the Age of Its Technological Reproducibility*)也是我每年在文学硕士课程中必教的理论名著。众所周知，本雅明在这篇名作中提出了他有关"光晕"(aura，又译气息)的著名定义，但却较少论者注意到，本雅明在《波德莱尔的几个主题》(*On Some Motifs in Baudelaire*)一文中也曾结合对波德莱尔的分析，从另一个侧面阐述"光晕"这个概念。因此，我总会在讲授《可技术复制时代的艺术品》的课堂上，加插有关本雅明的波德莱尔论的讲解，借此协助同学进一步了解"光晕"这个概念的意涵。

一年前(2019年)，邓小桦再度邀请我合作创办文学杂志。我们与朗天、郑政恒和查映岚等几位香港作家和文化人合作，创办了季刊《方圆：文学及文化专刊》(*O-Square：Journal of Literature and Culture*)。"《方圆》以文学为本位，兼顾其他文化艺术范畴，致力推广优质、长篇的创作、评论及学术论文，建立民间与学院互相沟通、彼此推动的桥梁。杂志持守融会中国与西方、古典与现代、本土与外来的开放思维，兼容跨学科、跨地域的对话，为真正具有活力和深度的文章提供发表园地。"我亦因此得以在这个新的香港文学平台上，延续自己有关法国文学理论的兴趣，并接连发表了两篇相关的论文——《迷狂与开悟：论巴塔耶与铃木大拙的关系》(*Ecstasy and Satori：On the Relation of Georges Bataille and Daisetz Teitaro Suzuki*)和《文本互涉与相关律名学：论克里斯蒂娃对张东荪知识论的接受》(Intertextuality and Correlation Logic：On Julia Kristeva's Reception of Chang Tung-sun's Theory of Knowledge）。《方圆》第三期（2019年冬季号）的专题是"忧郁"。我们围绕这个主题，组织了一次作家和文化人对谈。邓小桦在对谈中便曾论及香港异化的消费环境与忧郁之间的关系："我大学的时候总要经过又一城，那时当然很穷，但又一城则是那么明亮华丽的商场，架上摆满你买不起的商品，我记得有一次明显感觉站在那个消费世界里无法承受。到后来工作有收入，时而夜晚九点多在街上步行，分明情绪低落却假扮散步逛街。当时经常要穿过铜锣湾世贸的无印良品，那里有一条精致闪耀的长廊，虽然灯光明亮、满目琳琅，但有几次走过时都感觉自己是个不幸的人，很明显与如此幸福的环境构成反差。于是我想到消费社会营造了如此之多的完美生活的形态，与我们的忧郁感甚至忧郁症有没有关联？钻心的、出现detachment的忧郁，在平面的、精致的消费世界几乎格格不入，似乎随时想要重新回到自己的笼子里。"邓小桦敏锐地把握了在当今香港这个全球资本主义的大都会里忧郁的诗人无处容身的感觉。我那时候便想到本雅明的波德莱尔论，所以在对谈中这样回应邓小桦：

刚才提到消费，我本就准备讨论一下本雅明的说法，包括刚才说不同生活环境、不同历史状态下我们与忧郁的互动是不同的，特别是提到了城市，就让我想到本雅明所论波德莱尔的状态。本身我第一次比较认真地思考忧郁这个议题也是通过本雅明。《发达资本主义时代的抒情诗人》这本书，是其"巴黎拱廊街研究"计划的一部分。其中他认为"波德莱尔的天才是寓言家的天才；他从忧郁中汲取营养。……巴黎第一次成为抒情诗的题材。……当这位寓言家的目光落到这座城市时,这是一种疏离者的目光。这是闲逛者的目光。"这里其实就涉及刚刚所讨论过的,面对消费社会时那种格格不入的感觉。本身游走在商场之内,但却是用一种疏离的目光去看待这个消费社会的运转,于是对于整个城市的寓言(Allegory)式的理解就提出了其他人所不具备的想象。本雅明就是从这个角度去理解波德莱尔的诗歌写作状态。所以这里也呼应了现在所要讨论的问题,当你用疏离的目光去重新审视,就像本雅明所写,"闲逛者依然站在门槛——大都会的门槛,中产阶级的门槛。二者都还没有压倒他。而且他在这二者之中也不自在",这时候创造性的想象就会从你笔下走出来。

在当今香港这个晚期资本主义的全球城市中,忧郁的诗人总会产生无处容身和格格不入之感。但借用洛枫的说法,"习惯以'城市'为家"的诗人,却最终发现自己只能"以浮动的空间书写自己的身影"。香港文学与它身处其中的全球都会之间的吊诡关系,一如波特德尔与巴黎之间的关系。香港这个发达资本主义的消费社会总让忧郁的诗人感到格格不入、无法认同;然而,惟有在诗人的疏离者目光中,香港才得以转化成抒情诗的题材,被否想(unthink)和刻写成文学的印迹。

杨:感谢您接受采访!

后　　记

　　对于笔者而言,编纂《波德莱尔与中国》是一次全新的学术文化旅程。它让我感叹缘分之奇妙,更感受到善意、正直与对知识文化的尊重之可贵。

　　当计划还处于萌芽状态时,本书责编、华东师范大学出版社六点分社高建红女士便予以大力支持,并积极促成我与倪为国先生见面。一切可能都始于与二位的交流。在整个书籍编纂过程中,得到二位许多支持、指教与鼓励,在此深表感激。

　　衷心感谢本书每一位作者,特别是当代作者。他们中许多人与我甚至从未谋面,有些师友也仅是一面之缘。他们的大力支持令我十分感动。他们是:香港中文大学(哈佛大学、中研院)李欧梵教授、复旦大学(香港科技大学)陈建华教授、圣塔芭芭拉加州大学杜国清教授、芝加哥大学 Haun Saussy(苏源熙)教授、关西学院大学赵怡教授、新加坡南洋理工大学张松建教授、中国社会科学院郭宏安教授、巴黎新索邦第三大学张寅德教授、中国社会科学院树才教授、广东外语外贸大学刘波教授、西南交通大学柏桦教授、法国国立东方语言文化学院李金佳教授、香港中文大学张历君教授、新加坡南洋理工大学崔峰教授、罗马第三大学

Andrea Schellino(安德烈·谢利诺)教授、台湾清华大学罗仕龙教授、香港浸会大学欧嘉丽教授、台湾政治大学陈硕文教授、南开大学杨玉平教授。也要感谢波尔多第三大学 Angel Pino(安必诺)教授、法国国家科研中心(现当代中国研究中心)Anne Kerlan(柯安娜)教授、新加坡南洋理工大学关诗珮教授，以及所有曾为本书编纂提供宝贵意见和热心帮助的师友。

本书出版也得到法国驻华使领馆大力支持。2019年秋，一次机缘巧合，我与法国驻上海总领事馆总领事 Benoît Guidée(纪博伟)先生提及该书编纂计划，总领事先生当即表示很感兴趣，一直关注并大力支持编纂工作。不久，我得知法国驻华大使馆图书与思辩部文化专员 Judith Oriol(欧玉荻)女士也对该书出版表达密切关注。2020年下半年至2021年初，Judith Oriol(欧玉荻)女士将本书出版纳入2021年全国法语活动月"诗人的春天"——"阅读波德莱尔：法国与中国"活动框架，并参与北京场活动对谈。"阅读波德莱尔"活动同时得到法国驻上海总领事馆文化领事 Myriam Kryger(柯梅燕)女士和法国驻成都总领事馆文化教育合作处文化专员 Flora Boillot(白洛华)女士大力支持。2021年3月，"阅读波德莱尔"活动在北京法国文化中心举办，得到法国驻华大使馆文化、教育与科学事务公使衔参赞 Mikaël Hautchamp(高明)先生特别支持。成都场"阅读波德莱尔"活动则由法国驻成都总领事馆总领事 Bruno Bisson(白屿淞)先生致开幕词。去年至今，Myriam Kryger(柯梅燕)领事一直关注本书出版。除安排"阅读波德莱尔"上海场活动外，还将本书出版纳入2021年"中法文化之春"活动框架。

非常感谢以上各位对本书出版的大力支持，波德莱尔在中国的接受成为"集精彩、多元和自由创作于一体"的文化事件(法国驻华大使 Laurent Bili[罗梁]，2021年中法文化之春致辞)之一环，拓宽了我们对于波德莱尔在中国接受内涵的理解。也要感谢一直与我联络、辛勤筹备活动的各位：法国驻华大使馆图书与思辩部项目官员张琦女士，法国驻上海总领事馆文化项目官员陈楠先生、杨倩女士、张樱女士、戴玥女士，法国驻成都总领事馆文化项目官员苏萌萌女士，上海民生现代美术馆公教部负责人黄蓓蓉女士，成都白夜策划总监谭静女士等。感谢中国国际电视台法语频道张善辉女士，新华社孟丁炜女士、孙毅先生，感谢翟永明老师、何多苓老师、朱朱老师与南京先锋书店的大力支持。

最后，要特别感谢我所在的复旦大学外国语言文学学院。学院理性、宽厚、活跃的人文氛围为我的研究与交流工作创造诸多机遇。本书有幸得到学院原创科研个性化支持项目资助，特此一并说明。

杨振 2021 年春 于复旦大学

图书在版编目(CIP)数据

波德莱尔与中国／杨振主编.--上海：华东师范大学出版社，2021
ISBN 978-7-5760-1606-2

Ⅰ.①波… Ⅱ.①杨… Ⅲ.①波德莱尔(Baudelaire, Charles 1821-1867)—人物研究—文集 Ⅳ.
①K835.655.6-53

中国版本图书馆 CIP 数据核字(2021)第 068559 号

华东师范大学出版社六点分社
企划人 倪为国

本书著作权、版式和装帧设计受世界版权公约和中华人民共和国著作权法保护

波德莱尔与中国

主　　编　杨　振
责任编辑　高建红
责任校对　古　冈
封面设计　卢晓红

出版发行　华东师范大学出版社
社　　址　上海市中山北路3663号　邮编　200062
网　　址　www.ecnupress.com.cn
电　　话　021-60821666　行政传真　021-62572105
客服电话　021-62865537
门市(邮购)电话　021-62869887
地　　址　上海市中山北路3663号华东师范大学校内先锋路口
网　　店　http://hdsdcbs.tmall.com

印 刷 者　上海盛隆印务有限公司
开　　本　890×1240　1/32
印　　张　19.25
字　　数　360千字
版　　次　2021年5月第1版
印　　次　2021年5月第1次
书　　号　ISBN 978-7-5760-1606-2
定　　价　88.00元

出 版 人　王　焰

(如发现本版图书有印订质量问题，请寄回本社客服中心调换或电话021-62865537联系)